# 饶宗颐年谱

## 1917—2018

陈韩曦·编

SPM 南方传媒 花城出版社

中国·广州

**图书在版编目（CIP）数据**

饶宗颐年谱 / 陈韩曦编. -- 广州 ： 花城出版社，
2023.10
ISBN 978-7-5360-9347-8

Ⅰ．①饶… Ⅱ．①陈… Ⅲ．①饶宗颐（1917-2018）
—年谱 Ⅳ．①K825.4

中国版本图书馆CIP数据核字(2022)第248984号

出 版 人：张　懿
责任编辑：杜小烨
技术编辑：凌春梅
责任校对：汤　迪
封面设计：齐　力
插图设计：邢晓涵

---

书　　名　饶宗颐年谱
　　　　　RAO ZONGYI NIANPU
出版发行　花城出版社
　　　　　（广州市环市东路水荫路 11 号）
经　　销　全国新华书店
印　　刷　佛山市迎高彩印有限公司
　　　　　（佛山市顺德区陈村镇广隆工业区兴业七路 9 号）
开　　本　787 毫米 × 1092 毫米　16 开
印　　张　19.25　8 插页
字　　数　450,000 字
版　　次　2023 年 10 月第 1 版　2023 年 10 月第 1 次印刷
定　　价　89.00 元

---

如发现印装质量问题，请直接与印刷厂联系调换。
购书热线：020-37604658　37602954
花城出版社网站：http://www.fcph.com.cn

饶宗颐

1917年8月9日—2018年2月6日

1926年，饶氏家族合影。第二排右起第三人为饶锷，第八人为饶宗颐

20世纪50年代，饶宗颐在日本东京国立博物馆

1975年，饶宗颐在香港新亚研究
所举办的国乐演奏会上弹奏一曲
《搔首问天》

1938年，饶宗颐与广东通志馆同事修志的情景

20世纪60年代，饶宗颐在香港大丫湾考古现场

1961年，饶宗颐与香港大学中文系师生合影

1978年9月，饶宗颐在法国高等研究院宗教部任教时与师生合影

1993年11月，饶宗颐在法国皇门静室小学与汪德迈合影

1997年4月，饶宗颐与任继愈教授（右一）、季羡林教授（左二）、周一良教授（左一）
在北京大学第一届汤用彤学术讲座休息时合影

饶宗颐与季羡林合影

# 饶氏宗族世系表

太始祖　元亮公（约780~805）唐天宝光禄大夫

**埔邑一世祖（宋末）四郎**
- 二世（元初）仕泰　国宝
- 三世　元字　元利　元贞

**松邑一世祖（元末）元贞（号念二郎）**
- 二世（宣宗年间）乐隐（号十二郎）
- 三世　仲荣（移居大浦县三河坝）　仲华

- 四世　秦（字悼德）　庆　智
- 五世（明）万金（号松间）
- 六世　邦恩　邦宪（号友溪）　邦忠
- 七世　孟举（号润溪）
- 八世　立恭　立宽　立信　立敏（号丁立）　立惠
- 九世　日昌　日隅（字时造）　日果
- 十世　永铎（字伯振）　永钟
- 十一世　文璇　文友　文琦　文祥　文星
- 十二世（清）仕衡　仕侯　仕保　仕伟　仕传　仕麟　仕常

- 十三世　昌贵（早卒，无嗣）　昌利（早卒，无嗣）　昌达（迁松口原籍）　昌茂
- 十四世　显科（号谨直）　显昭（小名铨，无子以兄显科四子协登为嗣）
- 十五世　协华（号畅睦）　协龙（号仙梯）　协进（号隐岩）　协光　女一
- 十五世　协登（小名英立）

- 十六世　良锦（早夭）　良猷（早夭）　良捷　成章　成捷　成章　过继显昭　女系憔（号系憔）
- 十六世　良滨（号采南）　良溥（号森臣）　良洞（出继协华）　女一　女一
- 十六世（号路初）　良蔚　良获（号晴川）　良浞（号池防）　女四
- 十六世　良得（无嗣）　良哲（号作士）　良浚（号尚明）

- 十七世　兴槐（号暖瑚）　兴桐（号子梧）　兴输（号连友）　兴权　兴槤（号晴皋）　女一
- 十七世　绍凯　绍男　绍板　绍林　绍鹄　绍禄　女二
- 十七世　绍勤　绍勇　女三
- 十七世　绍宗　绍暖　女三
- 十七世　绍文　绍洪　女二　绍清　绍杰　绍谦　绍造　女一

- 十八世　勋　宝黄（号渭卿）　女二
- 十八世　碣（号墨垒坐道人）　宝球（字次云）　宝璇（字纯钩）　宝瑚（号楚章）　女一
- 十八世　宝端　宝章　宝珪　宝璐　女二
- 十八世　锡坤　锡杈

- 十九世　旭溁　旭濱　旭润　女二　永河
- 十九世　宗颐（号选堂）　宗协　宗愈（早卒，无嗣）　宗亮　宗震　女一丽春
- 十九世　冠顺　光杓　光玚　光昭　光璧　女一玲
- 十九世　志锋　春杰　女一盈盈

- 二十世　女二清绮　清芬　女二激云　东云

# 序 一

　　饶宗颐教授（1917年8月9日—2018年2月6日），字伯濂、伯子，号固庵，又号选堂。祖籍广东梅县，生于广东潮安（今潮州湘桥区），1949年定居香港。1952年曾于新亚书院任教。1952年至1968年任教于香港大学，1968年至1973年受聘为新加坡大学中文系首任讲座教授兼系主任，其间曾任美国耶鲁大学研究院客座教授及台湾"中央研究院"历史语言研究所教授。1973年出任香港中文大学中国语言及文学系讲座教授兼系主任。1978年退休后，在法国、日本、中国，中国台湾及澳门周游讲学，历数十国家，广交东西方之汉学家，接触人和事甚丰。曾担任国内外二十多所高等院校名誉教授，长期从事教育及学术研究工作。他出身书香名门，自学而成一代宗师，先后与钱锺书、季羡林并称"南饶北钱"和"南饶北季"。2009年，任中央文史馆馆员。2011年，中国西泠印社第七任社长。乃当代著名的历史学家、考古学家、文学家、经学家、教育家、翻译家、书画家和潮学家，是集学术、艺术于一身的大学者，其学问涵盖中华国学之文学、古文字学、敦煌学、甲骨学、简帛学、史学、考古学、宗教学、中外关系史和书画艺术等众多领域。其茹古涵今之学，上及夏商，下至明清，经史子集，诗词歌赋，书画金石，无一不精。其贯通中西之学，则甲骨敦煌，梵文巴利，希腊楔形，楚汉简帛，无一不晓。人谓"业精六学，才备九能，已臻化境"。他长期致力于中华传统文化的学术研究，中国文学之古体、律、绝，无一不精，尤擅填词，又骚、赋、骈、散，各体俱能，于中国文坛，别树一帜；他更是一位杰出的艺术家，在书法、山水、人物、荷花绘画的创作上自成一家，晚年开创了"西北宗"山水一派；于音乐、古琴亦造诣甚深。饶教授具有卓越的成就和突出的贡献，被学界称为"国际瞩目的汉学泰斗"，实是百年难遇的巨擘。

2006年，饶教授与作者合著的《选堂清谈录》在紫禁城出版社出版后，陈先生将撰写《饶宗颐年谱》的想法告诉饶教授。他听后十分高兴，对年谱初稿的编辑做了具体指导，随后提供了不少文章、手稿、信札等参考资料，并讲到《饶宗颐二十世纪学术文集》《饶宗颐书画创作汇集》《饶宗颐书道创作汇集》等书中有许多线索可入谱。他说，因平常不写日记，到世界各地游学的记录大都在《清晖集》的诗词里；陈先生做《选堂诗词评注》时，尽量收集散落在诗中的各种线索、信息。十五年来，作者以"求真、求是、求正"的原则撰写此书，从世界各地的图书、杂志、报纸和照片等近千万字的资料中，搜集饶教授在学术、艺术、教育、生活等方面的活动资料，力求系统全面呈现其长达百年的学术、艺术历程。《饶宗颐年谱（1917—2018）》是国内首部详细述录饶宗颐学术、艺术思想和生平业绩的编年体著作，是其思想史、学术史、艺术史、生活史、生命史合一的年谱。全书充实客观，内容丰富，学术性强，最为重要的是作者能将饶教授这位学术、艺术"通人"，用年谱去呈现其"学、艺"的"通体"性，这样就更能让国内外学者借此第一手资料全面、深入研究饶教授，以年谱作为依据和线索，去遍识"饶学"通体之美。是为序。

●李焯芬

（中国工程院院士、香港大学饶宗颐学术馆馆长）

2018 年 7 月 6 日于欧洲

# 序　二

陈韩曦先生自2003年起，编、著饶宗颐教授不同著作，多不胜数，其中包括：

《梨俱预流果：解读饶宗颐》（2006年）

《东洲鸿儒：饶宗颐九十寿庆集锦》（2007年）

《选堂清谈录》（2009年）

《饶宗颐学艺记》（2011年）

《饶宗颐书画题跋集》（2014年）

《饶宗颐——东方文化坐标》（2015年）

《饶宗颐著述录：书中书》（2015年）

《饶宗颐诗词用典》（2019年）

《选堂诗词评注》（2014至2017年全系列共12本）等共20种。陈先生以上出版书籍对学者研究饶教授的人生历程、学术艺术、养生领悟起了极大作用。

今陈先生又重新整理饶教授的年谱，使饶教授超过一甲子的教学工作、学艺研究、游旅足迹，以及各地政府和专上学府对他工作和学艺成果的嘉勉，一目了然地阐述出来。感恩陈先生对饶教授的尊敬爱护和坚定支持；更感谢他多年付出宝贵光阴，不断勤奋地解读"饶宗颐的故事"。

●饶清芬

（饶学联汇创会会长）

2019 年 6 月 15 日

# 出版说明

　　《饶宗颐年谱（1917—2018）》是一部详细述录饶宗颐102年间生平、业绩的编年体著作，他的中国梦就是中华文化的复兴，故其一生以教书为业，以著述为生，成为中华优秀传统文化的弘扬者，"一带一路"文化传播的践行者和东学西渐的领头人，是中华文化自信的楷模。作为"博古通今，中西融贯"的著名汉学家，饶宗颐一生发表论文1000余篇，出版著作100余种，创作诗词近1500首，绘制过万幅字画。他多学齐驾，青年以治地方史志为主，壮年治四裔交通及出土文献，中年由中国史扩大到印度、西亚以及人类文明史的研究，晚年致力于中国精神史的探求。他的学术思想立足于中国传统文化，以"求是、求真、求正"为要旨，主张"学问要接着做，不要照着做"，在开阔的世界性视野下开创新的学术、艺术之路，坚持渊博、精巧、新奇、勤奋、专注的治学方法，以出土文物上的文字记录为依据，"三重证据法"开疆拓土，为甲骨学研究做出独特贡献。为反映谱主长达一世纪的学术、艺术历程及其人生经历道路，编者将其论文、著作、诗词、字画、交游及有关之人与事皆尽可能系于谱内，当代大事择要列入。其中对谱主的重点论文、重要著作将勾勒要旨，或引述有关学者的论述，或由编者略加分析。梁启超先生曾说，"独立的年谱须宏博"，故在谱中将尽量详细记述饶宗颐的生活与工作。总之，年谱编写力求做到客观性、资料性、学术性、传记性的统一，使该年谱能够成为一部研究饶宗颐学术思想和生平的工具书，更是一部研究中国学术史的参考资料。

# 关于年谱编写体例说明

一、年谱各年以公元纪年冠首、附主干支纪年，附记民国年份（至1949年）。

二、按年、月、日顺序纪事。具体日期考订不清的记旬，旬考订不清记月，月考订不清记入春夏秋冬各季。用月、季表述的条目，一般放在该旬、该月、该季的末尾。只能订定为某年的条目，概归入本年之末尾。

三、谱主一生游历多与学术和艺术相联系，故在这方面记录较详。

四、本谱将资料性、学术性、传记性相统一，所述行迹主要依据历史资料以及研究考证新发现的材料，尊重史实。

五、著述多反复修改或写成后若干年始发表，均依原稿注明完成时间收入本谱。

六、往来信札收入其早期有代表性的信件或摘录个别重要内容，其余只录入收、寄信时间。诗词两千多首仅收入明确创作时间之部分；题签、题跋甚丰，录入部分知悉明确题写时间，不清楚时间之部分以出版书籍时间为依据收入。

七、谱主艺术创作丰盈，本谱收入各时期创作之国画包括山水、花鸟、人物、敦煌佛像等和各体书法作品，均依据已署明的具体创作月份或日期或季节来收入，只署明某年的作品原则上不收入。

八、某些重要历史事件或与谱主有关的大事，均按时间顺序列入年谱。

九、记述谱主活动时一般省略主语。

十、谱主与学术界、艺术界交流密切，与之交往者的人名，游历的地名，发生的事件，一般在首次出现之处注释，往后的概不加注。引用资料在脚注中注明作者、书名、出版者、卷次、年份和页码，后面再引用时只注书名和页码。

十一、本谱暂止于2018年8月3日。

# 目录

# 谱前

## 先世

据饶宗颐父亲饶锷公1921年编撰《潮安饶氏家谱》记载，饶氏为显赫大族，太始祖是江西元亮公（约780—805），名素、字惟寅，鄱阳人，唐贞元时任浙东安抚，两考转任浙西安抚，赐紫金鱼袋，封光禄大夫，原配吴氏封一品夫人。元末松邑一世祖元贞公，号念二郎，国宝公第三子，"公生当元末，是时海内鼎沸公避兵，由大埔迁居梅州松口之铜盘乡为始祖，娶何氏朱氏，子一乐隐"[①]。至十二世祖仕保公，生于康熙二十二年癸亥年（1683），卒于乾隆十年乙丑年（1745），谥朴直，由松口泗坑沿江南下，卜居于海阳邑东之乌石寨，务本力农垂二三十年，公天性淳厚，遇人侃爽不自矫饰。至十四世祖显科公生于乾隆十八年癸酉年（1753），卒于嘉庆十七年壬申年（1812），是十三世祖昌茂公长子，例赠文林郎，晋赠朝议大夫。小名侯，号谨直，自幼即从父学计然之术，勤俭谦抑善于治生，父昌茂公卒后，显科公"度内地商业，终不能扩展，尽所欲为，乃挟同志浮海客台湾，张布肆于淡水历二十余年而归……因观乌石地势瘠薄，乃移家郡城长养坊石狮巷口"。先是开设源发染坊，后值贼匪滋事，停业归乡，旋又来城于下水门内开设顺发豆店。

又十五世协华公，生于乾隆五十五年庚戌年（1790），卒于道光十三年癸巳年（1833），小名英桂，讳步蟾，号月堂，又号畅睦，是显科公长子，援例授国

---

① 饶锷：《潮安饶氏家谱·家传》（卷七），潮安大街断轮承印，1921，第2页。

子监太学生，晋赠朝议大夫。娶吴氏，阃号克诚，晋赠太恭人，子良锦、良猷早夭，嗣子二人良洵、良泽，女二。男良锦，小名成赞，协华长子，少警慧，读书过目成诵，八九岁即能读《论世务知》，时文义法，见者咸目为大器，时协华公方窘于家累，努力经营未暇考其所业，一日至书塾见公文诧曰儿乃能尔耶，由是益加怜爱，而课督弥严，良锦公亦力自奋励竟以是殒其身惜哉。良锦公生嘉庆丙子年（1816），卒道光癸巳年（1833）。"而男良锦早夭，至是卒无子，乃以生曾大父协龙府君三子为嗣"，即谱主之曾祖父良洵公，十六世祖，生于清道光二年壬午年（1822），卒于清光绪戊戌年（1898），终年77岁。在生力为善举，大府奏叙，初敕授儒林郎，后诰授奉政大夫晋封朝议大夫，加同知衔，复累赠资政大夫，赏戴花翎，建潮安饶氏宗祠——笃庆堂。

饶锷撰《先大父少泉府君行状》，文中云："虽少失学，然为文颇畅达，能尽所欲言，晚年唯览书史自娱，每黎明蚤起，辄躬自洒扫，不欲苦役婢仆人，咸叹为盛德。……弥留时诸子侍榻前请受遗训，大父曰：吾年近八句，后有继起夫复何憾，然我自长大至今，所见乡里盛族，兄弟之间，其以田庐货财诟谇相仇，至于兴讼破产，而不惜者皆是也，而贪婪竟利财，不以义得者，其子孙亦卒，未有一获其祉，今汝兄弟同居，宜友爱相勉，以义以祈，毋负先人，则我死不恨矣。又曰：我饶氏，近世鲜有显达，我以少年遭家难，不克读书，使有光于乡族，今悔已无及矣，愿后世子孙不失读书种子，以绍先志，是余之所望也。"[①]曾祖母原配汤氏，生于道光二年壬午年（1822），卒于咸丰乙卯年（1855）。赠二品夫人，生一子兴槐；继配刘氏，生谱主祖父兴桐和曾叔父兴榆，曾祖父姜陈氏生一子兴枚。

据十六世叔祖良滨公[②]，生于嘉庆二十一年丙子年（1816），卒于光绪十二年丙戌年（1886），所作《昭穆奕世名次小序》中云："十四叔祖显声公者，由松口带来族谱一本，尔时是十五世祖协华公当事，公受而示我辈曰：此吾族之谱也。祖德不可忘，世系不可乱，你等须警志。……而于十二始至四十三世止，仍旧增新约以四言八句，为子孙传接作名次序。自十九世旭字以下，字字藏有数目，俾我族诸人按字即略知其第几世，而前后不紊，世代可考，若夫振作有力，光耀先人，惟望后人之有志而已。"饶氏世系八句如下：

仕昌协显　良兴见旭　冠精史纲　萝常雍述

泰龄魁世　分川泗语　宫襄骏思　强执社辅

自十二世潮安始迁祖仕保公到饶宗颐已是第十九世了。（见饶氏宗族世系表）

① 饶锷：《潮安饶氏家谱·艺文》（卷八），潮安大街断轮承印，1921，第3页。

② 良滨（号采南）系十五世祖协龙公长子。

# 祖父母

　　饶宗颐祖父名兴桐，小名长爵，号子梧，生于咸丰丙辰六月初三（1856），拥有潮安银行、荣成油行等产业。光绪三十二年（1906）八月，当选为潮州府商会第三任总理，至光绪三十四年（1908）七月卸任①。清光绪二十八年（1902）春，潮州城内发生瘟疫，尸体枕藉道路，兴桐公遂集众资，创办潮州城最大慈善机构——集安善堂（原址潮州城太平路金聚巷，今迁址太平路蔡厝巷），施棺收殓，济药救治，广布德泽，享有众誉。

　　祖父有四子三女。长子名瑀（1883—1927），原名宝琛，小名见钦，字禹初，号墨笠生。擅画，有《墨笠道人山水花卉画册》。娶蔡氏，继娶林氏，妾陈氏，子三旭潾、旭滨、旭润，女二。次子宝球（1887—1921），小名见标，又名孺雄，字次云，晚号二如居士。曾至香港提苑书院习英文，精小学、工丝竹，著有《金刚经答问》。娶黄氏，继娶倪氏。子一永钢，女二。三子即饶宗颐父亲，名宝璇，小名见宣，号纯钩，又名锷。著述甚丰。娶蔡氏，继娶王氏，子三，女一。四子名宝瑚（1891—1945），小名见周，号楚章。娶邱氏，子二锡坤、锡权。长女适城内甲第巷蔡见六。蔡见六（1878—1936），掌蔡泰泉银庄，清末资政大夫。1918年至1920年间曾任潮安县商会副会长，擅书画。叔父蔡学渊。次女瑞云（1882—1942），适城内林笃夫子。林笃夫子（1871—1945），掌香港林万成纸行。父林镜湖曾任潮安县商会会长。季女适枫溪柯仲攀。柯名翱，上海民国法律学校毕业。清末曾任福建候补盐大使，民国后，历任各县教育实业科长，警察分所长，法庭书记官，航政专员，保卫局董事，擅作画。饶宗颐祖母郑氏（1856—1941），继祖母吴氏。祖母郑氏，饶锷在《家严慈六旬双寿序略》文中这样记述："郑太夫人，亦以克勤克俭，助家君于内所，饮食衣服不过藜藿布帛，虽隆冬，仅敝裘一袭而已。性严洁，黎明即起，率家人操作，事无巨细，必躬自区处，即疾病犹强起，供事不少宽假。子媳以母劳属甚，劝少休，辄厉声曰：妇人不勤身以自力，惟丧荡之家有。"②谱主出生翌年，母亲就过世，所以他对母亲印象模糊。从两岁起跟在祖母身边，培养及受其启蒙教育，祖母极注意其品行，并无微不至地照顾其生活。外祖父蔡学渊，字柴珊，清光绪癸巳年（1893）恩科举人，顺天中式。官承德郎，晋中宪大夫、户部贵州司主事。外祖母柯氏。

---

① 潮州地方志编纂委员会编《潮州市志》，广东人民出版社，1995，第1332页。
② 饶锷：《潮安饶氏家谱·艺文》（卷八），潮安大街断轮承印，1921，第7页。

# 父母

　　父亲名宝璇，小名见宣，号纯钩，又名锷，生于清光绪辛卯年（1891），卒于民国壬申年（1932）。毕业于汕头岭东同文学堂、上海民国法律学校，获法学士学位，1909年参加陈去病、柳亚子、高旭等人创办的南社，曾任《粤南报》主笔。二度受聘为广东省立第二师范学校国文教员。1922年，在潮州创立瀛州诗社，即壬社，任社长。1929年，辟建天啸楼落成，楼共三层，最顶层书室名为"书巢"，藏书几万卷，成为当时粤东最负盛名的藏书楼。天啸楼八扇闪门用篆体书法镌刻，由东到西每扇门的内容为：

1. 闽赣开基
2. 平阳源系
3. 迁自松口
4. 于今七世
5. 入此吉宅
6. 子孙绳继
7. 富贵寿考
8. 万代昌炽

　　1930年，莼园（今潮州市下东平路305号）竣工。母亲蔡思贞（1892—1918），是潮州城内甲第巷蔡学渊次女，蔡氏幼时敏静柔淑，略识文字，善治针黹。事父母颇尽孝道，事舅姑亦以谨肃称。结婚八年后，于1917年生长男饶宗颐，隔年去世。1919年父亲续娶继室王文伟（1898—1960），王氏时年21岁，潮安庵埠仙溪人，王氏父亲乾初，母亲陈氏。"王氏先世家邑西南之青麻山，乾隆中始迁其居而卜宅于仙溪，传四世有讳德材者，以货殖起其家。有子四人，皆多能善贾。其长尤勤挚，是为乾初先生。"[①]父母子五女一：子宗颐、宗栻、宗愈、宗亮、宗震，女丽春。

---

　　① 饶锷：《王母陈太夫人诔》，载《天啸楼集》（卷三），1934，第44页。

（1917—2018）

## ■ 1917 年（民国六年　丁巳）一岁

8月9日，饶宗颐，初名福森，字伯濂、伯子<sup>①</sup>，又号选堂，号固庵。农历六月二十二日，生于广东省潮安县城（今潮州市湘桥区），为饶氏世系"旭"字辈。

缘何取名宗颐，所撰《宗颐名说》一文云："先君为小子命名宗颐，字曰伯濂，盖望其师法宋五子之首周敦颐，以理学勖勉，然伯濂之号始终未用之。自童稚之年攻治经史，独好释氏书，四十年来几无日不与三藏结缘，插架有日本《大正藏·续藏经》及泰京馈赠之《巴利文藏》，日译《南传大藏经》。初，余于法京展读北魏皇兴《金光明经写卷》，曾著文论之。八一年秋，游太原，夜梦有人相告。不久，陟恒岳，于大同华严寺睹龙藏本是经，赫然见其卷首序题'元丰四年三月十二日真定府十方洪济禅院住持传法慈觉大师宗颐述'。又于《百丈清规》（卷八）见有'崇宁二年真定府宗颐序'。元普度编《庐山莲宗宝鉴》（卷四）内慈觉禅师字作宗颐。"山西华严寺、日本大德寺均有过一主持叫"宗颐"，饶先生认为也许是其前身。

在《选堂字说》中，述其以"选"为堂的缘故——或问于余曰："子曷以选堂名斋？应之曰：平生治学，所好迭异。幼嗜文学，寝馈萧《选》；以此书讲授上庠历三十年。中岁重理绘事，以元人为依归，尤喜钱选。六十退休后，莅法京，以上代宗教与西方学者上下其论。记敦煌本《老子化胡经》，其十一《变词》有句云：'洪水滔天到月支，选擢种民留伏羲。'选民云云，正如希伯来之 Chosen People，

---

① "伯"是大的意思，因是长子，所以叫伯子。选堂书画作品中曾题饶伯子。

此道教徒之创世纪遗说也。以为洪水过后，人类种民惟伏羲，如彼土之挪亚，今苗徭神话尚存其说。前岁游吐鲁番，见其博物馆中，伏羲女娲交尾之图凡数十事，图之之意，似示人类祖先有再生之义，是古代西域月支有伏羲种民传说之明证也。由是观之，选擢之说，亦有可取焉。余之以选名吾堂，盖示学有三变。客曰善，因纪之以示后之人。"[1]

以"选"为堂名可以略窥其学术、艺术的学习初衷以及发展，饶先生曾曰：自学古书，治学严谨，涉及面广，掌握英语、法语、日语、德语、印度语、伊拉克语等多国语言文字，还精通梵文、巴比伦古楔形文字等"天书"，形成了多样性的发展。有人问我为何以"选堂"作为自己书斋之名，我总是这样回答：我平生做学问，种类繁多。自幼接触文学，最喜南朝萧统所编之《文选》，三十年来凭借此书讲授古代学问。中年时重新学习绘画，宗法元代画家，尤喜钱选。六十岁退休之后，羁旅法国，与西方学者讨论上代宗教。敦煌本《老子化胡经》中，第十一《变词》说道："洪水滔天到月支，选擢种民留伏羲。"其中的"选擢种民"的说法，与希伯来Chosen people相似，可将它视为中国道教徒创世纪理论来解说。其中认为，洪水过后，人类种民只剩下人王伏羲，有如西方之挪亚，这种说法至今仍旧存在于苗徭神话之中。前曾游历吐鲁番，在博物馆中看到伏羲女娲交尾之图画数十幅，图中所表达的意思，似乎也暗示着人类祖先有再生之义，亦为古代西域有伏羲种民的传说提供了有力的证据。那么，"选擢"的说法也有可取之处。我以"选"字命名吾堂，是为了警示自己"学有三变"。友人皆认为此种说法非常好，所以记下此文以示后人。

## ■ 1918 年（民国七年　戊午）两岁

春，母亲蔡思贞老夫人教玩积木、识字。

5月5日，母亲因产后血亏病故，年仅26岁，附葬于花园乡祖母刘氏墓之侧。

同年，父亲饶锷公作《亡妻蔡孺人墓志铭》。

## ■ 1919 年（民国八年　己未）三岁

5月4日，五四运动。

同年，父亲饶锷公娶继室王文伟，21岁，潮安仙溪人，父王乾初，母陈氏。

同年，潮安县成立潮安通俗图书馆，并开辟阅报处。

## ■ 1920 年（民国九年　庚申）四岁

3月31日，李大钊在北京成立北京大学马克思学说研究会，活动地点取名"亢慕

---

① 饶宗颐：《饶宗颐二十世纪学术文集》（卷十四，文录、诗词），中国人民大学出版社，2009，第142—143页。

义斋"。

8月，饶锷公受聘为广东省立第二师范学校国文教员。

10月8日，父亲饶锷公于内弟蔡剑秋斋头获观郑雨亭《吾心堂临古帖》（共四册），作《跋语》，其中曰：

雨亭之书，固用力于帖学者也。观其临古诸篇，笔力坚深，纵横尽致，绝异乎拘绳守墨之为者；而临褚之作，尤为神妙[①]。

12月，无锡国学专修馆创立。

腊月，父亲饶锷公撰《潮安饶氏家谱·例言》。

同年，父亲饶锷公撰《郑蕃之文稿序》《吾心堂法帖跋》《饶氏得姓考》《先祖少泉公像赞》《清诰授武德骑尉翁公墓志铭》[②]。

同年，饶锷公教读杜甫《春夜喜雨》和周敦颐《爱莲说》。

## ■ 1921 年（民国十年　辛酉）五岁

2月4日，二胞弟宗栻生。

4月6日，陈嘉庚创办厦门大学。

7月23日，中国共产党成立。中国共产党第一次全国代表大会在上海举行。

9月12日，伯父宝球公去世。伯父是个画家，又是收藏家，收藏的拓本、古钱，数量多达千种。

12月22日，冬至，父亲饶锷公撰《仲兄次云先生行述》[③]。

12月底，听祖母教唱《潮州歌册》。

同年，父亲饶锷公主修兼撰述的《潮安饶氏家谱》由潮安大街斩轮铅印行世。

同年，父亲饶锷公于潮州创办《粤南报》。

同年，父亲饶锷公撰《心经述义序》《柯季鹗诗集序》《纯盦号说》。

同年，省立潮州中学改称省立潮州金山中学。

同年，饶宝球卒，终年35岁。

谢和耐生。

## ■ 1922 年（民国十一年　壬戌）六岁

8月2日，潮汕经历一场特大台风暴。

同年，读神怪小说，喜欢《封神榜》中的怪、力、乱、神。在这四个字中，最关注的是"神"，神话中的"神"以莫大冲击和憧憬直至百岁高龄；历史求真，神话求假，两者给予极大的精神享受。

---

① 饶锷、饶宗颐：《潮州艺文志》，广州私立岭南大学，1935—1937，第271—274页。

② 潮汕历史文化研究中心编《饶锷文集》，天马出版有限公司，2010，第37、52、131、168、177页。

③ 饶锷：《潮州饶氏家谱·艺文》（卷八），潮安大街斩承印，1921，第3—5页。

同年，在父亲饶锷公指导下，开始练毛笔字，并师从启蒙老师蔡梦香[1]。2000年6月6日端午节在梨俱室写《自临碑帖五种后记》，对儿时学习书法路径作了回忆[2]。

同年，父亲饶锷公撰《浮白山馆记》。

吴南生生。

## ■ 1923 年（民国十二年　癸亥）七岁

5月，父亲饶锷公再度受聘为广东省立第二师范学校国文教员。

同年，父亲饶锷公应邀加入南社成员蔡竹铭创办之壶社。

同年，模仿武侠小说写《后封神榜》。

同年，在父亲饶锷公好友庄淑舆（1882—1953）[3]的南华别墅画坊学习工笔人物、佛像基础画法，其间，临摹正在阅读的《水浒传》《七侠五义》《封神演义》中的白描人物插画，其中儒释道人物像有些临了数十遍。学庄老师的一套独特作画方式（站立抵壁作画）[4]。

同年，父亲饶锷公撰写的《慈禧宫词百首》（一卷）刊行。又撰《曾氏家谱序》。钤一方细朱文长方形小印"屯勾"。

同年，父亲饶锷公与好友高吹万多有书信往来，高先生独喜品潮州工夫茶，余无其他嗜好，本年江浙名士秦翰才为高氏编撰《年谱》，"补白大王"郑逸梅为之编了《年表》。

同年，父亲饶锷公认为乡邦文献十分凋残，着手编撰一部专以网罗潮州历代文人学者的诗文学术著作及地方历史之文献《潮州艺文志》，以考镜一方学术源流，表彰乡贤事迹。

## ■ 1924 年（民国十三年　甲子）八岁

年初，继续写《后封神榜》。可惜稿件没有保留下来。

初春，喜对对子，觉得很有乐趣。有友人出上句曰：

下白下，上上海，海上游兴，下白下。

---

[1]　蔡梦香（1889—1972），广东潮州人。善诗文、书画，是著名华侨书画家。早年就读金山中学，后毕业于上海法政大学，并在该校任职。曾在家乡兴办教育，开设困而学舍。

[2]　饶宗颐：《饶宗颐二十世纪学术文集》（卷十三·艺术上），中国人民大学出版社，2009，第105页。

[3]　庄淑舆（1882—1953），广东海阳人（今潮州市湘桥区），詹云弟子，卅岁到香港任南洋兄弟烟草公司画师，后回潮州办南华别墅画坊。

[4]　陈韩曦：《饶宗颐——东方文化坐标》，花城出版社，2015，第9页。

即对：

来飞来，回回雁，雁回还思，来飞来①。

春，王弘愿撰《西湖山志·序三》。

2月，父亲饶锷公撰《冯素秋女士传》。

4月，夏月，父亲饶锷公于天啸楼自序《西湖山志》。

4月，夏月，蔡心觉于爽斋撰《西湖山志·跋》。

5月，仲夏，温延敬撰《西湖山志·序一》。

9月8日，家中见来访老师温丹铭。

秋，就读于县城城南高等小学。喜欢翻阅章回小说，父亲严厉地训示："要好好学习古典文章和历史。"忆曰："只有一次被父亲狠狠地骂了一顿，这就给了我一个方向，而父亲那一脸严肃的样子至今仍如在眼前。"②

10月，父亲饶锷公编著的《潮州西湖山志》（十卷，二册）由潮安梁永昌印刷所承印，瀛社发行。

12月26日，汕头九教会编辑出版《铎报》（第2期），父亲饶锷公撰祝词。

同年，父亲饶锷公撰《复温丹铭先生书》《高先生合家欢图后记》《贺蔡瀛壶居士六十寿辰》《编辑西湖山志漫题绝句四首》《铎报祝词》。

同年，高吹万（1878—1958）为季子授室，集家人30余人团聚摄为《合家欢图》，把"合家欢图"寄给饶锷公，饶锷公展阅后欣喜万分，特作《高先生〈合家欢图〉后记》，收入《天啸楼集》（第三卷），留为永久的纪念。高吹万人品好，文化极高，长孙高锟③。

同年，冯其庸生。金庸生。

## ■ 1925 年（民国十四年　乙丑）九岁

春，开始阅读南宋朱熹《通鉴纲目》《礼记·大学》和乾隆敕撰的编年记事《通鉴辑览》等古籍。

8月，父亲饶锷公任潮安县商会公断处处长。

同年，临写颜真卿的《麻姑仙坛记》《裴将军》及柳公权的《玄秘塔碑》《神策军碑》。

同年，继续就读于城南高等小学。

---

① 陈韩曦：《饶宗颐——东方文化坐标》，花城出版社，2015，第238页。

② 饶宗颐、池田大作、孙立川：《文化艺术之旅：鼎谈集》，香港天地图书有限公司，2009，第24页。

③ 高锟（1933—2018），生于江苏省金山县（今上海市金山区），华裔物理学家、教育家，光纤通信、电机工程专家，香港中文大学前校长。为"光纤之父"、普世誉之为"光纤通信之父"。是高吹万子孙。

同年，父亲饶锷公着手大索潮州文献遗书，拟补辑光绪《海阳县志·艺文略》[1]。

同年，父亲饶锷公撰《韩社题名录序》《王母陈太夫人诔》《题佃介眉宝籀斋印存》[2]。

## ■ 1926 年（民国十五年　丙寅）十岁

1月初，开始背诵《史记》多篇。

6月30日，东亚考古学会成立。

8月，詹安泰受聘韩山师院（广东省立第二师范），开始和饶锷公来往。

秋，潮安县立初级中学（今潮州金山中学前身）在潮州西湖创办。

同年，阅读经史、佛典、诗词、文赋。

## ■ 1927 年（民国十六年　丁卯）十一岁

同年，父亲饶锷公撰《〈佛国记〉疏证》，帮助抄录著作。向父亲学习逻辑思维、分析归纳、语言文字等能力，这种家学成为做学问的方便法门。

同年，开始阅读道家、释家之书和医书，冥冥中向往一个清静的世界。

同年，读蒋维乔[3]所著《因是子静坐法》，练习打坐。着迷于日本道教著作译本介绍藤田的腹式、冈田的胸式呼吸法，自认适合藤田的方法，随之练习。修炼佛家三性"戒、定、慧"中的"定"，就是"入定"，要心力高度集中，培养定力，以宁静的心态，排除各种干扰，把心思"定"在学问上。

同年，写律诗一首，题为《作诗》：

灯尽目眕倦欲眠，一行一字尚流连。

睡时积欠以千计，诗境独游垂十年。

不学后山卧草盖，颇思张籍啖焚笺。

为诗终似为文苦，月肋天心费出穿。

同年，无锡国学专修馆更名为无锡国学专门学院。

同年，父亲饶锷公撰《感旧诗存序》《天啸楼藏书目序》《答胡孔昭书》。

同年，祖父子梧，伯父禹初相继病逝。父掌管饶氏生意。

---

[1] 饶锷、饶宗颐：《潮州艺文志》，广州私立岭南大学，1935—1937，第1—2页。

[2] 潮汕历史文化研究中心：《饶锷文集》，天马出版有限公司，2010，第40、102、142页。

[3] 蒋维乔（1873—1958），号因是子，字竹庄，江苏常州人。曾任商务印书馆编辑、江苏省教育厅厅长、东吴大学校长。新中国成立后任上海政协常委，文史馆馆务委员。

## ■ 1928 年（民国十七年　戊辰）十二岁

年初，向杨栻①学习宋人行草及绘画，临摹杨家在南京购买的百多幅任伯年画作，后觉得任伯年画作中的人物寒酸气味太重，容易入俗，不能高古，故未深入临摹。有《题任伯年〈纨扇集锦册〉》为证：

近贤宝绘，平生惟山阴任氏之作，披览独多。忆十二岁时，从金陵杨寿栐先生学山水，其尊人筱亭翁，亦山水名家，最暱昵于任氏，酬赠至富。杨家藏任画，无虑百十数，皆供余恣意临写②。

同年，缺乏母爱，内心十分"孤独"，为化解这种无奈的"孤独"，用盘腿打坐入静以排除烦恼。长时间地打坐，天天减食，甚至不进餐，整个人感到头脑清明，有列子御风泠然的感觉，故乐此不疲。长时间打坐减食导致其精神憔悴，面色黯淡，懂医术的杨栻老师认为此举对身体有害，要求正常进食，服用中药调养以尽快恢复健康。如无杨老师及时发现状况，可能危及生命。不过因有此经历，后著《老子想尔注》等文章就非常亲切易入。

同年，开始学习桐城派行文，父亲饶锷公做古文主张从欧文入门。但因受古文教师王慕韩（弘愿）的影响，选择从韩文入门，从而形成自己一套学习古文的方法。认为从韩文入手，可建构大的框架，养足文气，然后再由韩转入欧，化百炼钢为绕指柔。相反，如果从欧文入手，一开始行文就柔靡，后来的文气就没有什么特色。

同年，父亲饶锷公购得孙诒让《温州经籍志》，萌发编辑潮州《艺文志》。开始着手网罗潮州历代文人学者的诗文学术著作及地方历史文献，考究一方学术潮流，表彰乡贤事迹著述的大著作，后成《潮州艺文志》。

同年，中山大学语言历史学研究所考古协会成立。

同年，池田大作生。

## ■ 1929 年（民国十八年　己巳）十三岁

11月，父亲饶锷公辟建的"天啸楼"落成。前后设有宽敞走廊，在南面两边有通廊，与前面宅第围成另一天井。楼共三层，最顶层书室名为"书巢"，集书几万

---

① 杨栻（1886—1966），字寿栐，又字寿杨，祖籍金陵（南京），因随其父亲杨国岧来潮落户，遂为潮汕人，一生以书画、诗词为乐，有作品收入《岭东名画集》。

② 饶宗颐：《固庵文录》，辽宁教育出版社，2000，第156页。

余卷，成为当时粤东最负盛名的私人藏书楼。翌年，延请陈景仁[①]书楼名，郭餐雪[②]撰书楼联：

> 长啸一声横素鹤，一楼百尺卧元龙。

12月12日，父亲饶锷公为同邑林焯熔诗集撰《蛣寄庐诗剩·序》。

12月22日，父亲饶锷公为王弘愿《先母行述》撰《书后》。

同年，父亲饶锷公撰《天啸楼记》[③]。

同年，席卷全球的金融危机波及潮州，饶氏家族生意受到影响。

同年，父亲饶锷公撰《南园吟草序》《挽陈芷云》《生日戏作效伏敌堂体》《报郭辅庭书》。

同年，日本京都大学人文科学研究所成立。

# ■ 1930 年（民国十九年　庚午）十四岁

2月22日，农历正月廿四，与父亲家人一起到大街观看"大老爷"出游。

2月，莼园（今潮州市东平路305号）竣工。该园面积600平方米左右，内有小桥流水，凉亭假山。莼园由碧虹桥、湛然亭、拙窝、"画中游"等景点构成。为警醒后辈不要成为纨绔子弟，饶锷公作《莼园记》[④]。

2月，为莼园一景"画中游"撰书楹联：

> 山不在高，石宜怪，洞宜深；
> 园须脱俗，树欲古，竹欲疏[⑤]。

4月，四胞弟宗亮生。

6月，从城南学校毕业。

8月初，韩江洪水暴涨，潮州城被淹，东门楼上门板10块。

---

① 陈景仁（1868—1939），晚清贡生，书法家。曾参加康有为的"公车上书"，失败后，回汕头办报。他自幼广习诸家名帖，善写各种字体，书法造诣很深，尤以隶书见称，名闻遐迩，大书法家康有为很赏识他。

② 郭餐雪（1874—1937），名心尧，字伯陶，号餐雪、又号半生和尚，一号半生道人。揭阳棉湖人，长期居潮州府城。清末廪生。自幼勤奋好学，天资聪敏，有"神童"之誉。稍长考入棉湖兴道书院，习制艺之学。与王延康、郑心经、黄霖泽（笠芗）、饶勋（若呆）、饶锷、石维岩（铭吾）等交游密切。诗、书、画无所不能。诗词辞美意幽。

③ 潮汕历史文化研究中心：《饶锷文集》，天马出版有限公司，2010，第87页。

④ 同上书，第85页。

⑤ 2009年重书80年前楹联，赠潮州饶宗颐学术馆，楹联长度3.2米，边款以行楷题跋："腕力尚能胜任也。"

秋，就读省立金山中学，时任校长为方达观，班主任为王弘愿①（慕韩）老师，王老师的佛教思想对他影响很大。

12月，学校课堂开讲唐诗宋词、《古文观止》，早已熟记于心，觉得上课等于浪费时间，萌发退学的想法。

同年，父亲饶锷公收集资料撰《清儒学案》，帮父抄写文案，并在父亲的指导下，试写《顾炎武学案》（现稿已散佚）②。

同年，致信潮州书界名流刘三、蔡守。几位前辈都不晓得来信者是不到20岁的人，用一句杜甫的诗来说，真个是"结交多老苍"③。

同年，父亲饶锷公撰《与蔡纫秋书》《蓴园记》《述轩铭》《米友石砚山歌》《蓴园假山筑成有作》。

同年，父亲饶锷公作《四十小影自题》④。

同年，报读商务印书馆英语函授部，成为该部函授生，开始学习、接触英语⑤。

同年，无锡国学专门学院改名为无锡国学专修学校。

同年，王赓武生。日本水原渭江生。许倬云生。

## ■ 1931年（民国二十年　辛未）十五岁

春，举行潮州传统民俗成人礼"出花园"仪式，标志已成人。

4月，撰写《金山志序》⑥。

夏日，父亲饶锷公临摹杨遂盦藏品《魏毋丘俭丸都山纪功碑》拓本并撰跋。

同年，五胞弟宗震生。

同年，觉得学校里老师讲课太浅显，"四书五经"、《史记》等书自小在家中的藏书楼早已读过。上了一年中学后，向学校申请退学回家自修，父亲开明默认。退学后，成天沉浸在天啸楼书海里，阅读各种古籍字典，看《周礼正义》《周礼政要》，读《札移》等家中藏书。⑦

同年，潮安县商会创办《商报》，社址设在开元寺内⑧。

同年，詹伯慧生。杜经国生。

---

① 王弘愿（1876—1937），广东潮安人。近代佛教居士。因爱唐韩愈文章，取名师愈，字慕韩，号圆五居士。

② 饶宗颐述，胡晓明、李瑞明整理：《饶宗颐学述》，浙江人民出版社，2000，第3页。

③ 陈韩曦：《饶宗颐——东方文化坐标》，花城出版社，2015，第7页。

④ 潮汕历史文化研究中心：《饶锷文集》，天马出版有限公司，2010，第129页。

⑤ 同上书，第8页。

⑥ 饶宗颐：《潮州丛著初编》，广州市立中山图书馆，1938，第2页。

⑦ 陈韩曦：《饶宗颐——东方文化坐标》，花城出版社，2015，第13页。

⑧ 潮州市地方志编纂委员会编《潮州市志》，广东人民出版社，1995，第84页。

# ■ 1932 年（民国二十一年　壬申）十六岁

元旦，父饶锷公与杨光祖[①]、石维岩[②]、郭餐雪诸友喜结诗社，本年为壬申年，故命"壬社"，饶锷公被选为社长。壬社成立不久，在《新岭东日报》上刊行社刊《壬社月刊》。

年初，父饶锷公清理述作已成书有《潮州西湖山志》（十卷）、《天啸楼集》（五卷）、《慈禧宫词》（一卷）、《饶氏家谱》（八卷）；另有未付梓的《法显〈佛国记〉疏》《王右军年谱》。未完篇有《潮雅》、《汉儒学案》、《淮南子笺证》、《清儒学案》、《潮州艺文志》（合著）等。

4月10日，《壬社月刊》（第2期）刊登古诗两首：

一、登楼

披发登大荒，狂歌送夕阳。登高一长啸，云树两苍茫。层楼何崔巍，笋立凌穹苍。四野横山川，漠漠复泱泱。我来倚危阑，北望泪沾裳，安得生双翼，乘风飞扶桑。举起倚天剑，斫断仇人肠。

二、关山月

序曰：月下徘徊感及关东战事，因效唐人诗髓作关山月以寄兴。

关城月色寒，沙场血未干。湖马十万骑，踏遍千重山。黑烟旗影没，长夜炮声残。兵败锦州城，倭□迫东湾。丈夫祈战死，马革裹尸还。白山白如雪，磐血碧于菅。忍哉天边月，千载照人间。

5月13日，《壬社月刊》（第3期）刊载诗《韩江楼》五律一首：

旧构动新日，楼新景亦新，眼前皆画稿，堞上有游人。云断山浮白，雨添水涨春。苍茫烟树处，闻说是东津。

7月5日，饶锷公沉疴不起，病逝于家中，终年42岁。饶锷公在人生治学有所成就的年纪就英年早逝，对学术界、对家人都是重大的损失。

同日，吴鸿藻作《饶锷传》[③]。

7月7日，壬社全体诗友送了挽联：

一代文章托吾子，

---

① 杨光祖（1901—1961），潮州人。因体弱多病，人称"杨瘦子"，其人多才多艺，诗宗王孟，著有《沙溪吟草》。

② 石维岩（1878—1961），潮州人，字铭吾，号慵石，晚号慵叟。曾于金山书院、韩山书院就读。广东省文史馆馆员。著有《慵石室诗钞》（四卷）、《词钞》（一卷）。

③ 吴鸿藻选编《潮州灵光集》（卷六），1932年，钞本。

九重泉路尽交期。

7月，佃介眉作《登天啸楼伤亡友钝庵》诗悼念。

7月，郑国藩[①]撰写《饶纯钩先生墓志铭》。

7月，与陈若侬（1916—2013）女士结婚。

7月，为悼念父亲饶锷公写下《优昙花诗》。[②]

序曰：优昙花，锡兰产，余家植两株，月夜花放，及晨而萎，家人伤之。因取荣悴无定之理，为诗以释其意焉。

异域有奇卉，植兹园池旁。
夜来孤月明，吐蕊白如霜。
香气生寒水，素影含虚光。
如何一夕凋，殂谢亦可伤。
岂伊冰玉质，无意狎群芳。
遂尔离尘垢，冥然返太苍。
太苍安可穷，天道邈无极。
衰荣理则常，幻化终难测。
千载未足修，转瞬讵为逼。
达人解其会，保此恒安息。
浊醪且自陶，聊以永兹夕。

12月，香港新会冯平山先生捐建的冯平山图书馆落成，港督贝璐爵士（Sir W. Peel）主持揭幕仪式。

12月底，开始续编《潮州艺文志》，邀请父辈诗友学人郑国藩、杨光祖、石维岩、蔡梦香、佃介眉等人协助整理父亲的诗文遗稿，编定了《天啸楼集》。

## ■ 1933 年（民国二十二年　癸酉）十七岁

1月，董作宾[③]《甲骨文断代研究例》发表，此文为甲骨学史上划时代名作。

4月，孟夏，郑国藩撰《天啸楼集·序》[④]。

同年，在天啸楼整理父亲一系列遗稿，查证补订《潮州艺文志》。

同年，夫人陈若侬勤勉贤淑，孝敬长辈，照顾丈夫日常起居十分周到，闲暇时

---

① 郑国藩（1857—1937），字晓屏，号似园老人，广东潮州人，祖籍普宁，后迁居潮州府城国王宫巷后铺仔。清光绪年间（1875—1908）拔贡。曾任广东省立金山中学代理校长。

② 饶宗颐：《清晖集》，深圳海天出版社，1999，第244页。

③ 董作宾（1895—1963），河南南阳人。甲骨学家、古史学家、"甲骨四堂"之一。

④ 潮汕历史文化研究中心：《饶锷文集》，天马出版有限公司，2010，第3—4页。

做一些手工活，补贴家用。

同年，曹禺创作的话剧《雷雨》上演，一举成名。

同年，李学勤生。

# ■ 1934 年（民国二十三年　甲戌）十八岁

2月，顾颉刚等组建禹贡学会，会址设于成府顾的寓所，经费除顾、谭每月各出20元外，余由会员交纳会费维持。

2月12日，黄仲琴[①]撰《潮州艺文志·序》。

2月20日，撰《天啸楼集·跋》。

3月3日，《潮州艺文志总目序》（史料摘选）载于《潮声月刊》。9月修改后刊于《岭南学报》（第4卷第4期）。

3月1日，顾颉刚出版《禹贡半月刊》创刊号。

3月，为撰写《广东潮州旧志考》，到潮州庵埠明朝进士林熙春旧居收集资料。在城南书庄，见到记载揭阳薛侃事迹的《廷鞫实录》一书，遂重加点勘。

7月—8月，继续补订父遗著《潮州艺文志》一稿。

8月，开始学诗词。主要有两类：一类是学杜甫《北征》"三吏""三别"，为国难当头的忧患诗；另一类是抒发爱情的诗歌。

8月，学写骈体文，如《韩山志》《廷鞫实录》等《序》文，后收录到《固庵文录》。

8月，《天啸楼集》（饶锷著）刊行，书中收录入文章55篇，诗24首，分为五卷。其中一、二卷为序跋、信函、书札；第三卷为散文、传论；第四卷为铭辞、短论；第五卷为诗作。郑国藩、杨光祖作序言[②]，蔡梦香题签。

9月底，饶锷公遗留《潮州艺文志》旧稿23卷，其中编定16卷。经过两年奋心寻检，搜集材料，除"别其类次"继续编订外，又加《外编》《订伪》《存疑》等卷，完成续编《潮州艺文志》，撰写《潮州艺文志·序》《潮州艺文志·序例》。

11月1日，《禹贡半月刊》（第二卷第五期）载《广东潮州旧志考》，文章否定"《潮志》自明弘治以前，无可考矣"的观点，认为南宋乾道、淳熙之际犹有书名可考见者，明文渊阁所度《潮州府志·图志》共六部[③]。该文收入《饶宗颐潮汕地方史论集》、《饶宗颐二十世纪学术文集》（卷九·潮学）。

11月，中山大学中文系主任古直探望饶家，读《优昙花诗》，惊叹并比之"陆机二十作文赋"激赏。该诗发表于中山大学中文系《文学杂志》（第十一期），温

---

① 黄仲琴（1884—1942），名嵩年、字仲琴，号嵩罗。祖籍广东省海阳县（今潮安县）。著名教授、学者，爱国知识分子，曾经为漳州现代教育、漳州地方文史研究做出杰出贡献。

② 潮汕历史文化研究中心：《饶锷文集》，天马出版有限公司，2010，第157—158页。

③ 此文见《饶宗颐二十世纪学术文集》（卷九，潮学下），第848页。有学者认为此文是目前能读到的饶宗颐最早发表的论文。

丹铭①和诗一首。

同年，《陈衍虞先生传》载于《广东旅沪同乡会月刊》（第1卷第11期）。

同年，施舟人生。

## ■ 1935 年（民国二十四年　乙亥）十九岁

9月，广州私立岭南大学《岭南学报·专号》（第4卷第4期，1937年第6卷第2、3期合刊），载《潮州艺文志·序例》（饶锷、饶宗颐著）。收入《饶宗颐二十世纪学术文集》（卷九·潮学）。艺文志是潮州首部在艺文方面的著作实录。自唐代赵德《昌黎文录》，到二十世纪四十年代中期可以考证出来的潮籍名家著述，按传统的经、史、子、集四部分类，收集书目一千多种，并附作者的简介。

10月底，将家藏的海瑞像赠黄仲琴，在卷轴裱边上题：

海忠介公象，宗颐。

11月9日，顾颉刚致禹贡学会会员一封信②。

冬，撰《补陈经籍志·序》。收入《固庵文录》。

同年，经温丹铭推荐，被聘为国立中山大学广东通志馆专任纂修，成为馆内最年轻的一员。

同年，开始古代地理学研究并撰写《楚辞地理考》。

同年，着手撰写《韩山志》。

同年，在《禹贡》（古代地理专号）上发表了《三苗考》。

同年，《新书叙目》、《古史辨》（第八册）目录发表在《责善半月刊》。按《汉书》体例动笔编纂的《新莽史》也开始动笔。

同年，《广东新通志艺文略·集部·潮州一至六》载于《广东通志》（第48、49卷）。2007年，收入《广东历代方志集成·省部》。

同年，曾宪通生。

## ■ 1936 年（民国二十五年　丙子）二十岁

4月，为黄仲琴所著《金山志》撰《金山志·序》。收入《固庵文录》③。

5月24日，禹贡学会举行成立大会，选举第一届会员，推举顾颉刚为理事长。选

---

① 温丹铭（1869—1954），名廷敬，字丹铭，号止斋，广东省大埔县人。近代岭南著名学者、文献专家。

② 顾颉刚：《顾颉刚书信集》（卷三），中华书局，2011，第47—49页。

③ 首次作《序》，并为《金山志》补辑。

出理事7人，候补理事3人，候补监事2人，并通过了修改后的学会章程。

6月，《〈顾影集〉残本跋》《书李文饶到恶溪夜泊芦岛诗后》，载《中山大学文科研究所语言文学专刊》（第一卷第二期）。

10月，撰《韩山志·自序》《韩山志·例言》。

10月，《韩山志叙例目录》出版。①

11月6日，开始致信顾颉刚。

11月29日，顾颉刚将饶宗颐、陈增敏、佘贻泽等六人来信编为《通讯一束》。②

11月，黄仲琴介绍加入顾颉刚创办的禹贡学会。对历史地理的兴趣与禹贡学派有很大关系。

11月，在韩江东岸的一座破庙里，找到一块旧时碑碣，从里面找到地方志中失载的资料，为《广济桥志》补下欠缺的史料。

12月10日，《广济桥考》刊发于国立中山大学文科研究所历史学部《史学专刊》（第1卷第4期）。1938年作为《广济桥志》一部分，收入《潮州丛著初编》、《饶宗颐潮汕地方史论集》、《饶宗颐二十世纪学术文集》（卷九·潮学）。

同年，《〈朱刻霜山草堂诗集〉跋》载于苏州国学会《文艺捃华》季刊（金松岑主编），收入《潮州丛著初编》[广州市立中山图书馆丛书（3），1938年]，修订稿收入《饶宗颐二十世纪学术文集》（卷九·潮学）。

## ■ 1937 年（民国二十六年　丁丑）二十一岁

2月1日，《恶溪考》《潮州府韩文公祠沿革》《韩山名称辨异》《海阳山辨》，载《禹贡半月刊》（第六卷第十一期），辑入《韩山志》（附录二），刊于《岭东民国日报》，1938年收入《潮州丛著初编》。收入《饶宗颐潮汕地方史论集》、《饶宗颐二十世纪学术文集》（卷九·潮学）。

3月12日，北京禹贡学会出版《禹贡学会会员录》，共有会员399名，其中广东8名。

5月10日，《廷鞫实录序》载《书林》半月刊（第1卷第5期）。收入《潮州丛著初编》、《饶宗颐二十世纪学术文集》（卷十四·文录、诗词）。

6月1日，撰《魏策吴起论三苗之居辨误》《安济王考》发表于《禹贡半月刊》（古代地理专号·第七卷第六、七期）。

6月1日，《古海阳考》发表于《禹贡半月刊》（古代地理专号·第七卷第六、七期），1938年收入《潮州丛著初编》，1975年以《海阳考》为名载《旅暹潮安同乡会成立四十八周年纪念特刊》。收入《饶宗颐潮汕地方史论集》、《饶宗颐二十世纪学术文集》（卷九·潮学）。

---

① 作者收藏该书内有题识："立之先生教正，宗颐，呈稿。"钤印："伯子。"现存所见最早签名书，其"伯子"一印仅用于青年时期。

② 顾潮：《顾颉刚年谱》（增订本），中华书局，2011，第298页。

7月,《〈海录〉笔受者之考证》发表于《禹贡》半月刊(第七卷第十期)。

同年,《商即汤说》载于中山大学研究院文科研究所历史学部编《史学专刊》(第3卷第1期),又见《中央日报》(1949年5月17日,广州版,第7版)。

同年,《说祖》载于中山大学研究院文科研究所历史学部编《史学专刊》(第3卷第1期)。

同年,王弘愿卒,终年64岁。郭餐雪卒,终年62岁。

## ■ 1938 年(民国二十七年 戊寅)二十二岁

1月,上旬,无锡国专迁至广西桂林。

3月11日,广东省立师范学校校长李育藩来信,特请代授国文课,讲授训诂学、诸子百家。

4月4日,詹安泰致信夏承焘,嘱其为《无庵词》及饶宗颐的《广东易学》题签。

4月20日,与李崇纲、吴稚筠、石维岩、杨光祖、詹安泰、林青萍等游梅林湖。

夏月,叶恭绰撰《潮州志·序》。

10月21日,广州沦陷,广东通志馆关闭,中山大学迁往云南澄江。潮汕地区尚未落入敌寇之手,返回潮州,到凤凰山对畲族进行调查研究。

同年,承罗香林[①]之嘱,将《潮州丛著初编》列为广州市立中山图书馆丛书之三,由广州市立中山图书馆印行。1971年,台北文海出版社重印;2003年,部分文分类收入《饶宗颐二十世纪学术文集》。是书收录入《广济桥志》(附:《韩湘子异闻录》《韩湘子辨》)、《韩文公祠沿革考》(附:《韩祠著述考》《韩亭考》《韩木考》)、《张珽考》、《古海阳考》、《海阳山辨》、《恶溪考》(附:《韩江得名考》《化象潭考》《安济王考》)、《〈固庵序〉跋》(包括《廷鞠实录序》)、《〈林东莆先生全集〉跋》、《〈瞻六堂集〉跋》、《金山志·序》、《〈龟峰词〉跋》、《〈顾影集残本〉跋》、《〈薛中离先生全书〉跋》、《〈半憨集〉跋》、《〈郭循夫集〉跋》、《〈玉简山堂集〉跋》、《〈宾印诗稿〉跋》、《〈方刻醉经楼集〉跋》、《〈明农山堂汇草〉跋》、《〈世馨堂诗集残本〉跋》、《〈朱刻霜山草堂诗集〉跋》、《〈蜀弦集〉跋》、《〈回风草堂诗集〉跋》及《〈桐阴诗集〉跋》。作《自序》。

同年,姜伯勤生。卢瑞华生。

---

① 罗香林(1906—1978),字元一,号乙堂,兴宁人。中山大学著名历史学家,曾任中山图书馆馆长,1949年定居香港,任香港大学中文系主任。

## ■ 1939 年（民国二十八年　己卯）二十三岁

1月，收到詹安泰来信，建议赴云南中山大学任教。

2月，以广东通志馆纂修资格，经詹安泰推荐，受聘为中山大学研究员。

3月，在归湖镇仙洋村任教。

6月27日，离开潮州前往云南。计划先取道惠州，经香港再转越南，接着乘滇越铁路列车至昆明。同行者有詹安泰的夫人和女儿。途中，因染恶性疟疾滞留香港。

6月，经朋友介绍，在香港结识王云五[①]，王说："你不要去云南，在香港帮我做两件事情，一是撰写《中山大辞典》逐篇词条；二是帮做《八角号码》，查找甲骨文、金文资料。"王云五收藏大量甲骨卜辞，在王的指导下学认甲骨文。

7月25日，《离骚伯庸考》载于《益世报》（昆明版）。1946年12月以《伯庸考》收入《楚辞地理考》。

8月，协助叶恭绰[②]编辑《全清词钞》，细致考证清代词人仕履；阅读叶家收藏的各种古籍珍本和大量的敦煌经卷。

同年，撰《古籍篇名提要》。

陈景仁卒，终年72岁。

## ■ 1940 年（民国二十九年　庚辰）二十四岁

1月，据《潮州志·大事志》载民国二十九年（庚辰，公元一九四〇），是岁大饥，汕头人肉鬻于市，潮安城拾马粪充腹者，揭阳城饥民抢米。

1月，目睹日寇铁蹄践踏下的潮州百姓惨状，愤作抗日名篇《马矢赋》并《序》。

1月，完成《楚辞地理考》的撰写，作《楚辞地理考自序》。

4月16日，受顾颉刚委托编辑《古史辨》第八卷《古地辨》[③]，此卷专题是历史地理，该卷《目录》以《新书序》发表于齐鲁大学国学研究所《责善半月刊》（第1卷第3期），1968年香港龙门书店再版时改为《新书序目》，以《新史序目》收入《饶宗颐二十世纪学术文集》（卷六·史学）。

4月，《"敷浅原"辨》发表于上海学术社《学术》（第三辑）。

4月，为齐鲁大学国学研究所编纂《新莽史》。

---

① 王云五（1888.7.9—1979），原名云端，字岫庐。现代出版家、商务印书馆总经理。出生于上海。广东香山（今中山）人，祖籍南朗王屋村。1907年春，任振群学社社长。1909年，任闸北留美预备学堂教务长，1912年底，任北京英文《民主报》主编及北京大学、国民大学、中国公学大学部等英语教授。

② 叶恭绰（1881—1968），字裕甫（玉甫、玉虎、玉父），又字誉虎，号遐庵，晚年别署矩园，室名"宣室"。祖籍浙江余姚，生于广东番禺书香门第，书画家、收藏家、政治活动家。

③ 抗战时期，《古史辨》（第八卷）没有出版。2011年至2014年，指导胡孝忠把《古史辨》（第八卷）汇编成书。

7月6日，致信顾颉刚。顾颉刚将王玉哲、饶宗颐来信刊于《责善半月刊》之《学术通讯》（第1卷第16期）。[1]

7月24日，童书业[2]高度赞扬其所治史地之学，并为《楚辞地理考》作《序》。

9月16日，《中旦为根围考》（殷史探源之一），发表于《责善半月刊》（第1卷第13期）。

10月16日，与顾颉刚书信刊于《责善半月刊》（第1卷第15期），载《与顾颉刚书》。

同年，施议对[3]生。罗振玉卒，终年75岁。

## ■ 1941年（民国三十年　辛巳）二十五岁

1月，《广东之易学》发表于广州中国文化协进会《广东文物》（下册），又见上海书店《广东文物》。收入《百年易学菁华集成·初编·易学史7》，后以《略记广东易学著述》收入《饶宗颐二十世纪学术文集》（卷四·经术、礼乐）。

7月16日，致信顾颉刚。

9月1日，致顾颉刚之信发表于《编辑古史辨第八册（古地辨）及论虞幕伯鲧等，附拟目——与顾颉刚书》刊《责善半月刊》之《学术通讯》（第二卷第十二期）。[4]

9月，《大风》（第97期）载《读〈全宋词〉》。

12月25日，日寇占领香港。将叶恭绰《全清词钞》最后部分完成后，避战乱回到揭阳县（当时揭阳是潮汕抗日的后方，并未沦陷）。

冬，祖母辞世，作《白云赋》，既悼念祖母仙逝，又恨藐是流离，所写之情极真挚凄恻。1948年5月，《白云赋》载南华学报编辑委员会主编《南华学报》之《固庵赋录》（迁汕再版号第1期），收入《固庵文录》、《饶宗颐二十世纪学术文集》（2003年，卷十四·文录、诗词）。

同年，撰《斗室赋》。

同年，撰《广东易学考》（稿件毁于战火）。

## ■ 1942年（民国三十一年　壬午）二十六岁

2月，走访揭阳耆老辈，考察当地文物古迹，得"潮州先贤遗像"二十余帧。

[1] 顾潮：《顾颉刚年谱》（增订本），中华书局，2011，第347页。
[2] 童书业（1908—1968），浙江鄞县（今鄞州区）人，历史学家。曾任上海博物馆历史部主任、山东大学教授等职，著有《中国瓷器史论丛》《春秋左传研究》等。
[3] 施议对（1940— ），台湾彰化人，澳门大学中文院前副院长。
[4] 顾潮：《顾颉刚年谱》（增订本），中华书局，2011,，第356页。

4月，访郭之奇①故居。为《郭之奇年谱》增加详细的郭家世系资料。"得睹其家乘，故于世系能详加胪列。公之著述若《稽古篇》，成《宛在堂集》，均余家中庋藏之物，先君撰《潮州艺文志》，时常考览，小子侍笔砚，知之独详，因据以载录。"②

9月，被揭阳县长陈暑木将军聘任为揭阳县文献委员会主任，主编地方文史刊物《文献》。组织委员会40多人开始四处张贴《征集文物启事》。

秋，与石铭吾被揭阳县县长陈暑木委任为揭阳民众教育馆正副馆长。主要任务是振兴中华文化，并发扬潮州的文物和文化遗产，巩固潮州人作为中华民族一分子的文化自尊心，教育民众，宣传抗日。

同年，长女饶清绮出生。

同年，到揭阳拜访父亲旧交古文大家姚梓芳③老先生。姚老先生一生著作甚丰，主要有《秋园文钞》《觉庵丛稿》《广西办学文稿》《古文辞阶》《过庭杂录》《困学庐笔记》等。《新古文辞类纂》收有其四篇文章，系民国时期全国性知名的一代学人。

同年，阎守诚生。杨光祖卒，终年42岁。黄仲琴卒，终年59岁。

## ■ 1943 年（民国三十三年　癸未）二十七岁

1月初，同妻子陈若侬回乡，因潮州被日本占领，转到饶平避难。

2月，到迁于饶平县凤凰山区的金山中学任高中国文教员。任教期间，有诗句结集取名《千仞集》，用贾谊《吊屈原赋》中"凤凰翔于千仞兮，览德辉而下之；见旧德之险征兮，遥曾击而去之"的词语，后来又换了一个名，叫《凤顶集》，该集因战乱丢失④。

8月1日，所撰《揭阳地方志考》发表于揭阳文献委员会刊物《文献》创刊号。

9月16日，致信蔡哲夫⑤。

---

① 郭之奇（1607—1662），明末抗清官员，潮州七贤之一。字仲常，一号菽子，号正夫，别号若菽、玉溪子，自号三士道人，广东揭阳人。崇祯元年进士，历任福建提学参议，詹事府詹事，南明时追随桂王及永历跋涉于粤桂南交一带，抵抗清廷，累官至礼、兵二部尚书，太子太保，文渊阁大学士。康熙元年殉难，清乾隆时赐谥忠节。著有《宛在堂诗文集》，文录入《耆旧集》。其诗共分十八集，为潮汕历代存世诗作最多的诗人。

② 摘自《郭之奇年谱·引言》，见《饶宗颐二十世纪学术文集》（卷九·潮学）第997页。

③ 姚梓芳（1871—1952），又名曾美，字君愚，号秋园，别署觉庵，岐山老民，揭阳县鸟围村人（今属揭东县桂岭镇）。北京大学首届毕业生，清末民初潮汕知名学者。

④ 饶宗颐述，胡晓明、李瑞明整理：《饶宗颐学述》，浙江人民出版社，2000，第15页。

⑤ 蔡哲夫（1879—1941），原名守，一作有守，字成城，号寒琼、寒翁、寒道人、茶丘残客、折芙。斋堂为茶丘、寒庐、有奇堂、味雪庵、砖镜斋、二条一廛、寒琼水榭、茶四妙亭。广东顺德龙江乡人。早年加入南社，襄助黄节和邓实主办《国粹学报》，刊辑《风雨楼丛书》，与王秋湄、潘达微合编《天荒画报》。

10月20日,《岭东民国日报》(揭阳版)文艺专栏《笔垒》刊伯子(饶宗颐)《寿秋园丈》诗:

七十之年古所□①,况过其己岂易见。
姜坞旧是文章伯,一日声名满九县。
幻玄提要聊载□②,鹍鹏凤鸣神色变。
寥寥寿世数十篇,能于桐城开一面。
早收汗马侣鱼虾,欲使故乡似永嘉。
植□遗仗疏盘手,瀼西意味兹良有。
我也远路踵门迟,预为春酒介眉寿。

秋,揭阳局势恶化,由郑师许③推荐,启程赴广西桂林就任私立无锡国学专修学校(抗战时迁至广西)教授,讲授实用文字学、修辞学、国学概论。给薪320元。

11月,认识无锡国专教员梁漱溟④。

# ■ 1944 年(民国三十三年 甲申)二十八岁

3月,《张琏考》载《南洋研究》(第十一卷第二期)。

6月25日,桂林第一次疏散,民众避难。

6月30日,日军侵占桂林,师生奔走蒙山。

6月,荔浦、蒙山先后告急,又避入瑶山,路途中险被日军战机炸死。

6月,避敌西奔时住无锡国专学生黄伟家开的三民石印局(书店)里。天天读报了解战事消息。经萧德浩介绍认识清末举人萧韶美,从时任蒙山县修志局萧局长处借来《永安州志》,全面了解蒙山县地理、历史、人文、经济。

7月8日,上午9时,率领无锡国专学生黄伟、黄水新、萧德浩,从住地出发,大家一路上谈古论今,欣赏田园风光,途中作一首古风《旱峡》。到新圩峡后,走进乡间小道,再走十多里,进入忠良冲口的金鸡隘,登上隘顶眺望忠良冲,触景生情,又得诗一首《金鸡隘》。

同日,晚上,在车田村凌超荣同学家中用餐。

7月9日,在凌超荣带领下与学生走访岭祖瑶区。

同日,晚上,饭后大家坐在乡公所内的小院场里聊天,后写诗《岭祖村夜宿》

---

① 为《岭东民国日报》所刊《寿秋园文》诗中缺失字。

② 同上。

③ 郑师许(1897—1952),东莞人,原名郑沛霖。毕业于南京金陵大学,历任"国立"交通大学、暨南大学、大夏大学、中山大学、无锡国学专修学校和省立勤勤大学等校教授。

④ 梁漱溟(1893—1988),原籍广西,生于北京,中国著名的思想家、哲学家、教育家,主要研究人生问题和社会问题,现代新儒家的早期代表人物之一。

一首[①]。

7月，在大瑶山，赋诗《天堂岭》。

7月，蒙山中学校长孔宪铨[②]和何觉夫、黄威等牵头，借租黄氏宗祠为临时院舍，开设黄花学院，以学习中国古典文学为主门课，与简又文[③]、赵文炳[④]一起到该院义务授课。

8月26日，与黄伟、萧德浩、凌超荣、黄水新等步入瑶山，历榛翳，穷岩险，游衍二十里，作诗《天堂山》。

9月，中旬，在瑶山结识青年学生陈文统即梁羽生[⑤]，教陈填词。

9月，于瑶山撰《烛赋》。

10月1日，中秋节，写长诗《寄怀俞瑞征丈以尚有秋光照客衣为韵》，赠执教于无锡国专的学界前辈俞瑞征。

10月2日，与孔宪铨、何觉夫到简又文住处，举行宴会，分韵唱和，后将唱和诗词集成《黄花初唱集》油印刊行，并作《序》。

10月6日，农历八月二十，与赵文炳同宿李氏山楼，在灯窗下谈笑风生，用以慰藉大家奔波之苦。写诗《中秋后五日，过文塘与赵文炳，同宿李氏山楼》。收入《瑶山集》。

10月，下旬，平乐沦陷，蒙山县城紧急疏散，黄花学院被迫停课。

10月25日，重阳节，写诗《九日杂诗》。收入《瑶山集》。

10月27日，写诗《咏菊五律》：重阳后二日，黄花学院师生共游雨蒙冲，余以小恙未往，独坐看菊，补咏一律：

> 何处秋光也，檐前菊正黄。
> 人矜行远道，我独眷幽香。
> 明洁羞桃李，孤高耐雪霜。
> 会心成一笑，相赏莫相忘。

---

① 刘海寿主编《蒙山抗日风云录》，广西教育考试印刷厂，2004，第59—60页。

② 孔宪铨（1911—1964），广西蒙山县镇洲南村人，字北涯，历任蒙山县中学校长，酷爱作诗填词，造诣颇深，四十年代创办黄花诗社，著有油印本《黄花集》《北涯词》《今朝集》。

③ 简又文（1896—1979），祖籍广东新会县双水镇木江维新里，字永真，号驭繁。中国当代史学家、著名的太平天国史专家，基督教徒。

④ 赵文炳（1900—1954），字焕卿、文心、耕之、尼古亚（留苏学名），浙江慈溪周巷叶亭路南新屋人，原祖籍甘肃通渭县义岗川乡赵家高庄人。出身于"中国书画之乡"书香门第之家，是多才多艺的"西北才子"。莫斯科中山大学毕业，受聘于冯玉祥西北军政治部（冒险两去苏联智取宣传品），曾任甘肃监察使，与简又文一道被选任为民国"中央立法委员"，先后任教于安徽、广西、浙江、北京、江西等地大学，著名的法学家、教育家、书画家，易学家，有著作多部。

⑤ 梁羽生（1924—2009），广西人，原名陈文统，中国著名武侠小说家，与金庸、古龙并称为中国武侠小说三大宗师，被誉为新派武侠小说的开山祖师。

10月底，与简又文一起疏散到文圩陈文奇、陈信玉家。其间，避兵于龙头村，结识贾辅民，赋诗《示贾生辅民时避兵龙头村》。

秋，收到冼玉清<sup>①</sup>从广东清远连州燕喜山麓寄来的书信和赠诗：

> 卖痴声不到山村，
> 祈谷人家笑语喧。
> 我自无聊闲读赋，
> 蟋蟀鸣处忆王孙。

11月3日，日军攻占荔浦，继而蒙山县的北乡杜莫乡沦陷。

12月22日，冬至，思乡之情涌上心头，写诗《冬至》。

冬至后，写诗《寄慵石丈》，寄给潮州诗坛前辈石维岩，询问故乡战时安危情况。诗云：

> 先生日日务酲酺，万古诗名属酒徒。
> 道远常难数字至，春生得见一阳无。
> 凿坯抱瓮今何世，野析邻鸡晓自呼。
> 甚欲因公问消息，故乡恐见鬼盈车。

冬，写诗《冼玉清自连州燕喜亭贻书及诗，予避兵西奔，仓皇中赋报》：

> 千秋燕喜亭，寂寞今无主。
> 玉想琼思处，江山伴凄苦。
> 地似皋桥僻，怀哉暂羁旅。
> 出郭濑浅浅，入门风虎虎。
> 攀桂聊淹留，万方惊窘步。
> 遗我尺素书，未曾及酸楚。
> 日月苦缠迫，春愁种何许。
> 山中听蟋蟀，诗祟应无数。
> 十年拓诗境，颎洞复几度。
> 且试写古抱，宁复怨修阻。
> 休谱厄屯歌，哀时泪如雨。

12月，晤简又文，钦佩其为人与学问，作诗《乱定晤简又文有赠》共勉。

12月，至广西蒙山县文墟、黄牛山，得当地居民慷慨仗义，照顾有加，作诗

---

① 冼玉清（1895—1965），祖籍广东南海西樵，生于澳门。画家，著名文献学家，杰出诗人，岭南第一位女博学家。

《文墟行》以颂主人之热情款待。

12 月，蒋石渠[1]诗赠《送饶固庵》：

> 犹忆穷山访我时，漫天烽火赋新诗。
> 莹莹真有不亡在，蘦蘦已成靡所之。
> 差喜今朝得归去，相看吾道务驱驰。
> 赠君一语应须记，草长江南与子期。

冬，撰《囚城赋》。

同年，避难中，在山上捡生火做饭用的木柴，亲身参与劳动，写下《遣怀》一首。

同年，作《高阳台》词：

> 雨湿芜城，鸦翻遥浦，倦游远客惊心。千里兵尘，野风腥入罗衾。玉箫难续繁华梦，倚危亭、迢递层阴。雁讯沉。叶警征魂，风起骚吟。
> 江山如此故交渺，又楼高天迥，节往秋深。平楚寒烟，尽多乡思枫林。铜驼荆棘知何世，舞吴钩、岂独伤今。意难任。霜落萧晨，休去登临[2]。

此弱冠抗战时羁旅念乱之篇，友人录示，聊存少作之一斑云，选堂识。

# ■ 1945 年（民国三十四年　乙酉）二十九岁

1 月 1 日，于蒋石渠瑶山精舍，与大家共同宴欢，共贺无锡国专二十四周年校庆，酒后赋诗呈座上诸公。诗云：

> 我似羸牛鞭不动，尚欲与公偕入瓮。
> 薄酒浇胸如泻水，一饮百杯嫌未痛。
> 江海相逢值元日，觥筹手挥兼目送。
> 穷山华筵岂易得，此乐要当天下共。
> 太湖三万六千顷，伊昔曾开白鹿洞。
> 崔巍瑶岭播迁来，最高寒处能呵冻。
> 师友呻吟各一方，二十四年真一梦。
> 我行叠嶂叹观止，如吞八九于云瞢。
> 群公坚苦餐藜藿，要为国家树梁栋。
> 平时蟠胸有万卷，可与山灵一披讽。
> 潢潦终当归巨浸，蛮荆自昔生屈宋。

---

① 蒋庭曜：《石渠诗存·劫中草》。
② 饶宗颐：《清晖集》，深圳海天出版社，2006，第 381 页。

西溪一脉此传薪，南荒万象足持控。

汀洲鸿雁渐安集，风雪纸窗余半缝。

倾壶但愿长周旋，破眼梅花春欲纵。

1月15日，蒙山沦陷，与无锡国专师生一起避入蒙山文墟镇屯治村梁羽生的陈家祖屋。

1月16日，于大排山中的"牛矢山房"，继续授受课业。为画家叶因泉创作的《牛矢山房课子图》作诗《寄题牛矢山房课子图为简又文》。

2月19日，农历正月初七，在广西蒙山县写诗《人日》。

2月28日，《〈芜城赋〉发微》发表于上海商务印书馆《东方杂志》（第四十一卷第四号）。收入《文辙——文学史论集》、《饶宗颐二十世纪学术文集》（卷十一·文学）。

4月底，无锡国学专修学校在北流山围复课。

9月3日，抗战胜利，在蒙山与简又文等人欣喜若狂，作诗《九月三日》：

举杯同祝中兴日，

甲午而来恨始平。

一事令人堪莞尔，

楼船兼作受降城。

10月10日，与巨赞法师、蒋石渠等到磐石山访胜，作诗一首《登磐石山同巨赞上人》，巨赞则以《民国卅四年国庆登北流山围之磐石山，用饶宗颐教授韵，时同执教于无锡国学专修学校》作答。

10月14日，重阳，于瑶山北流山围整理64首诗成《瑶山草》，撰《瑶山草·自序》，这是最早编成的诗集。陈颙、詹安泰、刘寅庵分别题词。收入《选堂诗词集》《清晖集》。

同年，李焯芬生。饶宝珊卒，终年55岁。

## ■ 1946 年（民国三十五年　丙戌）三十岁

4月29日，广东省第五区年度行政会议决定修《潮州志》，内容："鉴于修志之不容缓，爰提议编纂《潮州新志》一案，经会议一致通过，并定于7月1日成立潮州市修志委员会，推郑绍玄为主任委员，负责修志事宜。"

6月1日，《殷困民国考》（署名：饶颐）载于《文理学报》（第1卷第1期）。此期刊"启事"写道："《殷困民国考》为研究古代史之力作，因文中甲骨文无法排印，迫得改用石印，由作者亲自誊写，弥觉珍贵。"系首篇甲骨论文。

6月15日《韩文编录原始》发表于上海《东方杂志》（第四十二卷第十二号·重庆版），修订版《赵德及其〈昌黎文录〉——韩文编选溯源》，发表于《香港潮州商会六十周年纪念特刊》。收入《文辙——文学史论集》（下册）、《饶宗颐史学论著选》、《饶宗颐潮汕地方史论集》。

6月，上旬，由桂林返广州，任广东文理学院教授。

6月，下旬，由广州返汕头。任华南大学中文系教授、系主任。

6月，广东第五区行政专员郑绍云倡导重修《潮州志》。

6月7日，区公署以教社字第293号文致：广州两广监察使署饶秘书宗颐"商请其任修志委员会副主任委员"。

7月10日，区公署以社教字第390号文发函，被正式聘为修志委员会主任委员兼总纂。

7月，在修志馆同事刘陶天陪同下，专程到饶平鸟石村考察张琏的宗祠和皇城遗址。

9月8日，于孙中山题报名的汕头抗日报纸《光华日报》之《岭海诗流》专栏刊登《千仞集诗序》。

秋，在扇面上为族亲兄弟饶幼呆书孙夏峰语。

12月12日，于汕头《光华日报》之《岭海诗流》专栏刊登《赠心影》。

12月底，《楚辞地理考》由上海商务印书馆初版。书中收录入钱穆[①]的《楚辞地名考》《再论〈楚辞〉地名答方君》等文章[②]。1978年，台北九思出版有限公司重印。收入《饶宗颐二十世纪学术文集》（卷十一·文学）。

同年，《顺治〈潮州府志〉跋》载《岭东民国日报·方志旬刊》（第3、4期）。

同年，《潮州方志目》载《岭东民国日报·方志旬刊》（第5期）。

## ■ 1947 年（民国三十六年　丁亥）三十一岁

1月13日，《广东文献馆征集文物启》载于南华学院文史学会主编《大光报》（汕头版）副刊《文史周刊》（第4版，第8期）。

1月，据揭阳、兴宁等地勘查出土的新石器时代遗物，开始撰写《韩江流域史前遗址及其文化》初稿。

2月3日，为沈达材《校雠通义笺》作《序》，载于南华学院文史学会主编《大光报》（汕头版）副刊《文史周刊》（第11期）。

4月5日，《揭阳方志考》载于《岭东民国日报·方志旬刊》（第15期）。

4月5日，《抗战期间潮属各县市治迁徙表》载《岭东民国日报·方志旬刊》（第15期）。

---

① 钱穆（1895—1990），江苏无锡人，历史学家、思想家、教育家，国学大师。

② 2010年8月在《楚辞地理考》题笺："韩曦兄于日本觅得此书，极花精力，有拙著批注，尤可宝。选堂。"在另一书上又题："此书为予在中山大学通志馆时所著，故得援引博洽三湘方志，原稿原遭劫火幸有纸版先寄存沪上得以问世，书之历尽沧桑，不可忽录。九十五岁，选堂识。"

5月，撰《新莽艺文志》（署名：饶颐）发表于广东文化教育协会《文教》杂志。以《新莽艺文考》收入《饶宗颐二十世纪学术文集》（卷六·史学）。

7月1日，《幼幼新书考》（未完）载《现代医学季刊》（第1卷第1期）。

7月，《潮州志》编辑经费因潮属各市县终止认担，修志经费无着落，修志停顿。

8月4日，《天津民国日报·史与地周刊》（第29期）载《〈庄子〉裘氏考》。根据人辞、金文、《说文》等资料"裘氏"之所在为"陈留，今开封"。为学界解决一个久悬未决之难题。

9月15日，《清初潮州迁界考》载《岭东民国日报·方志旬刊》（第30期），11月3日、10日载《大光报·方志周刊》（第31、32期）。收入《饶宗颐潮汕地方史论集》、《饶宗颐二十世纪学术文集》（卷九·潮学）。

11月10日，《大光报·方志周刊》载顾颉刚来信，盛赞修《潮州志》之举。

11月17日，《吴珏〈旧志方言篇辨证〉书后》载《大光报·方志周刊》（第33期）。收入《饶宗颐潮汕地方史论集》。

11月17日，撰《汕头释名》载《大光报·方志周刊》（第33期）。收入《固庵文录》、《饶宗颐潮汕地方史论集》、《饶宗颐二十世纪学术文集》（卷九·潮学）。

11月，游台湾，以当地山山水水、风土人情，作诗《草山二首》《打鼓山》《日月潭杂诗》共九首，后集成《鲲岛欸乃》。

### 日月潭杂诗

水水山山即复离，澄潭百丈窟蛟螭。
飘然独木舟来去，始见洪荒一段奇。
洪波不着一浮萍，万籁无声逝复停。
沆瀣莽苍供吐纳，波心影浸漫天星。
终朝不见只禽飞，地窄天遥未许归。
忽起玉龙三百丈，喧豗雷瀑水深围。

12月1日，在《新潮安报》副刊《新潮安晚刊》发表《论金中建校与保存古物——致金中建校委员会书》，文章提到常衮①为潮州兴学之第一人。

---

① 常衮（729—783），字夷甫，京兆（今陕西西安）人，唐朝宰相。天宝十四年（755）状元登第，永泰元年（765年）授中书舍人。广德元年（763年）以右补阙充翰林学士，不久任考功员外郎。大历九年（774年）升礼部侍郎。连续三年主科考。处事谨慎、墨守成规。大历十二年（777年）拜相，杨绾病故后，独揽朝政。以文辞出众而又登科第为用人标准，堵塞买官之路。对朝中众官俸禄亦视其好恶而酌定。封河内郡公。德宗即位后，被贬为河南少尹，又贬为潮州刺史。常衮治潮州时间：约为779年中（大历十四年闰五月）至780年中（建中元年五月）整一年时间。常衮注重教育，增设乡校，亲自讲授，闽地文风为之一振。建中四年（783年）死于任上。享年五十五岁，追赠为尚书左仆射。

12月8日，《韩山志》（稿）载《嵌东民国日报·方志旬刊》第8、9、10、11、12、14、16、17、20、21、22、23、24、26期，《大光报·方志周刊》（第35期）。

12月8日，《吴子寿传》载《大光报·方志周刊》（第35期），又见《汕头文史》（1991年9月，第10辑）。

12月8日，撰《潮州滨海地带之冲积》载《大光报·方志周刊》（第35期）。收入《饶宗颐潮汕地方史论集》、《饶宗颐二十世纪学术文集》（卷九·潮学）。

12月23日，撰《潮州历代移民史》载《大光报·方志周刊》（第37期）。收入《饶宗颐潮汕地方史论集》、《饶宗颐二十世纪学术文集》（卷九·潮学）。

12月，《潮州先贤像传》（吴长波策划；饶宗颐编撰）由汕头市艺文印务局出版。1994年春，重印本由香港潮州商会印行；2013年，由花城出版社再版。

同年，二女儿饶清芬生。

同年，《偓山诗草》（线装，铅印本）。1993年，收入苏州大学（原无锡国专）广西校友会主编《无锡国专在广西》。

同年，《潮州掌故零拾》载《岭东民国日报·方志旬刊》（第4版，第9期）。

## ■ 1948 年（民国三十七年　戊子）三十二岁

年初，到揭阳、潮安、普宁、兴宁、饶平、丰顺等地考古考察。

1月6日，《潮州之沿革》载《大光报·方志周刊》（第39期）。

1月28日，修志馆召开第二次委员会会议，时值刘侯武①卸任归里，众遂推主其事。

2月17日，撰《福老》发表于《大光报·方志周刊》（第44期），收入《饶宗颐潮汕地方史论集》、《饶宗颐二十世纪学术文集》（卷九·潮学）。

2月，汕头《大光报·方志周刊》（第43期）载《潮州先贤像传序》。1989年9月收入《固庵文录》；1996年8月收入《饶宗颐潮汕地方史论集》，收入《饶宗颐二十世纪学术文集》（卷九·潮学）。

3月2日—16日，《广济桥考》更名《湘桥考》载《大光报·方志周刊》（第46、47、48期），即3月2日、3月9日、3月16日连载。

3月，被广东省政府聘为广东省文献委员会委员、副主任委员。

3月，所撰《湘桥考》分期载于《大光报·方志周刊》2日（第46期）、9日（第47期）、16日（第48期）。

4月5日，与地质学家林焘六、揭阳真理中学校长林越、修志馆同人吴珏前往黄岐山进行田野考古，于山坳距地表土二公尺处，发现石镞，又于战壕附近，采集石斧、石啼及陶片甚多。

---

① 刘侯武（1894—1975），广东潮阳人，早年在广州秘密参加同盟会。1948年后旅居泰国、新加坡等地，并倡议在汕头设立潮汕大学，曾任新加坡潮州八邑会馆名誉理事长。

4月6日，由潮安县国医支馆筹委会编的《医铎》报创刊，社址设在西马路188号。题写报头。

4月7日，余家菊所著《大学通解》附录《论郑晓古言类编》中怀疑石经《大学》乃唐伯元伪造，随作 《与余家菊论唐伯元石经大学书》载潮州修志馆编《大光报·方志周刊》（第51期）第4版，收入《固庵文录》（1989年9月），后收入《饶宗颐二十世纪学术文集》（卷十四·文录、诗词）。

4月20日，《平潮寇碑跋》载于《大光报·方志周刊》（第53期）第4版，又见《南洋学报》（1974年第29卷第1、2期），作为《论〈明史·外国传〉记张琏逃往三佛齐之讹》一文的附录，收入《选堂集林·史林》（1982年1月下册），后收入《饶宗颐潮汕地方史论集》（1996年8月），收入《饶宗颐二十世纪学术文集》（卷六·史学）。

4月13日，《揭岭揭阳山辨》发表于《大光报·方志周刊》（第53期）。收入《饶宗颐潮汕地方史论集》、《饶宗颐二十世纪学术文集》（卷九·潮学）。

4月24日，上海博物馆馆长杨宽来函。

4月27日，撰《海宁考》发表于《大光报·方志周刊》（第54期）。收入《饶宗颐潮汕地方史论集》、《饶宗颐二十世纪学术文集》（卷九·潮学）。

5月，《释儒》载南华学报编辑委员会主编《南华学报》（迁汕再版号第1期）。

5月，《登宋王台赋》载南华学报编辑委员会主编《南华学报》之《固庵赋录》（迁汕再版号第1期），后以《宋皇台赋》收入简又文主编《宋皇台纪念集》（1960年3月，卷四），又以《宋王台赋》收入《固庵文录》，收入《饶宗颐二十世纪学术文集》（卷十四·文录、诗词）。

5月，《马矢赋》《斗室赋》《囚城赋》《烛赋》载南华学报编辑委员会主编《南华学报》之《固庵赋录》（迁汕再版号第1期），收入《固庵文录》，后收入《饶宗颐二十世纪学术文集》（卷十四·文录、诗词）。

6月16日，率修志馆林德侯，偕同"中央研究院"研究员陈恺到崇光岩、虎头岽一带勘测，采集到一批先民石器陶器①。

8月3日、10日、17日，《廷鞫实录》（叶蕚原著，饶宗颐校录）载《大光报·方志周刊》（第66—68期）。

8月10日，撰《隋代潮州与琉球之关系》发表于《大光报·方志周刊》（第67期）。收入《饶宗颐潮汕地方史论集》、《饶宗颐二十世纪学术文集》（卷九·潮学）。

8月17日，《潮阳别考——光绪〈海阳志·前事略〉订误》载《大光报·方志周刊》（第68期）。

---

① 2月至9月期间《方志》专刊第44、45、46、52、61、72期等6期的《通讯》《消息》中，报道饶先生带领潮籍地质专家及地方文史工作者在潮州地区进行规模化的考古调研活动，并取得很多新的发现。

8月24日、31日，《秦代初平南越辨》载《大光报·方志周刊》（第60、70期）。

9月7日，《陈刘猛进碑跋》载《大光报·方志周刊》（第71期）。2006年，收入《选堂序跋集》（饶宗颐著；郑会欣编）。

9月14日、21日，《宋室播迁潮惠纪略》载《大光报·方志周刊》（第72、73期），又载海滨师范学校出版委员会编《海滨》半月刊（复刊2）。

10月11日，《敬悼林建中先生》载《大光报·方志周刊》（第76期）第4版。

11月1日，应叶恭绰、简又文约稿，撰写《薛中离①先生年谱》用于广东文献馆《广东文物》特辑。

11月3日，为充实《韩江流域史前遗址及其文化》书稿，与刘侯武乘中航飞机一起赴台湾，考察与本州有关之文化项目，历经台北、台中、高雄等地②，访日本人金关丈夫③教授，探讨史前遗迹发掘和原住民情况。在参观台湾大学历史学系研究室所藏出土文物中发现，该处印纹陶片与潮州的完全一致，并做了详细的对比，得出了结论。

11月22日，《台湾省高雄县潮州镇访问记》发表于《大光报·方志周刊》（第82期）。收入《饶宗颐潮汕地方史论集》、《文化之旅》、《饶宗颐二十世纪学术文集》（卷九·潮学）。

12月19日，《潮民移台小史》发表于《大光报·方志周刊》（第86期）。收入《饶宗颐潮汕地方史论集》，后收作《文化之旅》的《高雄县潮州镇（1948年）访问记》附录。收入《饶宗颐二十世纪学术文集》（卷九·潮学）。同时，刊载潮州方志馆发布的消息：本馆饶副主任委员兼总纂，此次赴台湾考察文化教育，历经台北、台中、台南、高雄各地，调查潮人在台间分布及台省史前文化与潮州之异同。④

12月31日，《海滨》杂志（第二期）刊登《日月潭杂诗》。

12月，致信广东文献馆文物编印委员会主任叶玉甫。

同年，载新加坡潮州乡讯社《潮州乡讯》（吴以湘主编）：《王大宝》（第2卷7期）、《薛侃》（第2卷8期）、《方耀》（第2卷10期）、《大颠禅师》（第2卷11期）、《吴高士复古》（第2卷12期）、《翁襄敏万达》（第3卷1期）、《薛给谏宗铠》（第3卷3期）、《刘知州允》（第3卷4期）、《许郎中国佐》（第3卷5期）、《曾右丞习经》（第3卷6期）、《郭贤母真顺》（第3卷9期）。

同年，《秦时佛教传入中国说驳议》载海滨师范学校出版委员会编《海滨》半月刊（复刊1）。

---

① 薛中离（1468—1545），名侃，字尚谦，潮州市人。明正德丁丑年（1517）进士，官至行人司司正。

② 1948年11月，《大光报·方志周刊》中《消息》有载。

③ 金关丈夫（1897—1983），日本香川县人，解剖学者、人类学者。

④ 1948年11月，《大光报·方志周刊》第80、83期。

同年，结集出版《台游绝句》（戊子印本）。

## ■ 1949 年（己丑）三十三岁

1月初，编写《潮州志》经费告急，赴港向资助人方继仁求援，方应诺按月寄经费回汕头，以维持修志馆的生存。方又认为国内尚未安定，香港相对平静，再三挽留，为方便做学问决定留居香港。

2月7日，《汕头之地质》发表于《大光报·方志周刊》（第93期），1996年8月收入《饶宗颐潮汕地方史论集》。

2月8日、15日，撰《郝尚久〈潮州溪东关圣帝庙碑记〉跋》发表于《大光报·方志周刊》（第95、96期）。收入《固庵文录》、《饶宗颐二十世纪学术文集》（卷九·潮学）。

3月25日，撰《潮州畲民之历史及其传说》发表于《大光报·方志周刊》（3月25日第100期，4月1日第101期）。收入《饶宗颐潮汕地方史论集》、《饶宗颐二十世纪学术文集》（卷六·史学）。

3月，《薛中离先生年谱（附跋）》发表于广东文献馆主编《广东文物特辑》，又见《大光报·方志周刊》（第97、98、99、102期；1949年3月4日、11日、18日，4月8日）。收入《选堂集林·史林》（下册）、《饶宗颐潮汕地方史论集》、《饶宗颐二十世纪学术文集》（卷九·潮学）。

3月，董作宾《殷墟文字乙编》（上、中辑）出版。

4月24日，刘侯武致函新加坡侨领黄芹生："《潮州志》开印在即，需款孔殷。""转请各同乡多方认购，惠借款项，以应急需，共襄盛举。"

4月28日、5月12日，《潮州的蜑户（一、二）》刊登于《中央日报》（广州版）第7版。

5月，《潮州志》（线装·十五门本）由汕头潮州修志馆发行，艺文印务局印刷。后收入上海书店出版社《中国地方志集成·广东府县志辑》（第25册）。

6月4日，黄芹生、杨缵文等复函，并经由香港先转交港币5000元给潮州修志馆。[1]

6月20日，致信陈梅湖。

10月1日，下午，在北京天安门广场举行有数十万军民参加的中华人民共和国开国大典。

10月23日，潮安举行解放军入城仪式。

同年，汕头潮州修志馆载《潮州志述例》《潮州志·沿革志序》。

同年，曼谷澄海同乡会《暹罗澄海同乡会成立周年纪念刊》载《黄际遇[2]教

---

[1] 新加坡《潮州乡讯》第7期（1949.5.16）、第9期（1949.6.16）。

[2] 黄际遇（1885—1945），广东澄海人，著名数学家。历任中山大学文、理、工三院教授。20世纪初在中国开创现代高等数学教育事业的元老之一。

授传》。

同年，在汕头修志馆作诗《无题》，后由门人黄昏录。

拥鼻微吟只自嗟，茶烟袅袅淡生涯。
心忧四野民无告，目尽平芜雨半遮。
近海飞鸢争出没，过桥老树自欹斜。
闲中观物宁非学，何必长安看遍花。

同年，《〈潮州志·艺文志〉序》发表于汕头潮州修志馆纂《潮州志·艺文·集部》。

同年，整理《潮州艺文志·别卷》发表于汕头潮州修志馆纂《潮州志·艺文·集部》。

同年，撰《潮州的天然富源》刊行，1961年发表于《旅缅潮州会馆庆祝新厦落成纪念特刊》，并在香港刊行[①]。

# ■ 1950 年（庚寅）三十四岁

4月22日，为新加坡南岛出版社《马来亚潮侨通鉴》（潘醒农著）作《序》，通鉴收入《潮州先贤像传》[②]。

5月，《韩江流域史前遗址及其文化》在香港出版单行本，叶恭绰题笺；1974年10月，收入《侨港潮汕文教联谊会会刊》（第3期）；后收入《选堂集林·史林》（下册）、《饶宗颐潮汕地方史论集》、《饶宗颐二十世纪学术文集》（卷九·潮学）。

8月，韩槐准[③]于海南岛文昌县凤鸣村雷公凿处采集到60多件石器。

9月，韩自海南经香港返新加坡时，获观韩所采集石器，认定为新石器时代的遗物。请考古学家郭德坤协助拍摄成5幅图片，有双肩石斧、楔形斧、石锛等，整理为《海南岛之石器》初稿。

12月8日，在香港中英学会作题为《广东最近发现新石器》演讲。

12月，开始自力更生在城郊山坡种植蔬菜自给，其间结识余少飔、吴荔庄、曾酌霞[④]等挚友。

12月，曾酌霞为《瑶山集》题词：《题饶伯子瑶山吟草》。

---

① 《仰光旅缅潮州会馆，庆祝新厦落成纪念特刊》，1961，第32—35页。
② 此系首次为海外书刊作序。
③ 韩槐准（1892—1970），海南文昌昌洒凤鸣村人，先后在当地的宝敦学堂和蔚文学堂读书。曾任北京故宫博物院瓷器部顾问，中央文史馆馆员。被誉为"研究中国古外销陶瓷第一人"。
④ 曾昭桦（1906—1951），湖南长沙人，号酌霞，毕业于香港大学文科学院，精通中、英、德、法语，擅书、诗，任职海关公职，后定居香港。

12月，赋诗《狮子山坐朝昏悠然成咏》[①]，内容：

窥牖狮子山，当头一棒喝。
揖我如大宾，见我如挂笏。
我行方施施，日来步林樾。
郊卉靓吐妍，斑鲜纷清发。
晨兴寂无人，鸟啼山欲活。
烹茶扪虱坐，面壁书空咄。
夜半山雨来，诸峰翠似泼。
有时层阴生，云过山竟没。
果有负而趋，恍兮极通侻。
乃知大无外，何处有凹凸。
建以常无有，乾坤此秀骨。
供养得朝霞，从之餐野蕨。

曾酌霞和诗《又和所居面山坐朝昏悠然成咏》。

同年，曾酌霞邀同游香港青山，因事未能同往，后写诗《曾酌霞招游粉岭未果》[②]，内容：

近界青山好，服车了无艰。
如矢开坦途，削去山巉屼。
禾黍方油油，绿遍千里原。
绝似履故乡，每到辄盘桓。
曾生欣见招，更欲穷跻攀。
同为人事役，浮云不与闲。
神游已自足，霞采绚林峦。
极目惟苍烟，海市幻螺鬟。
入冬风变楚，四国纷触蛮。
嗟尔山中人，求隐未得安。
且掬山下泉，聊以涤肺肝。

后曾酌霞则和诗《又和招游粉岭不果》。
同年，为《流园画集》题签。

---

① 饶宗颐：《清晖集》，深圳海天出版社，1999，第107—108页。
② 同上书，第108—109页。

# ■ 1951 年（辛卯）三十五岁

1月，《海南岛之石器》由香港国泰印刷所印行。

3月11日，曾酌霞乘飞机赴曼谷。才起飞，即于香港柏架山撞毁，不幸去世，惊闻噩耗作《题曾酌霞渊默雷声集》①：

十年露电去骎骎，
忍向遗编溯苦吟。
身逐鸟飞终是谶，
天教云断独何心。
（集中有"等是断云吹易散，不如飞鸟过无痕"句。）

行藏穷发余孤诣，
文字奇哀有远音。
兄弟白头乡国泪，
伤春地下更难禁。

后写《祭曾酌霞文》，情辞凄怆，表达对曾酌霞逝世的惋惜和悲痛。全文如下：

车掣马攻，遽折其轮。乌乎酌霞，罹此千冤。
跕鸢坠空，风凄日昏，诚诗谶耶，朋旧怆魂。
死生一条，同归恒化，胡至此极？山号海讶，
无情湘水，悠悠长夜。
片羽空留，悲歌楚些。崑冈扬焰，沈檀发馨。
呜呼酌霞，山川吐灵，洪涛涨天，不骞不崩。
志华白日，心烛苍冥；历览九县，驾风鞭霆。
赫赫高门，篇翰已富；散原是师，清发标举。
不纷于庵，独衷于古；棒喝时流，或歌或鼓。
譬水朝宗，盍簪景附。我始识君，珠海之南，
我钻龟书，不以我憨；
称我于人，谓道可担。我东曰归，而君北帆；
岸柳攀折，凄恻江潭。适来炉峰，何期聚首；
天下滔滔，如孔之藕。待障百川，看君侧手；
累和长言，贻我琼玖。墨渖犹新，字入于斗；
法涕无从，忍哭死友。我究保章，以道阴阳；

---

① 饶宗颐：《清晖集》，深圳海天出版社，1999，第125页。

许我重译，播之四方。日月逡巡，我意未央；
无复无质，腹痛心伤。我抱我书，吞声悼逝；
交期永绝，昏衢淹滞。倾河注海，天地长闭；
酹子一尊，人间何世！ ①

同年，1947年曾在台湾购得史语所印出的殷墟小屯甲骨文一编、二编，开始在香港搜集甲骨书籍，着手研究甲骨文。

## ■ 1952 年（壬辰）三十六岁

5月，受聘为香港大学中文系讲师。主讲《诗经》、《楚辞》、汉魏六朝诗赋、古代文学批评及文字学。

同年，研究古琴音乐，师从岭南古琴名家容心言学习古琴指法。为容老的琴技及师承渊源赋诗《赠琴师容翁心言十六叠前韵》。

泠泠七弦琴，薰风拂夏日。
至乐忘年义，不觉垂八十。
莫谓蓬户间，清歌金石出。
宗派溯广陵，沾溉遍遐陬。
心逐徐青山，疏淡惟师昔。
三复《廿四况》，寝馈共枕席。
希声孰知音，白云时挂壁。

翁年七十余，祖庆瑞，原籍黑龙江，著《琴瑟合谱》。瑞受之李澂宇，澂宇得传于徐越千周子安之徒，盖五知斋一脉也。瑞授大兴张瑞珊，著《十一弦馆琴谱》，其徒刘铁云为梓行。书中刘氏于《广陵散新谱》后记叙传授渊源甚详，足以补苴琴史。余曾从容翁问指法年余，性懒而拙，愧未能窥其万一耳②。

12月，撰《谈伯公》发表于新加坡《南洋学报》（第8卷第2期）。认为"伯公"乃一般土地福神之称。

---

① 饶宗颐：《饶宗颐二十世纪学术文集》（卷十四·文录、诗词），中国人民大学出版社，第166页。

② 饶宗颐：《清晖集》，深圳海天出版社，1999，第141页。

## ■ 1953 年（癸巳）三十七岁

1月初，香港大学主讲《诗经》、《楚辞》、汉魏六朝诗赋及古代文学批评与文字学。

3月，香港《民主评论》（半月刊，第4卷第6期）载《落花生赋》，收入《固庵文录》、《饶宗颐二十世纪学术文集》（卷一四·文录、诗词）。

5月9日，金庸来访谈到看经书很多时候是看不懂的，只好去看注解，另唐宋高僧的注解也很难懂，有时越看越糊涂，只好看英国人直接从印度佛教翻译过来的英文版佛经。饶先生曰：南传佛经内容简明平实，和真实的人生十分接近，像我们这种知识分子容易了解、接受。随后，送一册《佛教渊源论》予金并说，自己看了不少佛学书，对佛教颇有研究，这本书可以代表自己主要佛学思想[①]。

8月，撰《殷代日至考》，载台北《大陆杂志》（第5卷第3期）。因有反对看法，又撰《殷历之机关报资料》载《大陆杂志》（第9卷第7期），后以《关于殷代至日之讨论》收入《饶宗颐二十世纪学术文集》（卷二·甲骨）。

9月，撰《明器图录·中国明器略说》（附英译），由香港大学东方文化研究院印行。收入《饶宗颐二十世纪学术文集》（卷六·史学）。

9月，撰《说鑪》发表于《香港大学学生会会刊》。收入《饶宗颐二十世纪学术文集》（卷六·史学）。

12月，撰《重刊曾刚父诗集·跋》，收入《固庵文录》。

同年，撰《顾亭林[②]诗》载香港《学海书楼讲学录》（第一集），又见《香港学海书楼前期讲学录汇辑1946—1964》。

同年，与台湾大学中文系主任台静农相交。

同年，潮州旧居莼园以人民币9000多元转让给泰国侨商黄景云。继母王文伟老夫人与家人租住在潮州甲第巷高阳世家。

同年，《〈人间词话〉平议》于香港初版。1955年8月、9月分上下两辑刊于《人生》（第115号、第116号）；后收入《文辙——文学史论集》（下册）；《饶宗颐二十世纪学术文集》（卷十二·诗词学）

## ■ 1954 年（甲午）三十八岁

1月初，唐君毅离开香港大学教席代其讲授《老子》《庄子》等道学课程，这一开讲前后持续三年之久，开始对道学文化和道学进行深入的研究。

1月，在新亚书院向德籍学生李曼学习德语。

1月，《长沙楚墓时占神物图卷考释》发表于香港大学《东方文化》（第一卷第

---

① 蒋连根：《饶宗颐与金庸》，载《新华文摘》第18期，新华文摘杂志社编辑部，2018，第18期。

② 顾氏是"独行传游侠传中的人物"，"具有贫贱不移，威武不屈的大丈夫气概"。

一期）。

1月，《评〈小屯乙编〉下辑》发表于香港大学《东方文化》（第一卷第一期）。收入《饶宗颐二十世纪学术文集》（卷二·甲骨）。

1月，《释儒——从文字训诂学上论儒的意义》，发表于香港大学《东方文化》（第一卷第一期）。收入《饶宗颐二十世纪学术文集》（卷四·经术、礼乐）。

2月，撰《华南史前遗存与殷墟文化》发表于《大陆杂志》（第8卷第3期）。收入《饶宗颐二十世纪学术文集》（卷二·甲骨）。

3月，《文心雕龙与佛教》载香港《民主评论》（第5卷第5期）；1962年7月，收入《新亚书院文化讲座录》，又以《刘勰文艺思想与佛教之关系》刊于《香港大学中文学会会刊》，收入台北育民出版社《文心雕龙研究论文选粹》，又收作《文心与阿毗昙心》附录，后收入《文辙——文学史论集》；以《〈文心雕龙〉与佛教》收入《饶宗颐二十世纪学术文集》（卷十一·文学）。

夏，首次赴日本，利用暑假从事日本甲骨文的调查工作，在京都大学人文科学研究所期间，探究该所所藏的三千片甲骨。东渡日本于海上所见所感，成诗《东海行·甲午夏东渡扶桑海上作》。

> 风吹雨脚天尽头，
> 我行忽尔到东海。
> 去去谁能挽逝波，
> 倚天尚有鲁戈在。
> 向夕风恬北斗低，
> 寥天阔远无雁飞。
> 南北东西底处所，
> 坐拥海天碧合围。
> 舟行渐觉六合小，
> 齐烟九点连云杳。
> 心宽白日撼波涛，
> 目尽青天无昏晓。
> 随风且理发冲冠，
> 中原弥望气如山。
> 凭栏试抹登临眼，
> 独对孤云袖手闲。[①]

5月，应三上次男之邀，在日本东京大学教养学部讲授甲骨文，后著《日本所见甲骨录》。

6月，拜访天皇老师诸辙次，认识贝塚茂树、水野清一，从此与日本汉学家、东

---

① 饶宗颐：《清晖集》，深圳海天出版社，1999，第108—109页。

方学者建立学术交流合作关系，认为"学术是靠交流，互相启发才能进步"的观点得到大家的认同。

8月，撰《中国文字》发表于香港大学东方文化研究院《中国文化讲话》。

10月，《长沙出土战国楚简初释》（油印本）于日本京都印行。

同年，《海南岛之石器》发表于《香港大学学生会会刊》，收入《饶宗颐二十世纪学术文集》（卷六·史学）。

同年，开始撰《吴建衡二年索紞写本〈道德经〉残卷考证》[①]。

同年，陈平原生。唐文治卒，终年90岁。

## ■ 1955 年（乙未）三十九岁

1月，《吴建衡二年索紞写本〈道德经〉残卷考证（兼论河上公本源流）》，发表于香港大学《东方文化》（第二卷第一期）。

1月，将《吴建衡二年索紞写本〈道德经〉残卷考证》印本赠方继仁，方读后极感兴趣前来请教。交流中提到了敦煌经卷流失海外的情况以及日本敦煌学的研究程度，告之曰："日本人在这方面处于优先地位，不久前，有一个叫梗一雄的，他在伦敦拍制了斯坦因收集品的缩微胶卷。这是一套很好的研究资料，有了它，我还可再做其他方面的研究。"为尽快拥有这套英国所藏敦煌文献胶卷，方立即委托剑桥大学远东艺术及考古学教授郑德坤代为购买。

2月，收到方继仁馈赠《斯坦因收集品》6000多件缩微胶卷，成为海外私人唯一拥有者，又凭借其中的敦煌文献发现出许多珍贵秘籍，对敦煌艺术与佛教文化有了更深入的了解。

8月1日，撰《西汉节义传》发表于香港新亚研究所《新亚学报》（第一卷第一期），以《西汉反抗王氏者列传》收入《选堂集林·史林》（上册）、《饶宗颐二十世纪学术文集》（卷六·史学）。

9月30日，中秋，作诗《虞美人》。

11月，日本神田喜一郎[②]来信。

12月，撰《居延汉简术数耳鸣瞤解》发表于台北《大陆杂志》（第13卷第12期）。收入《选堂集林·史林》（上册）、《饶宗颐二十世纪学术文集》（卷三·简帛学）。

同年，妻子、女儿离开潮州取道澳门定居香港。

---

① 两千多年来，历代注释《老子》的著作不下百家，其中传为敦煌莫高窟所出索紞写本《太上玄元道德经》（残卷），是年代最早的一种，此件原为清末著名的收藏家李盛铎收藏。后顺德人张谷雏旅京，无意得此残卷。张赴港带来的秘藏原卷，饶先生得以观摩并获赠卷帙照片，又网罗古老子河上公本《德经下卷》（列伯希和目2375）、《老子德经注残卷》（列伯2639）、唐天宝钞本、唐景龙易县碑、宋刻本、日本旧钞等16种版本进行校笺，以此证明索紞写本是有别于系师本和葛玄本的另一种河上公本，从而把《老子》研究推上新的高潮。

② 神田喜一郎（1897—1984），日本著名汉学家，以敦煌学、书法研究等著称。

同年，《潮瓷说略》由长谷部乐尔日译发表于日本陶瓷协会《陶说》（第24期），收入《饶宗颐潮汕地方史论集》，以《潮州宋瓷小记》收入《选堂集林·史林》（中册）、《饶宗颐二十世纪学术文集》（卷九·潮学）。

同年，受叶恭绰影响对敦煌学产生兴趣，开始翻阅叶家收藏的敦煌经卷。

同年，第二次到日本，研究日本京都大学人文科学研究所所藏甲骨拓片。发现日本学者已对敦煌经部文献进行研究，特别对《琵琶谱》《文选》的研究成绩斐然。内藤湖南所撰《敦煌发掘的古书合集》十二卷著作，标志着敦煌学的未来。

同年，在日本主讲敦煌本《文选》，撰写《日本钞本〈文选〉五臣注残卷》。

同年，与日本神田喜一郎、水源琴窗、水原渭江父子谈词，与吉川幸次郎聊诗歌，与斯波六郎探讨《文选》。

同年，到京都大原山听梵呗，再者听多纪颖信演奏日本雅乐等。有感而发，创作出不少优秀诗篇，如《冰炭集》中的《京都僧俗秋祭焚山祈禳灾，与清水茂大地原两教授登高同观》、《燃林房与水原琴窗论词》、《过牛田访故友斯波六郎旧居》、《大阪赠林谦三》、《寄平冈武夫》。

同年，《谈石鼓文》发表于香港《学海书楼讲学录》（第二集），又见《香港学海书楼前期讲学录汇辑1946—1964》。

## ■ 1956 年（丙申）四十岁

1月，第一部《楚辞》书目《楚辞书录》［选堂丛书（1）］由香港东南书局发行，曾克耑[①]作《序》。书中收录了古代研究屈原及《楚辞》的论著书目共196种，近人研究31种。该书收入《饶宗颐二十世纪学术文集》（卷十一·文学）。作《点绛唇·自题楚辞书录》词一首[②]。

1月，《楚辞拾初》载《楚辞书录·外编·楚辞拾补》；收入《文辙——文学史论集》（上册）、《饶宗颐二十世纪学术文集》（卷十一·文学）。

1月，为勉励港大学生能够将学问"接"着做，薪火相传，作诗赠诸学生：

更试为君唱，云山韶濩音。
芳洲搴杜若，幽涧浴胎禽。
万古不磨意，中流自在心。
天风吹海雨，欲鼓伯牙琴。

---

① 曾克耑（1900—1975），四川人，字履川、伯子等，著名诗人、书法家。

② 将《目录学》《楚辞学》联系起来，撰写《楚辞书录》，系第一部楚辞目录学著作。《潮州艺文志》《香港大学冯平山图书馆藏善本书录》《词籍考》等，系活用《目录学》写出的首创性著作。

著名联句，"万古不磨意，中流自在心"出于此[1]。

3月，暮春，撰写《词乐丛刊序》。

3月，所撰《薛中离年谱跋》载香港大学《东方文化》（第三卷第一期）。

4月5日，《敦煌六朝写本张天师道陵著·老子想尔注校笺》[选堂丛书（2）]由东南书局初版，成为研究《老子想尔注》之第一人。1999年，收入《中国敦煌学百年文库·文献卷（一）》，后收入《饶宗颐二十世纪学术文集》（卷五·宗教学）。

4月，撰毕张玉田《讴歌旨要》字诂一文。

4月，从敦煌文书缩微胶卷中首次看到文书的真貌，而不是前人的录文，发现了《敦煌六朝写本张天师道陵著老子想尔注》，于香港大学中文系撰写《老子想尔注校笺》及《自序》。

5月1日，出席学生朱玫（璐茜）与金庸在香港君悦大酒店举行的婚礼。

夏，记《五更转影本》一文。

7月6日，作《七月六日向夕与诸生泛海至清水湾舟上杂诗》。收入《羁旅集》。

7月，撰写《魏氏乐谱管窥》一文，12月再行修订。

9月9日，首次赴法国巴黎，出席国际青年汉学家第九届研讨会，法国著名汉学家保罗·戴密微（Paul Demiville）是会议总代表。因破译存于大英博物馆的敦煌遗书（编目为Stein6825）残卷之事引起戴密微关注；加之会写诗，又得到戴的青睐，两人会上结成好友，从此开启中法汉学家长达几十年的互动。为戴密微撰《戴密微教授八十寿序》。收入《固庵文录》，后收入《清晖集》。戴密微回赠《黑湖记》。

同日，与参会的翦伯赞[2]、张芝联[3]、周一良[4]等结成好友，把臂论交。

9月，到法国国家图书馆阅读敦煌经卷，又在戴密微陪同下，参观罗亚河行宫区，游览沙维尔尼行宫，戴于狩猎馆设宴招待，馆中大厅悬挂鹿角逾千个，引发好奇，随赋诗《沙维尔尼行宫（Château de cheverny）晚宴》。又作《飞越阿尔卑斯（Alpes）山》《罗马圆剧场（Colosseo）废址》《经Albano湖》《Pompei四首》《Frosinone村庄》《自疏铃铎（Sorrento）遵地中海南岸策塞晚行》《登巴黎铁

---

[1] 认为"学问要'接'着做，不能'照'着做"，接着便有所继承，照着仅沿袭而已。

[2] 翦伯赞（1898—1968），湖南常德桃源县人。中国著名历史学家、社会活动家，著名马克思主义史学家，中国马克思主义历史科学的重要奠基人之一，杰出的教育家。早年参加过五四运动、北伐战争，是马列主义新史学"五名家"（郭沫若、范文澜、翦伯赞、吕振羽、侯外庐）之一。著作有《历史哲学教程》、《中国史纲》（第一、二卷）、《中国史论集》、《历史问题论丛》等，并主编了《中国史纲要》。

[3] 张芝联（1918—2008），浙江鄞县（今宁波市鄞州区）人，著名历史学家、北京大学历史学系教授。在世界史方面造诣深厚，更是公认的法国史专家，曾被授予法兰西共和国荣誉军团骑士勋章。

[4] 周一良（1913—2001），安徽建德（今东至）人，生于山东青岛。中国历史学家。早年曾用字太初。习经、史、子书，后加习日文、英文。对日本史和亚洲史造诣尤深。

塔放歌》《拿破仑墓》《伯罗亚宫（Château de Blois）吊诗人奥尔良（Charles d'Orleans）亲王》《沙波宫（Château de Chambord）听古乐》《巴黎中秋》《凡尔赛归途作》《尼罗河上空看日出》《录诗竟自题一绝》等。

9月，到英国与友人李棪斋会晤，获读其私人所藏甲骨。回到香港后，以棪斋寄存实物33片，开始撰写《巴黎所见甲骨录》《海外甲骨录遗》。

10月24日，重阳节，于香港大学中文系撰《楚辞书录跋》。

10月，下旬，于香港大学中文系撰《巴黎所见甲骨录·自序》。

12月，线装本《巴黎所见甲骨录》[选堂丛书（3）]于香港Too Hung Engraving Print Co初版，系学界讲巴黎所藏甲骨的第一部著作。收入《甲骨文献集成》（第3册）。

同年，到巴黎许多院校听课，认可法国的教学制度。肯定法国大学公开对外授课的做法，不管是普通百姓，或是高等研究院的学生、学者均可听课。

同年，《香港大学中文学会会刊》载《词乐丛刊序》。

同年，游旅法国、意大利后赋诗15首。收入《西海集》。

同年，石维岩来信，知其以酒度日，借酒消愁，悲从中来，感叹岁月易逝，作诗《与慵石翁别六年，顷书来云，以沽酒自活。感成一律》。

同年，友人陈融①去世，难掩悲痛，写《颐园挽诗》。

同年，二弟宗栻受到"肃反"运动波及，被广东潮剧院开除公职，下放潮州市江东镇劳动改造长达8年。

同年，于京都做客吉川幸次郎博士家，交谈甚欢，作词《八声甘州》奉赠吉川。

## ■ 1957 年（丁酉）四十一岁

1月26日，戴密微来信，信中讲《巴黎所见甲骨录》一书，方知学界有此门学问及甲骨在巴黎所藏甚多。

1月，撰《新莽职官考》（抽印本）发表于香港《东方学报》（第一卷第一期），收入《选堂集林·史林》（上册）、《饶宗颐史学论著选》、《饶宗颐二十世纪学术文集》（卷六·史学）。

2月，参加姚莘农寓所冷香吟馆琴画雅集，结识萧立声②等南北文艺人士。

6月，《日本所见甲骨录（上）》（自序）载于香港大学《东方文化》（第三卷第一期）。

8月1日，撰《敦煌本〈文选〉斠证》（一），载香港《新亚学报》（第三卷第

---

① 陈融（1876—1956），广东番禺人。字协之，号颐庵，别署松斋、颐园、秋山。早年留学日本，同盟会会员，著有《读岭南人诗绝句》等。

② 萧立声（1919—1983），广东潮安人，自幼随父少斋习画，从小喜欢作人物画，对罗汉画的兴趣尤其浓厚。1948年定居香港后，从事美术教育，1962年被聘为香港中文大学新亚书院艺术系讲师，著有《国画梯阶》。

一期），为学界讲敦煌本《文选》第一人。该文收入《饶宗颐二十世纪学术文集》（卷十一·文学）。

8月，代表香港大学出席在德国马堡举行的第十届汉学会议，提交《楚辞对于词曲音乐之影响》论文。

8月，会后，参观富兰克福歌德故居、慕尼黑纳粹集中营。游西德后作《富兰克福歌德旧居》《慕尼黑纳粹集中营》《读尼采萨天师语录》诗三首。收入《西海集》。

9月，林均田笔记的《孔门修辞学》演讲稿，发表于台湾《人生杂志》，收入《文辙——文学史论集》（上册）、《饶宗颐二十世纪学术文集》（卷十一·文学）。

秋天，首次到英国，参观伦敦大学博物馆及剑桥大学图书馆馆藏甲骨，会晤友人李棪斋[①]，为其私人所藏的甲骨撰写校记。

12月13日，撰《当前欧洲汉学研究大势》发表于香港中文大学崇基学院《崇基校刊》（第13期）。

同年，结识创办新亚书院艺术系的丁衍庸[②]，丁早年研习西画，醉心野兽派作品，后钻研中国画，倾情于八大山人，饶宗颐对丁作品推崇备至，认为其线条运用有过于马蒂斯。

同年，撰《从考古学上论中国绘画的起源》发表于《金匮论古综合刊》[③]（第一期），以《中国绘画的起源》收入《画𬤊——国画史论集》、《饶宗颐二十世纪学术文集》（卷十三·艺术）。

同年，《居廷零简》《金匮宝藏楚戈图案说略》发表于《金匮论古综合刊》（第一期）。

同年，撰《京都藤井氏有邻馆藏敦煌残卷纪略》发表于《金匮论古综合刊》（第一期），后收入《选堂集林·史林》（下册）、《饶宗颐二十世纪学术文集》（卷八·敦煌学），系最早介绍日本京都有邻馆所藏敦煌文书的学者。

同年，《战国楚简笺证》《楚简续记》发表于《金匮论古综合刊》（第一期），这是学术界第一篇研究长沙仰天湖楚简的学术论文，文中最早提出"楚文化"一词。同年，《战国楚简笺证》（长沙仰天湖战国楚简摹本）由香港上海出版社初版。

同年，《山鬼图后说》《者沪编钟铭释》《长沙楚墓帛画山鬼图跋》发表于《金匮论古综合刊》（第一期）。

同年，撰《楚辞与考古学》发表于德国慕尼黑第二十四届东方学大会。

---

① 李棪斋（1907—1996），系李文田之孙，曾在英国大学任教十余年，回港后任香港中文大学教授兼中文系主任，直至70岁退休。

② 丁衍庸（1902—1978），又名丁鸿，字叔旦，号肖虎、丁虎，广东茂名（今高州市）谢鸡镇茂坡村人，现代著名国画家、油画家、篆刻家、美术教育家。日本川端画学校、东京美术学校毕业。

③ 2012年在刊办前衬页题："韩藏自藏此书，现另成为前世之作，极不易得。"

# ■ 1958 年（戊戌）四十二岁

1月，与林仰山、简又文等同游新安县鲤鱼门北佛堂，同美国加州大学东方语文学系陈世骧①订交。

2月1日，《敦煌本〈文选〉斠证》（二），载于《新亚学报》（第三卷第二期）。

2月，《日本古钞〈文选〉五臣注残卷》发表于香港大学《东方文化》（第三卷第二期）。以《日本古钞〈文选〉五臣注残卷校记》收入《文辙——文学史论集》（下册）、《饶宗颐二十世纪学术文集》（卷十一·文学）。

4月12日，《选堂诗钞（甲午）之诗心四首》《秦筝小史》发表于《香港大学文学院年刊》。

5月10日，张大千②居士六十寿庆，应王文卓之请，为大千先生颂寿而赋诗，半日之内完成《大千居士六十寿诗用昌黎南山韵》，大千居士作画赋诗回赠。梨俱室现挂有大千居士所赠《大吉岭》风景图。题识：

董巨呼能起，荆关看愈奇。
云中青见顶，天外翠盈眉。
气象轮囷壮，遮迎日月迟。
吾身忍芥子，纳影一须弥。

固庵道兄，游五天，嘱归为写大吉岭一角也，乞教正，弟张爰。

5月，《长沙出土战国缯书新释》[选堂丛书（4）]，由在香港义友印务公司印行。

5月，《〈楚辞〉与词曲音乐》③[选堂丛书（5）]，由香港大学中文系初版。《〈楚辞〉与词曲音乐补记》收入《饶宗颐二十世纪学术文集》（卷十一·文学）。

夏，游意大利佛罗伦萨、罗马、威尼斯，谒但丁墓。飞赴意大利途中，飞机失灵改降黎巴嫩首都贝鲁特。于自己所说是"天假之缘"，与荷兰汉学家高罗佩④会

---

① 陈世骧（1912—1971），字子龙，号石湘，祖籍河北滦县。幼承家学，曾任北京大学、湖南大学讲师。长期执教于伯克利加州大学（UC Berkeley）东方语文学系，先后任助理教授、副教授和教授。

② 张大千（1899—1983），原名正权，后改名爰，号张大千，别号大千居士，四川内江县（今内江市）人，现代著名书画家。

③ 2000年在书上题"韩曦兄自藏 选堂记"；在另一书上题："此为德国马堡宣传之论文，1957年作。选堂。"

④ 高罗佩（1910—1967），字芝台，是罗伯特·汉斯·古利克的中文名。荷兰汉学家、东方学家、外交家、翻译家、小说家。侦探小说《大唐狄公案》成功地创造了"中国的福尔摩斯"的人物形象，并被译成多种外文出版。

晤。在意大利作诗10首。收入《西海集·意大利纪行诗》。

9月，与学生关铭琛、赵东成、陈炜良、林佐瀚、黄继持、李直方等同游南佛堂，后作《南佛堂门古迹记》，由万有图书公司于1959年11月出版。

9月，写毕《论碙洲非大屿山》初稿。

10月，《白石旁谱新诠》载《词乐丛刊》（第1集）（与赵尊岳、姚莘农合著）第一集由香港南方出版社初版。

10月，《玉田讴歌八首字诂》载《词乐丛刊》（第1集），1983年发表于华东师范大学出版社出版的《词学》（第二辑），又以《张玉田〈讴歌旨要〉字诂》收入《饶宗颐二十世纪学术文集》（卷十二·诗词学）。

秋，撰写《殷代贞卜人物通考·序例》。

12月，为周鸿翔于香港出版《商殷帝王本纪》撰写《序》。

同年，与简又文多次商榷"碙州所在地问题"，常常通电话探讨至深夜，并以此为乐。以利用西方资料研究太平天国著称的简又文与饶宗颐订交是始于抗战时期的无锡国专。1949年简在香港安居并成为同事。

同年，蒋维乔卒，终年86岁。

## ■ 1959 年（己亥）四十三岁

1月，《〈虬髯客传〉考》发表于台北《大陆杂志》（第18卷第1期）。收入《文辙——文学史论集》（上册）、《饶宗颐二十世纪学术文集》（卷十一·文学）。

1月，从敦煌文书缩微胶卷中检出所有书法资料，如S.3753《临十七帖》、S.3392《天宝十四载制书》、S.5952《飞白书》等，撰写《敦煌写卷之书法》，成为研究敦煌写卷书法的第一人。

1月，撰《论〈花间集〉版本》发表于《东方》（第一期）。修订稿收入《词集考》，后收入《饶宗颐二十世纪学术文集》（卷十·目录学）。

除夕，与家人逛花市，后写下《虞美人·己亥除夕花市》词一首：

雨丝又带东方起。更惹灯花喜。
薄寒似恋小桃唇。为问明朝多少惜花人。
尚怜花事今宵尽。休负寻花讯。
花花叶叶总关情。可忆去年花底伴君行。
己亥，除夕，花市，选堂录旧作。

7月，将《论碙洲非大屿山》一文再次修改定稿。

11月，《殷代贞卜人物通考》（上、下册）在香港大学出版社初版，由香港求精印务公司印制。①2001年4月，收入《甲骨文献集成》（第16册）、《饶宗颐二十世纪学术文集》［卷二·甲骨（上）］。

11月，《九龙与宋季史料》［选堂丛书（6）］由香港万有图书公司出版，该书收入《宋元间人所记海上行朝史料评述》《补宋史邓光荐传》《引言》，后收入《选堂集林·史林》（中册）、《饶宗颐史学论著选》、《饶宗颐二十世纪学术文集》（卷六·史学）。

11月，《碙洲非大屿山辨》《碙洲非大屿山续辨》收入香港万有图书公司《九龙与宋季史料》。

11月，《元皇庆刊本〈二王本末〉书后》刊登于香港万有图书公司《九龙与宋季史料》附录三，收入《固庵文录》，后收入《饶宗颐二十世纪学术文集》（卷六·史学）。

同年，初稿《贺兰山与满江红》一文，于1964年春改定，发表于《斑苔学报》第2期。后于1976年、1978年、1988年多次修订②。

同年，作《题陈璇珍画松》诗。收入《苞俊集》。

同年，带文学哲学博士生伍锦仁，辅导毕业论文题目是《魏晋传记钩沉》。

同年，《宋词书录解题稿》发表于《香港大学中文学会会刊》，后收于《文辙——文学史论集》（下册）、《饶宗颐二十世纪学术文集》（卷十一·文学）。

## ■ 1960 年（庚子）四十四岁

1月，撰《杨守斋在词学及音乐上之贡献》发表于《崇基校刊》（第二十二期），又见《东方》（第12期）。收入《文辙——文学史论集》（下册）、《饶宗颐二十世纪学术文集》（卷四·经术、礼乐）。

1月27日—31日，在香港长洲岛勺瀛楼用5天时间遍和阮籍82首《咏怀诗》。

2月1日，早期敦煌琵琶谱研究的重要文献《〈敦煌琵琶谱〉读记》发表于香港《新亚学报》（第四卷第二期）。收入《敦煌琵琶谱论文集》、《饶宗颐二十世纪学术文集》（卷八·敦煌学）。

3月，撰《杜甫与唐诗》发表于国际笔会之中国香港笔会出版的《文学世界》（第二十五期）。

3月，改定稿《碙洲非大屿山辨》《碙洲非大屿山续辨》载《宋皇台纪念集》（简又文主编 卷三）。收入《饶宗颐二十世纪学术文集》（卷六·史学）。

5月，撰《宋季金元琴史考述》发表于台北《清华学报》（新二卷一期）。收入《饶宗颐二十世纪学术文集》（卷四·经术、礼乐）。该文是研究宋元琴史的重要成果，是学界第一篇介绍宋元琴史论文，也是中国近现代第一部系统论述古琴艺术发展的断代史。

---

① 2006年为作者收藏的《殷代贞卜人物通考》题"此书由求精校印，现已成为珍本，选堂记"。

② 该文原名《论岳武穆满江红词》。

9月，继母王文伟病逝，享年62岁。

9月，自本年至1962年学生吴怀德做课堂笔记，记录饶先生讲授的中国文学批评、《楚辞》、《诗经》、文选学、目录学、词学、文字学等内容①。

10月7日，在香港大学上国文课，讲楚辞。第一讲：1.楚辞为文学之源，故文学家皆深受其影响。2.楚国之文化。3.材料研究楚辞。

10月8日，在香港大学上国文课，第一讲：文字学。

10月11日，在香港大学上国文《文选》，第一讲：文选作者、编成时期、文选之分类等。

同日，在香港大学上国文课，讲文选学、文选解注。

10月14日，在香港大学上国文课，讲文选学、文选解注。

10月15日，在香港大学上国文课，第二讲：文字学。

10月18日，在香港大学上国文文选，第二讲：继续文选讲解，主要讲文选序、文心与文选之比较等。

同日，在香港大学上课，讲《〈两都赋〉序》。

10月19日，在香港大学上国文课，讲楚辞。第二讲：继续讲楚辞资料。

10月21日，在香港大学上国文课，讲楚辞。第三讲：释文。

同日，在香港大学上课，讲辨骚（二）、《两都赋》。

10月22日，在香港大学上国文课，第三讲：文字学。

10月25日，在香港大学上国文文选，第三讲：赋、赋之意义、赋与诗等、赋与诵等、赋之起源。

同日，撰《读罗香林先生新著〈唐代广州光孝寺与中印交通之关系〉——兼论交广道佛教之传播问题》，发表于台北《大陆杂志》（第二十一卷第七期）。

11月1日，在香港大学上国文课，第四讲：赋。

同日，在香港大学上课，讲《东都赋》。

11月4日，在香港大学上国文课，讲楚辞。第四讲：汉魏六朝论文索引，屈原之研究。

同日，在香港大学上课，讲辨骚。

11月5日，在香港大学上国文课，第四讲：小篆。

11月8日，在香港大学上国文课，第五讲：贾谊。

同日，在香港大学上课，讲《鵩鸟赋》。

11月11日，在香港大学上国文课，讲楚辞。第五讲：屈原传书后（文学历史观察）、楚与秦齐之关系。

同日，在香港大学上课，讲《诠赋》。

11月12日，在香港大学上国文课，第五讲：继续讲小篆。

11月15日，在香港大学上国文课，第六讲：《过秦论》。

① 2016年，吴怀德把听课笔记捐出，由香港大学饶宗颐学术馆影印出版，书名《选堂教授香港大学授课笔记七种》。2017年山东大学杜泽逊组织尼山学堂学生整理笔记，后由中华书局印制。

同日，在香港大学上课，讲《过秦论》。

11月18日，在香港大学上国文课，第六讲：《离骚》经之解释。

11月19日，在香港大学上国文课，第六讲：秦书八体。

11月22日，在香港大学上国文课，第七讲：汉武帝、《楚辞》、武帝之作品。

同日，在香港大学上课，讲六代论。

11月25日，在香港大学上国文课，第七讲：《离骚》时期之问题。

11月26日，在香港大学上国文课，第七讲：隶书。

11月29日，在香港大学上国文课，第八讲：司马相如。

11月，《西洋番国志·书后》，发表于《香港大学中文学会会刊》。收入《饶宗颐二十世纪学术文集》（卷六·史学）。

12月1日，在香港大学上课，讲《子都赋》。

12月2日，在香港大学上国文课，第八讲：继续讲《离骚》。

同日，香港大学上课，讲《离骚》。

12月3日，在香港大学上国文课，第八讲：楷书。

12月6日，在香港大学上国文课，第九讲：《子庐赋》。

12月9日，在香港大学上国文课，第九讲：继续讲《离骚》。

同日，在香港大学上课，讲《离骚》。

12月10日，在香港大学上国文课，第九讲：草书。

12月13日，在香港大学上国文课，第十讲：以志写赋等。

同日，在香港大学上课，讲《归日赋》。

12月16日，在香港大学上国文课，第十讲：《九歌》。

同日，在香港大学上课，讲《离骚》。

12月30日，戴密微来信。

同年，撰《南佛堂门历史考古的若干问题》《由卜辞论殷铜器伐人方志年代——答剑桥大学邓德坤博士书》，发表于《香港大学历史学会年刊》（第一期）。

同年，与彭袭明合作《屯门晚望》《中条山色》《山居图》[①]。

同年，荣新江生。

# ■ 1961 年（辛丑）四十五岁

1月10日，在香港大学上国文课，第十一讲：郭有道碑文等。

1月13日，上午，在香港大学上国文课，第十一讲：《楚辞·九歌》。

同日，下午，在香港大学上课，讲《离骚》。

1月14日，在香港大学上国文课，第十一讲：文字学史的演进。

1月17日，上午，在香港大学上国文课，第十二讲：汉代碑刻文字。

---

① 饶宗颐：《饶宗颐艺术创作汇集·珠联璧合》，香港大学饶宗颐学术馆，2006，第55—57页。

同日，下午，在香港大学上国文课，第十讲：草书形训。

1月20日，上午，在香港大学上国文课，第十二讲：《湘夫人》之异说。

同日，下午，在香港大学上课，讲《离骚》。

1月21日，在香港大学上国文课，第十二讲：清代文学。

1月24日，在香港大学上国文课，第十三讲：孔融。

1月27日，上午，在香港大学上国文课，第十三讲：《东君》《河伯》《山鬼》。

同日，下午，在香港大学上课，讲《离骚》。

1月28日，香港大学上国文课，第十三讲：现代文学。

1月31日，香港大学上国文课，第十四讲：继续讲孔融。

1月，撰《海外甲骨录遗》发表于香港大学出版社《东方文化》（第四卷第一、二期合刊），收入《饶宗颐二十世纪学术文集》（卷二·甲骨）。

2月3日，上午，在香港大学上国文课，第十四讲：《天问》篇、后来《天问》之模仿、《天问》篇题材取自壁画议。

同日，下午，在香港大学上课，讲《离骚》。

2月4日，在香港大学上国文课，第十四讲：六书。

2月7日，在香港大学上国文课，第十五讲：讲刘桢。

2月10日，上午，在香港大学上国文楚辞，第十五讲：《天问》篇。

同日，下午，在香港大学上课，讲《离骚》。

2月11日，在香港大学上国文课，第十五讲：六书。

2月14日，在香港大学上国文课，第十六讲：阮元瑜、阮籍等。

2月，春，识《长洲集·小引》。

2月17日，在香港大学上国文诗经，第一讲：《诗经》。

2月18日，在香港大学上国文课，第十六讲：六书。

2月21日，在香港大学上国文课，第十七讲：阮籍咏怀诗。

2月24日，在香港大学上国文诗经，第二讲：《毛诗正义》。

2月25日，在香港大学上国文课，第十七讲：指事。

2月28日，在香港大学上国文课，第十九讲：谢灵运诗题。

3月3日，上午，在香港大学上国文诗经，第三讲：继续《诗经》讲解。

同日，下午，在香港大学上课，讲《诗经》。

3月，香港大学《东方》（第11期）载《长洲集·序》。

3月，抽印本《南海唱和集》由香港大学文学会发行；香港大学《东方》（第11期）载《南海唱和集》。

4月4日，在香港大学上国文课，第二十讲：南朝（宋）颜延年。

4月7日，在香港大学上国文诗经，第四讲：继续《诗经》讲解。

4月8日，在香港大学上课，第十八讲：会意。

4月11日，在香港大学上国文课，第二十一讲：文学家傅亮、任昉。

4月15日，在香港大学上国文课，第十九讲：继续汉字讲解。

4月18日，在香港大学上国文课，第二十二讲：南朝（宋）范蔚宗。

4月22日，在香港大学上国文课，第二十讲：继续汉字讲解。

4月25日，在在香港大学上国文课，第二十三讲：晋人陆机。

4月28日，在香港大学上国文诗经，第五讲：继续《诗经》讲解、"三家诗"。

4月29日，在香港大学上国文课，第二十一讲：具体之会意。

4月，撰《陆机〈文赋〉理论与音乐之关系》发表于京都大学《中国文学报》（第十四册），指出《文赋》首段内暗嵌陆士衡所作诸赋之名，并证明《文赋》决非陆机二十岁时所作。该文以《论〈文赋〉与音乐》录入《文辙——文学史论集》（采用音乐的观点来讨论文赋）、《饶宗颐二十世纪学术文集》（卷十一·文学），是首次研究陆机《文赋》与音乐的关系的重要文章。

5月2日，在香港大学上国文课，第二十四讲：继续陆机、六代论、五宗论。

5月5日，在香港大学上国文诗经，第六讲：讲家诗之辑佚与评价。

5月6日，在香港大学上国文课，第二十二讲：形声。

5月9日，在香港大学上国文课，第二十五讲：庚信、庚信的作品、庚子山诗、庚信文章之特色。

5月12日，在香港大学上国文诗经，第七讲：《韩诗外传》。

5月13日，在香港大学上国文课，第二十三讲：形声字、假借、转注。

5月16日，在香港大学上国文课，第二十六讲：庚信，《哀江南赋》及《哀江南赋》之时代背景。

5月31日，在香港大学上国文课。

5月，撰《论卜辞断代问题——答岛邦男先生》，发表于仙台《东洋学集刊》（五）。

6月7日，在香港大学上国文课，讲商务说文。

6月21日，在香港大学上国文课，讲郭有道碑文。

6月28日，在香港大学上国文课，讲下元嗣宗。

6月，撰《龟卜象数论——由卜兆记数推究殷人对于数的观念》发表于台湾《"中央研究院"历史语言研究所集刊》（外编第四本）、《庆祝董作宾先生六十五岁论文集》。收入《选堂集林·史林》（上册）、《饶宗颐二十世纪学术文集》（卷四·经术、礼乐）。

6月，撰《顾亭林诗论》发表于《文学世界》（第五卷第二期），以《论顾亭林诗》录入《文辙——文学史论集》（上册）、《饶宗颐二十世纪学术文集》（卷十一·文学）。

7月3日，在香港大学上国文课，讲《诗经》四章。

7月，撰《国文研究举例》载香港《敦梅学校四十三周年纪念刊》（第28期）。

9月，撰Some Place-Names in the South Seas in the Yung-Lo-Ta-Tien（《永乐大典中之南海地名》）。收入《选堂编·史林》（下册），后录入《饶宗颐二十世纪学术文集》（卷七·中外关系史）。

10月4日，在香港大学上国文课，第一讲：文学批评，共上二堂。

10月10日，在香港大学上国文课，第一讲：《目录学》。

同日，再游南佛堂，自柴湾荡舟游龙壁，后撰《龙壁赋·并序·用溥心畬海石赋韵》。

10月11日，在香港大学上国文课，第二讲：文学批评资料问题等。

10月17日，在香港大学上国文课，第二讲：继续讲目录学。

10月18日，上午，在香港大学上国文课，第三讲：先秦文学批评、《诗经》的批评。

同日，下午，在香港大学上课，讲《原道第一》、《文心雕龙》的首篇。

10月20日，在香港大学上国文课，讲《诗经》。

10月21日，在香港大学上国文课，讲观看汉宋家不同的解释法、研究《诗经》的目的、《诗经》的作者问题。

10月24日，上午，在香港大学上国文课，第四讲：孟子论诗、荀子之说诗。

同日，下午，在香港大学上国文课，第三讲：继续讲目录学。

10月27日，在香港大学上国文课，讲解诗经。

10月31日，在香港大学上国文课，第四讲：继续讲目录学。

10月，日本吉川幸次郎[①]来信。

11月3日，在香港大学上国文课，讲《诗经》《国风·周南》。

11月4日，在香港大学上国文课，第五讲：荀子之说诗。

11月7日，在香港大学上国文课，第五讲：目录学、文字工具、卷轴问题。

11月8日，上午，在香港大学上国文课，第六讲：诗与乐之问题。

同日，下午，在香港大学上国文课，讲文学批评。

11月10日，在香港大学上国文课，讲《周南·汝坟》三章。

11月14日，在香港大学上国文课，第六讲：卷轴问题。

11月15日，在香港大学上国文课，第七讲：诗乐的关系。

同日，在香港大学上课，讲文学批评。

11月17日，在香港大学上国文课，讲《诗经》。

11月21日，在香港大学上国文课，第七讲：历代版刻。

11月22日，在香港大学上国文课，第八讲：言语与修辞、儒家之修辞。

11月25日，在香港大学上国文课，讲《诗经》。

11月28日，在香港大学上国文课，第八讲：冯平山图书馆。

11月29日，上午，在香港大学上国文课，第九讲：道家之修辞。

同日，下午，在香港大学上课，讲文学批评。

12月1日，在香港大学上国文课，讲《诗经》。

12月5日，在香港大学上国文课，第九讲：冯平山图书馆。

12月6日，在香港大学上国文课，第十讲：继续讲道家之修辞。

同日，在香港大学上课，讲文学批评。

---

① 吉川幸次郎（1904—1980），日本神户人，国立京都大学名誉教授，东方学会长，"京都学派"的代表人物。

12月8日，在香港大学上国文课，讲《诗经》。

12月10日，在香港大学上国文课，讲《诗经》。

12月12日，在香港大学上国文课，第十讲：版本与收藏。

同年，与夫人、助手周鸿翔及刚从香港大学毕业的学生庄月明等合影。

同年，日本著名汉学家吉川幸次郎之学生清水茂在香港参加研讨会，同宿大屿山宝莲寺。

同年，作《太清金液神丹经（卷下）与南海地理》一文初稿；撰写《永乐大典中之南年地名》一文。

同年，《论〈明史·外国传〉记张琏逃往三佛齐之讹》（华侨史辨证之一则），载香港大学历史学会庆祝金禧特刊：《中国与南海关系论文集》。

同年，*Researches into the Earliest Settlements of the Shê People in the Han* 和 *River Basin Reconsideration on Place-names in the South Seas-On the Basis of New Material in the Yung Lo Ta Tien* 发表于香港大学 Symposium on historical, archaelogical and linguistic studies on Southern China, South – east Asia and the Hong Kong region（华南与东南亚及香港之历史考古语言文化会议）。

同年，先贤传略《刘龙图昉》《翁襄敏万达》《丁巡抚日昌》《方提督耀》等载蔡武榜主编《旅缅潮州会馆庆祝新厦落成纪念特刊》。

同年，石维岩卒，终年84岁。

## ■ 1962 年（壬寅）四十六岁

1月9日，在香港大学上国文课，第十一讲：目录学之图书分类。

1月16日，在香港大学上国文课，第十二讲：非正统派图书分类。

1月17日，在香港大学上国文课，讲《文心雕龙·神思篇》。

1月23日，在香港大学上国文课，第十三讲：中国目录学史等。

1月24日，在香港大学上国文课，讲《文心雕龙·神思篇》。

1月30日，在香港大学上国文课，第十四讲：继续讲中国目录学史。

1月31日，在香港大学上国文课，讲《文心雕龙·神思篇》。

春，撰写《仪端馆词〈序〉》。

2月13日，在香港大学上国文课，第十五讲：非正统派之图书分类。

2月14日，上午，在香港大学上国文课，第十五讲：陆机文赋。

同日，下午，在香港大学上国文课，讲《文心雕龙·风骨篇》。

2月20日，在香港大学上国文课，第一讲：词之起源。

2月21日，在香港大学上国文课，第十六讲：文赋。

2月27日，在香港大学上国文课，第二讲：宋人词起源之材料。

2月28日，在香港大学上国文课，讲《文心雕龙》总述。

3月6日，在香港大学上国文课，第三讲：陆游《渭南文集》。

3月7日，在香港大学上国文课，第十七讲：研究《文心雕龙》以前和其同时代所失去的文学批评书。

3月20日，"甲骨四堂"之一董作宾六十五岁寿庆，台湾"中央研究院"出版《庆祝董作宾六十五岁论文集》，杨联陞[1]以《"龙宿郊民"解》一文庆贺。《龙宿效民图》为明朝董源所作，但原图无题。董其昌鉴定该图为董北苑真迹后再题。读杨文之后，即撰《与杨联陞论〈龙宿郊民图〉》发表于台北《清华学报》（第五卷第一期），杨联陞加《跋语》。

3月21日，在香港大学上国文课，第四讲：词学、李白词等。

3月28日，在香港大学上国文课，讲时受印度人的影响等。

4月3日，在香港大学上国文课。

4月4日，在香港大学上国文课，讲四声协律和韵之实践。

4月10日，在香港大学上国文课。

4月11日，在香港大学上国文课，讲唐人之诗论。

4月17日，在香港大学上国文课，第六讲：词。

4月18日，在香港大学上国文课，讲说文、批评词方面。

夏，《黄龙报》（第五十七卷第一、二期合刊）载《词律索引·序》。

5月，《敦煌写本〈登楼赋〉重研》发表于《大陆杂志》（第24卷第6期），又见《大陆杂志》（特刊第二辑·庆祝朱家骅先生七十岁论文集），收入《文辙——文学史论集》（上册）、《饶宗颐二十世纪学术文集》（卷十一·文学）。

8月，撰《六朝文论摭佚——刘勰以前及其同时之文论佚书考》发表于台北《大陆杂志》（第二十五卷第三期）。收入《文辙——文学史论集》（上册）、《饶宗颐二十世纪学术文集》（卷十一·文学）。

9月1日，香港九龙露明道公园揭幕启用，作《九龙古瑾围上帝古庙遗址辟建公园记》[2]。碑文收入《固庵文录》。

9月，撰《姜白石词管窥》发表于香港《文学世界》（第六卷第三期，宋词专号上编），该文从姜夔的书法、琴律艺术入手，认为"骨力"与"风神"，是姜夔词、书与琴一致的艺术追求。收入《文辙——文学史论集》（上册）、《饶宗颐二十世纪学术文集》（卷十二·诗词学）。

10月，撰《四声非印度围陀三声论》发表于香港《东方》（第十三期），1987年，9月改订版《印度波你尼仙之围陀三声论略——四声外来说平议》发表于《中国语文研究》（第九期），收入《中印文化关系史论集·语文篇——悉昙学绪论》、《梵学集》、《饶宗颐二十世纪学术文集》（卷五·宗教学）。

---

① 杨联陞（1914—1990），字莲生。原籍浙江绍兴，河北保定人。清华大学经济系毕业，获哈佛大学硕士学位，1946年完成《晋书食货志译注》获博士学位。有"汉学界第一人"之誉。

② 古瑾围至清朝仍存，由官富司管辖。至二十世纪二十年代，随着城市扩展，古瑾围被夷为平地。简又文于六十年代向港政府倡议纪念古瑾围，在村落遗址建立露明道公园，立上帝古庙中门石基、石刻门联及门额，特邀饶公撰文纪念，刻文为碑以流传后世，港政府接受建议，在九龙古瑾围上帝古庙遗址处，辟建公园。

10月，撰《论〈文选〉赋类区分情志之义答直方》载香港大学文学会《东方》（第13期）。以《答李自方论〈文选〉赋类区分情志书》，收入《固庵访谈录录》（1989.9）、《饶宗颐二十世纪学术文集》（卷十四·文录、诗词）（2003）。

10月，抽印本《南海唱和集》（续）由香港大学文学会发行。香港大学《东方》（第13期）载《南海唱和集》（续）。赵叔雍于新加坡大学寄来《和苏轼海南赠西轩道士韵》诗一首，则用苏轼诗韵推连叠5首，激起赵叔雍再赋新诗。李弥广、曾履川相继和韵，人唱己和再赓和至47首。李、曾诸家诗作先后印行。

10月，撰《论杜甫夔州诗》发表于京都大学《中国文学报》（第17册，杜甫专号），收入《文辙——文学史论集》（下册）、《饶宗颐二十世纪学术文集》（卷十二·诗词学）。

11月，署名颐白，作《与李棪斋论阮嗣宗诗书》载《选堂诗词集》，谈道表现中年忧患诗章《长洲集》。

11月，仲冬，识《和韩昌黎南山诗引言》。

12月10日，香港大学上国文课，第十一讲：汉朝文学批评、立言之隐显问题，共上二堂。

12月17日，在香港大学上国文课，第十二讲：赋的问题、赋与诗关系。

12月24日，在香港大学上国文课，第十三讲：汉文学之征实说。

同日，戴密微来信。

12月31日，在香港大学上国文课，第十四讲：建安时代文学批评。

12月，《〈文心雕龙〉探原》《刘勰以前及其同时之文论佚书考》《刘勰文艺思想与佛教》《〈文心雕龙〉集释：原道第一》《唐写本〈文心雕龙〉（景本及说明）》载主编《香港大学中文学会庆祝金禧纪念特刊》之《文心雕龙研究专号》，1971年2月发表于台北《〈文心雕龙〉研究论文选粹》（全一册），收入《文辙——文学史论集》（上册）、《饶宗颐二十世纪学术文集》（卷十一·文学）。

12月，撰《敦煌舞谱校释》发表于《香港大学学生会金禧纪念论文集》，又见《舞蹈艺术》（1992年第2期）。

12月底，于香港大学作题为《宋帝播迁七洲洋地望考实兼论其与占城交通路线》演讲。

12月底，撰《词律索引序》。

同年，《灵渡山杯渡井铭》《杯渡禅师事迹与灵渡寺始末》收入《固庵文录》、《饶宗颐二十世纪学术文集》（卷十四·文录、诗词）。

同年，撰写《唐写本〈文心雕龙〉》时，对斯坦因藏卷第5478号的《唐末人草书〈文心雕龙〉残本》进行检校，发现缩微影本中自《征圣》篇"或陷义以藏用"句之"义"字，一直至《宗经》篇"岁历绵暖"句止，出现漏字，怀疑是拍摄缺位所致。1964年，到法国时，顺道伦敦勘对原物，果真拍摄出错，遗漏整一页内容。1979年，由潘重规取原册拍照，重印补缺。

同年，《殷代贞卜人物通考》把殷商甲骨诠释推向高峰，获法国法兰西学院颁发"儒莲奖"，该奖项被誉为西方汉学的诺贝尔文学奖。学术成就得到欧洲汉学界认同，在国际上享有崇高荣誉。

同年，带文学、哲学博士生陈炳良，指导毕业论文题目为《唐代别集目录》；陈伟良，指导毕业论文题目为《南北朝之乐府》。

同年，于香港西区扶轮社讲《宋王事迹略谈》。

## ■ 1963 年（癸卯）四十七岁

2月，《词籍考》由香港大学出版社初版，此书为词籍目录版本的记录，录入词人的生平、词派、词话、评论等内容，系学术史上第一部用目录学、版本学研究词学的著作[①]。该书搜集材料非常宏大，考证极精，编著、辑录均具首创性。该书由溥儒[②]题签，香港大学赵尊岳[③]、日本京都大学吉川幸次郎作《序》并分别做出评价，霍克思及傅汉思做了英文评介。

5月，赠香港大学门人吴怀德山水画一幅，落款："怀德老弟属，选堂。"题跋称怀德为老弟之后，所有赠人之作概称兄不道弟。

6月，《香港大学文学会年刊1962—1963年》，载《与李棪斋论阮嗣宗诗书》。

7月，应聘为印度蒲那班达迦东方研究所研究员，与法籍学生汪德迈（Léon Vanden meesch）前往天竺古梵文研究中心做学术研究，成为该所永久会员。

7月，在香港乘飞机到达印度孟买，机上写《印度洋机中作》诗一首。

8月，开始师从白春晖父亲V. G. Paranjpe教授研习Veda《梨俱吠陀》，攻婆罗门经典。与汪德迈在印度蒲那市和本治市两地游学，考察本地文物古迹，从事中印关系、雅利安人入侵印度以前久已被人遗忘的古文化研究，并与中国半坡、乐都、二里头陶文符号相比较，认为印度河谷图形文字与印欧系统的语言结构完全违背。遍读Marshall等人考古报告。

8月，与汪德迈师生二人至印度达儆访古，恰逢雨季，暴雨下个不停，道路变成小河，汪德迈背师过河，师生紧贴着身子同登彼岸。回港后，忆写此事绘成画作，赠予汪德迈留念。

9月，中印两国关系十分紧张，排华严重。在机场受刁难无法登机，汪德迈出面抗议才得以解决。

9月，在恒河口，看到排队乞食的印度人，觉得这些人没有正常人的生活，是一

---

① 1939年，饶先生帮叶恭绰编《全清词钞》时就开始积累资料，耗时24年进行挖掘收集，主要材料来自叶老的藏书，如《乐府指迷》说有一个祝枝山写的大长卷，校语就在叶老的《遐庵遗墨》里；不少十分难得的材料如元刻本《词林要韵》就在叶老手上。

② 爱新觉罗·溥儒（1896—1963），北京人，字心畬，别号西山逸士，近现代著名书画家、收藏家，与张大千并称为"南张北溥"。

③ 赵尊岳（1898—1965），原名汝乐，字叔雍，斋名高梧轩、珍重阁，江苏武进人，词学家。历任《申报》经理秘书、行政院驻北平政务整理委员会参议。抗战期间，投靠日本，历任汪伪政府要职。著有《明词汇刊》《珍重阁词集》《和小山词》《炎洲词》《填词丛话》等，其作品收录于《高梧轩诗全集》。

种病态。认为法显、玄奘都说印度好，是站在佛教的立场上排斥外道的说法，关键没有了解到印度的本位文化。相应地"我到天竺非求法"表明饶先生以历史学家的身份来看整个印度的。书斋命名"梨俱室"出于此时。

9月，结交印度学者徐梵澄①，每逢周末一起聚会，切磋学艺，吟诗唱歌，挥毫泼墨，后作《别徐梵澄·次东坡送沈达赴岭南韵》诗相送。

秋，从印度东返，经由缅甸、柬埔寨，首次到泰国，一个月间先后到泰国东北部的呵叻、武里喃、素辇、四色葡等四府，北部的素可泰、清迈、南奔等三府，曼谷附近的大城、佛统两府，泰南的素叻他尼和洛坤两府，访问当地佛教迹地，获得许多学术的第一手资料。沿途所见所闻用诗词记证，收录入《佛国集》。

秋，撰《蒲甘赋》。收入《固庵文录》、《饶宗颐东方学论集》、《饶宗颐二十世纪学术文集》（卷十四·文录、诗词）。

10月26日，泰国《星暹日报》刊登署名苑文的文章《与学者共餐》，记述其与饶先生在宴会聚餐场景。

10月31日，出席泰国水灯节，共赏湄南河水色灯光，领略泰国淳厚民俗，即景吟诗，作五古一首。

10月，在曼谷与李之绵、谢晋嘉合作写成竹木水石画卷并题诗跋。

10月，游泰国四刹吉。

11月1日，"国风吟苑"诗词雅集与40多位泰华诗友一起唱和。

11月4日，在泰国恰逢友人李仰唐六十九大寿，遂自吟一诗《重阳后十日六九生朝志感》：

> 牢落迟栖湄水滨，岂知身属一飘尘。
> 解龟纵早难辞咎，敞帚虽微亦自珍。
> 黄菊再逢伤日迈，白头惊觉逐年新。
> 庐山莲社风流在，愧杀迂疏老散人。

11月12日，又赋一律作贺《寿李仰老六九敬和生朝元玉》，载《星暹日报》。

11月15日，台北《大陆杂志》（第27卷第9期），载《灵渡山杯渡井铭（附记：杯渡事迹与灵渡寺始末）》。

11月19日，晚，在泰国曼谷潮安同乡会上作《禅门南北宗的汇合与传播》演讲。

11月23日，董作宾病逝于台湾，以《木兰花慢》词牌格律作词悼念。

11月27日，结束泰国之行，特作《将去盘谷留别泰国诸友》一诗，载《星暹日报》。

12月，作画偶题《浣溪沙》词。

---

① 徐梵澄（1909—2000），湖南长沙人。原名徐诗荃，梵澄为其笔名。中国社会科学院世界宗教研究所研究员、哲学家、翻译家。被誉为"现代玄奘"。

12月，为《鹤庐诗文集》（林鹤年著）题辞。

12月，撰《韩愈〈南山诗〉与昙无谶译马鸣〈佛所行赞〉》，发表于京都大学《中国文学报》（第十九号）。首次揭示韩愈诗歌受佛文体影响。该文以《〈南山〉诗与马鸣〈佛所行赞〉》收入《文辙——文学史论集》（下册），又以《〈南山〉诗与马鸣〈佛所行赞〉》收入《饶宗颐二十世纪学术文集》（卷十二·诗词学）。

12月，撰写《谈印度河谷图形文字》一文，成为比较中印印章图形文学的第一人。

12月，翻译《梨俱吠陀无无颂》全文。

同年，在缅甸，为撰写《蒲甘国史事拾零》寻找旧籍，收获很大。

同年，受美国自由诗体诗家沃尔特·惠特曼的影响，创作新体诗《安哥窟哀歌》。收入《清晖集》。

同年，分别带文学哲学博士生三名，指导陈学霖毕业论文题目是《北朝华化之探讨》，指导江润勋毕业论文题目是《词学评论史》；指导吴铭森毕业论文题目是《甲骨文地名研究》。

同年，董作宾卒，终年69岁。

## ■ 1964 年（甲辰）四十八岁

春，写《竹瘦泉清》题记：

以渐江之山，
补叔明之树，
峰朣而竹瘦，
泉清而水冽。
甲辰春，选堂戏笔①。

2月，撰《想尔九戒与三合义兼评新刊〈太平经合校〉》发表于台北《清华学报》（新四卷二期）。收入上海古籍出版社新版的《老子想尔注校笺》，后收入《选堂集林·史林》（上册）、《饶宗颐二十世纪学术文集》（卷五·宗教学）。

2月，*Chinese Sources on Brāhmī and kharosthī* 发表于班达迦东方研究院。

3月，在戴密微名著《拉萨僧诤记》的基础上，找到S.2672号《顿悟大乘正理决》这部关于"顿渐之争"的文献，对有关禅宗入藏的宗论与历史、地理、年代问题进行一番研究后，撰《神会门下摩诃衍之入藏兼论禅门南北宗之调和问题》发表

---

① 《竹瘦泉清》图是饶先生现存最早的绘画作品。

于《香港大学五十周年纪念论文集》（第一册），收入《选堂集林·史林》（中册）、《饶宗颐二十世纪学术文集》（卷八·敦煌学）。

6月，《潮州先贤像传》载香港侨港潮汕文教联谊会《侨港潮汕文教联谊会会刊》（第1期）。

6月，《中国典籍有关梵书与法留书起源的记载》载《书目季刊》（第一卷第四期），系第一位根据英国伦敦敦煌卷子讲禅宗史上摩诃衍入藏问题的学者。收入《选堂集林·史林》（下册）、《饶宗颐二十世纪学术文集》（卷五·宗教学）。

8月20日，在日本东京致信罗香林。

年中，赵尊岳在新加坡逝世，以《木兰花慢》词牌格律作词悼念。

秋，再赴日本京都讲学，晤清水茂、大地原，同登高野山，观看京都秋祭焚山祈禳禳灾僧俗活动。

11月1日，撰毕《楚帛书十二月名与尔雅》一文。

12月，《选堂论画》载《香港大学文学会年刊》。

同年，在大阪会晤日本音乐学家林谦三[①]；途中经过牛田，访已故友人日本汉学巨擘波斯六郎故居。

同年，初识水原琴窗、水原渭江父子，谈词于燃林房。

同年，与友人李棪斋漫游北美，参观加拿大多伦多安大略博物馆。

同年，《选堂近诗》蓝字四页出版，李棪斋作《小引》。

同年，指导文学哲学博士生赵东成，毕业论文题目是《老子学史》。

同年，与棪斋游北美，行前从所藏甲骨选出二百片，属为考定。

同年，在美国纽约戴润斋处亲睹了《楚帛书》原物，赋诗《初见楚缯书于纽约戴氏家》：

十载爬梳意自遐，惊看宝绘在天涯。
祝融犹喜行间见，待起龙门问世家。
一卷居然敌楚辞，渚宫旧物自无疑。
蓍从玄月萌秋兴，遥想洞庭叶脱时[②]。

同年，于右任卒，终年86岁。汤用彤卒，终年72岁。孔宪铨卒，终年54岁。

---

① 林谦三（1899—1976），生于大阪，卒于奈良。主要论著有《隋唐燕乐调研究》（1936）、《敦煌琵琶谱的解读研究》（1957）、《明乐八调研究》（1957）、《东亚乐器考》（1962，1973）以及《正仓院乐器研究》（1967）、《雅乐（古乐谱的解读）》（1969）等。

② 从二十世纪50年代起开始研究楚帛书，1964年首次在纽约一私人收藏者处见到了楚帛书原件，在这张三四十厘米见方的丝织绢巾上，中间绘有近千文字，周边绘有四色树木和十二色彩图，是图文并茂的古代墨书真迹。根据亲眼所见的原物，撰写了《十二月名核论》，支持学者李学勤的观点。

# ■ 1965 年（乙巳）四十九岁

1月，撰《楚缯书十二月名核论》发表于台北《大陆杂志》（第三十卷第一期）。改名《楚帛书十二月名与尔雅》收入《楚帛书》、《饶宗颐二十世纪学术文集》（卷三·简帛学）。

2月，撰《敦煌写卷书法》发表于香港大学《东方文化》（1959年至1960年，第五卷第1、2期合刊）。收入《书学丛论》、《饶宗颐二十世纪学术文集》（卷十三卷·艺术）。

4月，清明后十日，作《湖畔疏林图》题记：

独往情怀孰与兴，山如飞白树如芜。
乱峰如梦浑难辨，入座春风笔不枯。

4月，作《雨后溪山》，允之题：

荷花十丈对异枝。

5月5日，英国泰勒①来信。

5月19日，复信泰勒。

5月，编校《景宋乾道高邮军学本〈淮海居士长短句〉》由龙门书店初版。全书以宋孝宗乾道九年（1173）高邮军学刊《淮海集》长短句为底本从事校勘，为秦观词集版本校勘上做出贡献。附录：《邓章汉本淮海词跋》《〈词苑英华〉本〈少游诗余〉跋》。

5月，编校、跋《日藏宋本〈淮海居士长短句〉》。

6月，香港《新亚书院中国文学系年刊》（第3期）载《后汉书论赞》（演讲稿）。修订稿《〈后汉书〉论赞之价值》收入《文辙——文学史论集》（上册）、《饶宗颐二十世纪学术文集》（卷十一·文学）。

6月，撰《清以前潮志纂修始末》。

7月，台北《清华学报》（新第5卷第1期）载《论龙宿郊民图（与杨联陞教授书——附杨联陞教授跋）》。

7月10日，为方继仁作墓志，收入《固庵文录》。

7月，《潮州志汇编》（编集）在香港龙门书店初版，该汇编将《永乐大典》元代《三阳志》、明嘉靖《郭春震志》、清顺治《吴颖志》以及其主编的民国《潮州志》合为一集，系中国方志史上一大创举。书中附《序》一篇。

---

① 泰勒（1902—2000），英国出生，为著名中国史学者，曾任美国华盛顿大学远东与俄罗斯研究所主任。

8月，致信印度丹德卡<sup>①</sup>。

8月，在美国参观卡内基博物馆及哈佛大学佩波第考古人类学博物馆所藏甲骨。认识研究《元朝秘史》的洪·威廉；在哈佛图书馆馆长裘开明帮助下，参观了馆藏所有中国的善本。

9月，撰《安荼论（Anda）与吴晋间之宇宙观》发表于《庆祝李济先生七十岁论文集·清华学报专号》。收入《选堂集林·史林》（上册）、《饶宗颐史学论著选》、《饶宗颐二十世纪学术文集》（卷五·宗教学）。

10月5日晚，致信赵元一教授。

10月，法国鄂法兰<sup>②</sup>来信。

秋，准备赴美国，临行前夕，友人李超人在香港长洲岛勾瀛楼设席饯行，后作《勾瀛楼记》收录入《固庵文录》。

11月，戴密微提议法国国家科研中心（CNRS）邀请饶宗颐帮助研究巴黎所藏敦煌写经、敦煌画稿。

12月9日，收到英国杜希德<sup>③</sup>来信。

12月，上旬，应邀第二次去法国，住汪德迈家至次年8月。其间到英国研究伦敦所藏敦煌画稿。

12月至次年，在法国国家图书馆对伯希和所掠的敦煌手稿资料进行分类整理，又到巴黎汉学研究机构做分析，汪德迈作为助手。

12月，中旬，在巴黎调查敦煌曲子词写卷，发现日文校录的《敦煌曲》原貌失真，与戴密微商定做《敦煌曲》的校录。敦煌学研究的前期工作主要是校录敦煌曲子词、杂曲，重点纠正不少以前的讹误。精心刊印一批不被外界熟识的曲子词写本，其中有《敦煌曲子词集》（王重民著）没有收录的赞偈佛曲。

12月，下旬，开始研究法藏《敦煌白画》。过去研究敦煌画的学者主要针对壁画和绢画，饶先生另辟蹊径，将散在写卷中的白描、粉本、画稿等有价值的材料一一辑出，探讨了白画渊源、发展脉络及其在画史上的重要性。12月，在普林斯顿大学美术馆待了一个星期，利用罗寄梅和张大千在敦煌拍摄的5000张照片，根据敦煌白画的特色，将其分为四类：

（一）图画与图案之不分；

（二）白画与彩绘之间插；

（三）画样与雕刻塑像之合一；

（四）没骨与色晕凹凸之混用。

12月24日，圣诞前一日，时客巴黎，识《佛国集》。

---

① 丹德卡（1909—2001），印度学大家、印度普纳大学教授、班达迦东方研究所名誉教授。

② 鄂法兰（1932—2017），法国著名蒙古史学家、中国伊斯兰教专家，1965年获博士学位，后成为法国国家科学研究中心总监。

③ 杜希德（1925—2006），英国汉学家、历史学家，主要研究中国隋唐史，《剑桥中国史》主编，曾任伦敦大学亚非学院汉学讲座教授。

同年，带文学哲学博士生9名：何沛雄，毕业论文题目是《汉魏六朝赋之分析》；林佐瀚，毕业论文题目是《词之修辞学的探讨》；李直方，毕业论文题目是《谢朓诗研究》；梁伯钜，毕业论文题目是《汉魏六朝书牍考》；苏绍兴，毕业论文题目是《东晋南北朝之文学世族》；黄兆杰，毕业论文题目是《〈文选〉案例蠡测》；黄绮莲，毕业论文题目是《杜诗学》；尤光敏，毕业论文题目是《徐陵及其〈玉台新咏〉》。带文学哲学硕士生2名：梁君仪，毕业论文题目是《中晚唐诗论管窥》；林莲仙，毕业论文题目是《从楚辞韵拟测楚古音》。

同年，沈建华生。冼玉清卒，终年71岁。方继仁卒，终年77岁。赵尊岳卒，终年68岁。

# ■ 1966 年（丙午）五十岁

1月11日，游巴黎，遇到十年所未有的大雪，郊外雪深三尺，为坚冰白雪赋诗二首：

> 初飞尚似柳绵轻，倏尔琼琚满砌生。
> 风院却如花一片，做成非雨又非晴。
>
> 东来和气阻严冬，一夜坚冰白尽封。
> 雪北香南方会得，妙天拈出似机锋。

1月，香港《明报月刊》创刊，在法国收到总编辑金庸聘请为特约撰稿人的信函。

春，拜访徐梵澄，两人互有留诗。

春天，与汪德迈一起，游阿尔卑斯山、罗马剧场遗址、维克多·雨果故居、巴黎圣母院、拿破仑行宫。

2月，于法国之白山识《大谢诗跋》。

3月，遍和谢灵运诗韵，赋诗36首，名为《白山集》并撰《小引》。戴密微作诗题于卷首，译为：

> 儿时闲梦此重温，
> 山色终非旧日痕。
> 爱听清湍传逸响，
> 得从峻调会灵源。

3月，香港初版线装本《白山集》<sup>①</sup>，载《大谢诗跋》。该集描绘了冬日在法国一侧的阿尔卑斯山脉。

5月1日，在巴黎完成《维州在唐代蕃汉交涉史上之地位》初稿。

5月，在伦敦大学东方与非洲研究所发表题为《梵语R、Ṛ、L、Ḹ四流音及其对汉文学之影响——论鸠摩罗什"通韵"（敦煌抄本斯坦因一三四四号）》英文演讲。从梵语对汉语语言学的影响出发，进而论及其对文学的影响。此番演讲以中、日、英三种文字版，1990年，收入《中印文化关系史论集（语言篇）悉昙学绪论》；1993年，收入《饶宗颐史学论著选》《梵学集》；2001年，收入《明本潮州戏文论文集》；后收入《饶宗颐二十世纪学术文集》（卷五·宗教学）。

5月，大陆"文化大革命"开始。

6月，第二次到英国，参观牛津大学亚士摩兰博物馆所藏甲骨。

6月，《韩江流域之蜑民》收为《说蜑——早期蜑民史料之检讨》，载香港中文大学联合书院《联合书院学报》（第5期）。收入《选堂集林·史林》（中册）、《饶宗颐二十世纪学术文集》（卷六·史学）。

7月，《潮州先贤像传》载砂朥越古晋潮州公会《古晋潮州公会庆祝百年纪念特刊》（刘宣强、朱洪声主编）。

8月初，与戴密微在瑞士游览一周，沿途得绝句30余首，名为《黑湖集》。

8月17日，致信戴密微。

8月，撰 *The She Settlements in the Han River Basin, Kwang Tung*（《韩江流域之畬民》）。收入《选堂集林·史林》（下册），后收入《饶宗颐二十世纪学术文集》（卷六·史学）。

8月，为庆贺戴密微七十寿诞，用法文发表《说郢新考》，刊于巴黎出版之 *Mélanges de sinologie*［(*offerts à Monsieur Paul Demiéville*)］（《中国学研究合集——献给戴密微先生七十颂寿》）。中文版《〈说郢〉新考——明嘉靖吴江沈瀚钞本〈说郢〉记略》发表于台北中央图书馆《馆刊》（第三卷第一期）。收入《选堂集林·史林》。首次考证《说郢》是很早一个明代本子。

9月，《华梵经疏体例同异析疑》发表于香港《新亚学报》（第七卷第二期），收入《选堂集林·史林》（上册）、《饶宗颐史学论著集》、《梵学集》、《饶宗颐东方学论集》、《饶宗颐二十世纪学术文集》（卷四·经术·礼乐）。

11月18日，戴密微来信。

12月，香港中文大学联合书院十周年庆展览《楑斋甲骨展览》载所撰《李楑斋所藏甲骨简介》。

冬，时客巴黎，修订《长洲集》。

同年，杨栻卒，终年80岁。

---

① 2003年于《白山集》题："记广东文物展在港举行，展品有潘氏所藏瓦盂釐书'客儿'二字，传为康乐遗物，今不知所在。谢客遗物有长胡一套，并记于此。选堂。"

## ■ 1967 年（丁未）五十一岁

1月，撰《陈白沙[①]在明代诗史上的地位》发表于台湾《东方杂志》（第一卷第二期）。收入《文辙——文学史论集》（上册）、《饶宗颐二十世纪学术文集》（卷十二·诗词学）。

1月初，参观韩国汉城大学博物馆，研读甲骨及零片，并结识金载元。

4月，会晤来港的高罗佩，琴酒迟留，作词《高阳台》。

5月28日，戴密微来信及明信片。

5月，修改《维州在唐代蕃汉交涉史上之地位》一文。

6月，《朱彊村论清词〈望江南〉笺》载《东方文化》（1961至1964第6卷第1、2期合刊）。收入《文辙——文学史论集》（下册）、《饶宗颐二十世纪学术文集》（卷十二·诗词学）。

9月18日，中秋，撰《谢宣城诗注序》。

同日，为门人李直方著《谢宣城诗注》作《序》。收入《固庵文录》。

同年，苏文擢为《佛国集》作《后序》。

11月30日，戴密微来信。

12月，《佛国集》于新加坡新社出版[②]。

12月，饶先生4月15日之演讲稿《法国汉学家研究的成绩》由吴肇群等笔录及整理后，发表于香港葛量洪师专学生会《仁声》（双月刊第八、九期）。

同年，The Chü Silk Manuscript; Caleuear and Astrology Proceeding of Symposium on Early Chinese Art, New York, 1967.

同年，赴美国纽约，出席哥伦比亚大学美术及考古学系主办的"《楚帛书》及古代中国美术与太平洋地区关系可能性"学术研讨会。论证大都会博物馆所藏《楚帛书》真实性的文章。于《纽约时报》发表。写下七古长篇《楚缯书歌·次东坡石鼓歌韵》，诗云：

绘画原物既归Sackler博士，哥伦比亚大学特为召开讨论会，由Goodrich教授主其事，诗以纪之。

涂月招摇位当丑，是孰维纲讯蒙叟。

久讶傲诡劫灰馀，旋出穷泉不胫走。

因思黄缭南方强，问天惠施肆开口。

---

① 陈献章（1428—1500），字公甫，别号石斋，广东新会县（今江门市新会区）白沙里人，称白沙先生，世称陈白沙。明代思想家、哲学家、教育家、书法家、诗人。广东唯一一位从祀孔庙的大儒，是明代心学的奠基者，被后世称为"圣代真儒""岭南一人""岭学儒宗"。

② 1985年集三十余年研究而成的《楚帛书》出版，在书中饶宗颐直言帛书即楚国"天官书"的佚篇，其观点被学界认为是迄今最为合理的解释。

绷绷铺陈数百言，悠悠况二千年后。
营丘重黎旧有图，平子描绘头唯九。
于斯独举五木精，待起邹生问榆柳。
若从时月揣宜忌，艰于南北辨箕斗。
初读只惊口衔箝，细推倍觉襟见肘。
妙悟偶然矜创获，缺暗通篇多蓁莠。
最眷三间悲长勤，敢云千载许尚友。
窈窕方衰世多艰，神祀但嗟民有谷。
当春行事勤卉木，论书波磔异蝌蚪。
曷以利众会诸侯，欲赍油素叩黄耇。
谁取幼官校时则，漫稽《尔雅》劳指喉。
辞清直可追《雅》《颂》，篇长何止俪钟卣。
四神格奠尊祝融，九州氾滥思鲧鲠。
留与叔师补楚骚，还笑退之悲屼嵝。
拔枢应手未灰灭，地不爱宝天所厚。
独看神像绕周围，不知指意属谁某。
我行万里获开眼，宝绘喜归贤者有。
考文几辈费猜疑，历劫终欣脱箝杻。
感极咨嗟且涕洟，自古文章抵刍狗。
钻研我意亦蹉跎，摩挲仿佛丧神偶。
方今举国尽奔波，剜苔掘臼走黔首。
欲杜德机示地文，更穷赢缩识天棓。
博古龙威远流传，讲经虎观知去取。
且从书证试阐幽，何当爬罗与刮垢。
无复鸾飘叹凤泊，定知神物长呵守。
西顾因兹屡吟哦，扛鼎力犹未衰朽。
莫言尺缣冈重轻，惟有十鼓堪比寿[①]。

同年，詹安泰卒，终年66岁。高罗佩卒，终年58岁。

---

[①] 饶宗颐：《清晖集》，深圳海天出版社，1999，第121页。饶宗颐认为美国对汉学的研究贫瘠，完全无法和日本、法国相比，主要原因是没有形成汉学研究系统。如波士顿的藏画是靠日本人来征集，日本人帮美国收了很多中国宋画。美国的汉学是通过日本人来了解。

## ■ 1968 年（戊申）五十二岁

春，与罗忼烈[①]、夏书枚[②]等寓港词人结芳洲词社，撰《芳洲词社启》，收入《固庵文录》、《饶宗颐二十世纪学术文集》（卷十四·文录、诗词）。

3月，香港大学《东方》（中国小说戏曲研究专号）载《敦煌本谩语话跋》。收入《文辙——文学史论集》。

4月，于香港薄扶林整理词集《固庵词》（共58阕）。

5月10日，戴密微寄来明信片。

5月，撰《清词与东南亚诸国》发表于香港林继振编的《庄泽宣教授七秩晋五纪念文集》，该论文选题独特，系清词论文之二。收入《选堂集林·史林》（下册）、《文辙——文学史论集》（上册）、《饶宗颐史学论著选》、《饶宗颐东方学论集》、《饶宗颐二十世纪学术文集》（卷十二·诗词学）。

6月，请人帮忙钞正《敦煌曲谱》一稿。

7月9日，戴密微来信。

8月初，在家整理行装，准备赴新加坡大学，感叹所带书籍太多，甚感头痛。又识《敦煌曲·引论》。在家细校《敦煌曲谱》二遍，但恐仍有误，再看了一次；结诗集《南征集》。

8月23日，致信戴密微。

8月29日，应新加坡国立大学校长林溪茂[③]聘请，任该校中文系首任教授兼系主任，聘期为9年。举家乘飞机赴新加坡。

8月，安顿新居，住所"借田园居"是一处独门独户并带有花园的大房子，被称为Bungalow，是新加坡最稀罕的高级住宅，在武吉知马校区附近，步行片刻即到大学。武吉知马校区对面有一条University Road（大学道），往里面一二百米，左手面有一条垂直的小路，名为RossAve（罗斯道），住所位于罗斯道左侧的八号（现当年故居已经拆毁）[④]。

8月，出席"中华学术院"于台北主办第一届华学国际会议，提交《三教论与宋金学术》，后以《三教论及其海外移植》收入《选堂集林·史林》（下册）、《饶宗颐二十世纪学术文集》（卷五·宗教学）、《香港大学中文学院八十周年纪念学术论文集》。

---

① 罗忼烈（1918—2009），广东合浦（今属广西）人。中山大学毕业，曾任教培正中学、罗富国师范学院、香港大学、香港中文大学、澳门东亚大学。

② 著名学者夏书枚曾说："选堂既宿学，词章绘事鼓琴，莫不称著于时，骈文倚声尤精善。尝自言以余力为诗，然观其所为，实兼采魏晋六朝唐宋人之长，随体而施，靡不尽其神趣，险峭森秀，清旷超迈，面目綦多，非琴瑟专一者可同年而语。"

③ 林溪茂（1913—1967），1954年获伦敦大学经济学博士学位，1949年起在新加坡大学前身马来亚大学任教，1962年起任副校长、代理校长、校长。

④ 杨斌：《上座传经事已微——饶宗颐新加坡大学执教考》，香港大学饶宗颐学术馆，2018，第358—359页。

8月，撰《潮剧溯源》发表于曼谷《泰国潮州会馆三十周年》，又见《潮侨通鉴1969—1973》（第四至五期）。

8月，撰《清以前潮州志纂修始末》发表于曼谷《泰国潮州会馆三十周年》。收入《饶宗颐潮汕地方史论集》、《饶宗颐二十世纪学术文集》（卷九·潮学）。

8月，撰《词与禅悟》发表于台北《清华学报》（新七卷一期），又见台北《佛教文学短论》。以《词与禅》收入《文辙——文学史论集》（下册）、《饶宗颐二十世纪学术文集》（卷十二·诗词学）。

9月15日，港大罗香林荣休，撰写《送罗元一教授荣休序》相送。

9月23日，戴密微寄来明信片。

9月底，在吉隆坡马来西亚中文系任客座教授的傅吾康[1]途经新加坡来访[2]。

10月6日，中秋夜月全食，全家定居新加坡，鼓琴待月，赋诗一首：

凉露秋情动碧空，
海滨瀌舞苇条风，
霜娥此夕应无恙，
一夕为君咒钵龙。

10月，获赠放大12倍红外线照片的《楚帛书》后，校正其格式摹本若干则，撰写《楚缯书之摹本及图像——三首神、肥遗与印度古神话之比较》发表于台北《故宫季刊》（第三卷第二期）。以《〈楚绘画四论〉之三》收入《画𬨎——国画史论集》、《饶宗颐二十世纪学术文集》（卷十三·艺术）。

10月，撰《楚缯书疏证》发表于台湾《"中央研究院"史语所集刊》（第四十本上册）。以《楚帛书新证》收入《饶宗颐二十世纪学术文集》（卷三·简帛学）。

12月26日，戴密微来信。

12月，李叔岷题签《固庵词》排印本于新加坡新社出版，书中附录收入《仪端馆词序》（1962年作）、《词乐丛刊序》（1956年作）、《芳洲词社启》（1968年作）等三篇词学文章。《新社学报》（第二期）载《固庵词》。

12月，担任新加坡《新社》名誉社长。

12月，撰《说兰》发表于新加坡《新社季刊》（第一卷第二期）。以《由Orchid说到兰》收入《文化之旅》、《饶宗颐二十世纪学术文集》（卷十四·文录、诗词）。

同年，在新加坡大学中文系设立新课程《中国古代碑文史》。第一个提出对新马碑刻进行研究。

---

[1] 傅吾康（1912—2007），德国汉学家，精通中、英、德文，一生潜心研究明清史、中国近代史和近代东南亚华人碑刻史籍，著作丰富。

[2] 杨斌：《上座传经事已微——饶宗颐新加坡大学执教考》，香港大学饶宗颐学术馆，2018，第13页。

同年，抽印《黑湖集》（法文版）在瑞士《亚洲研究》发行。该集描写夏日瑞士一侧的阿尔卑斯山脉。*AsiatischeStudien*（《亚洲研究》，第廿二期）载戴密微法文译本《黑湖集》。

同年，辅导哲学博士生2名：简丽冰，毕业论文题目是《明清藏书制度》；杨勇，毕业论文题目是《〈世说新语〉校笺》。

同年，叶恭绰卒，终年88岁。童书业卒，终年61岁。

## ■ 1969 年（己酉）五十三岁

1月，《李郑屋村古墓砖文考释》载《"中央研究院"历史语言研究所集刊》（第39本上册，庆祝李方桂[①]先生六十五岁论文集）。收入《选堂集林·史林》（下册）、《饶宗颐二十世纪学术文集》（卷六·史学）。

4月，漫游瑞士，经Altdorf，越重峦叠嶂，至Lugano而入意大利。

5月16日，杨联陞来信。

5月，于新加坡中文大学中文系撰写《世说新语校笺序》。授课之余到新大图书馆重新阅读考古学者在印度的发掘报告及Heras所撰写的书籍。

5月，于法国巴黎整理一个月来所作之词，名《古村集》。

6月24日，戴密微来信。

7月，美国"阿波罗号"飞船登月成功，这是人类历史上空前的一步，作《登月戏咏》：

静海翻云黑似乌，再来初地已模糊。广寒宫里银河路，飞雪扬尘始戒途。吴质肯将桂树抛，蟾蜍散飞恐难遭。人间凿险俄天上，此去云霄几羽毛。

10月23日，法国总统蓬皮杜夫人在读完法文本《黑湖集》后，特致函对其诗集予以高度赞扬。

10月，所撰《维州在唐代蕃汉交涉史上之地位》发表于台湾"中央研究院"《历史语言研究所集刊》（第三十九本，庆祝李方桂先生六十五岁论文集）。收入《选堂集林·史林》、《饶宗颐二十世纪学术文集》（卷八·敦煌学）。

10月，下旬，在新加坡，为撰写《安南古史上安阳王与雄王之问题》收集资料。

11月6日，戴密微来信。

12月，撰写《清词年表（稿）》。

---

① 李方桂（1902—1987），山西昔阳县人（今山西晋中）。在密歇根大学和芝加哥大学读语言学，是中国在国外专修语言学的第一人。为国际语言学界公认之美洲印第安语、汉语、藏语、侗台语之权威学者，并精通古代德语、法语、古拉丁语、希腊文、梵文、哥特文、古波斯文、古英文、古保加利亚文等。

12月，撰《跋敦煌本〈白泽精怪图〉两残卷》载台湾"中央研究院"《历史语言研究所集刊》（第四十一本第四部分）。

12月，撰《星马华文碑刻系年（纪略）》发表于《新加坡大学中文学会学报》（第十期），修订版分上下卷发表于台北《书目季刊》（第五卷第二、三期）。收入《选堂集林·史林》（下册），以《星马华文碑刻系年引言》收入《饶宗颐史学论著选》《饶宗颐东方学论集》，以《星马华文碑刻系年》收入《饶宗颐二十世纪学术文集》（卷七·中外关系史）；首次编录星马华人碑刻，开海外金石学先河①。

12月，《吴越文化》发表于台湾《"中央研究院"历史语言研究所集刊》（第四十一本第四分册）。收入《饶宗颐二十世纪学术文集》（卷六·史学）。

12月底，在香港与新亚研究所的陈荆和②见面，讨论越南古史中安阳王的问题。

同年，《安南古史上安阳王与雄王问题》发表于新加坡《南洋学报》（第二十四卷第一、二合期），原文第二节《早期汉籍中之安阳王史料》由陈荆和日译成《安阳王与〈日南传〉》发表于日本庆应大学《史学》（第四十二卷第三号）。在对安阳王事迹的问题上，认为《交阯域记》和《交阯外域记》为同一本书；《日南传》为新发现材料，是前人所未发现的论断，将此部分以《〈日南传〉考——安南古史上安阳王资料》收入《饶宗颐史学论著选》《饶宗颐东方学论集》，后收入《选堂集林·史林》（下册）、《饶宗颐二十世纪学术文集》（卷七·中外关系史）。《日南传》为向来谈安南古史者所未征引，撰写此文章为研究中南亚古代史者提供了新的见解，成为讲述有关越南历史《日南传》的第一人。

同年，新加坡《新社学报》（第3期）载《长洲集》。

同年，识《香港大学冯平山图书馆藏善本目录序》一文。

同年，将《太清金液神丹经（卷下）与南海地理》一文重录改定。

同年，撰《〈老子想尔注〉续论》发表于东京早稻田大学出版部《福井博士颂寿纪念东洋文化论集》（福井博士颂寿纪念论文季刊行会编辑），以《〈老子想尔注〉考略》收入《选堂集林·史林》（下册）、《饶宗颐史学论著选》，以《〈老子想尔注〉续论》收入《老子想尔注校证》、《饶宗颐二十世纪学术文集》（卷五·宗教学）。

同年，陈寅恪卒，终年80岁。佃介眉卒，终年83岁。

---

① 参见王素《略谈选堂先生对东南亚华文碑铭整理的功绩——从〈星马华文碑刻系年〉说起》、任昉《略谈选堂先生对墓志整理的贡献——以〈唐宋墓志：远东学院藏拓片图录〉为中心》（均载于《饶学与华学——第二届饶宗颐与华学暨香港大学饶宗颐学术馆成立十周年庆典国际学术研讨会论文集》，上海辞书出版社，2016）。

② 陈荆和（1917—1995），字孟毅、号苍崖，台湾台中市人，后移居日本，曾任"台湾大学"、越南顺化大学教授，1986年任日本亚细亚研究所所长。

# ■ 1970 年（庚戌）五十四岁

1月1日，撰《战国西汉的庄学》发表于《星洲日报·新年特刊》，后收入《选堂集林·史林》（下册）、《饶宗颐二十世纪学术文集》（卷五·宗教学）。

1月10日，许云樵来信。

1月，撰《新加坡古代名称的检讨"蒲罗中"问题商榷》发表于新加坡《南洋商报》，5月载于《南洋文摘》（第十一卷第四期）。

1月，撰《新加坡古地名辨正》发表于《南洋文摘》（第十一卷第四期），为辨明新加坡古地名以及翻译名之第一人。

2月，撰《"蒲罗中"问题续论》发表于新加坡《南洋商报》，5月载于《南洋文摘》（第十一卷第四期）。

3月，《论淮南子与先秦诸书佚书之关系》（阮廷焯著）载《饶宗颐教授南昌游赠言集》（抽印本）。

5月，撰《王锡〈顿悟大乘政理决〉序说并校记》发表于《崇基学报》（第九卷第二期）[1]。收入《选堂集林·史林》（中册）、《饶宗颐二十世纪学术文集》（卷八·敦煌学）。

5月，撰《清词年表》发表于新加坡《新社学报》（第四期）。收入《文辙——文学史论集》、《饶宗颐二十世纪学术文集》（卷十二·诗词学）。

6月19日，在吉隆坡斑苔谷修改《论敦煌陷于吐蕃之年代》。

6月，赴台湾参加"古代画论"研讨会。

6月，为李济主编《上古史》稿撰写《荆楚文化》发表于台湾《"中央研究院"历史语言研究所集刊》（第四十一本第二分册）[2]。2002年对《荆楚文化》作补记后，收入《饶宗颐二十世纪学术文集》（卷六·史学）。在学界首次提出"楚文化"。

7月，于新加坡撰《欧美亚所见甲骨录存·序》一文[3]。

9月14日，会晤杨联陞、洪煨莲等友人，作《中秋前一夕洪煨莲丈招饮康桥别业》：

　　圆月高时叶始黄，

---

① 伦敦所藏敦煌缩微胶卷开始出售，好友方继仁购入一套供饶宗颐做研究，在对胶卷不断翻检中发现许多敦煌学的第一手资料，系列敦煌研究论文由此而来。

② 其时楚地考古工作在发轫阶段。

③ 在香港大学任教时，饶宗颐假期常往新马泰各地游履，对于当地文献、遗存以及海上丝路进行深入研究。从乡邦文化转到东南沿海以及南洋各地的史地、碑刻，撰写《〈太清金液神丹经〉（卷下）与南海地理》《海道之丝路与昆仑舶》《宋帝播迁七洲洋地望考实兼论其与占城交通路线》《永乐大典中之南海地名》《说舼及海船的相关问题》《三教论及其海外移植》《柘林在海外交通史上之地位》《从浮滨遗物论其周遭史地与南海国的问题》等文，对于海上丝绸的交通路线、物品交流、船舶航行进行论说，成为海上丝路研究者之一。

白头酒兴尚清狂。

初来林馆讴吟地，

共听秋声说故乡。

又作《柏克莱秦简日书会议赋示李学勤》，诗曰：

密树高标觅路难，小桥逝水自潺潺。

锄荒代有才人出，虎观龙文已不看。

闲时列梦几潜夫，楚冢频惊出异书。

物论由来齐不得，且从濠上数游鱼。

2003年为鼎宏堂收藏该书题签："此册为一九七〇年由新加坡大学受聘赴美执教于耶大研究院时作，张充和女士手抄，锦囊犹存。选翁记。"

9月至次年6月，学术成就已被世界第一流大学所发现，耶鲁大学研究院聘其为客座教授，主讲先秦文学。

9月，在耶鲁大学期间，常到傅汉思、张充和夫妇家中做客，大家一起写字作画，时有唱和。张充和①工楷手录《睎周集》全卷影印出版，并将《六丑·睡》词谱成昆曲，用宋琴"寒泉"②伴奏。

9月，在美国遍和《清真集》一百二十余首，有《蝶恋花》《清平乐》等辞赋。

9月，《饶宗颐教授南游赠别论文集》由学生撰文集成，欢送其应聘新加坡大学；该集由饶宗颐教授南游赠别论文编辑委员会用中英文版编印。

9月，由陈之初资助印刷的《欧美亚所见甲骨录存》在新加坡出版。

9月，撰《太清金液神丹经（卷下）与南海地理》，发表于香港中文大学《中国文化研究所学报》（第三卷第一期）。收入《选堂集林·史林》（中册）、《饶宗颐二十世纪学术文集》（卷七·中外关系史）。成为利用《太清金液神丹经》讲南海地理之第一人。

10月16日，戴密微来信。

12月，历经八年时间编著的《香港大学冯平山图书馆藏善本书录》由香港龙门书店初版。2003年增订本由香港大学出版社出版。收入《饶宗颐二十世纪学术文集》（卷十·目录学）。

---

① 张充和（1914—2015），生于上海，祖籍合肥，为淮军主将、两广总督署直隶总督张树声的曾孙女，苏州教育家张武龄的四女（"合肥四姐妹"中的小妹）。1949年随夫君赴美后，在哈佛、耶鲁等20多所大学执教，传授书法和昆曲，为弘扬中华传统文化默默地耕耘了一生。被誉为"民国闺秀、最后的才女"。

② "寒泉"琴系查阜西赠张充和之礼物。弹奏过该琴的有：继云闲、查阜西、赵蔓蕤、张充和、高罗佩、毕铿等名家。2011年，远在大洋彼岸的张女士托比尔·盖茨母亲专程到香港探望饶宗颐并带来问候信。

同年，将1967年创作的两幅《白山图》捐赠新加坡南洋大学的李光前博物馆[①]。

同年，撰《欧阳文忠集考异·跋》。

同年，应新加坡潮籍友人林子勤之请，为其姐林子瑄[②]撰写《林校长子王宣墓铭》[③]。

同年，为萧遥天著《中国人名的研究》作《序言》，该书于槟城教育出版社出版，《序言》收入《固庵文录》。

同年，辅导哲学2名博士生：陈伟良，毕业论文题目是《王士禛于清代文学之地位及其诗论之探讨》；江润勋，毕业论文题目是《朱彝尊及其诗学》。

同年，香港万有图书公司《罗香林教授论文集》载《送罗元一教授荣休序》。

同年，韩愧准卒，终年79岁。

## ■ 1971 年（辛亥）五十五岁

1月1日，元旦，续任美国耶鲁大学客座教授。

1月26日，除夕，作客于傅汉思、张充和家。张开始手录《睎周集》及谱《六丑·睡》词曲，并用玉笛演奏。

1月，到美国、加拿大各地写生，识《粉墙词》，每有闲暇，放笔倚声，步清真（周邦彦）号韵51首，此段时间写雪为多，成集定名为《粉墙集》。

1月，所撰《论敦煌陷于吐蕃之年代依〈顿悟大乘正理决〉考证》发表于香港大学《东方文化》（第九卷第一期）。收入《选堂集林·史林》（中册）、《饶宗颐二十世纪学术文集》（卷八·敦煌学）。

1月，与戴密微合著的《敦煌曲》在法国国立科学中心出版（中法两种文字）。书中收入《云谣集杂曲子及其他英法所藏杂曲卷》《云谣集版本资料——上虞罗氏及日本藏本之曲子》《敦煌曲韵谱——附词韵资料举要》。

凭借深厚的诗词功底与音乐造诣，在敦煌学与中国音乐史两大学术领域中来去自如，利用敦煌出土经卷曲子词的资料，探究词的起源问题，为研究唐代由西域经敦煌传入中原的乐曲提供了宝贵的原始资料。法文由戴密微翻译。该书收入《饶宗颐二十世纪学术文集》（卷八·敦煌学）。

1月，于耶鲁大学研究院跋《睎周集（上卷）》，录词作51首。据孔网所载，《睎周集》共分上、中、下三卷。

2月，于耶鲁大学研究院写成《文选序〈画像则赞兴〉说》初稿。

---

① 杨斌：《上座传经事已微——饶宗颐新加坡大学执教考》，香港大学 饶宗颐学术馆，2018，第43—47页。

② 林子瑄（1907—1970），广东揭阳县人，曾就教于南洋学校，1955年任圣德肋撒华英学校校长，1959年创办该校中学部。擅长中国画。

③ 杨斌：《上座传经事已微——饶宗颐新加坡大学执教考》，香港大学 饶宗颐学术馆，2018，第76页、第267—278页。

2月，自波士顿归来，友人罗慷烈来信，促其遍和清真《片玉集》127首。

春，在普林斯顿大学艺术系检识*Ancient Indian Bulletim of the Archaedogical Survey of India*，对朗普尔（Rang pur）出土陶器上的刻文有了认识。

3月，将前和清真词51首及其后和的76首共127首整理为《睎周集》，在榆城又识《睎周集后记》，词集《睎周集》赋成，由张充和手书影印本出版，后编入《清晖集》。

4月27日，戴密微来信。

4月，《中国文学在目录学上之地位》发表于《新加坡大学中文学会会刊》，文章指出："目录学本身的任务，是讨论典籍分类之专门学问，我们可以从历代典籍类别，看出某一种学问演进的过程。"[1]该文收入《文辙——文学史论集》（上册）、《饶宗颐二十世纪学术文集》（卷十一·文学）。

6月，罗慷烈为《睎周集》作《序》。

6月至1973年5月，受聘为台湾"中央研究院"历史语言研究所研究教授。

6月，为台北精华印书馆出版《白云红树馆词钞》（黄晶吾著）作《序》，收入《侨港潮汕文教联谊会会刊》（1974年10月，第3期）。

8月，于星洲再次改定《文选序〈画像则赞兴〉说》一文。

10月，撰写《论〈古文尚书〉非东晋孔安国所编成》一文。

10月27日，重阳，撰《两晋诗论序》。

同年，加入新加报《南洋学报》学会会员。

同年，撰《题吴在炎指画展》。

同年，在美国会晤美籍华裔学者时任耶鲁大学教授王方宇[2]，欣赏王家收藏的八大山人画作。

12月底，《潮州丛著初编》在台湾文海出版社有限公司重印发行。

同年，为杨勇《〈陶渊明集〉校笺》作《序》。

同年，陈世骧卒，终年51岁。

## ■ 1972 年（壬子）五十六岁

春，在星洲撰写《题简琴斋书展》。

2月9日，戴密微来信。

3月，撰《〈古文尚书〉是东晋·孔安国所编成的吗？》发表于《明报月刊》

---

① 《饶宗颐二十世纪学术文集》（卷十一），第829页。

② 王方宇（1913—1997），北京人，毕业于北京辅仁大学教育系，后于美国哥伦比亚大学硕士毕业。曾于耶鲁大学、美国西东大学任教授，1972至1974年任美国西东大学亚洲学系主任。收藏八大山人书画缘于二十世纪五十年代，彼时从张大千手中得到一批八大山人作品，从此一发不可收拾。积数十年之力，成为海内外研究八大山人的权威及最重要收藏家之一。

（第7卷第3期）。以《论〈古文尚书〉非东晋孔安国所编成》收入《选堂集林·史林》（上册）、《饶宗颐二十世纪学术文集》（卷四·经术、礼乐）。

3月，撰《说鹘及海船的相关问题》发表于台湾《"中央研究院"民族学研究所集刊》（第三十三期，庆祝凌纯声先生七十岁论文集之四）。收入《选堂集林·史林》（中册）、《饶宗颐史学论著选》、《饶宗颐东方学论集》、《饶宗颐二十世纪学术文集》（卷七·中外关系史）。

5月11日，围绕《战国策》这部重要典籍去信郑良树[①]，信中提到姚伯声、姚令威兄弟生平事迹，指出引用史料需防偏颇，应站在历史高度去论证《战国策》的核心价值。后以《战国策》历史、文学价值等问题撰写《与郑良树论〈战国策〉书》一文，收入《固庵文录》。

5月29日，郑良树回信。

6月，《文选序〈画像则赞兴〉说——列传与画赞》发表于新加坡南洋大学李光前文物馆编印《文物汇刊》（创刊号）。收入《画颁——国画史论集》、《饶宗颐二十世纪学术文集》（卷十三·艺术）。

6月，从新加坡到印度尼西亚，游都拍湖、峇达山，得《Toba湖绝句》20章，记载都拍湖的所见所感；又赋《峇厘岛杂咏》10首。收入《南征集》《清晖集》。

6月，台北《故宫博物院·季刊》（6卷4期）载《楚辞与古西南夷之故事画》。收入《选堂集林·史林》（上册）、《画颁——国画史论集》、《饶宗颐二十世纪学术文集》（卷十三·艺术）。

6月，新加坡《新社季刊》（第4卷第4期）载《文莱发现宋代华文墓碑的意义》。

6月，《书〈清史稿·文苑传〉后》《〈感应篇〉书后》收入《固庵文录》。

6月，为友人刘少旅所藏的简琴斋墨迹在香港大会堂展出题"简琴斋书展"。

6月，作《蔡梦香先生墓志铭》收入《固庵文录》。

8月10日，为刘英舜[②]墓碑题名："故义安学院院长刘英舜教授之墓"，落款"饶宗颐拜题"。

9月22日，中秋，邀潘受和诸友于酒家畅叙，席间出示所作的《依东坡韵题于右任草书诸葛武侯〈前出师表〉》七言古诗，及所临白阳山人山水长卷。后潘受和题诗以和其诗。

10月26日，撰写《敦煌白画》。

11月8日，戴密微来信。

12月，《〈太平经〉与〈说文解字〉》载《大陆杂志》（第45卷第6期）；收入《饶宗颐史学论著选》、《饶宗颐二十世纪学术文集》（卷五·宗教学）。

---

① 郑良树（1940—2016），字百年，祖籍广东省潮安，生于马来西亚新山。曾任马来西亚国立大学、香港中文大学教授，先后出版20多部著作。

② 刘英舜（1917—1972），广东潮州人，新加坡南洋大学教育系教授兼系主任，原新加坡义安学院院长。

同年，于新加坡将《冰炭集》（118首）整理完毕，《序》中道出其深沉文化忧患之情怀。

同年，任新加坡《南洋学报》学会理事至1973年。

同年，蔡梦香卒，终年84岁。

# ■ 1973 年（癸丑）五十七岁

1月，受聘为法国远东学院（EFEO）院士。

3月，参观台北故宫博物院，得见外间所罕见的朱权之《天运绍统》、徐奋鹏之《古今正统辨》等著作。

3月，出席台湾"中央研究院"历史语言研究所主办的台湾大学傅斯年[①]纪念演讲会。作《词与画——论艺术的换位问题》的演讲，后于1974年发表于台北《故宫季刊》（第八卷第三期），是第一个讲词与画关系的学者。该文收入《画𩱎——国画史论集》、《饶宗颐二十世纪学术文集》（卷十三·艺术）。

3月，撰《说錞于与铜鼓》发表于台北《东吴大学中国艺术史集刊》（第一卷）。

3月，河南安阳小屯南地发现甲骨5000多片，为新中国成立以来出土最多的一批。

春，赴日本东京出席东南亚史学会议，提交了《蒲甘国史事拾零》论文，并会晤江户大学校长村田晴彦。

4月14日，戴密微来信。

4月，撰《论释氏之昆仑说》发表于台北《大陆杂志》（第四十六卷第四期）。收入《选堂集林·史林》（上册）、《饶宗颐史学论著选》、《梵学集》、《饶宗颐东方学论集》、《饶宗颐二十世纪学术文集》（卷五·宗教学）。

5月4日，戴密微来信。

5月9日，侯思孟[②]（Donald Holzman）来信，戴密微写附言，落款1973年5月14日。

6月，《宋元吟韵继声十首（诗）（附：石涛上人宋元吟韵跋）》刊登于《明报月刊》（第8卷第6期）。收入《清晖集》（2011年7月）。

7月，《明报月刊》载所撰《宋元行吟图题诗》。

8月，初稿《方以智[③]之画论》一文于新加坡。

8月，于新加坡撰写《铜鼓余论》一文，后于1979年再次修订。

---

① 傅斯年（1896—1950），初字梦簪，字孟真，山东聊城人。著名历史学家，古典文学研究专家，教育家，学术领导人。五四运动学生领袖之一、台湾"中央研究院"历史语言研究所的创办者。

② 侯思孟（1926—   ），生于美国芝加哥，是德国裔，1955年获耶鲁大学中国文学博士学位。

③ 方以智（1611—1671），字密之，号漫公，出家后法号大智，安徽省桐城人，明末清初著名学者、思想家、科学家。

9月至1978年被香港中文大学聘为中文系教授兼系主任。

9月1日，于新加坡撰写《方以智与陈子升》一文。

9月8日，戴密微寄来明信片。

9月13日，是友人戴密微八十华诞，作《戴密微教授八十寿序》。

9月，新加坡《新社季刊》（第5卷第3期）载《文莱宋碑再跋》。收入《饶宗颐二十世纪学术文集》（卷七·中外关系史）。

中秋佳节，举家离开新加坡返回香港。离开时，作词《忆秦娥》一首：

癸丑中秋，留别星马知交，次王叔明韵。王词见其林泉读书图云：

花如雪。东风夜扫苏堤月。苏堤月。香销南国，几回圆缺。钱塘江上潮声歇。江边杨柳谁攀折。谁攀折。西陵渡口，古今离别。

花疑雪。开门且纳中庭月。中庭月。云衣低护，有圆无缺。南溟道是清游歇。湛湛江水徒心折。徒心折。苍山难老，谩劳伤别。

11月，《关于十九世纪画论家对粤画评骘问题的补充》发表于香港《明报月刊》（第八卷第十一期）。收入《饶宗颐二十世纪学术文集》（卷十三·艺术）。

12月31日，杨联陞来信。

12月31日，撰《曲子〈定西蕃〉》（敦煌曲拾补之一）发表于新加坡《新社学报》（第五期），收入《敦煌曲续论》，后收入《饶宗颐二十世纪学术文集》（卷八·敦煌学）。

12月，撰《谈龙录跋》。

12月，抗战时同于无锡国专任教的何蒙夫以先德《不去庐集》见赠，作《不去庐集跋》。

同年，从本年度开始连续四年参加日本南画院书画年展。

同年，于星洲撰写《苏门答腊岛北部发现汉钱古物记》一文初稿。

同年，撰《茶经注序》；为《丁梦尘先生诗集》题辞、何蒙夫《不去庐集》作《跋》。

同年，带哲学博士生林莲仙，毕业论文题目是《潮州语方言比较研究——从潮州方言与广韵的比较论潮语方言中的地位》。

同年，王显诏卒，终年72岁。

## ■ 1974 年（甲寅）五十八岁

1月初，应金庸邀请担任香港《明报月刊》顾问和特约作家。

1月，在台湾"中央研究院"历史语言研究所，得读江苏《吴县唐玄妙观东岳行宫石础画像》①，开始撰写《吴县玄妙观石础画迹》一文。

2月，所撰《吴县玄妙观石础画迹》载台湾《"中央研究院"历史语言研究所集刊》（第四十五本第二分册）。收入《画颅——国画史论集》、《饶宗颐二十世纪学术文集》（卷十三·艺术）。成为讲道教变文的第一人。

3月19日，在台北史语所讨论会作题为《墨竹刻石——兼论墨竹源流》演讲；发表于台北《故宫季刊》，以《石刻中墨竹之源流》为题，收入《画颅——国画史论集》、《饶宗颐二十世纪学术文集》（卷十三·艺术）。在石刻中系首位讲中国艺术史上墨竹刻石的学者。

3月，暮春，书"五凤二年刻石"。

4月，撰《谈李芸甫的家世》发表于《明报月刊》（第4期）。收入《画颅——国画史论集》、《饶宗颐二十世纪学术文集》（卷十三·艺术）。

4月，作《书爨宝子句》，题云：

在阴嘉和，处渊流芳，
宫宇数仞，循得其墙，
馨随风烈，耀与云扬。
节书建宁太守碑，甲寅四月，选堂。

4月，清和，《题高俨画赠释成鹭图卷》。收入《固庵文录》、《饶宗颐二十世纪学术文集》（卷十四·文录、诗词）。

5月，撰《从石刻论武后之宗教信仰》及作为讲《法显传》第一人的《金赵城藏本〈法显传〉题记》（附《达亲国考》）载台湾《"中央研究院"历史语言研究所集刊》（第45本第3分册）。收入《选堂集林·史林》、《饶宗颐史学论著选》、《饶宗颐二十世纪学术文集》（卷五·宗教学）。

6月24日，端午节，为友人藏《海粟②大师山水小景》作《跋刘海粟山水册》。收入《固庵文录》、《饶宗颐二十世纪学术文集》（卷十四·文录、诗词）。

6月，在台湾《"中央研究院"历史语言研究所集刊》（第四十五本第四分册）刊登《蜀布与Cinapatia——论早期中、印、缅之交通》附论《海道之丝路与昆仑舶》，正式提出了"海上丝路"的名称，比日本人三杉隆敏早了五年。文章论述了"海上丝路"的起因、航线、海舶与外国贾人交易的情形，指出海上丝绸之路或许比陆地更早些。

7月7日，寄明信片于戴密微。

———————————

① 相传出自吴道子手笔。吴道子（约680年—759年），又名道玄，唐代著名画家，画史尊称画圣。汉族，阳翟（今河南禹州）人。开元年间以善画被召入宫廷，历任供奉、内教博士。曾随张旭、贺知章学习书法，通过观赏公孙大娘舞剑，体会用笔之道。擅佛道、神鬼、人物、山水、鸟兽、草木、楼阁等，尤精于佛道、人物，长于壁画创作。

② 刘海粟（1896—1994），名槃，字季芳，号海翁。江苏武进（今常州）人。现代杰出画家、美术教育家。

7月30日，为祝钱穆八十华诞作《古琴的哲学》载台湾《华冈学报》（第八期，庆祝钱穆先生八十岁论文集）。收入《饶宗颐二十世纪学术文集》（卷四·经术、社乐）。

7月，撰《孝顺观念与敦煌佛曲》发表于《敦煌学》（第一辑）。收入《敦煌曲续论》、《饶宗颐二十世纪学术文集》（卷八·敦煌学）。

7月，所撰《苏门答腊岛北部发现汉钱古物记》发表于《明报月刊》（第9卷第8期）。收入《选堂集林·史林》（下册）、《饶宗颐二十世纪学术文集》（卷七·中外关系史）。

7月，所撰《方以智与陈子升》发表于台北《清华学报》（第十卷第二期），后收录入《饶宗颐二十世纪学术文集》（卷五·宗教学）。

8月，所撰《铜鼓续论》发表于台北东吴大学《艺术史集刊》（第三卷），后将《说錞于与铜鼓》与《铜鼓续论》改订，编成《铜鼓余论》，收入《选堂集林·史林》（中册）、《饶宗颐二十世纪学术文集》（卷六·史学）。

8月，《敦煌学》（第一期·戴密微先生八秩）载《戴密微教授八十寿序》。

8月23日，戴密微来信。

同日，为戴密微航邮寄去祝寿之序及山水卷二盒。

9月，撰《大英博物院藏S.5540敦煌大册之曲子词——长安词、山花子及其他》发表于香港《新亚学报》（第十一卷上册·庆祝钱穆先生八十岁专号），英文版*Note Sur le Tch′ang-Ngan Ts′eu*（《论长安词》）（Traduction D′Hélène Vetch），T′oung Pao(Vol.LX,1-3)，Paris，1947。收入《敦煌曲续论》、《饶宗颐二十世纪学术文集》（卷八·敦煌学）。

10月24日，戴密微来信。

10月28日，收到邮局通知，退回8月23日寄给戴密微教授邮包，经查是地址写错所致。

10月，在家致信戴密微。

10月，《萧立声人物画》刊登于《侨港潮汕文教联谊会会刊》（第3期）。后略有删节，以《〈萧立声画集〉小引》，收入《香港中文大学艺术系丛书》（1977年6月，第3册）、《固庵文录》、《饶宗颐二十世纪学术文集》（卷十四·文录、诗词）。

10月，《香港潮州商会创建潮州会馆碑记》（饶宗颐撰；陈荆鸿书）刊登于《侨港潮汕文教联谊会会刊》（第3期）。

11月，香港《新亚生活》（第二卷第三期）载所撰《西方研究中国学术的方向——1974年9月28日本校廿五周年银禧校庆典礼讲词》。

12月，岁暮，书辛弃疾句。

12月23日，致信戴密微。

12月31日，戴密微来信。

12月，识《选堂赋话·小引》一文。收入《文辙——文学史论集》、《饶宗颐二十世纪学术文集》（卷十一·文学）。

12月，所撰《方以智之画论》发表于香港中文大学《中国文化研究所学报》（第七卷第一期）。收入《画𬯀——国画史论集》、《饶宗颐二十世纪学术文集》（卷十三·艺术）。

同年，《李白出生地——碎叶》发表于香港大学《东方文化》（第十二卷第一、二期）。收入《选堂集林·史林》（中册）、《饶宗颐二十世纪学术文集》（卷十二·诗词学）。

同年，《西南文化》刊登于台湾《"中央研究院"历史语言研究所集刊》（第四十六期第一分册），又见《中国史学论文选集》（第二辑）。收入《饶宗颐二十世纪学术文集》（卷六·史学）。

同年，《释七》发表于香港大学《中文学会年刊》。收入《固庵文录》、《饶宗颐二十世纪学术文集》（卷十四·文录、诗词）。

同年，《龙飞与张琏问题辨正》发表于新加坡《南洋学报》（第二十九卷第一、二期）。

## ■ 1975 年（乙卯）五十九岁

1月，《敦煌白画》稿件交法国学者做法文翻译。

1月，致信戴密微。

1月，撰《〈富春山居图卷〉释疑》发表于《明报月刊》（第10卷第1期）。

2月5日，戴密微来信。

2月，撰《再谈〈富春山居图卷〉》发表于《明报月刊》（第10卷第2期）。

3月，《全清词钞》（叶恭绰编；饶宗颐校订）由香港中华书局分局初版。

3月，《黄公望及〈富春山居图〉临本》作《小引》。收入《饶宗颐二十世纪学术文集》（卷十三·艺术）。

3月18日，致信戴密微。

4月2日，戴密微来信。

4月29日，日本水源渭江来信。

5月，香港万有图书公司初版《选堂赋话》。2015年在该书题："可喜之至，韩曦兄苦心寻得本，现已十分难得。"

5月，撰《序》及题签的《赋话六种》（何沛雄编著）由香港万有图书公司初版。

5月，撰《富春山卷有关人物小记》载香港《明报月刊》（第10卷第5期）。

6月30日，戴密微来信。

7月25日，致信戴密微。

8月，与丁衍庸合作《三鱼图》题：

乙卯八月为清芬女弟。

丁衍庸。三鱼。选堂①。

9月初，修改补记《方以智之画论》一文。引用方以智之说，画"虽有六法，而写意本无一法。妙处无他，不落有无而已"。文章提到："此篇为极重要文字，指出画之妙处，须不落入有无两边，匠笔、文笔二者皆饥。"此段话充满了禅机，故将之称为"禅机画论"，运用到绘画创作即是"画家有时亦可运用禅理去建立构图方案"。

9月1日，《八大山人〈世说诗〉解兼记其甲子花鸟册》发表于香港《新亚书院学术集刊》（第十七期）。收入《画䪍——国画史论集》、《饶宗颐二十世纪学术文集》（卷十三·艺术）。

9月20日，中秋，到好友虚白斋主人刘作筹家赏月，喝潮州工夫茶并观读吴宽书卷，后赋词二首。


其一
月到中秋例属苏。随风咳唾落云车。
还当有里更寻无。桂树摘来书胜锦，
吴刚斫下字如珠。玉延亭畔想捻须。

中圣迷花梦未苏。酒醒尚不吐茵车。
荡胸虚白入空无。雨脚风翻休湿兔，（刚卸三号风球。）
赫蹏书老爱累珠。众宾弄影挦吟须。

9月，出席香港中文大学主办的"明遗民书画讨论会"。

9月，《黄公望及〈富春山居图〉临本》作为香港中文大学文物馆专刊之一出版，收入《画䪍——国画史论集》。以《黄公望及〈富春山居图〉》为名收入《饶宗颐二十世纪学术文集》（卷十三·艺术）。

10月5日，戴密微来信。

10月6日—10日，参加在澳大利亚墨尔本维多利亚国家美术馆举办的研讨会，论文《青铜器全名文中"te"字》收入《中国古代青铜器和东南亚金属及其他考古文物研究中的科学方法研讨会论文集》。

11月初，托在法国的柳存仁代了解《敦煌白画》稿件的法文翻译进度，柳答复大概年尾可以完成。

11月12日，致信戴密微。

12月，撰《宋拓韩刻群玉堂怀素千字文——附黄山谷〈松风阁〉跋向氏即向冰考》发表于《香港中文大学学报》（第三卷第一期）。收入《饶宗颐二十世纪学术文集》（卷十三·艺术）。

---

① 饶宗颐：《饶宗颐艺术创作汇集·珠联璧合》，香港大学饶宗颐学术馆，2006，第27页。

12月，香港中文大学出现经济困难，校方决定自当月起压缩一切开支，取消居住在沙田本校以外之高级教员住房津贴。原租住的房屋月租港币三千余元，没有津贴补助，无法租房，只能到山村大厦租一间廉租房住，为节省费用还自己动手搬迁，重新安家。

12月底，在东京东南亚史学会宣读论文《蒲甘国史零拾》，成为利用中国文献补缅甸史之第一人。此文收入《选堂集林·史林》、《饶宗颐二十世纪学术文集》（卷七·中外关系史）。

同年，《人间词话平议》载《人间词话研究汇编》（何志韶编）。

同年，《蒲甘国史零拾——Gordon H. Luce's Old Burma Early Pagan书后》载日本京都《东南ろジア历史ち文化》（第5期）。收入《饶宗颐二十世纪学术文集》（卷七·中外关系史）。

同年，撰《黄公望事迹摭佚》，收入《饶宗颐二十世纪学术文集》（卷十三·艺术）。

同年，撰《至乐楼藏明遗民书画》简介，后以《至乐楼藏明遗民书画解题》收入《饶宗颐二十世纪学术文集》（卷十三·艺术）。

同年，《旅暹潮安同乡会成立四十八周年纪念特刊》载《历代胜流画竹赞》。

同年，刘侯武卒，终年82岁。

## ■ 1976 年（丙辰）六十岁

1月，收到法国寄来《敦煌白画》稿件校样。

1月4日，致信戴密微。

2月7日，计划本月29日前往法国，到法国驻港领事馆办理入境手续。

2月8日，致信戴密微。

3月10日，在巴黎为侯思孟《阮嗣宗生活与作品》题辞。

初夏，收到谢慷烈寄示刘海粟红梅作品，属题其画，作词《水龙吟》。

5月23日，由雷威安夫妇陪同，游历法国中南部，访法国启蒙思想家孟德斯鸠（1689—1755）故居，登Puy Mery绝顶，沿途之中赋诗31首。游法国南部，作《Thoronet寺》《Carcès湖》《醋山（Mont Vinaigre）》《蝉居（Lou Cigalige）偶成三首》《Le Trayas晚兴四首》。整理为《中峤杂咏》36首，编入《西海集》，由雷威安译成法文，后收入《清晖集》。

5月25日，致信戴密微。

5月，《丁衍庸印选·序》发表于《丁衍庸印选》卷首，由香港唯高出版社出版。

5月，开始在法国巴黎讲学。利用空闲时间，向蒲德侯（J. Bottero）学习楔形文字及西亚文献。在法国远东学院书库，发现古昂（M. Manrice Courant）搜集的中国唐宋时代墓志拓本史料，经过一番整理，并加注说明，将之带回香港。

6月4日，致明信片于戴密微。

6月，于巴黎撰写《敦煌白画后记》。

6月，戴密微为《敦煌白画》稿件法文进行改订，并重行打字。

6月，撰《〈天问〉文体的源流——"发问"文学之探讨》发表于台湾大学《考古人类学刊》（第三十九、四十期合刊·庆祝李济先生八十岁论文集中册）。该文系文学研究的经典之作，收入《选堂集林·史林》（上册）、《文辙——文学史论集》（上册）、《饶宗颐史学论著选》、《梵学集》、《饶宗颐东方学论集》、《饶宗颐二十世纪学术文集》（卷十一·文学）。

7月28日，凌晨，唐山发生大地震，伤亡十分严重，感到十分悲痛。

8月10日，戴密微来信。

8月，于香港撰写《新加坡古事记跋》。

闰八月，盥手敬书"裴将军诗"。

9月，在梨俱室校阅《中国史学上之正统论——中国史学观念探讨之一》初稿三次，增加了不少新材料。

10月19日，在香港大学"中国文化周"的学术专题会上，作题为《从地下材料谈秦代文学》演讲，提到：秦始皇二十年一位叫腾的南郡太守写了一篇很好的散文，笔调很像韩非子的句法，行文很精彩，念起来有铿锵的节奏，是水准非常高的一篇散文。这篇《腾文书》[①]完全站在法家立场说话，和韩非子的文章十分接近。这个重要的发现，可以补充秦代文学研究史料。王小娥笔录，饶先生修正后载《香港大学中文学会中国文化周特刊》，又见《抖擞》（第十九期）。以《从云梦〈腾文书〉谈秦代文学》收入《选堂集林·史林》、《饶宗颐二十世纪学术文集》（卷三·简帛学）。

10月21日，会晤获香港中文大学法学博士学位的杨联陞、李方桂。

10月，为门人张秉权著《黄山谷的交游及作品》题辞。

10月，为友人、琴师徐文镜作《镜斋山水画册·引》。收入《固庵文录》。

秋，整理47首叠韵诗《南海唱和集》。

秋，漫游西班牙，又访中古伊斯兰教圣地哥多瓦及阿含伯勒宫。赋诗《题哥耶（Goya）画斗牛图·用韩孟斗鸡联句韵》《哥多瓦（Cordoba）歌·次陆浑山火韵》《阿含伯勒宫（Al-Hambra）·用昌黎岳阳楼韵》三首长诗，收入《西海集》之中。整理词集《栟榈集》（30首）。

12月12日，摹明遗民张风《树石人物》。

12月31日，致信戴密微。

岁暮，作清罗聘《鬼趣图》。

12月，在校阅修订《敦煌白画》一稿。

12月，《八大山人为黄研旅写山水册及其相关问题》（1975年9月）演讲稿，以《至乐楼藏八大山人山水画及其相关问题》载《中国文化研究所学报》（第八卷第二期·明遗民书画研讨会记录专刊），又见新加坡《文物汇刊》（第二号）。

----

① "南郡守腾文书"整理自1975年湖北省云梦县睡虎地M11号秦墓出土的一批竹简。

以《至乐楼藏八大山人山水画及其相关问题——谈卖画与程京萼关系及交游》收入
《画𩷨——国画史论集》、《饶宗颐二十世纪学术文集》（卷十三·艺术）。

12月，撰《张大风及其家世》发表于香港中文大学《中国文化研究所学报》
（第八卷第一期）。收入《画𩷨——国画史论集》、《饶宗颐二十世纪学术文集》
（卷十三·艺术）。

12月，《明季文人与绘画》发表于香港中文大学《中国文化研究所学报》（第
八卷第二期·明遗民书画研讨会纪录专刊）。

上文英文版："*Painting and the Literati in the Late Ming*"（translated
by Jame C.Y.Watt），Renditions No.6（Special Art Issue）Hong Kong：Centre
for Translation Projects, The Chinese University of Hong Kong Spring
1976：PP138-143;209-216（Chinese text）。收入《画𩷨——国画史论集》、《饶
宗颐二十世纪学术文集》（卷十三·艺术）。

同年，在巴黎将《近东开辟史诗》译为中文，这是中国翻译界首次翻译该诗。

同年，为李田意编《中国史籍类选》作《序》。该书1977年由香港友联出版社
出版。

# ■ 1977 年（丁巳）六十一岁

1月3日，致信戴密微。

2月初，《敦煌白画》稿件由法国友人全部校阅完毕。

2月21日，致信戴密微。

3月10日，再致信戴密微。

3月，撰《论战国文学》发表于台湾《"中央研究院"历史语言研究所集刊》
（第四十八本第一册）。收入《文辙——文学史论集》、《饶宗颐二十世纪学术文
集》（卷十一·文学）。

4月4日，致信戴密微。

4月，书《徐文长女英馆十咏》。

5月，《中国史学上之正统论——中国史学观念探讨之一》稿件校对基本完成，
作《后记》曰：德运说主旨在解释朝代更替之原理，而正统问题重点在论继统之正
与否。德运乃后人利用邹说，以解释历史者，虽王夫之尝"云正统之论，始于五
德"。此谓措德运说认识正统则可，谓邹衍倡为正统之论，则不可也。

6月1日，致信戴密微。

6月，撰写《记李贽〈李氏纪传〉》一文。

端午，撰《读〈草缀语〉题辞》。

6月25日，作《九歌图卷》。

7月5日，致信戴密微。

7月，中旬，初稿《供春壶①考略》一文。

8月2日，再致信戴密微。

8月22日—26日，赴曼谷，出席由朱拉隆功大学主办的第七届亚洲历史会议；会后，重访故地，受到乡亲的热情欢迎，赋诗记事，有"十洲行处皆吾乡"名句。

8月23日，出席郑午楼宴请。

8月27日，下午，在泰国潮安同乡会礼堂作《潮州居民及其早期移植》专题演讲；后发表于《泰国潮州会馆成立四十周年暨新馆落成揭幕纪念特刊》（1979年）。

8月29日，中元节，赴挽蒲，向已故侨领余子亮墓苑敬献花圈拜祭。

9月10日，致信戴密微。

9月，香港龙门书店初版《中国史学上之正统论——中国史学观念探讨之一》，书前有饶先生1976年4月于巴黎所作的《小引》，1976年8月在第三次校稿时补句。正统论是中国史学史上的一个重要概念，历来讨论热烈。饶先生费时五年进行深入研究，足履三洲，纵观三千年，横比各个王朝，按照时间先后梳理历史上有影响的、不同形式的正统之论。由于该书在国际史学界影响巨大，被美国各大学列为史学必修教材②。

9月，《五德终始说新探》载《中国史学上证统论——中国史学观念探讨之一》。收入《饶宗颐史学论著选》、《饶宗颐二十世纪学术文集》（卷六·史学）。

9月，《邹衍书别考——阮延焯〈先秦诸子考佚〉题辞》载香港《新亚学术集刊》（第19期）。收入《选堂集林·史林》改名为《不死（a-mrta）观念与齐学——邹衍书别考》。

9月，《〈梦溪笔谈〉校证一则——郑夬〈易〉书公案》发表于《香港中文大学学报》（第四卷第一期）。以《郑夬〈易〉书公案（〈梦溪笔谈〉校证一则）》收入《饶宗颐史学论著选》、《饶宗颐二十世纪学术文集》（卷四·经术、礼乐）。

9月，1976年8月巴黎举行欧洲汉学会提交文章《记〈李氏纪传〉——李贽〈藏书〉未刊稿的发现》发表于《新亚学术集刊》（第十九期）。以《记李贽〈李氏纪传〉》收入《选堂集林·史林》（下册）、《饶宗颐史学论著选》、《饶宗颐二十世纪学术文集》（卷六·史学）。

9月，撰《〈敦煌白画〉导论》载法国远东考古学院考古学专刊之八《敦煌白

---

① 供春壶：明代正德、嘉靖年间，江苏宜兴制砂壶名艺人供春所作的壶。传说其姓龚，名春。供春是一位官员的书童。他陪同主人在宜兴金沙寺读书时，寺中的一位老和尚很会做紫砂壶，供春就偷偷地学。后来他用老和尚洗手沉淀在缸底的陶泥，仿照金沙寺旁大银杏树的树瘿形状做了一把壶，并刻上树瘿上的花纹。烧成之后，这把壶非常古朴可爱，于是这种仿照自然形态的紫砂壶一下子出了名，人们都叫它供春壶。

② 朱维铮评价曰："我在复旦大学历史系承之先师陈守实教授的中国史学史讲席，迄今已逾三十年。就寡闻所及，国内近数十年专究历史观念史的论著本就稀见，而以正统论为题进行全面系统考察的专著更未发现。我所见而又是同行公认的力作者，唯饶先生这一部。"

画》，修订版发表于台北《雄狮美术》（第一百〇二卷）。收入《画颜——国画史论集》、《饶宗颐二十世纪学术文集》（卷八·敦煌学）。

9月，撰《梦香先生遗集引》发表于《蔡梦香诗书画集》卷首。收入《固庵文录》。

9月，所撰《悲庵①印谱序》收入《固庵文录》。

秋，临意并识《沙洲画样卷》，题：沙州画样。题记：太岁在强圉大荒落。

10月11日，致信戴密微。

10月27日，再致信戴密微。

11月27日，戴密微来信。

11月，《董作宾全集》甲、乙编共12册出版。此书是甲骨学史上的重要文献。

12月13日，戴密微来信。

12月23日，致信戴密微。

12月，梨俱室书《临吴镇书心经》。

12月，为黄继芦②主办《蓬碧新村特刊》题写"泰华诗学社黄社长继芦主办蓬碧新村特刊"，附诗文唱和集。

12月，为泰国潮安同乡会韩江山庄撰联：

韩水潮声远，迥拱新阡开土宇；
江山禊带近，郁葱佳气接神州。

同年，整理《羁旅集》中游历日本、美国、加拿大之作，还有香港赋作的抒情诗共81首。

《羁旅集》有一诗：《叔雍归自南溟，趋访不晤。相过又不值，赋此奉约。兼示尤光敏、梁荣基③二生。五叠前韵》。

献岁近归人，旧观槃新辟。
来往苦相左，空蒙幻寒碧。
沧波室尚迹，羁愁忽终昔。
肇悦思遥年，南北无暖席。
眉寿古所稀，聊此荐觞醳。
传经游夏在，稍慰风雨夕。
春风吾道东，看取书堂石。

---

① 赵之谦（1829—1884），汉族，浙江会稽（今绍兴）人。初字益甫，号冷君；后改字撝（huī）叔，号悲庵、梅庵、无闷等。清代著名书画家、篆刻家。

② 黄继芦（1925—2012），泰国华人领袖，曾有"泰国李嘉诚"之誉。

③ 梁荣基（1933—2002），新加坡收藏家协会名誉会长，著名学者、收藏家。历任新加坡师资训练学院数学系代主任，中文系主任，新加坡教育学院中文系主任及新加坡国立教育学院亚洲语文系主任。

同年，题文刘海粟书散氏盤卷。收入《固庵文录》、《饶宗颐二十世纪学术文集》（卷十三·艺术）。

同年，《香雪在藏砂壶》（编著），由新加坡香雪庄初版。

## ■ 1978 年（戊午）六十二岁

1月5日，《选堂诗词集》由香港选堂教授诗文编校委员会发行。友人及门人周鸿翔、赵令扬等30多人集资出版。系诗词乐府旧作总集，钱仲联[①]、夏书枚作《序》。钱仲联评价：今选堂先生之学，固已奄有二家之长而更博，至于诗，则非二家之所能侔矣。诗词集由《选堂诗存》和《选堂乐府》构成。《选堂诗存》收录入《佛国集》《西海集》《白山集》《黑湖集》《羁旅集》《南海唱和集》《长洲集》《和韩昌黎南山集》《南征集》《冰炭集》《瑶山集》及《题画诗》；《选堂乐府》收录入《榆城乐章》《晞周集》《枅梧词》。

1月，《选堂书画集》由香雪庄出版，收入书画作品36件。戴密微、河野秋顿、郑德坤作《序》。

1月，上旬，由香港中文大学艺术系主办的《饶宗颐书画展》在香港大会堂举行，展出书法作品90件，绘画作品60件。

1月20日，致信戴密微。

1月，中旬，在家校阅《新加坡早期华文史料》初稿。

1月30日，托汪德迈门人高先生带论著稿给在法国的戴密微。

2月2日，致信戴密微。

2月11日，戴密微来信。

2月21日，元宵节，作《四僧笔意山水扇面》。

3月，于香港中文大学中文系写毕《穆护歌考》一文。

3月，撰《天神观与道德思想》发表于台湾《"中央研究院"历史语言研究所集刊》（第四十九期第一分册·庆祝"中央研究院"成立五十周年纪念论文）。收入《饶宗颐二十世纪学术文集》（卷四·经术、礼乐）。

3月，寐月，写《山水清音册》。

4月10日，《楚辞地理考》由台北九思出版有限公司重印。

4月，《敦煌白画》（中法文本）作为"法国远东考古学院考古学专刊8"在巴黎出版，戴密微作《序》。法文版由李克曼翻译，后新增英、日译本。作为首位研究《敦煌白画》的学者，饶先生从敦煌卷子中的白描画谱（水墨线条画稿）入手，专门论述唐代的画稿，该书是研究中国绘画史，特别是唐代人物画领域的第一部著作。其敦煌人物画创作，笔法亦多源于此。故张大千评价说："饶氏白画，当世可

---

① 钱仲联（1908—2003），浙江湖州人，诗人、词人、古典文学研究家，国学大师。苏州大学终身教授。

称独步。"①2010年8月，该书由香港国际创价学会、香港大学饶宗颐学术馆分中、英、日版本发行。

4月，撰《中国画的笔法》发表于香港《美术家》创刊号。

4月，撰《晚明画家与画论（一）》发表于香港中文大学《中国文化研究所学报》（第九卷，上册）。收入《画颔——国画史论集》、《饶宗颐二十世纪学术文集》（卷十三·艺术）。

6月26日，戴密微来信。

夏，敬绘《拟禅月大师窟中罗汉》。

7月，为法国高等研究院宗教部准备新课讲义。又修改旧作论文55篇，合为《选堂集林》（史林部分），交中华书局排印。

7月，梨俱室作《山水清音图》。

8月5日—8日，由潮州会馆、潮安同乡会、中华佛学社、泰华诗学社和南国诗社联合主办的《饶宗颐书画展》，于泰京萱茉莉区京华银行总行12楼展览厅举行。泰国潮州会馆主席金崇儒、京华银行董事长郑午楼主持剪彩仪式，各大华文报纸刊登其书画艺术成就。郑午楼收藏《柳村云谷》横轴山水画。《饶宗颐教授书画展特刊》由郑午楼题写刊名，金崇儒作《序》，黄景云、萧立声和薛永颐作评介文章。

8月6日，撰联书赠黄景云②，联曰：

结习已空花不住，
岁寒惟有竹相娱。

8月17日，参观潮州会馆新设立的文物馆，赠送《选堂诗词集》《选堂书画集》，并会晤潮州会馆书画组谢晋合、石庐、林者前、林耀、刘科盈、张泽如、连建德、陈拾吾等人，当众挥毫，联合共作书画。

8月，将从香港中文大学中文系教职退休，在大学外面觅到一处新居，自己粉刷墙壁及整理书架，把大部分书籍从学校搬回安顿好。

9月，正式从香港中文大学中文系退休。香港中文大学和新亚书院联合举办欢送演讲会，作《楚辞学及其相关问题》的演讲，阐述建立楚辞学的意义。他认为：用今日治学的新方法，配合新材料和新观念，楚辞的研究可以更为系统地研究文化史问题。如《楚辞》与考古学、地理学、神话学、音韵学、音乐、绘画、域外文化等关系问题，比较诗经研究更有它的重要性。

9月，修改《安南古史上安阳王与雄王之问题》一文。

9月，应聘为法国高等研究院宗教学部客座教授，主讲《中国古代宗教》。

---

① 为研究敦煌画稿，饶先生数度前往考察敦煌、榆林壁画及楼兰、吐鲁番等地木简，流连忘返于故垒残壁，并在敦煌壁画临摹中取得显著成果。

② 黄景云（1917—1986），祖籍潮安，字木松，泰华文化侨领。在泰国和中国汕头创办批局，经营泰国寄往潮汕的侨批。

9月，到法国高等研究院宗教部与师生探讨学术课题并合影留念。

9月，所撰《穆护歌——兼论火袄教入华之早期史料及其对文学、音乐、绘画之影响》载《香港大公报复刊三十周年纪念文集》（下卷）；首位利用词牌《穆护歌》考见火袄教史实。该文收入《选堂集林·史林》（中册）、《文辙——文学史论集》（下册）、《饶宗颐东方学论集》、《饶宗颐二十世纪学术文集》（卷十二·诗词学）。

9月，撰《神道思想与理性主义》发表于台湾《"中央研究院"史语所集刊》（第四十九期第三分册）。收入《饶宗颐二十世纪学术文集》（卷四·经术、礼乐）。

10月11日，致信戴密微。

12月26日，参观万斯芦莎教堂，观赏马蒂斯绘制的黑白壁画三幅，每幅约八尺到一丈之间的规格。

同年，为张秉权著《黄峪的交游及作品》题辞。

同年，与好友施博尔从巴黎驱车至腊芭雪儿东南六公里的猎士谷（Lauscaux），参观两万年前的史前壁画，整个墙壁画的都是动物，壁画的线条、色彩十分震撼。看到岩画的动物群中共有45匹中国的蒙古马，证明古代东西方的往来。后撰《法南猎士谷史前洞窟壁画颂》，收入《固庵文录》。

同年，作篆书：

喜延明月长登户，
自有春风为扫门。

该对联收藏于香港大学饶宗颐学术馆，后收录入《香港大学饶宗颐学术馆藏品图录Ⅰ》。

同年，编辑出版油印本《欧游杂诗》《佛国集》。

同年，罗香林卒，终年73岁。丁衍庸卒，终年77岁。简又文卒，终年83岁。

# ■ 1979 年（己未）六十三岁

1月10日，巴黎作《挽丁衍镛》。收入《苞俊集》①。

2月15日，《挽丁衍镛》刊登于《新亚生活》月刊（第6卷第6期），收入《清晖集》（2011年7月）。

3月23日，戴密微在瑞士病逝，享年86岁。噩耗传来，难掩悲伤，于巴黎作《戴密微先生挽诗用杜公追酬高蜀州诗韵》悼念，诗曰：

九原大雅不可作，杨柳方稊伤俎落。

---

① 丁公于1978年12月23日谢世。

延年美意只空谈，旧交转眼忽成昨。

梦成盐柱到区夏，学如山海何开廓。

《陀邻尼经》无量门，总持龙宝费搜略。

谢客微言散霏蕤，梵志畅机追芟窦。

爱我丹青步云林，誉我句势比秋鹖。

泣麟叹凤不堪论，白首他乡空默存。

吟句情殷易篑日，怀人家寄西南坤。

死生非远理难睹，凡夫妄执生迷奔。

微公谁与祛吾惑。挥涕何堪过里门。

书契纪纲久散乱，黑白安能定一尊。

不闻邻笛增腹痛，摩挲遗帙苦招魂。


3月，于巴黎撰写《论敦煌残本〈登真隐诀〉》一文。

3月，获悉法国政府出资筹办一个规模宏大的世界文化经典翻译项目，即委托施舟人从有关部门拿到翻译目录，当在目录中看到中国典籍只有《红楼梦》《三国演义》等小说时，饶先生不由痛心地掉下眼泪说："我们完了，没有人知道我们的文化源头是'五经'。"此举使施舟人从此改行，1979年施与家人从法国搬到中国，全身心投入"五经"的翻译工作，并成为中国国家汉办"五经"国际研究与翻译项目的主持人。

3月，新加坡柳北岸出版《蔡梦香先生书画诗集》载《题辞》和《蔡梦香先生墓志铭》。

4月15日，《论学书简〈致波野太郎〉》载香港中文大学新亚书院《新亚生活》（第6卷第8期）。

4月，在瑞士日内瓦郭茂基家做客，在郭家用古琴弹奏一曲《搔首问天》，郭及时录音并备份；又到日内瓦大学摄录《青天歌》书法创作视频。

4月，漫游瑞士苏黎世，过阿尔卑斯山入意大利米兰，再由意大利返回巴黎。沿途所至，作词以记。

4月，荷兰汉学家施博尔采集到光绪年间陈廷宽手抄本纸影唱册《刘龙图》，作《钞本〈刘龙图戏文〉跋》，其中曰：施从台南所集抄本应出自潮州当地纸影戏本。该跋发表于*European Association of Chinese Studies*，No.2。收入《固庵文录》、《饶宗颐史学论著选》、《饶宗颐潮汕地方史论集》、《饶宗颐二十世纪学术文集》（卷九·潮学）。

5月，在巴黎初稿《古村词》13首。

夏，在梨俱室作《书王羲之远宦帖》。

7月，撰《论敦煌残本〈登真隐诀（P.2732）〉》发表于台北《敦煌学》（第四辑）。收入《饶宗颐二十世纪学术文集》（卷五·宗教学）。

9月，撰《汨罗吊屈子文》，又撰《长沙吊贾生》。

11月30日，阔别内地30年后首次回到祖国，中山大学曾宪通①到广州火车站迎接，宿于广州流花宾馆。出席本月30日至12月26日在中山大学举办的"中国古文字研究会第二届学术年会"，发表《中山君罍考略》论文，后编印为油印本②。

12月1日，对陪同的曾宪通讲回来有两个心愿要实现：一是赴汨罗吊屈原。研究《楚辞》多年，很大的原因是被屈原这位伟大人物的人格、情操所吸引。一是到湖南考察马王堆出土的文物。早在二十世纪70年代，湖南省博物馆从马王堆利苍和辛追儿子的墓中挖出一个"地下宝库"，出土大量简帛。此前条件限制不能到长沙观看，只凭《文物》（1974年7月号）杂志中刊出的一张长沙马王堆出土的西汉帛书《易经》抄本中的一页图片，撰写《略论马王堆〈易经〉写本》一文，引发学术界的极大关注。此后，一直关注马王堆出土文物。

12月2日，在曾宪通安排下，周日于宾馆内与二弟宗栻、四弟宗亮会面；曾宪通过湖南省博物馆联系到在长沙工作的五弟宗震。

12月6日，年会结束后，乘火车到湖南长沙找五弟宗震。

12月7日，与五弟到汨罗吊屈原，吊祭时，天上乌云翻滚风雨大作。诵读骈文《汨罗吊屈子文》，内容为：

> 去君之恒干，以就无垠兮，蹑彭咸于激流。
> 格烟叶以清商兮，叩巫咸乎久湫。
> 余此心之不朽兮，与元气而为侪。
> 亘千载犹号屈潭兮，莫怨浩荡之灵修。
> 拜忠洁之庙祀兮，共昭灵为列侯。
> 岂大夫死亦为水神兮，与湖水共悠悠。
> 惟公之魂无不在兮，何必求乎故宇。
> 觅天地之正气兮，惟夫子之高举。
> 采白菅以为席兮，荐稌米以为糈。
> 云霭霭而比飖兮，霰冥冥其兼雨。
> 虽遗迹之非昔兮，企前贤以踵武。
> 欸骚台之悲风兮，镇徘徊而不能去。

12月24日，冬至后二日，摹明遗民石涛《万点恶墨卷》。

12月底，在家赋诗：

> 未能冲暑更登临，禹迹虞陵待远寻；
> 蜀汉江涛开五渚，沅湘篾竹响千岑。

---

① 曾宪通（1935— ），广东潮州人。中山大学中文系教授、博士生导师，原中山大学文学院院长。

② 发言稿于2003年赠编者收藏。

巴陵一叶知秋近，郢水孤城掩雾深；

快士交情缣帛际，南东行处有知音。

12月，吴南生致信汕头林兴胜，指示对受政治运动冲击的饶宗栻进行平反。

12月，长沙市博物馆馆长高志喜赠送马王堆帛书写本照片。回香港后，据此写出两篇文章《略论马王堆〈易经〉写本》和《再谈马王堆帛书〈周易〉》。首篇提出《周易》研究的六方面成果，指出马王堆帛书本的卦序与后世通行本的卦序不同。它以"乾"为首，继之以"艮"（通行本乾、坤、震、巽、坎、离、艮、兑），将其与"京氏易"八宫卦乾、坎、艮、震、巽、离、坤、兑排序比较，认为马王堆写本开其先河，而通行本卦序与同时代燕人韩婴所传相同，与帛书本是出于不同传本；又将帛书本与汉代"中古文本"相比较，认为二者相近，充分肯定了帛书本《易经》的文献价值。还将帛书本《周易》与西汉初年长沙王傅贾谊的《新书》中易说相比较，认为"墓中《易经》写本适当贾谊时代，谊在长沙所见之《易经》及传，当为此类，其时《系辞》与《说卦》尚未离析也"。这些至今都是不刊之论。

长沙之行，每天历览多方，尤以马王堆帛书能获畅读，遨游湘中，并下定决心要在晚年畅游祖国。

12月，撰《关于〈青天歌〉作者》发表于香港《美术家》（第十一期）。收入《饶宗颐二十世纪学术文集》（卷十三·艺术）。

仲冬，漫游武汉，到武汉大学看詹安泰之子詹伯慧，商量搜集、整理其父诗词遗稿遗墨，指出诗词遗稿是詹安泰一生心血的结晶，是他留给后人的一笔财富，认为诗词稿本以影印祝南先生原手书刊行为宜，表示一定竭力帮助将诗词遗稿刊行问世。

同年，《论七曜与十一曜——敦煌开宝七年（974）康遵批命课》《北魏冯熙与敦煌写经——魏太和写〈杂阿毗昙心经〉跋》。收入《选堂集林·史林》、《饶宗颐史学论著选》、《饶宗颐二十世纪学术文集》（卷八·敦煌学）。

同年，应聘为香港中文大学中国文化研究所荣誉高级研究员。

同年，王云五卒，终年92岁。戴密微卒，终年86岁。

# ■ 1980 年（庚申）六十四岁

1月，撰写《远东学院藏唐宋墓志目·引言》。

1月，识《法国远东学院藏唐宋墓志拓片图录·引言》。

2月6日，香港《大公报·艺林版》载《越南出土"归义叟王"印跋》。收入《固庵文录》、《饶宗颐二十世纪学术文集》（卷七·中外关系史）。

3月，《〈敦煌曲〉订补》发表于台湾《"中央研究院"历史语言研究所集刊》（第五十一卷第一期·庆祝"中央研究院"成立五十周年纪念论文专辑）。收入《敦煌曲续论》、《饶宗颐二十世纪学术文集》（卷八·敦煌学）。

春，在京都，住清水茂安排的三缘寺里。常与来访的詹伯慧交流日本见闻。

4月，《中山君罍考略》载《学术研究》（第2期），观《古文字研究》。收入《饶宗颐二十世纪学术文集》（卷六·史学）。

4月，赴法国接受亚洲学会荣誉会员荣衔，出席在巴黎召开的"文字——观念体系与实践经验国际会议"，用法文提交了《汉字与诗学》论文，原文发表于法京 *Ecritures*，中文版收入《文辙——文学史论集》、《饶宗颐史学论著选》、《饶宗颐二十世纪学术文集》（卷十一·文学）。

5月10日，在日本京都晤清水茂教授，赋诗《京畿稿》：

> 缁尘京洛镇难忘，西顾东征愧面墙。
> 屡客鬖丝空胜雪，久疏琴瑟不成章。
> 狂言似我醒兼醉，绮句多君老更香。
> 何日相携萧寺去，天窥象纬月如霜。

5月11日，北山衫里，樱花盛开，其地为川端康成文学家旧游赏地，彭泽周优俪招游，次白石韵，作词二首："八声甘州、一萼红"，收入《聊复集》。《一萼红》词内容为：

> 绿成阴。尽参天杉树，蒙密似垂簪。远籁回音，遥漉击节，微闻切响飞沈。看无数、丹枫变色，柳拂处、枝上变鸣禽。木末风生，池边雷起，谩共登临。
> 无限痴情幽思，幻白云千里，出岫何心。落寞古都，凄凉新碣，胜缘自费追寻。更谁簇、八重香瓣，拥万花、映日袅黄金。但觉山川不老，莫道春深。

5月17日，在日本京都醍醐寺东方学会上讲殷代《易》卦问题，并出席了王梵志讲论会。即席赋诗：

> 阴阳不孤生，空有仗双遣。
> 醍醐有至味，妙语须一转。
> 坤乾难搜讨，极数稽大衍。
> 日者岐山下，契龟出薶卷。
> 眼花字如蚊，骇汗已气喘。
> 目击倘道存，卦名堪三反。
> 夏雨生波澜，春蚕方在茧。
> 荷沼好题诗，菰蒲冒清浅。

5月，于三缘寺撰写《詹无庵诗〈序〉》。

5月，作《陈国符教授著外丹黄白术四种序》。收入《固庵文录》、《饶宗颐二十世纪学术文集》（卷十四·文录诗词）。

5月，作《奇石小鸟》，题：1990年夏，唐云①补雀。

6月30日，在日本京都撰写《唐勒及其佚文——楚辞新资料》发表于九州大学《中国文学论集》（第九号）。收入《文辙——文学史论集》（上册）、《饶宗颐史学论著选》、《饶宗颐二十世纪学术文集》（卷十一·文学），是首位研究楚辞新资料《唐勒赋》②的学者。

6月—8月，任日本京都大学文学部及人文科学研究客座教授，并在九州大学、北海道大学讲学。在京都大学讲学期间作题为《中国古代文学之比较研究》的演讲。总题分五次讲论：

1. 名号与文字；
2. 诅盟与文学；
3. 史诗与讲唱；
4. 诗词与禅悟；
5. 文评与释典。

全文约36000字，发表于日本京都大学《中国文学报》（第三十二册）。收入《文辙——文学史论集》、《饶宗颐二十世纪学术文集》（卷十一·文学）。

6月，首次利用日本石刻证明中日书法交流源自唐代，撰《早期中日书法之交流》一文，发表于东京《书の日本》（第二册第一篇）卷首。中文版《早期中日书法之关系》载广东人民出版社《书谱》（1987年第六期·饶宗颐专辑）。收入《饶宗颐史学论著选》、《饶宗颐东方学论集》、《饶宗颐二十世纪学术文集》（卷十三·艺术）。

自4月下旬至6月，授课之余，游历日本山水，与友人清水茂、入矢义高、波多野太郎等教授多有唱和赠答之作。诗中所咏日本九州、北海道等山水景观，可补清末何如璋《使东杂咏》、黄遵宪《日本杂事诗》所不逮。

7月7日，抵达东京，停留三天。

7月10日，返回京都，往唐招提寺瞻谒鉴真大师坐像，后作诗《唐招提寺瞻谒鉴真大师坐像，时仪仗方从北京返洛》五首。到天理图书馆观善本书，游秋芳洞、高野山、三缘寺、飞鸟寺、唐招提寺、赤山禅院等名胜古迹。后菊池英夫邀往北海道作十日游。在高野山看到山上山下满是参拜日本大圣人空海③的信众，有感于作为宗教圣地的高野山，作诗一首以表崇敬之情。诗文为：

---

① 唐云（1910—1993），浙江杭州人，原名侠尘，别号大石、药翁。童年自学绘画，曾执教于新华艺专、上海美专，先后任上海中国画院代院长、名誉院长等。

② 1972年山东临沂银雀山汉墓出土竹简中，发现《唐勒赋》。《唐勒及其佚文——〈楚辞〉新资料》一文，除对《唐勒赋》进行研究，同时与宋玉《大言赋》《小言赋》的真伪问题联系起来，引发学界对此问题关注。

③ 空海法师汉字书法和梵文书法造诣极高，至今仍影响饶先生书法创作。

未敢游山辄慕仙，

登高慧海叹无边。

一千六百年来事，

八叶莲台总宛然。

7月，东京《东方学》（第六十辑）载所撰《信阳长台关编钟铭の跋》。

8月1日—11日，在北海道旅行，应邀到北海道大学中国哲学会讲"殷代《易》卦问题"。撰《法藏敦煌曲子词四种解说》《敦煌资料与佛教文学小记》。收入《敦煌曲续论》、《饶宗颐二十世纪学术文集》（卷八·敦煌学）。

8月13日，自京都陟高野山，参与万灯会，赋《八月十三夕盂兰盆节》一首：

提灯烧烛妙高峰，风雨人天共庇踪。

千树挺然标直节，不分南北尽朝宗。

8月15日，识《总辔集·小引》。

8月17日，结束在日本讲学，于京都桃园亭即席与清水茂教授互和诗作，录入《总辔集》。叠前韵饯别诗内容：

蒙庄道术贵相忘，

水月涵空始出墙。

日照林间仍隐秀，

风行水上自成章。

惭无大巧心余拙，

屡诵新篇齿久香。

小别暂游休费泪，

秋枫初见挂吴霜。

8月，中旬，在日本京都整理访日诗作《揽辔集》，后定为《总辔集》，收诗作100首，译诗4首；日本学者将其诗作称为"汉诗"，认为是最有代表性的。

8月20日，在日本应慎谦书道社之邀，于东京新宿朝日生命画廊作题为《中国书法二三问题——从文字史看书道》的演讲，后发表于东京《ティジエスト》（第九百七十八号）。中文原作发表于澳门《中国语言学刊》（创刊号）；收入《饶宗颐二十世纪学术文集》（卷十三·艺术）。

8月20日—26日，日本二玄社在东京主办大型"饶宗颐教授个人书画展"，《饶宗颐教授个展作品特集》刊载于日本东京近代书道研究所的《书道グラフ》（第廿五卷第十一号第1至17页、封面、封底）。

8月28日，结束日本讲学，清水茂等前来京都桃园亭饯行。

8月底，计划9月7日或8日返大陆。

9月21日，应文物出版社王仿子社长的邀请，出席在成都举行的第三届古文字学术年会，年会的热门话题：

一、是卜辞的分期；
二、是卦爻的辨识。

卦爻问题是继第一、第二届年会上讨论的热潮而有的新发展。会上宣读论文《略论马王堆〈易经〉写本》，推论该写本六十四卦排比次第，对《商周甲骨和青铜器上的卦爻辨识》一文提出补充意见，另外比较了马王堆帛书本《易经》和汉"中古文本"《易经》的异同，并高度评价马王堆帛书本《易经》的价值，引起了与会者的广泛兴趣。根据一片帛书，写出帛书《易经》的第一篇论文。

9月28日，年会结束，学术考察第一个目的地是敦煌学的发源地兰州[①]。

9月29日，上午，在兰州参观甘肃省博物馆、黄河大桥、北塔山，又参观千佛洞、莫高窟壁画艺术和馆藏写经。寄情于三危山峰，此次前来加上1983年、1987年、2000年、2010年共五度亲临莫高窟。

9月30日，离开兰州，前往敦煌。

同日，下午，在甘肃省博物馆会见陈炳应馆长。离开千佛洞写下《莫高窟题壁》诗：

河湟入梦若悬旌，
铁马坚冰纸上鸣。
石窟春风香柳绿，
他生愿作写经生。

9月，撰《从"眹变"论变文与图绘之关系》发表于广岛《池田末利博士古稀纪念东洋学论集》。收入《饶宗颐史学论著选》《中印文化关系史论集·语文篇——悉昙学绪论》《梵学集》《饶宗颐东方学论集》。本年应广东语文学会的邀请，在广州作学术报告。作题为《关于唐代讲唱文学的一些问题》，其中谈了"变文"和"绘画"的关系。引证公元前巴黎人经典所记载的关于"眹变"的典故，说明庙（壁）画的来由就是"眹变"。先有"变"（按：指佛教的"化身""轮回"），后有"变像""图变"（按：指绘画），讲故事的"变"就是"变文"。

秋，撰《琴台铭》。

10月1日，游览莫高窟、大泉、鸣洲山。

10月2日，参观千佛洞。

10月6日，清晨，抵达西安，参观陕西省博物馆，登慈恩塔，见到许多唐玄奘

---

① 9月28日至12月15日行程详见《选堂访古随行纪实》（曾宪通著），文见陈韩曦主编《梨俱预流果：解读饶宗颐》，广东高等教育出版社，2006，第129—164页。

材料。

同日，晚上，作《荐福寺》诗云：

> 唐都双塔著高标，相去慈恩一里遥。
> 膜拜遐方还踵接，象骨译事已冰消。
> 空余行纪传天竺，想见驮经越灞桥。
> 落日古槐人迹少，西风台殿叶萧萧。

又步杜甫韵作咏塔诗《登慈恩寺塔次杜韵》：

> 发迈自岷陇，我行殊未休。
> 顾瞻千里原，莽荡已忘忧。
> 四塞有山河，古迹难尽搜。
> 塔势可撑天，凿险更缒幽。
> 万国争登临，声教东西流。
> 俯窥一气青，蒙蒙值残秋。
> 汉武拓河西，宛马复可求。
> 西胡断右臂，荐草入吾州。
> 太宗置安西，突厥安足愁。
> 耽耽强邻迹，尚阻昆仑邱。
> 登高感喟生，凌虚足可投。
> 向来论形势，所贵在人谋。

10月9日，上午离开西安，下午抵达洛阳，游历洛阳、郑州、登封、开封和安阳。在洛阳宾馆写《白马寺三景和释源如琇原韵》三首。

10月12日，参观关林。

10月13日，下午3点到郑州，参观商代古城，在古城址适遇文物出版社金冲及、俞晓尧。

10月14日，上午，参观郑州市博物馆，参观大和村新石器时代遗址，看到1—4号房基，其基础及墙壁残部十分清晰，有明显的火烧痕迹，这是当时建屋的一道重要工序，因其地层可以把仰韶文化和龙山文化连贯起来，是一处十分宝贵的考古遗址。

同日，下午，参观河南省博物馆。把传说中的夏代迁都地点同早商文化联系起来考察，看到某些早商文化确有夏代文化的特性。在河南境内，几乎自夏商周至秦汉，都有丰富的文化遗存，证明中原地区确是中华民族的发祥地。

10月15日，到登封参观少林寺。

10月16日，参观开封铁塔、龙亭、相国寺、禹王台及繁塔等四处古迹。

10月17日，上午参观安阳殷墟研究所，下午参观市博物馆。

10月18日，下午，在湖北省博物馆参观。展品中有曾侯乙墓出土衣箱漆书20个字的摹本，应馆长谭维泗之邀考释。考察了奇字的内容，推断古代制作漆箱铭文必与天象、乐律有关，考究有关古文奇字的形体、意义与读音；经过反复推敲，当晚终于解决天书问题，写出"民祀佳坊（房），日辰于维，兴岁之四（駟），所尚若陈，经天尝（常）和"20个字，为博物馆填补了一项空白。有意思的是，二、三句末字之"维"与"四"竟与谭馆长大名相应，更是巧合，闻者无不莞尔、折服！（今按：末句"经天"二字，系根据新出楚简资料改释为"琴瑟"，整句应读作"琴瑟常和"）。后作《曾侯乙墓"匫"器漆书文字初释》。参观湖北江陵望山战国墓中出土的越王勾践剑，剑上有"越王鸠浅自作用剑"的字样，遂作《越王勾践（鸠浅）剑铭（并序）》。收入《固庵文录》、《清晖集》骈文集。

10月21日，上午，中国语言学会举行成立大会，吕叔湘主持开幕式，王力致开幕词。出席代表共180多人，许多著名的语言学界老一辈都到会。

同日，下午，分组讨论，提出题为《秦简日书中"夕"（栾）字含义的商榷》一文（后刊于《中国语言学报》第一期）。收入《楚地出土文献三种研究》、《饶宗颐二十世纪学术文集》（卷三·简帛学）。

10月22日，参加学术报告会。

10月24日，下午1时抵达荆州，到纪南故城参观。

10月25日，与周祖谟，舒之梅一起到荆州博物馆参观。

10月26日，游长江三峡，从宜昌、香溪、秭归、西陵峡、巴东，进入巫峡，拿起铅笔写生，绘写巫山十二峰，于素描纸上把奇景记录下来。神女峰上面有一根巨石突兀于青峰云霞之中，宛若一个亭亭玉立、美丽动人的少女，后来在许多作品中，将此神女峰的神采——表现出来。到了奉节山城，对曾宪通说："杜甫到夔门后所写的诗是最好的，写的夔门诗共有430多首，杜诗里所描绘的许多景物，都可以在这里找到见证。"

10月27日，在奉节县政府接待室的院子里散步，据说这里原来是刘备妻子甘夫人的墓地，她原死于襄樊，在刘备死后由诸葛亮命人移尸骨埋葬于此。附近还有张飞的守灵处。分析认为，张飞为甘夫人守灵之说不可信。倒有可能此地原来就是刘备坟，才有张飞守灵处，又移甘夫人尸骨与刘备合葬的道理。也只有这样，才与白帝城为刘备临终托孤之地的传说相符。成都武侯祠后的刘备坟实为衣冠冢而已。在白帝城，挥毫写诗，云：

黄昏莫辨瀼东西，
赤甲白盐天更低。
重讽苍藤古木句，
惜无两岸夜猿啼。

10月28日，下午，畅游瞿塘。到夔门的白盐山下摩崖处观看历代名人题记。到凤凰泉，这里洞窟已修葺一新，立马创作一幅妙趣横生的素描画，笑得大家前俯后仰。登步至摩崖处，有南宋乾道七年（1171）的大碑，乃赵不忧所撰文，赵公硕书写，尚有一大宋碑，已经风化，仅数字可辨，但关键的人名则剥蚀严重。最有意思的是冯玉祥于1939年的题刻："踏出夔门，赶走倭寇！"日本投降后，1945年他又补记此事。特别显眼的是李端刻的"巍哉，夔门"四个大字。低吟细画，流连一个半小时后离去。由白帝庙休息室可以看到赤甲、白盐二山所形成的峡谷如门，这就是著名的夔门峡。两山之下原有滟滪堆，是杜甫诗中常见的诗景之一，因其有碍航道，已被炸去。站在休息室外的岩石上，便可居高临下，眺望赤甲、白盐，两岸风光尽收眼底，十分惬意。乘汽艇来到风箱峡，这里以保存战国时巴人的悬棺葬而著名。因悬棺于十数丈高的悬崖上，形如风箱，故土人附和为鲁班师的风箱而得名。

同日，晚上，作《夔门登舟拨蒙密，观大宋中兴颂摩崖，次简斋游浯溪韵》，诗云：

> 字大如斗杂藓碧，
> 舍舟入岬扪赤壁。
> 中兴词句何庄严，
> 长江至此有正色。
> 滟滪堆已上下通，
> 方舟无复愁人力。
> 即今化险以为夷，
> 万古路难缘此石。
> 渔者休歌巫峡长，
> 玄猿罢哭千山侧。
> 盘涡犹有白鹭眠，
> 独树依然怀忧恻。

10月29日，从宜昌经当阳、荆门、丹江、襄樊，再南下经随县、安陆、云梦，到达武昌。

10月30日，抵达北京，下午在中国美术馆参观关山月画展，荣宝斋藏画和木刻水印画展览，还看到张大千的好几张名画。

10月31日，由顾铁符陪同参观故宫，观看在乾清宫举办的晋、隋、唐、宋、元画展。下午参观工艺馆和北海公园。

11月4日，在承德山庄宫殿区参观慈禧太后的住所，以及嘉庆、咸丰在山庄逝世的地方。参观金山塔，登塔眺望，只见回廊依山而建，盘旋于山岭之间，周围假山怪石参差错落，疏密有致，与宫殿区的金碧辉煌相映成趣，相得益彰。山庄文物商店就在假山后面的二楼，应文物商店主人的邀请，在雪白的宣纸上写下两首山庄的即景诗。

一曰《题烟雨楼用王荆公韵》：

弱柳沿堤绿绕，

夕阳山背红酣。

莫问前朝烟水，

断肠塞北江南。

二曰《山庄远眺围场》：

车书混一信无俦，

来往燕云十六州。

想见木兰秋狝罢，

武功文治已全收。

11月6日，到达八达岭，只见长城内外山峦起伏，古城垣随山势绵延至无边的天际。参观十三陵。在颐和园，参观仁寿殿、乐寿堂、玉澜堂、宜芸馆等庭院，走过十里画廊，登佛香阁，上万寿山，眺望昆明湖十七孔桥。

11月7日，到天坛公园、登祈年殿、进皇穹宇。到北海，参观三希堂法帖。在胡厚宣陪同下，前往北京医院探望顾颉刚。顾老回忆五十多年的交情，至今还保存着20世纪30年代为《古史辨》写的好几篇文章。"那是我小孩子时写的东西，还请顾老多多批评。"顾老十分注重培养年轻人，奖掖和提携后进是他对中国学术的重要贡献，也是深受学界敬重的原因之一。

同日，日本近代书道研究所出版《饶宗颐教授个展作品》特集。

11月8日，上午到文物出版社，下午来到广济庙，中国佛教协会副主席巨赞法师迎入寺中，参观在北京的佛教中心。晚上，姜伯勤[1]、阎清、于中航诸先生来访。

11月9日，和曾宪通陪友人到友谊商店买电视机，下午在大厦见来访夏承焘[2]夫妇，晚上，王尧、马雍、姜伯勤先生来访。

11月10日，到沙滩红楼国家文物局和文物出版社作题为"谈谈敦煌曲子"的演讲。

11月11日，参观山东省博物馆、趵突泉、李清照纪念馆、大明湖、辛弃疾纪念堂、济南博物馆、灵岩寺。

11月13日，傍晚，到达泰安。

11月14日，登泰山，到经石峪。相传为晒经石，是在成片的石坪上，刻着金刚

---

[1] 姜伯勤（1938— ），中山大学历史系教授、博士生导师。兼任敦煌研究院研究员；中国敦煌吐鲁番学会副会长。主要从事隋唐史、敦煌学、丝绸之路史研究，也涉猎艺术史研究。

[2] 夏承焘（1900—1986），字瞿禅，晚年改字瞿髯，别号谢邻、梦栩生，室名月轮楼、天风阁、玉邻堂、朝阳楼。浙江温州人，毕生致力于词学研究和教学，是现代词学的开拓者和奠基人。其经典著作是词学史上的里程碑，20世纪优秀的文化学术成果。

经的全文。字径在一尺以上，是历代大字的鼻祖。为榜书之宗，列为妙品。经石原有1000多字，现仅存数百字，因对经石峪情有独钟，除仔细琢磨外，还留下多张照片继续观摩。十多年后以如椽大笔书写《心经》，可与经石峪之丰润恢宏相媲美。

11月15日，参观岱庙。

11月16日，晚抵达兖州。第二天一早，参观孔庙，碧水桥前有三坊二门：金声玉振坊、棂星门、太和元气坊、至圣坊及圣时门。碧水桥后又有三大门：弘道门、大中门和同文门。进入奎门阁，两旁立有十三座碑亭，为元、金、明、清所立大碑。进杏坛，就是大成殿。

11月17日—18日，参观孔府、孔林。

11月19日，在南京游鸡鸣寺、钟鼓楼、玄武湖、中山陵、明孝陵、栖霞山石刻。

11月20日，游雨花台、赡园、天王府、莫愁湖，参观省、市博物馆。

11月21日，游秦淮河、清凉山、扫叶楼和朝天宫。

11月22日，上午到扬州。游瘦西湖，参观石涛故居、史可法纪念馆。在参观扬州市容时说：

"扬州现在没有铁路，经济不太发达。但在唐宋时期，这里是长江和运河的交叉口，得东西南北水路之利，许多商贾大户都集中在这里，到处莺歌燕舞，十里洋场，非常繁华，可以说，当时的扬州就是现在的香港。"

11月23日，在扬州博物馆参观"扬州八怪画展"，馆内展出扬州、镇江、常州三组画派49家，共计182幅。

11月24日，早8点赴瓜洲渡，过江来到镇江。在镇江博物馆参观"扬州八怪"为主题的馆藏名画。

11月25日，到焦山参观5套著名的瘗鹤铭拓本和焦山澄鉴堂全碑。

11月26日，到无锡参观惠山公园，园中有惠山寺、二泉、华孝子祠和纪念吴太伯的至德祠。锡山观看名联："无锡锡山山无锡，平湖湖水水平湖。"到将惠山、锡山连成一片的愚公谷，此谷为明万历湖广提学邹迪光所辟，邹号愚公，故名。最后来到著名的借景园林寄畅园，此园为明正德年间所建，一进门有乾隆御笔所题园名。内有唐陀罗尼经幢和宋仿唐的普利院大白伞盖神咒幢。游太湖鼋头渚，顺道参观梅园、天台寺、招鹤楼和念劬楼。

11月27日，到常熟，登虞山，游虞山公园。有言偃墓、商逸民周公墓、梁昭明太子读书台及萧统像、琴川等。参观兴福寺塔。又到常熟城郊陈家桥谒清代画圣王石谷墓。往苏州的路上，打听明末遗老钱牧斋墓地，司机称未听说过；下车询问路人，也无人知晓。似乎心有灵犀，坚信就在附近，下车四处寻找，终于有了意想不到的发现。在一片荒野中，展现一巨型墓碑，上书"明赠宫保礼部尚书景行钱公之墓"，其墓旁有记："公讳世扬，字称孝，号景行，邑庠生。子谦益，孙上安，曾孙锦城俱祔葬。嘉庆廿四年七月，奚浦鹿园两支族同立石。"饶先生说，这是钱牧斋没后，祔葬于其父之侧，遵王时有所讳忌，不敢竖碑，至嘉庆间方由宗族立碣。而钱泳所立者但题"东涧老人墓"，旁记"集东坡先生书，尚湖渔者题"，可见仍有所畏忌也。翁同龢与牧斋为同乡，有《东涧老人墓五律》云："秋水堂安在，荒凉有墓田。孤坟我如是（注：墓与河东君邻），独树古君迁。题碣谁摹宋，居人尚姓钱。争来问遗事，欲说转凄然。"可见钱氏后人之萧条。有人告诉他，常熟县城犹有河东街，以薜芜所居得名。而其墓在拂水南，与东涧相去数武，规模宏伟，则为陈文述官常熟令时所修，今亦倾圮矣。因作《常熟吊柳薜芜文》。文用赋体，上阕开头云：

> 惟冬初之凄厉兮，
> 忽临眺乎吴中。
> 陟虞山之渐渐兮，
> 俯尚湖之沨沨。
> 抚东涧之坏碣兮，
> 邻拂水之闳宫。

下阕结尾云：

> 惟夫人之绸缪兮，
> 无救乎家变之相攻。
> 竟一死以殉之兮，
> 有重于泰山之崇。
> 凛惊风之殒叶兮，
> 信芳草之埋英雄。
> 诉吾愤懑而献吊兮，
> 泣斜日于寒虫。

11月28日，到苏州博物馆，参观馆藏草书《青天歌卷》。昆山曹澄墓出土的《青天歌》，因署名徐渭（款），论者或曰为伪物，或误以《青天歌》为徐渭所作。饶先生据元王玠《青天歌注》，断《青天歌》乃长春真人丘处机之所作，并指出："王注谓其演音三十二句，乃按度人经三十二运化之道，奇辞奥旨，赖以抉发焉。曹墓所出，知明人喜诵此诗，故形诸楮墨。徐书狂放，颇异常规。今睹原卷，似鹜鸟之乍飞，若崩崖之可怖，洵为上上妙品也。"对于世人的议论，则以为："遗迹信足振采，则书者何庸刻舟。"

11月29日，游苏州园林，走马于拙政园、留园、狮子林、怡园，游太湖东山。来到紫金庵，寺院仅一殿一堂，规模不大，然寺中塑像技艺精湛，神形兼备，名闻遐迩。在展室看到澄湖出土的鱼篓形黑衣陶壶，器上有五个刻符，属于新石器时期的遗物，引起关注，认为很有研究价值，遂详为考释，后收入《符号·初文与字母——汉字树》书中。

11月30日，游寒山寺、虎丘、灵岩山寺和天平山。

12月1日，参观上海市博物馆，沈之瑜馆长专门从库房提出10多件最近收藏的青铜器供研究。

12月4日，上午，到上海松江县城参观，松江古称华亭。下午，参观松江博物馆。

12月5日，上午，又回到上海博物馆，专门看陶瓷刻划和纹饰。

12月6日，到杭州，参观浙江省博物馆、西泠印社。印社社址设在西湖孤山，有清代篆刻名家丁敬的石刻坐像、邓石如的石刻立像以及近代篆刻家吴昌硕的铜像。社内有珍贵的汉碑，该碑于1852年在浙江余姚客星山出土，吴昌硕等为了阻止该碑外流，集巨资将它买下，并造碑亭妥为保存。特地在石室前照相留念。此次与西泠印社结缘，时隔31年后，即在2011年12月13日上午10点，西泠印社八届六次理事会在杭州纳德大酒店举行，经西泠印社全体理事投票产生，饶先生当选为西泠印社第七任社长。

12月8日，游西湖、灵隐寺。

12月9日，游六和塔。

12月10日，到衡山，有《衡岳用退之谒衡山庙韵》诗云：

丹灵四顾廓然公，敢谓须弥在掌中。
下视紫盖如培楼，天柱石廪丧其雄。
潮阳太守尝到此，绝顶未登胜难穷。
精诚能扫三峰雾，炎方頋洞想高风。
黄帝盐传古乐曲，霓裳仿佛神相通。
落日亭皋遥望久，清词野鹤唳清空。
厚坤万古称赤帝，简书分明陈祝融。
马祖庵前哀磨镜，邺疾祠畔思巍宫。
一从霜雪交摧折，山花尚放浅深红。
于今祠宇空无有，升阶何以明至衷。
灵期囊记人莫识，成行松柏徒鞠躬。
庙貌诚可比嵩岱，岳渎佳气古今同。
我行万里斯仰止，欲觅怀让与韩终。
俯临突兀峰千百，征车立可收奇功。
来时冥冥羌昼晦，归去云雨兼曈昽。
神仙邈矣不可接，何必苦索东海东。

登上衡山巅峰时，有《登祝融峰绝顶》七绝为证：

岭似儿孙相率从，凭高喜见九州同。
陇岷嵩岱都行遍，更上朱陵第一峰。

12月11日，参观船山书院和王船山纪念室。

同日，晚，返广州。火车上，对曾宪通说，三个月时间走了14个省市，参观33座博物馆，接触大量考古文物资料，饱览祖国的山川胜迹，完成中国文化之旅夙愿。曾宪通请教有关治学方法问题，当谈到胡适提出的"大胆假设，小心求证"时，饶先生意味深长地说："胡的小心求证是可取的，但大胆假设就不一定，由于他的中国文化基础不够，外国文化基础也不够，所以他提出的假设有些难免脱离实际。他的前提错了，就往往会有劳而无功。而且求证的方法也太烦琐了，这是他失败的原因之一。"对学问的执着和严谨使其"事事爱追根溯源，从不轻信任何人的既成结论""从来不信奉权威"。

12月13日，晨，到广州。上午，拜访广东省高教局领导；下午，与潮州过来的亲戚团聚。

12月15日，从广州返回香港。回港的路上，总结今年是他一生最宝贵的一年，不知从哪来的体力，从欧洲一直到日本和内地，持续不停地走，实现了"世界五洲已历其四，华夏九州已历其七，神州五岳已登其四"的游履生涯。

12月16日，出席在香港丽晶酒店举办的"赖少其①书画展览"，与赖少其、林风眠、赵少昂②等相谈甚欢。赖少其个人画展是应香港九龙狮子会邀请于本月11日开幕。

12月23日，致信日本学者川口久雄③。

12月，撰毕《论杜甫夔州诗》。

12月，作《序》及题签《〈文镜秘府论〉探源》（王晋江著）由天地图书有限公司出版。

12月，为陈荆和编注的《阮荷亭〈往津日记〉》作《阮荷亭〈往津日记〉钞本跋》。收入《饶宗颐史学论著选》。

冬，到燕京朝阳楼拜访夏瞿禅。

冬日，梨俱室作《古木苍藤》图。

同年，摹宋夏珪《溪山清远》。

同年，为敦煌文化研究所、三联书店出版《敦煌的艺术宝藏》题签。

同年，与萧立声合作《拜石》。

同年，为篸园公、梓园公著《粤潮苏代二难遗集》题签。

同年，《安南古史上安阳王与雄王之问题》经过订补，增入《论安阳王与西于、西瓯》《秦代初平南越辨》《南海置郡之年》等作为附录，收入《选堂集林·史林》。

---

① 赖少其（1915—2000），广东普宁人，著名版画家、国画家、书法家、篆刻家和作家、诗人。

② 赵少昂（1904—1998），广东番禺人，本名垣，字叔仪，早年随高奇峰学艺于广州，后在香港主持徐南艺苑，设帐授徒。

③ 川口久雄（Kawaguchi Hisao）（1910—1993），国立金泽大学法学文学部教授，东方学会会员，日本中国学会会员，中国与日本比较文学研究家。

同年，撰《张世彬先生生平》载《崇基校刊》（第六十二、六十三期）。

同年，顾颉刚卒，终年88岁。吉川幸次郎卒，终年77岁。

# ■ 1981 年（辛酉）六十五岁

1月，于新加坡举行个人书画展。

2月19日，元宵节，在家箧衍检出二十年前所写对联：

风前秦树直，

雨外楚山多。

重新题款①。

3月，撰写《〈敦煌吐鲁番本文选〉叙录》一文初稿。

4月，书黄庭坚诸上座卷②。

5月，在《文物》（第五期）杂志上发表《说"竞重""重夜君"与"重皇"》一文。

5月4日，乘第94次直通车到广州，曾宪通接车。

5月5日，前往北京。

5月6日—10日，在北京师范大学文学院参加中国训诂研究会成立大会。

5月，戏墨《金笺水墨双松》。

6月，夏月，于梨俱室以朱笔作莫高所出《白描画稿》。

8月10日，于香港撰写《缶翁与沈石友信片册跋》。

8月，应邀往北京做学术交流。在京期间拜访钱锺书③，"北钱南饶"初次见面。

9月12日，中秋节，于天津博物馆得观八大山人《荷上花》长卷，卷后有竹村人跋，惊心动魄，把玩无厌，然圆月既开，即应陈国符④之招，与陈家人欢叙，酒后赋诗一首，内容：

荷花十丈对冥搜⑤，

---

① 饶宗颐：《饶宗颐书道创作汇集·书韵联情（上册）》，香港大学饶宗颐学术馆，2012，第16页。

② 饶宗颐：《饶宗颐书道创作汇集·几上龙蛇（上册）》，香港大学饶宗颐学术馆，2012，第82—87页。

③ 钱锺书（1910—1998），江苏无锡人，原名仰先，字哲良，后改名锺书，字默存，号槐聚，曾用笔名中书君，中国现代作家、文学研究家，与饶宗颐并称为"南饶北钱"。

④ 陈国符（1914—2000），江苏常熟县人。工业化学家和教育家，也是《道藏》研究领域及中国炼丹史的世界领先学者与权威，著有《道藏源流考》。

⑤ 荆公句。

大地河山一卷收。

圆月照人忘主客，

茂林深处作中秋。

9月，中旬，受聘为澳门东亚文学院中国语言与文学专业客座教授。

9月12日—15日，赴山西太原，出席中国古文字研讨会第四届年会；与到会者好并隆司、倪德卫、周鸿翔、班大为、夏含夷、荆允敬、高岛谦一、许进雄、巴纳、黄然伟、单周尧、许礼平、陈伟湛、陈雄根、于省吾、胡厚宣、张政烺、张颔、史树青、马承源、姚孝遂、于豪亮、李学勤、裘锡圭、高明、王世民、赵诚等。年会上与沈建华、吉德炜（David Keightley）、周鸿翔和在读博士的夏含夷（Edward L. shaughnessy）第一次见面。

9月16日，游览五台山，回港绘五台山时有题记曰：

余陟五台，喜其截断红尘而未极峻绝。戏以张飙树法，写途中所见[1]。

9月，与陈炜湛[2]用一个整月时间在山西旅行，到新绛县城内考察碧落碑[3]，越中条山至盐池，踏勘涑水地区发现后西周民族发源地问题。钱穆曾认为"西周文化发源于汾河"，经实地考察，从地理学、文献考古等方面取证，发现钱穆讲法不准确，用实地勘查又纠正许倬云新著沿袭记载之误，正如《孟子·尽心下》所说的："尽信书，则不如无书。"

9月，到夏县拜谒司马光墓，而黄河的对岸，则是司马迁的故居，两位司马隔河对望，在黄河岸边拜谒两位伟大的史学家，穿越时空与两位史学巨匠对话。

9月，大同华严寺展出秘籍，恰好藏着龙藏本（刻于清雍正十一年）《金光明经》与皇兴写经相合的卷秩，赫然入目的卷首序题："元丰四年三月十二日真定府十方洪济禅院住持传法慈觉大师宗颐述。"这序题的僧人"宗颐"的法号正是用了60多年的名字（其年64岁）。略作翻检，便又在《百丈清规》卷八也同样看到这位大师的法名："崇宁二年真定府宗颐序。"因此因缘，治印一方："十方真定是前身"，并赋诗一首：

同名失喜得名僧，

代马秋风事远征。

托钵华严宝寺畔，

何如安化说无生。

---

① 饶宗颐：《饶宗颐书画题跋集》，花城出版社，2014，第97页。

② 陈炜湛（1938— ），江苏常熟人，中山大学教授、古文字学（甲骨学）专家。

③ 碧落碑在山西新绛县城内龙兴寺。寺始建于唐朝，原名碧落观。碑在观内，故名。宋太祖寓此，改名龙兴宫，后因僧人占据，又改龙兴寺。碑文书法厅古，行笔精绝，以大篆著名。

秋日，梨俱室作《渔歌图》《水墨苍松》《书黄道周诗卷》，摹明遗民程邃《焦墨山水》。

秋月，作《水墨苍松》。

10月，中旬，于香港撰写《睡虎地秦简〈日书〉研究小引》。

冬日，于新加坡书《黄漳浦杂诗》。

同年，家中写瑞士一侧的阿尔卑斯山脉，成《白山画集》图。

同年，编著及作《引言》的《唐宋墓志——远东学院藏拓片图录》由香港中文大学中国文化研究所、法国远东学院共同出版。收入《饶宗颐二十世纪学术文集》（卷十三·艺术）。在书上题："韩曦兄苦心孤诣遍访求，拙者此书自抉桑觅得。"

同年，《骚言志说》（附录《楚辞学及其相关问题》）发表于法国远东学院学报《戴密微教授（1894—1979）纪念号》。收入《文辙——文学史论集》（上册）、《饶宗颐二十世纪学术文集》（卷十一·文学）。

同年，所撰《赵德及其〈昌黎文录〉韩文编选溯源》发表于《香港潮州商会六十周年纪念特刊》。

同年，撰《陆淳とその判词》发表于日本东京《法帖大系月报》（东京，第二期）。

同年，为杨勇校笺的《〈洛阳伽蓝记〉校笺》作《序》。收入《固庵文录》、《饶宗颐二十世纪学术文集》（卷十四·文录、诗词）。《〈洛阳伽蓝记〉书后》收入《文辙——文学史论集》。

同年，作六体扇面："隹王廿又六年，圣桓之夫人曾姬无卹，望安兹漾陲，蒿间之无匹，甬乍宗彝尊壶，后嗣甬之，职在王室。臣请具刻诏书，金石刻因明白矣。臣昧死请。急就奇觚与众异。罗列诸物名姓字。分别部居不杂厕。得示，知足下犹未佳，耿耿。吾亦劣劣。明日出乃行，不欲触雾故也。迟散。"收入《饶宗颐书道创作汇集·殷周余韵》。

## ■ 1982 年（壬戌）六十六岁

1月，"Le plus Arcien Manuscript date 47/dela Collection Pelliot Chionis de Dun-Huang P4506"（icne copie *jinguanrning jing*《金光明经》）该文于1979年10月巴黎举行之敦煌学会议上宣读。中文版《巴黎藏最早之敦煌写卷〈金光明经〉（P.4506）跋》收入《选堂集林·史林》（上册）。

1月，作《小引》及所著的《选堂集林·史林》由中华书局香港分局初版，同年，台湾明文书局重印。全书分上、中、下三册，收录论文59篇，附记4篇，是继钱锺书《管锥编》之后又一学术巨著，学术界将这两部著作称为"南北学林双璧"。

1月，《云梦秦简〈日书〉研究》（与曾宪通合著）由香港中文大学出版社初版（香港中文大学中国文化研究所、中国考古艺术研究中心专刊之三）。在无清晰图版、学界对数术类文献还缺乏认识的情况下，完成《日书》的系统研究，透彻论述《日书》中的"建除""稷辰"等二十多个项目，成为研究《日书》的第一人。该书收入《饶宗颐二十世纪学术文集》（卷三·简帛学）。

1月，《有虞氏上陶说》收入《选堂集林·史林》（上册）、《饶宗颐二十世纪学术文集》（卷四·经术、礼乐）。

1月，《说"瓦"》《魏玄石白画论》收入《选堂集林·史林》（上册）、《饶宗颐二十世纪学术文集》（卷六·史学）。

1月，《乐产及其著述考》收入《选堂集林·史林》（中册）、《饶宗颐史学论著选》、《饶宗颐二十世纪学术文集》（卷六·史学）。

1月，《宋帝播迁七洲洋地望考实兼论其与占城交通路线》收入《选堂集林·史林》（中册）、《饶宗颐二十世纪学术文集》（卷七·中外关系史）。

1月，《谈印度河谷图形文字》收入《选堂集林·史林》（下册）、《梵学集》、《饶宗颐东方学论集》、《饶宗颐二十世纪学术文集》（卷一·史溯），率先把印度河谷图形文字介绍到中国。

春，与萧立声合作《树下菩萨》[1]。

4月，与萧立声合作《溪山清远》于绕佛阁[2]。

5月11日，《谈"十干"与"立主"——殷因夏礼的一、二例证》发表于香港《文汇报·笔汇版》，该文系本年参加香港中文大学中国文化研究所举办的"夏文化研讨会"演讲稿。收入《固庵文录》、《饶宗颐史学论著选》；以《谈三重证据法——十干与立主》收入《饶宗颐二十世纪学术文集》（卷一·史溯）。

5月，《明嘉靖本〈史记·殷本纪〉跋》发表于《香港大学冯平山图书馆金禧纪念论文集》。收入《饶宗颐史学论文选》。指出：诸本称自盘庚徙殷至纣之灭，积年为773年为讹误，后人改"273年，亦不尽可据"。北京夏商周断代工程报告引用其说。

5月，撰写《吴昌硕与沈石友信片册·跋》。收入《饶宗颐史学论文集》。

6月，夏，摹宋李公麟《五马图卷》。

6月，撰《略论马王堆〈易经〉写本》（附录《马王堆帛书〈易经〉赞》）发表于《古文字研究》（第七期）。收入《固庵文录》、《饶宗颐史学论著选》、《饶宗颐二十世纪学术文集》（卷四·经术、礼乐）。

8月23日，国务院批准古籍整理出版规划（1982—1990）。成为第二届古籍整理出版规划小组成员。

9月，上旬，赴美国出席在夏威夷举行的商代文明国际研讨会，提交论文《殷代易卦及有关占卜诸问题》。

9月，中旬，赴北京与李一氓商谈《全明词》编辑事宜。

9月底，与赵诚、沈建华、许礼平在合肥，其间会晤赖少其，异地见乡亲，彼此

---

① 饶宗颐：《饶宗颐艺术创作汇集·珠联璧合》，香港大学饶宗颐学术馆，2006，第96页。

② 同上书，第95页。

相谈甚欢。

秋，漫书龙门北魏造像。

敬临《八大山人心经大扇》。

写柬埔寨《吴哥窟写生》。

清秋，作《野色小册》。

10月1日，中秋节、国庆节，游黄山。出版编著《甲骨文通检》最初的策划和构思在黄山宾馆产生。

10月，从安徽回到香港后，因前有编辑《甲骨文合集》索引之计划，与丽荣森商议，由北山堂基金资助，邀请姚孝遂、赵诚来香港一个月，共同商议体例。

11月，题：李公麟《贡马图》摹本。

11月，获香港大学授予荣誉文学博士学位。香港中文大学授予中文系荣休讲座教授衔及艺术系荣誉讲座教授。

12月，北京《文献》（第14辑）载《对古籍整理与出版工作的五点建议》。

12月，检出1972年作的《富阳山色》，题记：

　　净云三四里，秋高为森爽，
　　比之黄一峰，家住富阳上。

12月底，被聘为敦煌研究院荣誉研究员、国务院古籍整理规划小组顾问。先后被50多个学术研究机构及大专院校聘请为顾问、讲座或客座教授。

冬，至乐楼丛书第25种出版詹安泰著《鹪鹩巢诗集》，载"詹无庵诗序"。

冬，摹清李方膺《风竹》。

忆写瑞士《阿尔卑斯山长卷》。

写《山色依微》。

同年，撰写《大汶口"神明"记号与后代礼制论远古之日月崇拜》。

同年，台北正文书屋载《〈洛阳伽蓝记〉校笺序》。

同年，刘英伦[①]伉俪集印刘海粟书画42帧，编为一帙，作《说势序刘海粟翁书画》。

同年，所撰《上代之数字图案及卦象以数字奇偶表示阴阳之习惯》收入《选堂集林·史林》。

## ■ 1983 年（癸亥）六十七岁

1月31日，香港艺术节期间，参加香港艺术馆举办的"上海博物馆珍藏中国青铜器展览"开幕式，对沈之瑜讲述近期筹划做的一个项目："就是近十万片的甲骨，怎样更好地被不同专业的学者利用？"他俩决定编一部甲骨文综类工具书《甲骨文

---

① 刘海粟之女。

通检》，十年间为编著该书给沈之瑜父女写了60多封信。

1月，撰《从秦戈皋月谈〈尔雅〉月名问题》发表于《文物》（总第三百二十期）。

1月，摹元钱选《做周文炬桓野王》。

2月13日，正月初一沈建华前来拜年。

2月，撰《关于〈世说新语〉二三问题》发表于台北《唐君毅先生纪念论文集：唐君毅先生逝世五周年纪念》。收入《饶宗颐二十世纪学术文集》（卷十一·文学）。

2月，《殷代易卦及有关占卜诸问题》发表于中华书局《文史》（第二十辑）。收入《饶宗颐史学论著选》、《饶宗颐二十世纪学术文集》（卷四·经术、礼乐）。

3月，重新修订《楚帛书十二月名与〈尔雅〉》。

3月，撰《论敦煌石窟所出三唐拓》发表于《图书副刊》（第159、160、163号）。收入《饶宗颐史学论著选》、《饶宗颐二十世纪学术文集》（卷八·敦煌学）。

4月2日，闻张大千在台湾不幸病逝，悲痛至极，送挽联悼念：

廿五年前颂眉寿南山，附骥千言，三峡云屏僭题句；
十二州共悼画坛北斗，久要一面，重溟烟水永难忘！

5月，上旬，李一氓看《全明词》初稿的凡例、目录和部分词家作品后，因在香港有关明词的书籍查阅不到，要求古籍规划小组特请张璋承担修订补辑任务。

5月30日，致信沈之瑜。

5月，《敦煌书法丛刊》（林宏作日译）陆续在日本东京出版，全书共计29册。该丛刊从1983年5月—1986年1月，每月出版1册。从书法的角度在敦煌卷子中选出一批精品，为每一件选品加上了翔实的考证说明。许多书法系新发现，比如唐太宗的《温泉铭》、贞观年间的《千字文》等等，这为书法史提供大批文献，因为分类编辑，丰富了《敦煌学》的研究资料。丛刊共录入"拓本"一册、"韵书"一册、"经史"十册、"书仪"一册、"牒状"二册、"诗词"一册、"杂诗文"一册、"碎金"二册、"写经"七册、"道经"三册等，收录敦煌卷子152件。（按：中日文并序。）

8月15日—22日，出席在兰州召开的中国敦煌吐鲁番学会成立大会以及"1983年全国敦煌学术讨论会"，被聘为顾问。

9月19日，致信答汪世清问释机质赠八大偈语书。

9月，开始与曾宪通一起撰写《随县曾侯乙墓钟磬铭辞研究》。

9月，出席在日本东京举行的第三十一届国际亚洲北美人文科学会议，作了《清初广东指画家吴韦与铁岭高氏：吴韦指画花卉卷跋》的英文提要演讲，首次证明中国绘画史上吴韦发明指画在高氏之前。该文发表于《新亚学术集刊·四》，又见《岭南文史》（总第六期）。收入《饶宗颐史学论著选》、《画颔——国画史论集》、《饶宗颐二十世纪学术文集》（卷十三·艺术）。

9月，出席在香港中文大学召开的第一届国际中国古文字学研讨会，宣读《吽字说》的论文，引起与会专家热烈讨论。

9月，《虚白斋藏书画选》①由日本东京二玄社初版，该书系与青山杉雨、谷村熹斋、江兆申精心挑选，渡边隆男、西岛慎一协同编纂，饶先生对其中的145幅作品作解。中、日文作品解说：饶宗颐、新野岩男，英文解说：饶宗颐、屈志仁。中文作品解说收入《饶宗颐二十世纪学术文集》（卷十三·艺术）。

10月，北京《古文字研究》（第十辑）载《个山癸年画册跋》。

10月，《曾侯乙墓"匫"器漆书文字初释》发表于《古文字研究》（第十辑）。收入《饶宗颐二十世纪学术文集》（卷四·经术、礼乐）。

10月，《港九前代考古杂录》发表于《新亚学术集刊·中国艺术专号》（第四期），又见《岭南文史》（总第六期）。收入《饶宗颐史学论著选》、《饶宗颐二十世纪学术文集》（卷六·史学）。

11月17日，参加泰国曼谷举行的第二届国际潮团联谊年会。

11月，出席赖少其在泰国曼谷举办的书画展览。赖于《在泰国画展成功结束行前告辞》一文中向饶先生致谢。

11月，题签《考功集》（陈炳良主编）由上海古籍出版社出版。

11月，题签《潮州语言声韵之研究》（萧遥天著）由天风出版公司出版。

11月，在香港认识台湾师范大学教授黄君璧②，黄在香港、台湾皆设有画室，两人合作《三友》图一幅。

11月，作《大峡谷图》，题识：癸亥秋有大峡谷之游，归来戏写所见，未张尽天胜也。选堂记。十年前旧作，苗子吾兄一笑。选堂，辛巳又题。

11月，出席在曼谷市明拉琳酒店举行的第二届国际潮团联谊年会。

12月，应邀出席香港大学冯平山图书馆金禧纪念学术讲座，作了《道教与楚俗关系新证——楚文化的新认识》的演讲。

12月，撰《说"亦思替非""迭屑"与"也里可温"》发表于香港《语文杂志》（第十一期·赵元任先生纪念号）。收入《固庵文录》、《饶宗颐史学论著选》、《饶宗颐二十世纪学术文集》（卷十四·文录、诗词）。

12月，《秦简日书中"夕"（栾）字含义的商榷》发表于北京《中国语言学报》（第一期）。

12月，所撰《玉田讴歌八首字诂》发表于华东师范大学《词学》（第二辑）。

12月底，摹明遗民八大山人《河上花卷》。

---

① 为香港书画鉴藏家刘作筹斋名，饶先生与刘先生交往密切，均善鉴于物。

② 黄君璧（1898—1991），广州南海人。原名允瑄，晚号君翁，本名韫之，以号行，中国现代著名国画艺术家、教育家。曾任台湾师范大学艺术系教授、主任。著作《黄君璧画集》《黄君璧书画集》等。

冬，作《夔府揽胜图》赠曾宪通，题识：庚申冬与宪通同游夔州揽赤甲白盐之胜，杜陵将老卜居炙背地也，戏写长弓以记行踪并希晒存，癸亥冬选堂。2009年再题：夔府揽胜图。

同年，撰写《法京所藏敦煌群书及书法日记〈序〉》《法藏敦煌书苑精华〈序〉》。

同年，撰《日本东京金冈氏藏于山癸年画册跋》发表于北京《文物》，后增入《王世清先生来书》《答王世清问释机质赠八大偈语》，一并收入《画𬤊——国画史论集》。

同年，撰《马王堆医书所见〈陵阳子明经〉佚说——广雅补证之一》发表于《文史》（第20辑），又见《湖南考古辑刊》（第二集）。以《陵阳子明经佚说考——马王堆医书跋》收入《文辙——文学史论集》（上册）、《饶宗颐二十世纪学术文集》（卷五·宗教学）。

同年，《敦煌之画官与画人》，收入《敦煌白画》（上篇四）、《一九八三全国敦煌学术讨论会文集》。

同年，萧立声卒，终年65岁。日本金关丈夫卒，终年87岁。冯康侯卒，终年83岁。

## ■ 1984 年（甲子）六十八岁

1月，收到赖少其手书《天都赋》作品，以手书《黄山客》回赠。

2月，《选堂选集》在台北弥勒出版社初版，列为《现代佛学大系》第53册。

3月6日—12日，到上海，至江南赏梅。游天台山、雁荡山，又赴宁波参观天童寺、天一阁。

3月13日，游浙东归港写《雁荡心影》。

3月15日，曾宪通来信。

3月，作《天台胜处》。作《泰岱图》。

3月，书联：

受雨石肤响，
流云山气灵[①]。

3月，撰《吽字说》载《明报月刊》（第19卷第3期）。收入《中印文化关系史论集·语文篇——悉昙学绪论》、《梵学集》、《饶宗颐二十世纪学术文集》（卷五·宗教学）。

3月，《〈敦煌舞谱研究〉序》收入《澄心论萃》。

---

① 饶宗颐：《饶宗颐书道创作汇集·书韵联情（上册）》，香港大学饶宗颐学术馆，2012，第22页。

4月，出席在上海西郊龙柏饭店举办的复旦大学《文心雕龙》国际学术研讨会，作题为《鸠摩罗什通韵与〈文心雕龙·声律篇〉》的演讲，以"四声说起于悉昙"作为论点，后补订写成《鸠摩罗什通韵笺》。研讨会上，王元化[①]取上海图书馆所藏的《文心雕龙》（元至正本影印本）送给与会来宾，为之作《元至正本〈文心雕龙〉跋》，发表于上海古籍出版社《中华文史论丛》（1985年第2辑）。收入《固庵文录》。

4月，门人刘健威购得朱希祖[②]旧藏之《吕氏春秋》（元至正嘉兴路儒学刻本），认为此书与元至正本《文心雕龙》为刘贞同时期所刻。

6月，中旬，在马来西亚吉隆坡举办个人书画展。

6月，夏日，作《山家清供》《挂绿上市》。

7月，撰《关于甲骨文的"吽"字》发表于《明报月刊》（第19卷第7期），后增入《吽字续说》，一并收录入《梵学集》。

7月，撰《谈马王堆帛书〈周易〉》发表于香港《明报月刊》（第十九卷第七期）。以《再谈马王堆帛书〈周易〉》收入《饶宗颐史学论著选》、《饶宗颐二十世纪学术文集》（卷四·经术、礼乐）。

夏，撰《陈凡壮岁集序》。

夏，撰《题任伯年〈纨扇集锦册〉》。收入《固庵文录》。

8月11日，中元节，书㧑叔[③]句：

出宰山水县，
读书松桂林[④]。

9月10日，季羡林[⑤]为《饶宗颐史学论著选》撰《序》。

9月，梨俱室作《书楚帛书甲篇》。

9月，被评为深圳大学国学研究所顾问，并为学生讲课。

9月，在澳门东亚大学研究院创办中国文史部，任学部主任。

9月，《关于中国书法的二三问题》发表于澳门东亚大学中文学会《中国语文学

---

① 王元化（1920—2008），湖北武昌人，祖籍江陵。著名学者、思想家、文艺理论家，在中国古代文论研究、当代文艺理论研究、中国文学批评史、中国近现代思想学术史研究上开辟新路，是中国1949年以来学术界的标志性领军人物。

② 朱希祖（1879—1944），浙江海盐长木桥（今富亭乡）上水村人，字逿先，又作迪先、逷先。清道光状元朱昌颐族孙。历任北京大学、北京师范大学、清华大学、辅仁大学、中山大学及中央大学（后更名南京大学）等校教授。

③ 㧑叔：赵叔，清末书画家、篆刻家。

④ 饶宗颐：《饶宗颐书道创作汇集·书韵联情（上册）》，香港大学饶宗颐学术馆，2012，第26页。

⑤ 季羡林（1911—2009），山东聊城市临清人，字希逋，又字齐奘。国际著名东方学大师、语言学家、文学家、国学家、佛学家、史学家、教育家和社会活动家。

刊》创刊号。

10月，赴河南安阳出席全国商史学术研讨会；前往汤阴县谒岳武穆庙。

10月，中国文化书院于北京成立。

10月，受聘为中国文化书院导师。在首届比较文化班上认识四川博物馆魏学峰[1]，自本年开始30多年内，每当有新著出版都会寄给魏，每次题字：雅正。

10月，赠送丈二宣纸给台静农[2]。台行书题写鲍照《飞白书势铭》共113个字。自谓"年过八十，腕力还是能用""居然挥洒自如""没有歪行，没有错字"，意颇自豪[3]。

11月17日，飞上海。

11月19日—24日，参加上海中日《文心雕龙》会议。

11月27日，回港。

12月，梨俱室作《书苏东坡寒食诗册》。

12月，《读阜阳汉简〈诗经〉》发表于《明报月刊》（第19卷第12期）。收入《文辙——文学史论集》（上册）、《饶宗颐史学论著选》；以《读阜阳〈诗〉简》收入《饶宗颐二十世纪学术文集》（卷四·经术、礼乐）。

12月，《说镴石——吐鲁番文书札记》发表于北京大学《敦煌吐鲁番古文书研究论集》（第二辑）。收入《固庵文录》、《饶宗颐史学论著选》、《饶宗颐东方学论集》、《饶宗颐二十世纪学术文集》（卷十四·文录、诗词）。

同年，《跋唐拓温泉全名》发表于香港《书谱》。

同年，应聘为台湾"中央研究院"文哲研究所咨询委员、浙江温州师范学院名誉教授。

同年，"Le voeu de Capitale de l'Est."（东都发愿文）De l'Empereur Wu des Liang(梁武帝). Coutribution Aux Études de Toueu-Houang, Vol. III, Vol. CXXXV, Paris; École Francaise d'Extrême Orient, 1984.

# ■ 1985 年（乙丑）六十九岁

1月初，收到法国汉学家谢和耐[4]请教有关"裸葬"问题的来信。

---

① 魏学峰（1963—　），四川成都人。著名美术史家、书画鉴赏家，四川博物院副院长、研究员、首席专家。

② 台静农（1903—1990），本姓澹台，字伯简，原名传严，改名静农，斋名为歇脚庵，安徽霍邱（今六安市叶集区）人。著名作家、文学评论家、书法家。

③ 黄乔生：《台静农年谱简编》，海燕出版社，2015，第91页。

④ 谢和耐（1921—2018），法国著名的汉学家、历史学家、社会学家，法国金石和美文学科学院院士。曾在越南河内的法兰西远东学院学习，师从戴密微教授；先后任教于巴黎大学文学院、巴黎七大；1975至1992年在法国最高学府法兰西学院担任汉学教授。

1月20日，给故人吴双玉（珏）①之子吴仲湛写信②。

1月26日，致信谢和耐解答"裸葬"问题③。

1月，与美国加州大学梵文学家Frits Staal论《梨俱吠陀》的诵唱法。

1月，香港三联书店主办饶宗颐个人书画展。

1月，《选堂扇面册》由香港芥子居出版，收入作品58幅。

1月，为唐圭璋④贺寿，作《千秋岁·寿唐圭璋八十五》词。

1月，敬造国画《不动明王》。

1月底，三十二尺巨幅荷花创作完成。

2月，与程十发⑤合作《合仿双青图卷》⑥。

2月，开春，于梨俱室作《孤松》赠台静农。题跋：

> 碧山夜来雨，
>
> 孤松霭苍质，
>
> 岭上皆白云，
>
> 松间拂瑶瑟。
>
> 为歇脚庵补壁，选堂。

2月，《明报月刊》载所撰《浙东游诗》。

2月，《谈盛君簠——随州擂鼓墩文物展侧记》发表于武汉《江汉考古》（第一期）。收入《饶宗颐二十世纪学术文集》（卷六·史学）。

2月，《尼律致论（Niruta）与刘熙的〈释名〉》发表于北京《中国语言学报》（第二期），以《尼律致（Niruta）与刘熙〈释名〉》见日本《川口久雄教授颂寿集》。收入《中印文化关系史论集·语文篇——悉昙学绪论》、《梵学集》、《饶宗颐二十世纪学术文集》（卷五·宗教学）。

2月，撰《张惠言〈词选〉述评》《〈木兰花慢〉的作者问题》《茗柯词系年略考》发表于华东师范大学《词学》（第三辑），收录入《文辙——文学史论集》。

2月，撰《〈释名〉与印度训诂学》《〈四声三问〉质疑》，收录入《澄心论萃》。

---

① 吴双玉（1906—1959），名元华，又名珏，号谷堂。原籍潮阳县人，为吴子寿第四子。同盟会会员，汕头大岭东日报社社长。

② 2006年8月6日，吴仲湛在《为了纪念》中称：这封信对我的人生与学问以巨大影响。

③ 王振泽：《饶宗颐先生学术年历简编》，艺苑出版社，2001，第96—97页。

④ 唐圭璋（1901—1990），南京人，字季特，一生专治词学。历任南京大学、东北师范大学中文系教授。编著有《全宋词》《全金元词》《词学论丛》等。

⑤ 程十发（1921—2007），上海松江人。名潼，室名有不教一日闲过之斋、三釜书屋、步鲸楼，上海美术专科学校毕业，习山水、花鸟人物，兼工书法。

⑥ 饶宗颐：《饶宗颐艺术创作汇集·珠联璧合》，香港大学饶宗颐学术馆，2006，第113—114页。

3月6日，元宵节，草书元僧智讷诗帖①。

3月，撰《敦煌琵琶谱〈浣溪沙〉残谱研究》发表于《中国音乐》（第1期）。收入"香港敦煌吐鲁番研究中心丛刊"之二《敦煌琵琶谱论文集》，收入《饶宗颐二十世纪学术文集》（卷八·敦煌学）。

3月，为《中国音乐》题签。

3月，《明报月刊》载所撰《古村词》。

3月，上海古籍出版社《中华文史论丛》（第3辑）刊登所撰《文心雕龙·声律篇》一文。

3月，仲春，与梁锲斋到邓蔚超山赏梅，与程十发等到浙东兰亭、禹庙、天一阁游览。大家一起登会稽山、石城山、天台山、赤城山、雁荡山、显胜门绝顶，游昆山亭林公园、放鹤亭、国清寺、方广寺、观音阁、白堤等胜景，途中多有吟咏等。

3月，赋诗一首《又作示程十发》感谢程十发的盛情邀请。

先生晨赋催花诗，花不能言自生姿。
今年江南春苦晚，北来只惜花开迟。
一江水暖多凫鸭，两行新柳初垂丝。
虽有繁枝插晴昊，不见檀心映玉池。
五十年间真电抹，裁剪冰绡费吟髭。
好买胭脂试匀注，同行况有老画师。
明朝邓尉骑驴去，飞笺说与春风知。

3月，在杭州往雁荡途中作诗怀念好友戴密微。

3月，《秦简中之五行说及纳音说》一文首次利用秦简证明纳音与五行之关系，该文发表于香港中文大学中国文化研究所《中国语文研究》（第七期），又见《古文字研究》（第十四辑）。收入《楚地出土文献三种研究》、《饶宗颐史学论著选》、《饶宗颐二十世纪学术文集》（卷三·简帛学）。

4月1日—7日，韩国东方研究会在韩国利马美术馆举办"选堂韩国书画展览"。

4月13日，致信沈之瑜。

4月25日，撰《曾侯乙墓编钟与中国古代文化》发表于香港《大公报·中华文化》（第八期）。

4月，清和，于梨俱室摹写元倪瓒《六君子》。

5月11日，浙东之游，遍历会稽天台雁荡诸胜，得诗一卷，以纪行踪，整理成《江南春集》（47首）。

5月15日，致信谢和耐。

5月，出席在扬州举行的全国第三届古琴打谱经验交流会，来自全国18个省市、港澳地区共70名代表参加会议。

---

① 饶宗颐：《饶宗颐书道创作汇集·宋明逸意》，香港大学饶宗颐学术馆，2012，第70页。

5月，皋月，绘《布袋佛》，题识：

兜章陀天乾屎橛，
昆虚楼阁水云乡。

后于1993年，与吴子玉[①]合作《布袋观花》[②]。

5月，与刘述先[③]探讨"暗里阘"等问题。撰《与刘述先论〈暗里阘〉书》。

5月，修改《道教与楚俗关系新证——楚文化的新认识》一文，增入"四面先君"的新材料载《明报月刊》（第20卷第5期）。收入《饶宗颐史学论著选》、《饶宗颐二十世纪学术文集》（卷五·宗教学）。

6月7日，致信曾宪通。

6月22日，端午节，作《黄岳图》《一松独坐图》，启功题："一松独坐图于香港。"

6月23日，端午后一日，于梨俱室作《黄岳长卷》。

6月，为潮州韩文公祠题匾额：

泰山北斗。
题记：嘉靖十五年潮州知府郭春震立。
1985年6月  饶宗颐重书。

6月，在中华文化促进中心作题为《曾侯乙墓钟铭与中国文化》演讲。

6月，《校正补说"爭"字》发表于《明报月刊》（第20卷第6期）。

7月，于梨俱室写加拿大《洛矶山雪意》。

8月1日，到新疆乌鲁木齐，作为主席团成员之一出席第二届敦煌吐鲁番学会学术会议。会议结束后，同中央美术学院美术史专家金维诺游丝绸之路古迹、交河故城遗址、天山天池。在43℃高温下，踏上戈壁，走过火焰山，风趣地说："自己身体还好，不用借铁扇公主的芭蕉扇。"

8月2日，致信沈建华。

8月12日，从乌鲁木齐返港。

8月，《广东史志》刊登所撰《朱子与潮州》一文。

8月，撰《卍考——青海省出土の彩陶文样に关する——解释》发表于东京《三上次男博士颂寿集·历史篇》。以撰《说卍——青海陶文小记》发表于成都

---

① 吴子玉（1930—2017），即吴灏，佛山人，字玉，又字子玉，号迟园、迟居士、迟园词客。于两宋绘画、元代水墨经过很长的力学过程，下及明董其昌、徐渭、八大山人、石涛，数十年寝馈其间，直取古人神理而后已。容庚与之结忘年交，数十年中相鉴评书画。

② 饶宗颐：《饶宗颐艺术创作汇集·珠联璧合》，香港大学饶宗颐学术馆，2006，第123页。

③ 刘述先（1934—2016），生于上海，原籍江西吉安，曾任教于"台湾"东海大学、美国南伊利诺伊大学。自1974年起，应香港中文大学哲学系之邀到中大任职并主持系务。

《纪念顾颉刚学术论文集》（上册）。另以《说卍（Svastika）——从青海陶文谈远古羌人文化》收入《饶宗颐史学论著选》《饶宗颐东方学论集》。以《卍考（Svastika）考——青海陶文试释》收入《梵学集》，又以《说卍——青海陶符试释之一》载《明报月刊》（第25卷第10期）。（注：Svastika：Swastika，相传为象征太阳、吉祥等的标志）。

9月7日，在广州出席"国际韩愈学术研讨会"筹备会议。

9月29日，中秋节，在家书：

> 金闺旧籍联朱鹭，
> 青桂新香散紫泥①。

9月，玄月，书《楚帛书甲篇》。

9月，《谈龙录·跋》载上海《文艺理论研究》（第3期）。收入《固庵文录》。

9月，《敦煌曲子中的药名词》载《明报月刊》（第20卷第9期）。收入《敦煌曲续论》、《饶宗颐二十世纪学术文集》（卷八·敦煌学）。

9月，撰《〈文心雕龙·声律篇〉与鸠摩罗什〈通韵〉——论四声说与悉昙之关系兼谈王斌、刘善经、沈约有关诸问题》，发表于上海古籍出版社《中华文史论丛》（第三辑）。收入《中印文化关系史论集·语文篇——悉昙学绪论》《梵学集》，又以《论四声说与悉昙之关系兼谈王斌、刘善经、沈约有关诸问题——〈文心雕龙·声律篇〉书后》②载《古汉语研究》。收入《饶宗颐二十世纪学术文集》（卷十一·文学）。

9月，与曾宪通合著《楚帛书》由中华书局香港分局初版。

9月，《长沙子弹库残帛文字小记》《楚帛书之书法艺术》载《楚帛书》，后分别收入《饶宗颐二十世纪学术文集》（卷三·简帛学）和（卷十三·艺术）。

10月，《明报月刊》（第20卷第10期，总第238期）载《茶经注序》。收入《固庵文录》、《饶宗颐二十世纪学术文集》（卷14·文录、诗词）。

10月，《妇好墓铜器玉器所见氏姓方国小考》发表于北京《古文字研究》。收入《甲骨文献集成》（第28册）、《饶宗颐二十世纪学术文集》（卷二·甲骨）。

10月，吴南生撰《序》的《明本潮州戏文五种》（广东潮剧发改会编）由广东人民出版社出版。撰《〈明本潮州戏文五种〉说略》一文，赞赏该书在元明清戏曲史的研究上的价值和贡献。该文收入《饶宗颐潮汕地方史论集》、《饶宗颐二十世

---

① 饶宗颐：《饶宗颐书道创作汇集·书韵联情（上册）》，香港大学饶宗颐学术馆，2012，第28页。

② 该文从梵文的语音结构入手，来研究四声、音组、反切之来源，认为"悉昙"是印度学童学习字母拼音的法门，随楚书东传进入中国，晋时道安已传其书。汉语四声之说，是受到悉昙影响而产生的。提出与陈寅恪先生《四声三问》不同的观点，在学术界产生了较大的影响，并引发相关的讨论。

纪学术文集》（卷九·潮学）。

11月，应吴南生之邀，出席在从化温泉召开的筹办"国际韩愈学术研讨会"座谈会。

12月，涂月，撰写《梵学集小引》。

12月，出席香港中文大学音乐系主办的现代道教音乐国际学术研讨会，会上宣读《南戏戏神咒"啰哩嗹"问题——答何昌林先生》一文，以《南戏戏神咒"啰哩嗹"之谜》载《南戏探讨集》（第5辑）、《明报月刊》（第20卷第12期），又见《国际道教科仪及音乐研讨会论文集》，修订稿收入《梵学集》、《饶宗颐二十世纪学术文集》（卷五·宗教学）。

12月，美国加州大学梵文学专家Frits Staal来访，与之讨论《梨俱吠陀》诵唱法。

冬月，梨俱室作《复笔罗汉图》。

同年，被暨南大学聘为文学院顾问；深圳市政府聘为深圳博物馆名誉馆长（后力辞未就）。

同年，为蔡应青著《菁卢诗存》题辞。

同年，《随县曾侯乙墓钟磬铭辞研究》（与曾宪通合著）由香港中文大学出版社初版，作为香港中文大学中国文化研究所、中国考古艺术研究中心专刊（四）。该书从文化史的角度对曾侯乙墓钟的钟磬铭辞进行分析，以大量史书结合金文铭辞考证古钟律学，并进而探讨了楚文化的问题。从音乐史的角度，以湖北随县1978年出土的曾侯乙墓中钟磬铭辞为研究对象。其中收有他就其铭辞作深入探究的文章《钟磬铭中乐律术语通释》等；又有论上古音律《论楚商、楚辞"劳商"与商角》等。此外，有曾宪通的《曾侯乙编钟标音铭与乐律铭综析》等二文，以及裘锡圭、李家浩等学者的文章。图版部分有曾侯乙墓钟的全部及局部黑白照片，此书为音乐史上不可多得的佳作。该书收入《饶宗颐二十世纪学术文集》（卷四·经术、礼乐）。

## ■ 1986 年（丙寅）七十岁

1月，《明报月刊》所撰《题日本五山僧所著书五首》（抽印本）。

1月，《新疆艺术》（第1期）载《敦煌曲与乐舞及龟兹乐》。收入《敦煌曲续论》、《饶宗颐二十世纪学术文集》（卷八·敦煌学）。

1月，撰《盘古图考》载北京《中国社会科学院研究生院学报》（第1期）。又见《中国古代、近代文学研究》（第四期），以《述宋人所见东汉蜀地绘"盘古"的壁画》，发表于《中央民族学院学报》（第2期）"盘古与盘瓠问题国际研讨会"论文专栏，以《盘古图考——述唐宋人所见东汉蜀地刻绘"盘古"的壁画》（附补记）收入《饶宗颐二十世纪学术文集》（卷一·史溯）。饶先生从一则盘古图新材料的记载，对盘古神话产生年代提出新见解："以盘古作图，汉末蜀中已流行之，则盘古之神话，最迟必产生于东汉。"

1月，*Orientations*《东方艺术收藏家和鉴赏家》月刊杂志，收录入Dorothy
C.F Wong撰写的*The Paintings of Jao Tsung-i*，另附书画作品。

2月，作《词集考后记》。

3月26日，赴武夷山游览。

3月，清明前十日，作游武夷水帘洞《武夷山水帘洞》，题记：

> 声传空谷晴疑雨，
> 势转丹岩澹复浓。

3月，作《水墨葡萄》，题记：

> 数串明珠挂水清，
> 醉来将墨写难成。
> 当年何用相如璧，
> 始换西秦十五城。
> 选堂戏墨，时丙寅三月也。

3月，撰《"法曲子"论——从敦煌本〈三皈依〉谈"唱道词"与曲子词关涉问
题》发表于《中华文史论丛》（第一辑），又见《中国史研究》（第一期）、《中
国古代、近代文学研究》（第八期）。收入《敦煌曲续论》、《饶宗颐二十世纪学
术文集》（卷八·敦煌学）。

4月15日，香港《新亚生活》（第13卷第8期）载所撰《"新亚龚氏到访学人"
王瑶教授简介》。

4月，《南越王墓墓主及相关问题》发表于《明报月刊》（第21卷第4期）。收
入《饶宗颐二十世纪学术文集》（卷六·史学）。

5月10日—13日，参加在香港中文大学举办的中国绘画研讨会。

5月11日，惊悉夏翟禅去世，作《声声慢》挽章，次玉田回杭韵。

5月26日，出席香港中文大学、香港文化促进会在香港举行的第一届瑶族研究国
际研讨会，宣读论文《タイの〈瑶人文书〉读后记》（百田弥荣子日译），该文发
表于《东方学》（第七十三辑），中文版《泰国〈瑶人文书〉读记》发表于《南方
民族考古》（第一期），以及1988年的《瑶族研究论集》（第一期）。

5月，题《朱描观音》：

> 洁净身心，虔持神咒，感得观音大势至，大慈大悲，游戏神通，成于五道，恒
> 以善习，普救一切，离生死苦，得安乐处，脱诸烦恼，到涅槃岸。
> 岁在柔兆摄提格皋月，选堂敬造①。

---

① 饶宗颐：《饶宗颐书道创作汇集·晋唐风致》，香港大学饶宗颐学术馆，2012，第21页。

6月1日，端午前十日，于梨俱室作《敦煌写生卷》；书《冬心句》。

6月11日，端午节，书三丰句[①]。

6月21日，端午后十日，于梨俱室作明遗民弘仁笔意《连江岸迹卷》。

6月，书《自寿联语》：

辞源疏凿手，楚泽恢弘人。

题记：龙集丙寅之祀且月，选堂集石门颂字自寿。

6月，在香港东涌缆车启用之日作《心经简林》，首句"观自在菩萨"，"自在"就像观世音一样，有千手千眼，有定力，有智慧，有忍耐，有六个波罗蜜即布施、持戒、忍辱、精进、禅定、智慧。

7月5日，*Death-Peath-Part of life South China Morning Post*，Hong Kong。（《死亡·生活的一部分》载香港《南华早报》。）

7月20日，罗忼烈陪同刘海粟及夫人来港，恰逢饶先生七十大寿，几位好友合作绘制《松柏长青》图以作贺礼，其中罗忼烈写寿石，选堂画苍松，夏伊乔新篁，刘海粟植古柏并题："百岁开一。"

7月，在内蒙古草原考察。返港前于京停留一天。

7月，创作成扇，书宋四家帖一套[②]。

9月6日—28日，出席香港中华文化促进中心主办"饶宗颐教授从事艺术、学术活动50周年纪念——七十大寿书画展"，展览以敦煌风光为主。李一氓题写《选堂书画展》画册由香港中华文化促进中心印发，内收入《诗画通义》[③]及《论书次青天歌颂》，《诗画通义》一文，收入《固庵文录》、《画颟——国画史论集》、《饶宗颐二十世纪学术文集》（卷十三·艺术）。《论书次青天歌韵》又见《书谱》（第六期·饶宗颐专辑）[④]。

9月11日，致信席臻贯[⑤]。

9月，中旬，赴法国前，作《湘云雁影》。

9月18日，中秋，赴法国出席巴黎大学（Sorbonne）宗教研究院成立百年纪念"礼学会议"，宣读论文《〈春秋左传〉中之"礼经"及重要礼论》。收入香港中文大学《联合书院三十周年纪念论文集》、《饶宗颐二十世纪学术文集》（卷

---

① 同上书，第89页。

② 饶宗颐：《饶宗颐书道创作汇集·清风徐来》，香港大学饶宗颐学术馆，2012，第73—77页。

③ 该文揭示诗与画的微妙关系："天下有大美而不言，能言之者，非画即诗。画人资之以作画，诗人得之以成诗；出于沉思翰藻谓之诗，出于气韵骨法谓之画。"它从"神思""图诗""气韵""禅关""度势""伫兴"六个方面，对诗画的相互体用探秘发微，深化了"诗画本一律"这一古老命题。

④ 在画册衬页上题："些小书有李老题字，可宅也。"

⑤ 席臻贯（1941—1994），上海人，甘肃敦煌艺术剧院原院长、国家一级演奏员、中国音乐家协会会员。著有《古丝路音乐暨敦煌舞谱研究》《敦煌古乐》《中国乐舞意象逻辑》等。

四·经术、礼乐）。第一个提出"礼经"问题。

9月22日，香港《大公报·艺林版》载所撰《吴韦指画花卉卷补记》收入《饶宗颐二十世纪学术文集》（卷十三·艺术）。

9月30日，从法国归来为霍丽萍①摄影集《幽美之中国》题签，在集中题字：

黄山归来不看岳。

九寨风光甲桂林。

桂林山水甲天下。

上有天堂下有苏杭。

江山如画。

拉萨。

9月，为巴黎吉美博物馆（Musee Guimet）鉴定其所藏玉猪龙，馆编号18396GH。

9月，撰《非常之人，非常之事及非常之文》发表于《濠镜》（澳门《社会科学学会学报》创刊号）。以《司马相如小论——非常之人与非常之文》收入《文辙——文学史论集》（上册）、《饶宗颐二十世纪学术文集》（卷十一·文学）。

9月，撰《清初僧道忞及其〈布水台集〉》发表于日本东京《神田喜一郎博士追悼中国学论集》。收入《饶宗颐潮汕地方史论集》、《饶宗颐二十世纪学术文集》（卷五·宗教学）。

9月底，从巴黎返香港后，作日本《北海道黑岳写生》。

10月13日，对八大山人早期作品研究后，撰《〈传綮写生册〉题句索隐》发表于香港《大公报·艺林版》。收入《画颅——国画史论集》、《饶宗颐二十世纪学术文集》（卷十三·艺术）。

10月，《明报月刊》载所撰《九州诗稿》。

10月，撰《重印〈黄河图〉略说》一文，推知此图可能出自清人周洽之手，为在日本二玄社出版的《黄河流势图》做鉴定。

10月，力主《甲骨文合集》的分册整理，因定首册区分为先王及贞人各一类，复增延朱顺龙、濮茅左二君襄助剪贴校阅，竭数月之力，整理成篇。

11月30日，出席由汕头大学、韩山师专和潮州韩愈研究会联合主办的"国际韩愈学术研讨会"，作《宋代潮州之韩学》的演讲，在会上提出韩愈学术讨论会应由地方性学术会升格为全国性会议。为"国际韩愈学术研讨会""中国唐代文学学会韩愈研究会"的成立奠定基础。

11月，为韩愈重建陵墓题写"韩陵"。

11月，出席在南昌举行的"八大山人书画艺术学术研讨会"，提交论文《〈传綮写生册〉题句笺》。又以"台北故宫博物院"藏的《传綮写生册》收入《饶宗颐

---

① 霍丽萍系霍英东基金有限公司董事，摄影师。

二十世纪学术文集》（卷十三·艺术）。

11月，《论疏密二体》发表于香港《明报当代中国绘画研讨会特刊》。以《张彦远论画分疏密二体》收入《画颔——国画史论集》、《饶宗颐二十世纪学术文集》（卷十三·艺术）。

12月1日，在潮州考察。

12月，日本大阪《志学》（第17期）载水原渭江著《敦煌舞谱与解读研究·书评》。

12月，撰《敦煌与吐鲁番写本孙盛〈晋春秋〉及其"传之外国"考》发表于台湾《汉学研究》（第四卷第二期，敦煌学国际研讨会论文专号）。收入《饶宗颐东方学论集》、《饶宗颐二十世纪学术文集》（卷八·敦煌学）。

同年，被聘为香港艺术馆名誉顾问、香港中文大学中国文化研究所荣誉讲座教授。

同年，《敦煌书法丛刊》至今年全部出齐，赠送给中国敦煌吐鲁番学会一部。

同年，黄景云卒，终年70岁。

## ■ 1987 年（丁卯）七十一岁

1月5日，致信沈建华。曾宪通来信。

1月10日—12日，在广州。

1月12日，撰《粤画选珍序》刊于香港《大公报·艺林版》。

1月，撰写《吐蕃时期的占卜研究序》。

1月，成都《南方民族参古》（第一辑）载《泰国〈瑶人文书〉读后》一文。又见北京民族出版社《瑶族研究论集》（1988）。

2月，献岁发春，书《隶书九言联》。

2月，《秦简中"稗官"及如淳称魏时谓"偶语为稗"说——论小说与稗官》载《王力先生纪念论文集》，文章道出发现云梦秦简秦律中"稗官"一词，考据其原始意义，认为绝不是始于汉代，而是有更久远的出处。进而研究先秦时期稗官与小说、偶语的关系，把先秦文学研究推进了一步。收入《文辙——文学史论集》、《饶宗颐二十世纪学术文集》（卷十一·文学）。

3月16日，《十六至十八世纪之中国与欧洲会议主题讲辞》收入《固庵文录》、《饶宗颐东方学论集》。

3月，与黄君璧合作《仿倪云林山水》《竹石》。

春，写毕《贞人问题与坑位》。

4月20日，撰《元大德本〈南海志〉与〈永乐大典〉》刊于香港《大公报·艺林版》。

4月21日，中山大学讲学。

4月22日，上午，在暨南大学文学院讲学。下午，肇庆七星岩参观。

4月25日，返港。

4月，《畲瑶关系新证——暹罗〈瑶人文书〉的〈游梅山书〉与宋代之开梅山》收入《畲族研究论文集》、《饶宗颐潮汕地方史论集》、《饶宗颐二十世纪学术文集》（卷六·史学）。

4月，为《詹安泰纪念文集》题签。

4月，为《道教研究论文集》（黄兆汉主编）作《序》。收入《固庵文录》《澄心论萃》。

4月，撰《淮安明墓张天师绘画》发表于《大公报·艺林版》（新第175期），后以《淮安明墓出土的张天师画》收入《画领——国画史论集》、《饶宗颐二十世纪学术文集》（卷十三·艺术）。

4月，《〈粤画萃珍〉序》发表于香港《大公报·艺林》。收入《固庵文录》。

4月，《说琴徽——答马蒙教授书》发表于《敩学集》（香港中文大学教育学院二十周年纪念专刊），后以《说琴徽——答马顺之教授书》发表于《中国音乐学》（1987年第3期，总第8期）。

4月，撰《唐以前十四音的遗说考》发表于上海古籍出版社《中华文史论丛》（第一辑）。收入《中印文化关系史论集·语文篇——悉昙学绪论》、《梵学集》、《饶宗颐二十世纪学术文集》（卷五·宗教学）。

5月5日，撰毕《八大山人禅画索隐》。

6月，中国东南亚研究所编、河南人民出版社出版《东南亚史论文集》入编《新加坡古事记补记》一文。

6月，主持在香港召开的"国际敦煌吐鲁番学术会议"，在会上发表《敦煌琵琶谱与舞谱之关系》的演讲。论文收入"香港敦煌吐鲁番研究中心丛刊"之一《敦煌琵琶谱》、《饶宗颐二十世纪学术文集》（卷八·敦煌学）。

6月，翻译林谦三、平出久雄著作《琵琶古谱之研究——〈天平〉〈敦煌〉二谱试解》发表于上海音乐学院学报《音乐艺术》（第2期）。收入《敦煌琵琶谱论文集》。

6月，香港中文大学文物馆出版的《敦煌吐鲁番文物》载《写经别录》，后以《写经别录训》收入《固庵文录》、《饶宗颐二十世纪学术文集》（卷八·敦煌学）。

6月，长夏，拟摹元倪瓒《枫落吴江》。

6月，盛夏，在台北与著名画家、杰出的艺术理论家何怀硕订交，纸上交流切磋技艺，合作绘制《蜀山秋帆》《洞中应真》两幅国画[1]。

夏，与关山月[2]相晤，合作《梅石》国画一幅。

---

① 饶宗颐：《饶宗颐艺术创作汇集·珠联璧合》，香港大学饶宗颐学术馆，2012，第135—136页。

② 关山月（1912—2000），原名关泽霈，广东阳江人。著名国画家、教育家。岭南画派代表人物。曾拜师"岭南画派"奠基人高剑父。历任广州美术学院教授兼院长，广东艺术学校校长，广东画院院长等职。中国美术家协会副主席、常务理事，广东省文联副主席，广东省美术家协会副主席。

7月，撰写《新刊〈丁禹生诗书〉序》载香港《国际潮讯》（第7期），收入《饶宗颐潮汕地方史论集》。

7月，新秋，与赵少昂合作《樱桃芭蕉》。

7月，香港《书谱》（第六期）载《选堂论书十要》。

8月10日、19日，《大公报·艺林版》刊载《〈历代名画记〉札迻》一文。收入《画𫖮——国画史论集》、《饶宗颐二十世纪学术文集》（卷十三·艺术）。

8月，为丁日昌学术讨论会出版《新刊丁禹生政书序》。

8月，撰《个山自题像赞试释》发表于《蒋慰堂先生九秩荣庆论文集》（与严文郁合著）。收入《画𫖮——国画史论集》、《饶宗颐二十世纪学术文集》（卷十三·艺术）。

8月，撰《朱子以前〈大学〉论》发表于《香港大学中文学会会刊》，又见1992年《罗香林教授纪念论文集》。收入《固庵文集》、《饶宗颐二十世纪学术文集》（卷四·经术·礼乐）。

8月，撰《敦煌琵琶谱来龙去脉涉及的史实问题》发表于《音乐研究》（第三期）。以《琵琶谱史事来龙去脉之检讨》收入《敦煌琵琶谱》、《饶宗颐二十世纪学术文集》（卷八·敦煌学）

9月11日，赴京。与赖少其一起参加第六届全国政协会议，为国家文化建设事业建言献策。

9月，撰《青云谱〈个山小像〉之"新误"与饶宇朴题语》发表于《文物》（第九期）。收入《画𫖮——国画史论集》、《饶宗颐二十世纪学术文集》（卷十三·艺术）。

9月21日—27日，在敦煌莫高窟举行的"敦煌石窟研究国际讨论会"上发表《刘萨诃事迹与瑞像图》。

9月27日，中秋前十日，作《五台山色》。

9月，《〈甲骨文通检〉前言——贞人问题与坑位》载香港中文大学中国文化研究所吴多泰中国语文研究中心《中国语文研究》（第九期）。

10月，《禅僧传綮前后期名号之解说》发表于上海书画出版社出版的《朵云》（第十五期）。收入《八大山人画说》、《饶宗颐二十世纪学术文集》（卷十三·艺术）。

11月，以音乐史家身份主持由香港中华文化促进中心举办的"中国音乐传统与现代化"座谈会。

11月，在上海钱君匋①家做客，题字作画品茗。

12月26日—29日，参观南越王博物馆，到中山大学讲学，参加语言学会活动。

12月，出席香港大学中文系六十周年纪念活动并讲话。

————————

① 钱君匋（1907—1998），浙江桐乡人。著名书法家、画家、篆刻家、书籍装帧家。曾任西泠印社副社长、上海文史研究馆馆员、中国美术家协会会员及上海分会常务理事，中国书法家协会会员及上海分会名誉理事，君陶艺术院院长。

12月，撰《佃介眉先生书画集序》。

12月，《读浙江大师画随记》载上海人民美术出版社出版的《论黄山诸画派文集》。收入《画颅——国画史论集》、《饶宗颐二十世纪学术文集》（卷十三·艺术）。

12月，与二女儿清芬游览武夷山，并作诗《武夷杂咏》六首[①]：

千秋嘉会忆鹅湖，
吾道从知德不孤。
旧构荒坛巢水鹤，
当年曾刻六经图。

毛竹流霞赖品题，
丹山绿篆满前溪。
空中箫鼓何年洞，
凄绝名山第一诗。

上清沦谪久离群，
不是巫山亦雨云。
怪底柳郎多狡狯，
武夷君作云中君。

尝从云笈识神仙，
至孝弥天营墼船。
临水凿龛山半肋，
五溪遗俗尚依然。

山腰仙掌一峰悬，
竹径清流素月延。
为问山中来往客，
何人能忆柳屯田。

悬空一水滴成帘，
非雾非烟似撒盐。
岩隙人家烹活火，
茶香舌本味犹甜。

---

① 踏访福建，追寻朱子、柳永、李卓吾以及郑成功等故居旧踪之咏叹。

同年，与程十发合画《野泊》。

同年，与孙星阁①合画《兰石》。

同年，为潮州"潮州八景"之一祭鳄台撰书楹联：

溪石何尝恶，

江山喜姓韩。

同年，被聘为香港大学中文系荣誉讲座教授、任中国敦煌研究院名誉研究员。

## ■ 1988 年（戊辰）七十二年

1月，元日，摹明遗民黄道周《武夷春色》。

元日，作《露下荷房》题记：

露冷莲房坠粉红，老杜诗意。

一九八八年元日，选翁。

1月10日—12日，到广州参加中华诗词学会举行的座谈会。

1月，撰《法京吉美博物馆（Musée Guimet）甲背（708号）释文正误》发表于中华书局出版的《文史》（第二十九期）。

1月，参加董寿平在香港举办的书画展，相见恨晚，遂成好友，合作《竹石》《松兰》画二幅。

1月，甘肃省广播电视厅音像出版社聘请为《敦煌乐舞》录像、录音特邀顾问。

1月，香港《读者良友》（第43期）载所撰《纵横五千年·丛书总序》；2009年于书中第17页题"此未收录入拙著，应补，选堂"。

2月16日，除夕，撰写《敦煌琵琶谱序言》。

2月，如月，书《流沙坠简》。

早春，与胡爽庵②合作《古树》③。

春，修订《楚帛书新证》。

2月，初稿《围陀与敦煌壁画》完成。

2月，《刘萨诃事迹与瑞像图》载《敦煌研究》（第2期）及《敦煌石窟研究国际讨论会文集·石窟考古编》，后补《附记》及《附录：印度事务部图书馆藏汉文

---

① 孙星阁（1897—1996），广东揭阳人，号十万山人，壮年时在上海习画，与上海画人交往甚多，后移居香港。

② 胡爽庵（1916—1988），湖北襄阳人。又名霜庵，斋名啸风堂，别名胡剑鸣。拜张善孖为师，专画动物，后又从张大千习山水人物。近现代画虎大师，其水墨写意虎，堪称一绝。

③ 饶宗颐：《饶宗颐艺术创作汇集·珠联璧合》，香港大学饶宗颐学术馆，2012，第99页。

写本C·一二一》收入《画饦——国画史论集》、《饶宗颐东方学论集》、《饶宗颐二十世纪学术文集》〔卷十三·艺术（上）〕。

3月2日，元宵节，书联句：

> 折芳馨以寄远，
> 括众妙而为师[1]。

3月20日，撰写《说玥》。

4月，撰《谈古代神明的性别——东母西母说》发表于中山大学《学报》（第四期）；1994年3月，台湾《中国书目季刊》（第二十七卷第四期·王叔岷教授八秩庆寿专号）。收入《饶宗颐二十世纪学术文集》（卷一·史溯）。

4月，撰《读文选序》发表于吉林大学《昭明文选论文集》。收入《文辙——文学史论集》、《饶宗颐二十世纪学术文集》（卷十一·文学）。

5月，与季羡林一起参加纪念陈寅恪[2]教授国际学术讨论会暨中山大学陈寅恪教授纪念室揭幕，在研讨会上发表论文《敦煌石窟中的诐尼沙（Ganesha）》。

6月5日，撰毕《南越文王墓虎节考释》一文。

6月8日，撰《曾侯乙钟律与巴比伦天文学》发表于上海音乐学院学报《音乐艺术》（第二期）；1990年12月又以《古史上天文与乐律关涉问题——论钟律与巴比伦天文学》发表于深圳大学国学研究所编的《中国文化与中国哲学》。收入《楚地出土文献三种研究》、《饶宗颐东方学论集》。以《古史上天文与乐律关系之探讨——曾侯乙钟律与巴比伦天文学无关涉论》收入《饶宗颐二十世纪学术文集》（卷一·史溯）。

6月28日，端阳后十日，于香岛梨俱室书《董其昌七言句》：

> 花石城边起暮愁，
> 忆君兄弟楚山秋。
> 湖南湖北情无限，
> 千里相思月一楼。

6月，《敦煌石窟中的诐尼沙（Ganesha）》载《明报月刊》（第23卷第6期）；1989年6月收入《陈寅恪先生纪念论文集》；以《谈敦煌石窟中的诐尼沙（Ganesha）》载《学术研究》。收入《画饦——国画史论集》、《饶宗颐东方学论集》、《饶宗颐二十世纪学术文集》（卷十三·艺术）。

6月，撰《〈文心〉与〈阿毗昙心〉》载《中国文艺思想史论丛后》（3）。

---

① 饶宗颐：《饶宗颐书道创作汇集·书韵联情（上册）》，香港大学饶宗颐学术馆，2012，第37页。

② 陈寅恪（1890—1969），江西修水人。历史学家、古典文学研究家、语言学家。

1990年4月收入《文辙——文学史论集》（上册）。以《〈文心雕龙〉与〈阿毗昙心〉》收入《饶宗颐二十世纪学术文集》（卷十一·文学）。

6月，撰《〈云谣集〉一些问题的检讨》发表于《明报月刊》（第23卷第6期）。增订版收入《敦煌曲续论》、《饶宗颐二十世纪学术文集》（卷八·敦煌学）。

7月2日，出席香港中华文化促进中心举办的《赖少其书画展》，撰文高度评价赖少其作品。

8月20日—25日，中国敦煌吐鲁番学会主办的国际敦煌吐鲁番学术讨论会在北京举行，因感冒无法参加，寄论文《刘萨诃事迹与瑞像图》交大会秘书处。

8月，为二弟饶宗栻孙子学业撰联：

渊明不求甚解，
少陵转益多师。
落款：龙集戊辰，选堂分书。

8月，《轭軏说》发表于《文史知识》（敦煌专号）。收入《敦煌琵琶谱》、《饶宗颐二十世纪学术文集》（卷八·敦煌学）。

夏，于梨俱室书《江陵汉简》。

9月2日，香港《大公报》刊载《忍与舍》。收入《澄心论萃》。

9月5日，撰写《从明画论书风与画笔的关联性》。

9月11日，出席"霓裳中序第一"上海音乐团唐乐传声演奏会，作词一首。

沪上音乐团有唐乐传声之会，倚此解题赠，依白石韵
融峰遥望极。虚谱旧辞取次得。多少国工合力。听危柱哀弦，艳歌漠索。吟商补陈。萃九州、瀛府词客。欣同赏，满堂清响，古怨凝秋色。空寂。流泉萦壁。

恁缱绻，丝簧似织。摩挲风笙字迹。井水递声。杨柳依陌。雅音从未息。叠鼓动，霜天涵碧。绕梁处，羽宫相犯，禹指更吹侧。

9月，《论"□""·"与音乐上之"句投"（逗）》发表于《中国音乐》（第三期）。收入《敦煌琵琶谱》、《饶宗颐二十世纪学术文集》（卷八·敦煌学）。

10月20日，撰《四方风新义》发表于《中山大学学报》（第四期）。以《四方风新义——时空定点与乐律的起源》收入《饶宗颐二十世纪学术文集》（卷四·经术、礼乐）。

10月，在香港会晤季羡林、刘旦宅①。

10月，出席云南博物馆在昆明召开的中国南方及东南亚地区古代铜鼓和青铜文

---

① 刘旦宅（1931—2011），浙江温州人。上海中国画院成立时最年轻画家，50年代以工笔重彩为主，60年代转向淡彩，70年代多用减笔泼墨，将工写、线描、泼墨三者融为一体。

化国际学术讨论会。

10月，《鸠摩罗什通韵笺》载杭州大学主编的《敦煌语言文学论文集》。1990年4月，收入《中印文化关系史论集·语文篇——悉昙学绪论》；后收入《梵学集》、《饶宗颐二十世纪学术文集》（卷五·宗教学）。

10月，撰《宋代潮学之韩学》发表于韩愈学术讨论会组织委员会编《韩愈研究论文集》。收入《饶宗颐潮汕地方史论集》、《饶宗颐二十世纪学术文集》（卷九·潮学）。

11月3日—9日，出席西安召开的陕西省考古研究所、西安半坡博物馆成立三十周年学术讨论会，在会上发表《南越文王墓虎节考释》论文。2003年将油印本赠送作者收藏。

11月8日，在西安与李石根[①]就长安鼓乐进行深入的交流。在李的陪同下，阅览鼓乐旧谱，并发现旧谱为工尺俗字记号，与饶先生熟知的敦煌琵琶谱非常接近。

11月10日，王尧已于11月6日莅港，准备第四次作藏学演讲。即从西安赶回主持会议。

11月，下旬，主持香港中文大学25周年纪念之明代绘画国际讨论会。

12月10日，到扶风县参加法门寺博物馆落成典礼，观看法门寺出土的文物。撰写《法门寺有关史事的几件遗物》《从法门寺论韩愈之排佛事件》等文章。

12月，冬至，写瑞士《寒林初雪》。

12月，撰写《潮州开元寺志·序》。

12月，为潮州"凤栖楼"题：鹭鹭来仪，天下大安。

12月，Some Notes on the Pig in Early Chinese Myths & Art Orientations（translated by Dorothy C.F.Wong），Hong Kong：Orientations Magazine Ltd，1988.12，pp.39-41。（中译：《关于中国早期神话和艺术中的猪形象的一点看法》载《香港东方艺术品杂志》）。

12月，撰《（浣溪沙）琵琶谱发微》发表于《中国音乐》（第四期）。收入《敦煌琵琶谱》、《饶宗颐二十世纪学术文集》（卷八·敦煌学）。

冬月，于梨俱室为伟雄书高凤翰长联：

道德之言五千以退为进，
安乐之窝十二反客作主。

冬，为中山大学出版社出版《陈寅恪教授国际学术论文集》赋诗。

同年，在香港与许麟庐会面，于梨俱室合画《古木小鸟》。

同年，与程十发等为南池先生八十大寿《百寿图》题字：

---

① 李石根（1919—2010），西安人，民族音乐学家，中国音乐史学家，陕西省音乐家协会研究员。为中华全国音乐工作者协会西北分会副主任，后任中国音乐家协会西安分会副主席等职。

百岁人多寿，千秋也有图。

同年，检出《供春壶考略》，作了修订，文中言："闽人嗜茶，向有'工夫茶'之止，或谓乃'君诸茶'之讹。余亦有茶癖，瀹茗之余，喜浏览壶书。"该文收入《固庵文录》、《饶宗颐二十世纪学术文集》（卷十三·艺术）。

同年，开始着手撰写《后周整理乐章与宋词词学有关诸问题》。

同年，在家书联句：

硅璋既文府，
冰雪净聪明。
题：芬儿清玩①。

同年，作《雄鸡》，题识：

十发以波斯画法写雄鸡，戏参个山墨趣作此。
戊辰，选堂。

后于1994年9月，与吴子玉写鸭合画构成《双禽》②。

同年，刘旦宅造像、选堂写石壁合作《达摩面壁》。又刘旦宅来港，作客于饶先生香岛家中，二人合作画《纨扇美人》③。

同年，在1944年作的《烛赋》篇末作补记。

同年，重检1956年出版的《楚辞书录》，发现有缺漏之处，仔细考证后，作《楚辞拾补》。

同年，撰《隋禅宗三祖塔砖记》载香港大学《东方文化》（第二十六卷第二期）。以《皖公山与隋禅宗三祖塔砖铭》收入香港牛津大学出版社的《文化之旅》；以《隋禅宗三祖塔砖铭》收入《饶宗颐二十世纪学术文集》（卷五·宗教学）。

同年，为香港文汇报副社长陈伯坚题匾"寨兰居"。

同年，香港日本文化协会出版《揽辔集——日本纪行诗稿》。

同年，为朗文出版亚洲有限公司《朗文当代英汉双解词典》作《序》。

---

① 饶宗颐：《饶宗颐书道创作汇集·书韵联情（上册）》，香港大学饶宗颐学术馆，2012，第33页。

② 《饶宗颐艺术创作汇集·珠联璧合》，香港大学饶宗颐学术馆，2012，第124页。

③ 同上书，第131—132页。

# ■ 1989 年（己巳）七十三岁

1月1日，于香港撰写《新加坡古事记·引》。

1月31日，《广州日报》载《南越文王墓虎节考释》。1993年，收入三秦出版社出版①的《考古学研究：纪念陕西省考古研究所成立三十周年》。

1月，撰写《西安鼓乐全书序》。

2月4日，前往澳洲过春节。

2月28日，撰写《从〈经呗导师集〉第一种〈帝释（天）乐人般遮琴歌呗〉联想到的若干问题》。

2月，撰写《法门寺有关史事的几件遗物》。

春，在香港与陈大羽②合画《柳条小雀》。③

3月18日，《潮州出土文物小识》收入《广东出土二代至清文物》《饶宗颐潮汕地方史论集》。

3月，腰部"生蛇"（患带状疱疹）在家休息两周。

3月，Orientations The Vedas and the Murals of Dunhuang（No.47），Hong Kong: Orientations Magarine Ltd.（《吠陀经与敦煌壁画》载香港《东方艺术品杂志》）。

3月，《潮州展品小识》载《广东出土五代至清文物》。

3月，《明报月刊》载所撰《题伍蠡甫长卷八段锦小景》《云冈绝句三首》。

4月，作八大笔意《鸭石图》。

4月5日，参观由广东省博物馆与香港中文大学博物馆主办"广东出土五代至清代文物展览"。

5月，《谈甲骨文（一）》发表于香港中文大学中国文化研究所吴多泰中国语文研究中心《中国语文通讯》（第2期），收入《甲骨文献集成》（第37册）作为《略谈甲骨文与龟卜》（第一部分），收入《饶宗颐二十世纪学术文集》（卷三·甲骨）。

5月，撰《〈百家唐宋诗新话〉之王维、李白、杜甫等条》。收入傅庚生、傅光选编的《百家唐宋诗新话》。

6月，端午后十日，识《郭之奇年谱·引言》。

6月，撰《论庾信〈哀江南赋〉》发表于台湾《"中央研究院"第二届国际汉学会议论文集：庆祝"中央研究院"院庆六十周年》。收入《文辙——文学史论集》、《饶宗颐二十世纪学术文集》（卷十一·文学）。

---

① 1983年南越王墓被发现后，欧初为帮助辨识文物上的古文字来信，这就有了后来登在广州日报的这篇文章。

② 陈大羽（1912—2001），广东潮阳人，早年毕业于广州市立师范学校，继入春睡画院随高剑父学画，抗战时期赴西南、西北写生。历任广州市立艺专教授兼中国画科主任、广东画院院长，中国美术家协会副主席。

③ 饶宗颐：《饶宗颐艺术创作汇集·珠联璧合》，香港大学饶宗颐学术馆，2012，第72页。

6月，在悉尼写毕《中外史诗上天地开辟与造人神话之初步比较研究》。

6月，撰《说弓——兼论琴徽》载于北京文化艺术出版社出版的《中国音乐学》（第3期；总第16期）。收入《固庵文录》、《饶宗颐二十世纪学术文集》（卷四·经术、礼乐）。

7月13日，致信曾宪通。信中首次提到：目力已大不如前，深觉"老"之已至，作书写画，尚可胜前，獭祭钻研，已感吃力，幸记忆与联想力，犹未衰退。

7月，撰《未有文字以前表示"方位"与"数理关系"的玉版——含山出土玉版小论》发表于香港中文大学中国文化研究所吴多泰中国语文研究中心《中国语文通讯》（第3期）。以《凌家滩玉版——远古表示方位与数（九天）的图纹》收入《饶宗颐二十世纪学术文集》（卷一·史溯）。

7月，《红山玉器猪龙与豨韦、陈宝》发表于《辽海文物学刊》。收入《饶宗颐二十世纪学术文集》（卷一·史溯）。

8月，撰《唐末的皇帝、军阀与曲子词——关于唐昭宗御制的〈杨柳枝〉及敦煌所出他所写的〈菩萨蛮〉与他人的和作》发表于《明报月刊》（第24卷第8期）。收入《敦煌曲续论》、《饶宗颐二十世纪学术文集》（卷八·敦煌学）。

8月，题签《八家山水画选集》由荣宝斋出版。

9月1日，《与彭袭明论书画》载《固庵文录》。收入《饶宗颐二十世纪学术文集》（卷十四·文录、诗词）。

9月4日，中秋节前十天，为《刘昌潮①画集》题辞，该画集于本年12月由集古斋有限公司出版。

9月10日，"殷墟甲骨文发现90周年国际学术讨论会"在河南省安阳市殷墟博物馆召开，发电祝贺甲骨学研究取得巨大成就，并向来自世界各地学者问好。

9月15日，香港《大公报》（艺林版）载《全清词·顺康卷·序》，系清词论文之五。又见《南京大学学报》（第一期）。

9月，撰《卜辞中商义》。收入《固庵文录》。

9月，撰《谈甲骨文（二）》发表于香港中文大学中国文化研究所吴多泰中国语文研究中心《中国语文通讯》（第四期）。以《略谈甲骨文与龟卜》（第二部分），收入《饶宗颐二十世纪学术文集》（卷二·甲骨）。

9月，《由〈尚书〉'余弗子'论殷代为妇子卜命名之礼俗》发表于北京中华书局《古文字研究》（第十六辑）。收入《饶宗颐二十世纪学术文集》（卷二·甲骨）。

9月，《上记解》《卜辞中商义》《〈世本〉"微作禓"解》《蒿官考》《祭曾酌霞文》《选堂学说》《与谢和耐教授书》《与刘述先论〈暗里阖〉书》《告田说》《说二八》《说"零"》《说卜古》收入《固庵文录》、《饶宗颐二十世纪学

---

① 刘昌潮（1907—1997），室名不烦斋。广东揭阳人，上海美专毕业，受教于刘海粟、黄宾虹、潘天寿诸先生。1930年秋，回汕执教，五十年代后艺术更臻成熟，驰誉海内外。擅长山水、花卉，晚年更以墨竹名世。

术文集》（卷十四·文录、诗词）。

9月，撰《畏兽画说》。收入《固庵文录》、《饶宗颐二十世纪学术文集》（卷一·史溯）。

9月，撰《说羬羊》《说攘、攘》。收入《固庵文录》、《饶宗颐史学论著选》、《饶宗颐东方学论集》、《饶宗颐二十世纪学术文集》（卷六·史学）。

9月，《诗一名三训辨》《诗妖说》收入《固庵文录》，又见《艺苑掇菁：广州日报〈艺苑〉专档文选》，后收入《饶宗颐二十世纪学术文集》（卷四·经术、礼乐）。

9月，《〈三侯之章〉考》收入《固庵文录》、《饶宗颐二十世纪学术文集》（卷十二·诗词学）。

9月，《记唐写本〈唵字赞〉》收入《固庵文录》、《饶宗颐东方学论集》、《饶宗颐二十世纪学术文集》（卷八·敦煌学）。

9月，《说"诏"》收入《固庵文录》、《饶宗颐史学论著选》、《饶宗颐东方学论集》、《饶宗颐二十世纪学术文集》（卷七·中外关系史）。

9月，《固庵文录》由台北新文丰出版公司初版，收录文章162篇，其中《俪体篇》40篇，《散体篇》122篇，钱仲联作《序》，陈槃写《固庵文录书后》。收入《〈神田喜一郎全集〉推荐辞》《廖天一阁沙砾琴赋》《龙壁赋》《蟹赋》《观云赋》《宋王台赋》《白云赋》《囚城赋》《烛赋》《阁榻赋》《斗室赋》《骏赋》《洛长生赋》《稽古稽天说》《王道帝道论》《大同释义》《河图玉版说》《丰台燕王旦墓便房题凑跋——说"黄熊桄和"四字》《汉天寿二年甕文跋》《永宁二年傅宣妇士孙松女墓跋》《晋朱书墓券跋》《敦煌〈大学〉写本跋》《回回纪事序》《格物论》《〈东魏武定元年造像碑〉跋》《王弼〈老子注〉跋》《刘蜕自撰母姚夫人权葬石表题后》《傅玄〈马先生序〉书后——指南车补论》《黄石公三略跋》《（明）何绛〈不去卢集〉跋》《〈大大赋〉书后》《王彝〈妫蜼子〉跋》《〈报任安书〉书后》《明杨德周编〈建安七子集〉跋》《〈北齐书〉跋》《杜正伦撰〈文笔要诀〉跋》《北江〈怀人诗〉跋》《〈龚定庵集〉书后》《元皇庆刊本二王末书后》《〈天发神谶碑〉跋》《朱彝尊〈五代史辑注〉钞本跋》。该书于2000年1月由辽宁教育出版社出版简体字版。

9月，翻译《梨俱吠陀无无颂》收入《固庵文录》、《饶宗颐东方学论集》、《饶宗颐二十世纪学术文集》（卷一四·文录、诗词）。

9月，《〈甲骨文通检〉前言——贞人问题与坑位》载《中国语文研究》（第9期）。收入《饶宗颐二十世纪学术文集》（卷二·甲骨）。

秋，赴捷克，出席在捷克布拉格召开的纪念五四运动七十周年国际学术研讨会，宣读《连珠与逻辑——文学史上中西接触误解之一例》[①]论文。会后漫游维也纳。

---

① 文章中因有充分的文化自信，认为治中国文化宜除二障："一是西方框框之障，二是疑古过甚之障。"反对用西方概念强行比附中国文学，反对用"连珠"这种文体来比附"逻辑"。

10月5日，致信沈之瑜。

10月，撰《〈云谣集〉的性质及其与歌筵乐舞的联系——论〈云谣集〉与〈花间集〉》，发表于《明报月刊》（第24卷第10期）。收入《敦煌曲续论》、《饶宗颐二十世纪学术文集》（卷八·敦煌学）。

11月9日，参加汕头大学第一届校董会第五次会议。

11月18日，出席在澳门举行的第五届国际潮团联谊会，做题为《潮人文化的传统与发扬》演讲。

11月，撰毕《关于〈平复帖〉》。

11月，于香港撰毕《悼西川宁先生》。

11月，撰《为"唐词"进一解》，发表于《明报月刊》（第24卷第11期）。

11月，撰《宋代莅潮官师与蜀学及闽学——韩公在潮州受高度崇敬之原因》发表于《刘子健①博士颂寿纪念宋史研究论集》，又见《潮汕文化论丛·初集》。收入《固庵文录》、《饶宗颐潮汕地方史论集》、《饶宗颐二十世纪学术文集》（卷九·潮学）。

11月，撰《述唐宋人所见东汉蜀地绘的盘古的壁画》发表于北京中央民族学院《学报》（第二期）。

11月，应美国牟复礼②征文，撰《法门寺遗物有关几件史事》英文版文章。以《法门寺——有关史事的几件遗物》收入《文化之旅》、《饶宗颐二十世纪学术文集》（卷五·宗教学）。

11月底，为汕头大学题：

学海无涯。

12月1日，《饶宗颐书画集》由香港中文大学出版，收录入作品101件。

12月27日—29日，撰《西安鼓乐与全真教》发表于由《人民音乐》编辑部、香港中华文化促进中心、香港圆玄学院于北京白云观举办的"道教科仪音乐研讨会"。1993年，该文收入《第一届道教科仪音乐研讨会论文集》。

12月22日，冬至，写美国《孤屿奇石》。

12月底，与陈语山③合作画《合仿唐伯虎梅花流水》一幅。

12月，于香港中文大学中国文化研究所撰写《悉昙学绪论前言》。

12月，撰《谈六祖出生地（新州）及其传法偈》发表于《纪念陈寅恪先生诞辰百年学术论文集》，以《新州：六祖出生地及其传法偈》收入《文化之旅》、《饶

----

① 刘子健（1919—1993），祖籍贵阳。20世纪驰名国际的宋史学家。其著作有：《中国转向内在》《欧阳修的治学与从政》《两宋史研究汇编》及英文《宋代中国的改革：王安石及其新政》（英文）。

② 牟复礼（Frederick W. Mote, 1922—2005），美国儒学学者、汉学家、中国学家、东亚学家。牟复礼的中文名得自《论语》中的孔子言曰"克己复礼"，与本名Frederick开头亦有谐音关系。

③ 陈语山（1904—1987），名汉晋，晚号麟翁，不及室主，广东江门人。有边款王之称。

宗颐二十世纪学术文集》（卷五·宗教学），是首位提出六祖出生地（新州）问题的学者。

12月，《甲骨文通检第一册：先公 先王 先妣 贞人》由香港中文大学出版社初版，该书收录了《甲骨文合集》以及小屯南地、海外多国如英、法、日、加拿大怀特氏等收藏的甲骨，还有周原出土的甲骨[①]。

同年，Comment on Prof Qiu Xigui's Paper "An Exumination of Whether the Charges in Shang Oracle-Bone Inscriptions are Questions" Early China (lssuel4) USA:Bevkeley. 中译：［撰《对裘锡圭教授的论文〈关于殷越卜辞的命辞是否问句的考察〉的评论》载《早期中国》（美国，第14期）］。

# ■ 1990 年（庚午）七十四岁

1月，书伊汀洲联句：

翰墨因缘旧，

云端供养宜。

1月，题签《汕头大学建校纪略》（吴南生撰）。

1月，香港《明报月刊》（第25卷第1期）载《谈章太炎对印度的向往》。收入《文化之旅》、《饶宗颐二十世纪学术文集》（卷十四·文录、诗词）。

1月，撰《谈甲骨文（三）——数字卦象问题》发表于香港中文大学中国文化研究所吴多泰中国语文研究中心《中国语文通讯》（第六期）。以为《说筮——甲骨文中数字卦象问题》（第一部分），收入《饶宗颐二十世纪学术文集》（卷二·甲骨）。

2月14日，《广州日报·艺苑版》载所撰《读头陀寺碑》。

2月，撰《悉昙学绪论后记》。

2月，所撰《铜鼓三题——蛙鼓、土鼓与军鼓》载四川科学技术出版社《南方民族考古》（第二辑）。收入《饶宗颐二十世纪学术文集》（卷六·史学）。

3月，撰《龚贤"墨气说"与董思白之关系》发表于上海书画出版社《朵云》（中国绘画研究季刊）。收入《画颔——国画史论集》、《饶宗颐二十世纪学术文集》（卷十三·艺术）。

春寒，作《芍药》，题记：

横经不数汉时笺，

邵伯何如此日筵，

---

① 首次指出贞人往往被用作地名，举出数十例。这说明贞人名号之所以跨越数代，因其事实不是一个人，对于甲骨断代，提出崭新的看法。

> 分付好花珠玉里，
>
> 却教人待晚春天。
>
> 庚午春寒，选堂。

4月1日，撰《陆机〈平复帖の复刻——三希に匹敌すち墨宝〉》《西川宁先生を追忆しよの著作に寄也ま》由夕"イミ"エクト出版。

4月8日，清明后三日，于梨俱室集殷契文书《甲骨长联各体书法》。

4月24日，赴美国之前夕回信施蛰存①。

4月27日—28日，应邀到华盛顿参加楚文化国际会议，并在弗利亚美术馆库房观摩馆藏良渚时代玉器，后得到该馆寄赠有关玉器资料。

4月，撰《敦煌琵琶谱论文集·小引》。

4月，清和，与林墉②合画《春朝小鸟》，题识：

> 有小小枝头同宿。白石词意，选堂树木，林墉补栖禽。庚午清和。

又合画《涉水罗汉》③。

4月，编集《词学秘笈之一——〈李卫公④望江南〉》由台北新文丰出版公司初版，这是对台湾"中央图书馆"藏本《李卫公望江南》以及北京图书馆藏前京师图书馆旧抄本易静《兵要望江南》进行考证后的撰写，书前作《李卫公望江南序录》一文，论证词非起源于初唐，举出一个未刊版本作为佐证，供词学家研究。

4月，撰《慧琳论北凉昙无谶用龟兹语说十四音》《〈禅门悉昙章〉作者辨》发表于香港中文大学中国文化研究所《中印文化关系史论集·语文篇——悉昙学绪论》。收入《梵学集》、《饶宗颐二十世纪学术文集》（卷五·宗教学）。

4月，撰《论悉昙入华之年代与河西法朗之"肆昙"说》发表于香港中文大学中国文化研究所《中印文化关系史论集·语文篇——悉昙学绪论》。以《论悉昙异译作"肆昙"及其入华年代》收入《梵学集》、《饶宗颐二十世纪学术文集》（卷五·宗教学）。

4月，《中印文化关系史论集·语文篇——悉昙学绪论》由香港中文大学中国文化研究所、三联书店（香港）有限公司初版。书中收录15篇论文及《前言》《后记》，对中国语言学的发展以及接受外来语言学和融入过程进行论说。指出：中国

---

① 施蛰存（1905—2003），浙江杭州人。原名施德普，字蛰存，著名文学家、翻译家、教育家、华东师范大学中文系教授。有《施蛰存文集》。

② 林墉（1942—　），中国美术家协会副主席，广东画院院长，美协广东分会主席。擅人物、花鸟画，风格潇洒、清新、明丽，兼擅文论及插图。

③ 饶宗颐：《饶宗颐艺术创作汇集·珠联璧合》，香港大学饶宗颐学术馆，2006，第138页。

④ 李靖（571—649），本名药师。京兆三原（今陕西三原东北）人。军事家，为唐王朝立下赫赫战功。历任检校中书令、兵部尚书，拜尚书右仆射，封卫国公，世称卫国公。唐玄宗时配享武成王庙，位列十哲。

语言学受外来刺激有两个时期，一个是东汉末年印度梵学传入时期，另一个是18世纪西方语言学正式输入时期。而悉昙的输入从北凉时起，昙无谶首次翻译《大涅槃经》，其中有《文字品》，印度字母即已为僧徒所钻研了。"悉昙"（Siddham）一词，就有"成就"之意，原来呈图志形式，用于表示印度语子音与十二母音各种可能组合情形。该书可补王力所作的《中国语言学史》之缺漏。

4月，《北方泽州慧远所述之〈悉昙章〉》载《中印文化关系史论集·语文篇——悉昙学绪论》收入《梵学集》，以《北方译刊慧远所述之〈悉昙章〉》为名，收入《饶宗颐二十世纪学术文集》（卷五·宗教学）。

5月1日，香港《百姓半月刊》（第215期）载所撰《瑜伽安心法》。收入《文化之旅》、《饶宗颐二十世纪学术文集》（卷五·宗教学）。

5月28日，重阳节，书七字联：

秀句惊人时戛玉，
清言对客总如兰。

又书八尺对开中堂：

想当年铁马金戈气吞万里如虎。
落款　岁在上章（庚）敦祥　（午）选堂

5月，撰《谈甲骨文（四）》发表于香港中文大学中国文化研究所吴多泰中国语文研究中心《中国语文通讯》（第八期），后作为《说筮——甲骨文中数字卦象问题》第二部分，收入《饶宗颐二十世纪学术文集》（卷二·甲骨）。

5月，《韩山师专学报》（第1期）载《与温丹铭先生书（三首）》。收入《饶宗颐潮汕地方史论集》。

6月，撰《〈近东开辟史诗〉前言——中外史诗上天地开辟与造人神话之初步比较研究》发表于台湾《汉学研究》（第八卷第一期）。收入编译的《近东开辟史诗》、《饶宗颐二十世纪学术文集》（卷一·史溯）。

6月，对《近东开辟史诗》译文进行修改，并写《后记》。

6月，赴美访问波士顿，探访病中的杨联陞。在哈佛大学东亚系演讲敦煌曲子词有关问题。

6月，《围陀与敦煌壁画》载《敦煌吐鲁番研究论文集》。收入《画颒——国画史论集》、《饶宗颐东方学论集》、《饶宗颐二十世纪学术文集》（卷十三·艺术）。

6月，《大汶口"明神"记号与后代礼制——论远古之日月崇拜》载《中国文化》（第2期）。收入《饶宗颐二十世纪学术文集》（卷五·宗教学）。

夏，为郭光豹著《静庵之歌》题签。

7月7日，再次校正《敦煌琵琶谱论集·小引》。

7月，撰《书法艺术的形象性与韵律性》发表于香港《明报学刊》（第二十五卷第七期）。收入《饶宗颐二十世纪学术文集》（卷十三·艺术）。

8月，题《金描观音大士》：

惟愿世尊，赐慈悲清冷法水，以灭尤火，愿使我身常得，见佛世尊，常护一切人天。敬绘法京所藏敦煌画样，并书北魏皇兴五年金光明经，岁在庚午壮月，选堂[①]。

9月28日，致信北京故宫博物院单国强[②]。附信寄去《狮子林与天如和尚》论文。该文收入《文化之旅》《书法丛刊》。

9月，撰《丝绸之路引起的"文字起源"问题》发表于香港《明报学刊》（第二十五卷第九期）。1991年9月英文版论文发表于《中国柏拉图论文集》（第26期）。

9月，撰《礼与乐》发表于商务印书馆出版的《礼：情理的表达》（香港中文大学校外进修部主编）。

9月，秋日，香港梨俱室忆写往时写生地缅甸《浦甘秋林佛塔图》。又作《看山图》，题记：

尽日看山不厌山，庚午秋，选堂。

9月，题签的《词曲论集》（黄兆汉著）由香港光明图书公司出版，书中题辞《浣溪沙》：

屡泛扁舟戏九围。廿年一梦未应非。柳昏花暝认依稀。
犹啮春痕留盡简。欲分秋色上罗衣。销凝且共立斜晖。
题兆汉影靖结缡廿载记念《词曲论集》，苍龙庚午端阳，选堂，书于梨俱室。

10月3日，中秋谷旦，为陈凡著作《壮岁集》撰写《序言》。

10月13日，出席香港第十三届亚洲艺术节"古琴名家汇香江"音乐会。

11月11日，《国际潮讯》（第11期）载所撰《潮人文化的传统和发扬》。

11月15日，参加汕头大学举办的中国历史文献研究会第十一届年会暨潮汕历史文献与文化学术研讨会，做专题演讲，摘要发表于《国际潮讯》（第13期）。收入《饶宗颐潮汕地方史论集》、《饶宗颐二十世纪学术文集》（卷九·潮学）。

11月，撰《"羊"的联想——青海彩陶、阴山岩画的⊕号与西亚原始计数工

---

① 饶宗颐：《饶宗颐书道创作汇集·晋唐风致》，香港大学饶宗颐学术馆，2012，第24页。

② 单国强（1942— ），别名单国翔，上海人，北京故宫博物院研究员，著有《古画鉴赏与收藏》《戴进》《中国绘画史·明代》《中国巨匠》等。

具》发表于香港《明报学刊》（第二十五卷第十一期）。以《"羊"的联想——青海彩陶、阴山、西藏岩画的⊕号与西亚原始计数工具》收入《饶宗颐二十世纪学术文集》（卷一·史溯）。

11月，为兰州敦煌文艺出版社出版《古丝路音乐暨敦煌舞谱论文集》（席臻贯著）作《代序——敦煌舞谱与后周之整理乐章兼论柳永〈永章集〉之来历》。

12月，《敦煌琵琶谱》（编）作为"香港敦煌吐鲁番研究中心丛刊"之一，由台北新文丰出版公司出版。书中收录自1987年至1990年所作的十几篇研究论文，是继出版《敦煌琵琶谱读记》《敦煌曲》后，研究敦煌琵琶谱的一个新里程碑。为《敦煌琵琶谱》一书出版，赋绝句二首：

其一
波碟奇胲豁两睟，乐星残谱认伊州。
玉田难觅知音寡，辜负当年菊部头。

其二
清绝五弦岛国衰，天平一纸发沈埋。
凭谁为唱《倾杯乐》，还逐尊前水鼓来。

12月，撰《敦煌琵琶谱写卷原本之考察》发表于上海音乐学院学报《音乐艺术》（第4期）。收入《敦煌琵琶谱》、《饶宗颐二十世纪学术文集》（卷八·敦煌学）。

12月，撰《再论"▭""·"与顿住——敦煌乐谱与姜白石（旁谱）》《再谈梁幸德与敦煌琵琶谱》收入《敦煌琵琶谱》、《饶宗颐二十世纪学术文集》（卷八·敦煌学）。

12月，撰《画领——国画史论集·小引》。

12月，撰《哈佛大学所藏良渚黑陶上的符号试释》发表于《浙江学刊》（第六期）。以《续论良渚陶器及玉器上之刻画符号（附：美国所藏良渚黑陶上的符号试释）》收入《饶宗颐二十世纪学术文集》（卷一·史溯）。

12月，撰《巫的新认识》发表于台北《宗教与文化》（郑志明编），修订版《历史家对萨满主义应重新作反思与检讨——"巫"的新认识》发表于《中华文化的过去、现在和未来：中华书局八十周年纪念论文集》。收入《饶宗颐二十世纪学术文集》（卷一·史溯）。

12月，撰《唐词再辨——谈印行〈李卫公望江南〉的旨趣和曲子词的欣赏问题》发表于《明报月刊》（第25卷第12期）。

12月，撰《楚帛书天象再议》发表于北京生活·读书·新知三联书店《中国文化》（第3期），内文甲部《楚帛书象纬解》及乙部《帛书丙篇与日书合证》分别收入《楚地出土文献三种研究》（与曾宪通合编）。以《楚帛书象纬及德匿解》及《帛书丙篇与日书合证》分别收入《饶宗颐二十世纪学术文集》（卷三·简帛学）。

12月7日，在大湾牙璋遗址考察。

同年，与王兰若[1]合画《春江水暖》。题跋：

> 以驴屋法作春江水暖图，乞兰翁补荷。选堂[2]。

同年，取出60年代画作《溪山晚兴》，拟请与黎雄才[3]合画。

同年，被聘为香港历史博物馆名誉顾问。

同年，邝庆欢[4]在巴黎去世，送挽联悼念：

> 记问字玄亭，剩有遗笺供涕泪；
> 待招魂青冢，怕闻幽怨出琵琶。

同年，撰《三论"▢""·"与两记号之涵义及其演变》发表于《敦煌琵琶谱》，又见《中国音乐》（第一期）。收入《饶宗颐二十世纪学术文集》（卷八·敦煌学）。

同年，撰《四论"▢""·"及记谱法之传承——敦煌乐谱与西安鼓乐俗字谱之比较》发表于《敦煌琵琶谱》。收入《饶宗颐二十世纪学术文集》（卷八·敦煌学）。

## ■ 1991 年（辛未）七十五岁

1月，撰《洪武南藏本释迦方志跋》。

1月，《近东开辟史诗》（编译）作为"东方学丛刊之一"，由台北新文丰出版公司初版[5]。1998年12月，简体本由辽宁教育出版社出版。收入《饶宗颐二十世纪学术文集》（卷一·史溯）。

---

① 王兰若（1911—2015），原名勋略，曾用名者、庵，别名爱绿草堂主，广东揭阳人。擅长中国画。毕业于上海美专国画系。汕头画院副院长、名誉院长。

② 饶宗颐：《饶宗颐艺术创作汇集·珠联璧合》，香港大学饶宗颐学术馆，2006，第71页。

③ 黎雄才（1910—2002），广东高要人。拜高剑父为师，入春睡画院习画。曾读日本东京美术学院日本画科。先后任教国立艺术专科学校、广州市立艺术专科学校，任广州美术学院副院长兼国画系主任。

④ 邝庆欢（1944—1990），法国高级汉学研究所博士，用法文撰写《王昭君研究》。

⑤ 饶先生自1976年开始翻译《近东开辟史诗》，用十年时间填补中国学术史的一个空白，成为第一位翻译、介绍、研究该诗的学者。该诗是一部原用楔形文字记述阿卡德人开天辟地的神话集，是西亚神典，世界上最早史诗之一，希伯来《圣经》中的《创世纪》即由此衍生出来。翻译出该诗与著名的西亚史专家蒲德侯（J.Bottero）有直接关系，70年代饶先生在巴黎跟蒲学楔形文字及西亚史，蒲给了许多资料图籍，让其得以窥探西亚文化。

1月，撰毕并校竟《四论想尔注》。

1月，撰《有翼太阳与古代东方文明——良渚玉器刻符与大汶口陶文的再检讨》发表于《明报月刊》（第26卷第1期）。收入《饶宗颐二十世纪学术文集》（卷一·史溯）。

2月16日，下午，考察潮州己略黄公祠、博物馆、海阳学宫、韩文公祠。

2月，《关于〈斩春风〉的出典》发表于香港《明报月刊》（第26卷第2期）。又见《九州学刊》。收入《饶宗颐二十世纪学术文集》（卷八·敦煌学）。

2月，陬月，于梨俱室书联：

> 治道由衡石，
> 王灵起阙廷。

又书：

> 受雨石肤响，
> 流云山气灵①。

2月，《明报月刊》（第26卷第2期）载《南越文王墓虎节之奇字——𨐈》。以《南越文王墓虎节考释》载《艺苑掇著：广州日报〈艺苑〉专栏文选》。

2月，撰《从释彦琮〈辩正论〉谈释经问题》发表于香港《法言》（第三卷第一期）。收入《饶宗颐二十世纪学术文集》（卷五·宗教学）。

3月2日，初稿《李结雪溪渔社图及其题识有关问题研究》。

3月27日，花朝日，集契书联句：

> 入室有尊酒，
> 出门命巾车②。

3月，台北《中国文哲研究集刊》（创刊号）载《楚恭王熊审盂跋》。

3月，油印本《后周整理乐章与宋初词学有关诸问题——由敦煌舞谱后周之整理乐章兼论柳永〈乐章集〉之来历》③发表于台湾"中央研究院"中国文哲研究所出版的《中国文哲研究集刊》（创刊号），以《代序——敦煌舞谱与后周之整理乐章兼论柳永〈乐章集〉之来历》发表于《中国音乐》（第3期）。收入《敦煌曲续论》、《饶宗颐二十世纪学术文集》（卷十二·诗词学）。

---

① 饶宗颐：《饶宗颐书道创作汇集·雄奇书势》，香港大学饶宗颐学术馆，2012，第18—19页。

② 饶宗颐：《饶宗颐书道创作汇集·书韵联情（上册）》，香港大学饶宗颐学术馆，2012，第56页，作品藏潮州市饶宗颐学术馆。

③ 于油印本上题"选章旧稿"后赠编者。

4月22日，于香港撰写《〈三阳志〉小考——潮汕文化研究·序》。

4月23日，被聘为敦煌研究院名誉研究员。

4月，撰《从贾湖遗物谈先民音乐智慧的早熟》发表于《明报月刊》（第26卷第4期），又见时代文艺出版社出版的《〈古艺拾粹〉（隗荑著）代序》（1992年12月）。收入《饶宗颐二十世纪学术文集》（卷四·经术、礼乐）。

4月，清和，写长卷《横贯公路》。

4月，再次校对《敦煌琵琶谱论文集》。

4月，撰《八大绘画构图与临济、曹洞法门》发表于"台北故宫博物院"《故宫文物月刊》（9卷1期）。收入《八大山人画说》、《饶宗颐二十世纪学术文集》（卷十三·艺术）。

5月，于香港撰《墨竹画僧方厓考》。

5月，皋月，敬绘《朱衣无量寿佛》。

5月，日文本刊《西川宁著作集》（第一卷）附录《月报》载《悼西川宁先生》。该文收入《饶宗颐二十世纪学术文集》（卷十三·艺术）。

5月，在香港中华文化促进中心作题为《敦煌文物的价值》的演讲。

6月16日，端午，于香港撰《法译五行大义校注·序》。

6月，中旬，出席新加坡国立大学中文系主办"汉学研究之回顾与前瞻国际会议"。

6月，撰《从敦煌所出〈望江南〉〈定风波〉申论曲子词之实用性》发表于《第二届敦煌学国际研讨会论文集》（"汉学研究中心丛刊"论著类第二种）。收入《敦煌曲续论》、《饶宗颐二十世纪学术文集》（卷八·敦煌学）。

8月21日，潮汕历史文化研究中心成立，同年11月21日正式挂牌，被聘为海外顾问。

8月，香港大学参加隋唐史国际学术研讨会，认识荣新江[1]。

8月，题签《〈德行〉校释》（魏启鹏著）由巴蜀书社出版。

8月，作《小引》及编著《敦煌琵琶谱论文集》作为"香港敦煌吐鲁番研究中心丛刊"之二，由台北新文丰出版公司出版。该书收录《敦煌琵琶谱读记》《敦煌琵琶谱〈浣溪沙〉残谱研究》等论文，以及与李锐清合作翻译林谦三的《琵琶古谱之研究——〈天平〉〈敦煌〉二谱试解》，还有叶栋、陈应时等人的文章。

9月1日—3日，在法国巴黎出席法国潮州会馆主办的第六届国际潮团联谊年会，作专题演讲。参加年会的有来自美、英、法、德、泰以及中国和港澳等国家和地区的32个潮人代表团。在巴黎拉德坊大会堂上，法兰西学院汉学研究所所长施博尔做出评价："饶宗颐教授不仅是我们法国汉学界的老师，而且是全欧洲汉学界的老师。"

9月26日—10月18日，由香港中华文化促进中心主办的"饶宗颐教授书画展"

---

① 荣新江（1960—　　），生于天津，现任北京大学历史系教授、博士生导师。中国唐史研究会理事、副会长，中国敦煌吐鲁番学会常务理事。

在香港大学冯平山博物馆展出，钱伟长[1]、刘海粟、李嘉诚[2]等出席了开幕式，王赓武[3]、高锟[4]为书画展剪彩。

9月，题签的《中央文史研究馆馆员作品选集》（杜秋瀠编）由集古斋有限公司出版，该书启功作《前言》。

9月，题签《艺术论丛》（黄兆汉著）由光明图书公司出版。

9月，《饶宗颐先生来函（与吴宏一书）》载台湾"中央研究院"中国文哲研究所《中国文哲研究集刊》（第1卷第3期）。

秋，整理漫游意大利、瑞士词作《古村词》《聊复集》《苞俊集》。在各集的开头作《小引》，记述其创作缘由和感受。

10月9日，所撰《〈词学理论综考〉序》发表于《广州日报·艺苑版》。

10月15日，《郭之奇年谱》载香港新亚研究所《新亚学报》（第16卷上·纪念钱穆先生论文集）。收入《饶宗颐潮汕地方史论集》、《饶宗颐二十世纪学术文集》（卷九·潮学）。

11月8日，立冬，于梨俱室摹草书怀素自序[5]。

11月21日，赴温州参加"谢灵运与山水文学国际研讨会"。会后，和法国著名汉学家侯思孟漂流狮子岩。

11月，《文辙——文学史论集》（上、下册）作为"中国精神史探索"之一，由台湾学生书局初版。

11月，《老子想尔注校笺》（增订本）由上海古籍出版社出版。增入《想尔九戒与三合义》《老子想尔注续论》《四论想尔注》，附录增《天师道杂考》和《有关大道家令戒之通讯》等文章，其中《想尔九戒与三合义》是对《老子想尔注校证》的补充。

11月，《释主客——论文学与兵家言》《屈原与经术》《"秦世不文"辨》《〈元典章〉与白话文》《连珠与逻辑——文学史上中西接触误解之一例》收入《文辙——文学史论集》（上册）、《饶宗颐二十世纪学术文集》（卷十一·文学）。

11月，《陈子昂〈感遇〉诗答客问》《谈中国诗的情景与理趣》收入《文辙——文学史论集》、《饶宗颐二十世纪学术文集》（卷十二·诗词学）。

11月，在第三届全国地名考证研讨会上，中山大学曾宪通代为宣读《古史地名学发凡——以〈夏本纪〉禹后以国分封诸姓为例》的论文。

12月，"南越王墓玉器"首次到香港中文大学文物馆展出，应香港中华文化促

---

① 钱伟长（1912—2010），江苏无锡人，著名科学家、教育家，杰出社会活动家。政协第六至第九届副主席。

② 李嘉诚（1928— ），广东潮州人，香港首富，长江集团创办人。

③ 王赓武（1930— ），祖籍江苏泰州，历史学家、教育家，香港大学前校长。

④ 高锟（1933—2018），江苏金山人，物理学家、教育家，光纤通信、电机工程专家，香港中文大学前校长。

⑤ 饶宗颐：《饶宗颐书道创作汇集·清风徐来》，香港大学饶宗颐学术馆，2012，第185页。

进中心和香港中文大学中国文化研究所之邀，作《广州南越王墓的发现及其重要价值》《香港与广东大陆的历史关系》演讲。在开幕式上作《广州南越王墓的发现及其重要价值》《香港与广东大陆的历史关系》两场报告。与赴港参加开幕式的著名考古学家、广州博物馆名誉馆长麦英豪亲切交谈。

12月，《法译〈五行大义〉校注序》发表于台湾"中央研究院"《中国文哲研究通讯》（第一卷第四期）。收入法国远东学院学报。

12月，被推选为香港潮州商会第三十七届名誉会长。

12月，被聘为上海古籍出版社"敦煌吐鲁番文献集成"学术顾问。

12月，为林聪明著《敦煌文书学》、黄孕祺著《甲骨文与书法艺术》作《序》。

12月，《F.Stanl著〈Agui〉书后》收入《季羡林教授八十华诞纪念论文集》（下）。原文第一部分收入《饶宗颐二十世纪学术文集》（卷一·史溯）；第二部分以《佛书之鸟夷与古印度火祭之"玄鸟"崇拜》收入《饶宗颐二十世纪学术文集》（卷一·史溯）。

12月，撰《〈阿閦婆吠陀〉第一章"三七"（trisaptās）释义》发表于《中国文化》（第五期）。收入《饶宗颐东方学论集》、《饶宗颐二十世纪学术文集》（卷一·史溯）。

同年，被聘为温州师范学院荣誉讲座教授。

## ■ 1992 年（壬申）七十六岁

1月，撰《潮州开元寺·序》，载释慧原编著的《潮州开元寺志、潮州市佛教志》。《序》中指出：开元寺经幢系唐代元构件，刻有不空译本"陀罗尼咒"。

1月，于香港写毕《长沙子弹库残帛文字·小记》。

1月，北京《文献》（第1期）载《洪武南藏本〈释迦方志〉跋》。

1月，易月，敬造《红衣古佛》，题记：

身似芭蕉，心如莲花，百节疏通，万窍玲珑，来时一，去时八万四千。
壬申岁，易月，选堂敬造。

2月6日，小寒，书联句：

君看秋风吹采鸟，
何如老子坐青牛①。

---

① 饶宗颐：《饶宗颐书道创作汇集·书韵联情（上册）》，香港大学饶宗颐学术馆，2012，第63页。

又于梨俱室书褚礼堂以乙瑛杂史晨作隶：

雨笠烟蓑歌绿野，
暗香疏影月黄昏①。

2月20日，农历正月十七，接北京张锡厚来书，告知任半塘②老先生于去岁12月13日谢世，得知消息后十分震惊，作词悼念。

2月，春日，作《古松八哥图》。

3月，撰毕《唐诗漫话》。

3月22日，改定《长沙子弹库残帛文字·小记》。

4月8日，于香港作《续论良渚陶器及玉器上之刻划符号》，1994年3月重改。收入《饶宗颐二十世纪学术文集》（卷一·史溯）。

4月15日，《九州学刊》（第4卷第4期）载《柏林印度艺术博物馆藏经卷小记》。以《禅玺三年光世音赞跋——柏林印度艺术博物馆藏经卷题识》收入《饶宗颐二十世纪学术文集》（卷八·敦煌学）。

4月15日，台北《九州学刊·敦煌学专号》任主编（第4卷第4期）载《敦煌词劄记》《"唐词"辨正》。《"唐词"辨证》收入《敦煌曲续论》，又以《"唐词是宋人喊出来"的吗？说"只怕春风斩断我"》收入《文化之旅》。以上两文收入《敦煌曲续论》、《饶宗颐二十世纪学术文集》（卷八·敦煌学）。

4月18日，《如何进一步精读甲骨刻辞和认识"卜辞文学"》（发言稿）载台湾成功大学中国文学系资讯工程研究所《甲骨学与资讯科技学术研讨会论文集》，又见香港中文大学《中国语文研究》（第十期）。收入《饶宗颐二十世纪学术文集》（卷二·甲骨）。

4月20日，国务院办公厅对古籍整理出版规划小组成员做了调整，再次被聘为国务院古籍整理出版规划小组顾问。

4月，为《陈若海书画集》题《词》发表于《明报月刊》，又见铜陵《国际潮讯》（第十五期）。

4月，于梨俱室书：

一满即倾应识亏从盈处起，
六爻皆吉须知益自损中来③。

4月，题签《稽愆集》。

---

① 饶宗颐：《饶宗颐书道创作汇集·汉家威仪》，香港大学饶宗颐学术馆，2012，第37页。

② 任中敏（1897—1991），中国著名词曲学家，戏曲理论家、敦煌学家。原名讷，曾用笔名二北、半塘。江苏省扬州市人。从事教育和学术研究，著述500多万言。

③ 饶宗颐：《饶宗颐书道创作汇集·雄奇书势》，香港大学饶宗颐学术馆，2012，第22页。

4月，撰《大颠禅师与〈心经注〉》发表于北京《历史文物研究》（新第三辑），修订版刊于《潮州艺文志》附录。收入《饶宗颐潮汕地方史论集》、《饶宗颐二十世纪学术文集》（卷五·宗教学）。

5月13日，在北京大学会晤季羡林。

同日，从北京飞往上海，到复旦大学给中文系学生作《晚期诗论采用佛典举例》的学术报告。

5月，撰《补资治通鉴史料长编稿系列总序》。

5月，中国艺术研究院舞蹈研究所编、文化艺术出版社出版的《舞蹈艺术》（总第39辑），载《记大英博物院藏敦煌舞谱》《敦煌舞谱校释》。

6月11日，写毕《胡里安〈Hurrian〉与"胡"之来源——上代塞种史若干问题》。

6月12日，与女儿清芬一起出席泰皇陛下御赐华侨崇圣大学华文名感恩酒会并作演讲。

6月30日，《潮汕文化论丛·初集》载《〈三阳志〉小考——〈潮汕文化研究〉序》，作为"潮汕历史文献与文化学术讨论会文集"的序言，载《国际潮讯》（第15期）。

同日，《〈沧浪诗话〉的诗歌理论研究·序》，载入《国际潮汛》（第十五期）。

6月，端午后十日，撰《广济桥史料汇编·序言》。

6月，许倬云[1]来信。

6月，题签《潮州人物》由广东人民出版社出版。

6月，题签《邱思泽画集》。

6月，书宋人词句，以郑簠隶法书之：

福禄未渠央松菊闲情元气本同天地寿，
精神浑以旧芷兰争秀从今更愿子孙荣[2]。

6月，长夏，书：

岩前拄杖看云起，
松下横琴待鹤归[3]。

---

① 许倬云（1930—　），江苏无锡人，教授、历史学家。求学于中国台湾与美国，1962年获美国芝加哥大学博士，先后执教于中国台湾、美国、中国香港等地的多所知名大学，著作有《中国古代社会史论》《汉代农业》《西周史》等。

② 饶宗颐：《饶宗颐书道创作汇集·书韵联情》，香港大学饶宗颐学术馆，2012，第65页。

③ 饶宗颐：《饶宗颐书道创作汇集·晋唐风致》，香港大学饶宗颐学术馆，2012，第106页。

6月，《选堂书楹联初集》由香港艺苑出版社出版，收录对联118幅，各种书体皆备。集中收入所撰《选堂书楹联初集·小引》。

7月10日，广东人民出版社出版《饶宗颐文集》工作会议在中山大学召开，与吴南生、周圣英等20多位顾问一起出席会议。

7月18日，再改订《胡里安〈Hurrian〉与"胡"之来源——上代塞种史若干问题》。

7月，于香港撰《潮州艺文志·序》。

7月，题签《景德镇出土陶瓷》由香港大学冯平山博物馆出版。

8月25日，在长沙举行之"马王堆国际学术会议"上提出《帛书〈系辞传〉"太桓"说》，（发言稿）发表于《马王堆汉墓研究文集：1992年马王堆汉墓国际学术研讨会文学》，又见香港中文大学《中国文化研究所学报》（新新第一期·中国文化研究所银禧纪念）。收入《饶宗颐二十世纪学术文集》（卷三·简帛学）。

8月，在香港中文大学的新亚学院成立敦煌吐鲁番研究中心主持出版研究丛刊，主编专门杂志。

8月，《饶宗颐翰墨》由香港艺苑出版社出版，收录入作品200幅，万青力、何怀硕作《序》。

8月，在香港大会堂举办个人画展。

8月，撰《山水文学之起源与谢灵运研究》发表于《温州师范学院学报》哲学社会科学版（第四期），又见江苏古籍出版社的《古典文学知识》以及上海学林出版社的《中国山水的艺术精神》。收入《饶宗颐二十世纪学术文集》（卷十一·文学）。

8月，与程贞一、席道宗合写的《曾侯乙编钟时代之前与巴比伦音律和天文学的比较研究》收入湖北博物馆编的《曾侯乙编钟研究》。

8月，撰《敦煌舞谱论文集·序》发表于《舞蹈艺术》（第二辑）。收入《敦煌舞谱论文集》。

9月10日，致信许倬云，谈西周文化发源地问题。

9月11日，中秋，书《蹋天一磨》。

9月，题签《北京潮人人物志》由北京华文出版社出版。

9月，在新加坡国家博物馆举办个人书画展。

9月，撰写《甲骨文地名与方国》初稿。

秋，与曾宪通访问北京郭沫若旧居。

10月，上旬，庆祝马王堆发掘20周年之际，学术界出版《马王堆汉墓文物》，全文发表了《刑德》乙篇，以最快的速度写出《马王堆〈刑德〉乙本九宫图诸神释——兼论出土文献中的颛顼与摄提》一文，不但对帛书《刑德》九宫图进行了复原研究，而且对该图中所列诸神名进行了令人信服的考证。如考证位于四仲的四方神名："东方木，其神大皋，西方金，其神大皋，西方的'大'字，必是'少'字之写误，即大昊与少昊。"用简明扼要的话语将令人晕头转向的迷阵点明；接着破解帛书本北方之神"湍王"即"颛顼"，令人豁然开朗，指出："颛顼之名，未见于出土文物，是图作'湍王'，乃是首次，故极可贵。"这些富于首创性的解读，成为经典性的诠释。

10月25日，作《谈高邮龙虬庄陶片的扁鹊图文》初稿，1995年1月重订。

10月，《词集考——唐五代宋金元编》（增订本）由中华书局初版。协助叶恭绰编纂《全清词钞》时，就开始从清词上溯唐五代宋金元词，在《词籍考》《宋词书录解题》两书基础上，补入新发现资料后易名《词集考》并作《后记》。全书共十二卷，分"别集类""总集类""外编"三部分。该书收入《饶宗颐二十世纪学术文集》（卷十·目录学）。

10月，题签《翁万达集》（杜经国主编）由上海古籍出版社出版。

10月，应邀出席在越南河内举行的法国远东学院成立90周年纪念学术讨论会，第一位发言介绍牙璋在国内外分布情况，引起越南考古界专家的极大关注。

10月，出席在香港中文大学举办的第二届赋学研讨会，作《赋学研究展望》的演讲。

11月3日，在越南河内演讲。

11月18日，在汕头龙湖区政府会议厅，吴南生介绍南澳总兵府内有一放大的清朝南澳总兵庆寿嵌漆贝雕屏风照片，里面有南澳城图，原件在巴黎，建议前去一观并考察。

同日，出席在汕头举行的潮汕历史文化研究中心第二届理事会和翁万达国际学术研讨会，作题为《弘扬潮汕文化的几个问题》的学术报告，首次提出"潮州学"。

11月19日，评价南澳县海防史博物馆收藏的酱黄釉堆双龙带流提梁是重要文物，应是宋以前皇宫用的。指出"南宋丞相陈宜中当年想讨救兵去交趾，后来到泰国。"题写："海疆文藻。"又题"《南澳文史》，文物宝库。"还应邀写下"太子楼""宋城""总兵府"，应邀题书名《南澳总兵传略》《潮汕佛教史》。在博物馆留言簿上题："为全国海疆史文献添一重要新页。"参观碑匾拓片展览，饶先生告诉大家："泉州因为出一本碑林书，名声大振。你们有这么多碑匾，应出一本《南澳碑林》。"1994年，应邀为岛上清戍台澎故兵忠魂墓的"望鲲亭"题匾名并撰联："环海扬风舳舻千里，归魂瘗旅袍泽百家。"1999年为宋井风景区题"海宇胸怀"。后又题"潮汕庙堂""潮汕庵寺""流芳楼""禅宗历史研究"等[①]。

11月，复旦大学聘为顾问教授仪式上，作题为《马王堆出土之〈太一出行图〉》的演讲。

11月，广州诗社、中国唐代文学会韩愈研究会聘为顾问。

11月，题签《潮州植物图集》（杨金书等著）由广东省汕头市生物学会出版。

12月27日，被聘为中山大学中华文化研究中心名誉主任。

12月，撰题《耶律楚材书〈平淮西碑长卷〉》。

12月，腊月，敬造初祖像《白衣达摩》，题记：

---

① 林俊聪：《饶老的一次南澳之行》，《汕头日报》2006年12月31日。

一阐提皆有佛性。

12月，于梨俱室书联句：

百岁之人曰上寿，
一门以内有大和[①]。

12月，书五字联：

庭梅飘早素，
檐柳变初黄[②]。

12月，香港《二十一世纪》（第14期）载《谈西周文化发源地问题——与许倬云教授书》。

同年，题写中山大学“永芳堂”匾额。

同年，为香港中文大学《中国文化研究所学刊》题名，任编委会委员。

同年，题签《王诚论诗唱和集》《丁丑上巳唱和集》。

同年，所撰《八大山人禅画索隐》发表于“台北故宫博物院”《故宫文物月刊》（第九十七期八大山人专辑·下）。收入《画𫖯——国画史论集》、《饶宗颐二十世纪学术文集》（卷十三·艺术）。

同年，拟高似孙[③]《选诗句图》作《宋词采骚摘句图》，摘选苏轼、晏几道等近百位宋代词人采用的《离骚》意趣词句，创作该图需要熟悉《离骚》，还要遍读全宋词文本，并对其词意进行体会研判，才能从中摘出“采骚”词句。《摘句图》是中国古代一种特殊的谱图式文学批评方式。从辛词与《楚辞》之关系看，辛弃疾是用《离骚》句意最多的宋代词人。

同年，带哲学博士生黄竟新，指导毕业论文《甲骨文所见天文气象研究》。（第一期·香港中文大学三十周年纪念专号）。

同年，伍蠡甫卒，终年93岁。

## ■ 1993年（癸酉）七十七岁

1月5日，小寒，书：

---

① 饶宗颐：《饶宗颐书道创作汇集·书韵联情（上册）》，香港大学饶宗颐学术馆，2012，第61页。

② 同上书，第75页。

③ 高似孙（1158—1231），绍兴余姚人，字续古，号疏寮，孝宗淳熙十一年进士。

拄杖看云起，
横琴待鹤归①。

1月11日—12日，出席在香港中文大学召开的闽方言国际学术研讨会，从语言与古代戏曲发展、传播之间的关系，作题为《"言路"与"戏路"》演讲②。

1月23日，致电沈建华，要沈到图书馆找一地名，沈提醒后方知今天是大年初一，图书馆关闭。

1月29日，人日，书：

匹马秋风塞北，
杏花春雨江南③。

1月，《复旦学报》（社会科学版）（第1期）刊登由朱刚、颜军根据录音及笔记整理去年发言稿《晚期诗论采用佛典举例》。收入《饶宗颐二十世纪学术文集》（卷五·宗教学）。

1月，季羡林题签《庆祝饶宗颐教授七十五岁论文集》由香港中文大学、中国文化研究所初版，柳存仁作《序》，另附简历及主要学术专著目录。正文分中、日、英、法四种文字，收入著名学者季羡林、宿白、柳存仁、清水茂、巴纳、汪德迈的学术研究文章，主要是史学、敦煌学、文学、中外交流、艺术等。

1月，《选堂诗词集》由台北新文丰出版公司出版。本书系1978年版的增订版，增入《选堂诗词续集》即《苞俊集》《揽辔集》《黄石集》《江南春集》《古村词》《聊复集》等之结集，以及《词学理论综考序》和新诗《安哥窟哀歌》，钱仲联为全集和续集作《序》，罗忼烈作《选堂近词引》。

2月，于香港为郑炜明编《论饶宗颐》撰《跋》。

2月，如月，于梨俱室摹明遗民杨龙友《九峰三泖卷》。

2月，于香港书：

平常心。

2月，春，绘《普贤菩萨》。又书《陈簠斋七言联》：

陶文齐鲁四千种，

---

① 饶宗颐：《饶宗颐书道创作汇集·晋唐风致》，香港大学饶宗颐学术馆，2012，第108页。

② 饶宗颐：《饶宗颐二十世纪学术文集》（卷十一·文学），中国人民大学出版社，2009，第920页。

③ 饶宗颐：《饶宗颐书道创作汇集·晋唐风致》，香港大学饶宗颐学术馆，2012，第26页。

印篆周秦一万方。

题记：陈簠斋收藏，富可敌国，此其自制联语也。

岁在癸酉春日，选堂书之。

2月，应李学勤之邀，为《简帛研究》题签。

2月，从日本东京寻得明万历潮州知府郭子章《潮中杂纪》，随撰《潮中杂纪·序》，影印本《潮中杂纪》作为潮州善本选集（第1种）由香港潮州商会第三十八会董会印行。内收录入《柘林在海外交通史上之地位》。

2月，《广济桥史料汇编》（与张树人合编）由香港新城文化服务有限公司印行，该书收录1936年所撰的《广济桥志》、张树人于1971年所撰的《湘子桥考》附录《韩湘异闻五则》、茅以升的《介绍广济桥》及张所编图片及说明[1]。

3月3日—5日，澳门"东西方文化交流"国际学术讨论会于澳门总统酒店举行。会上作《柘林在中外海交史上的地位》的演讲。

3月4日，花朝日，隶势书：

坐随兰若幽怀畅，
游及竹林渗气清[2]。

3月25日，上巳，书联：

道心静似山藏玉，
画意清于水蓄鱼[3]。

春，到潮州饶平南崇调查潮州地区的浮滨遗物。

4月22日，出席台湾"中央研究院"中国文哲研究所举办的"第一届词学国际研讨会"，作《论清词在词史上之地位》专题演讲。

4月，清和，于梨俱室拟宋徽宗千字文卷[4]。

又造《古松布袋》，题记：

松风清，松月明，便非兀坐蒲团上，此时此境都圆成。

4月，书张二水句：

---

[1]  2003年在上元轩收藏的书上题写："少作，广济稿志。选堂记，时年八十有九。"

[2]  饶宗颐：《饶宗颐书道创作汇集·雄奇书势》，香港大学饶宗颐学术馆，2012，第23页。

[3]  饶宗颐：《饶宗颐书道创作汇集·汉家威仪》，香港大学饶宗颐学术馆，2012，第40页。

[4]  饶宗颐：《饶宗颐书道创作汇集·宋明逸意》，香港大学饶宗颐学术馆，2012，第89—91页。

空心无玄住，

行客自西东[①]。

4月，于中山大学黑石屋参加广东人民出版社召开的《饶宗颐文集》编辑委员会会议，为文集的出版提出建议。后因广州方面的种种原因未能付梓[②]。

4月，《马王堆〈刑德〉乙本九宫图诸神释——兼论出土文献中的颛顼与摄提》发表于武汉考古编辑部的《江汉考古》（第一期），又见北京法律出版社的《简帛研究》（第一辑）。收入《饶宗颐二十世纪学术文集》（卷三·简帛学）。

5月2日，致信王素感谢支持《九州学刊·敦煌专号》的辑刊。

5月，被聘为广州美术学院名誉教授、中国旅游协会咨询中心高级学术顾问。

5月，《唐宋八家朱熹宜占一席论》发表于台湾"中央研究院"中国哲学研究所筹备处的《国际朱子学会议论文集》。收入《饶宗颐二十世纪学术文集》（卷十一·文学）。

5月，撰《赋学研究的展望——在第二届国际赋学研讨会上的演讲》发表于长春吉林人民出版社《社会科学战线》（第三期），以《赋学研究的展望——第二届国际赋学会议特邀演讲》发表于香港《新亚学术集刊》（第十三期·赋学专辑）。收入《饶宗颐二十世纪学术文集》（卷十一·文学）。

6月8日，在香港中文大学中国语言及文学系主办之"魏晋南北朝文学国际研讨会"上作《从对立角度谈魏晋南北朝文学发展的趋向》特邀演讲。

6月20日，《画𩜹——国画史论集》（"中国精神史探究"之二）由台北时报文化出版企业有限公司初版，收录关于中国绘画论文40篇及《小引》。

6月24日，端阳日，集中山玉器铭书七言联：

渊明不闻车马，

子美长尤庙堂。

6月30日，所撰《柘林在海外交通史上的地位》《〈潮中杂纪〉序》《〈南阳集〉序》《〈潮汕文化〉序》《广东决定出版〈饶宗颐文集〉》载香港潮州会馆国际潮团通讯中心《国际潮讯》（第17期）。

6月，下旬，应邀任"台北故宫博物院"主办的"张大千、溥心畬诗书画国际学术研讨会"主席。

6月，将潮州市下水门街西巷荣成号的祖遗房产无偿捐给潮州市政府，支持政府城市建设。在捐赠仪式上说，"孔子赞颜回一箪食，一瓢饮，在陋巷，人不堪其

① 饶宗颐：《饶宗颐书道创作汇集·书韵联情（上册）》，香港大学饶宗颐学术馆，2012，第89页。

② 1998年搁置于中山大学的《饶宗颐文集》稿件共20多箱由二女儿饶清芬花港币2千元雇车运回香港。

忧，回也不改其乐……我就喜欢陋巷、喜欢简约、喜欢古城的气韵和那份静穆"。

6月，主编的《九州学刊·敦煌研究专号》由台北九州学刊出版社出版。

6月，《"言路"与"戏路"》发表于香港《信报财经月刊》（第195期），又见《国际潮讯》（第17期）。收入《明本潮州戏文论文集》、《文化之旅》、《饶宗颐二十世纪学术文集》（卷十一·文学）。

6月，《临汝彩陶之鹭鱼画与青海之舞人图案》《黄大痴二三事》《殷代器物上彩绘的"蚁结"与蛇文画》《楚绘画四论·画筴说》《李结〈雪溪渔社图〉及其题识有关问题研究》《墨竹画僧方厓考》《八大画札记——论八大以廉写画及题画》，收录入《画领——国事史论集》、《饶宗颐二十世纪学术文集》（卷十三·艺术）。

6月，《从明画论书风与画笔的关联性》收入《画领——国事史论集》、《中国书法》（第八期）、《饶宗颐二十世纪学术文集》（卷十三·艺术）。

6月，《诗妖说》《诗一名三训辨》载广东高等教育出版社《艺苑掇著》。

6月，香港中华书局出版的《中国文化》（第8期）载《上代塞种史若干问题——〈于阗史丛考〉序》。

6月，《中国文哲研究通讯》（第3卷第2期）载所撰《西安鼓乐全书·序》。

6月，《九州学刊·敦煌研究专号》（任主编）由台北九州学刊杂志出版社出版。

7月，撰《殷上甲微作裼（儺）考》发表于台北《民俗曲艺：中国儺戏·儺文化国际研讨会论文集》（第八十四期），又见中华书局出版的《传统文化与现代化》（第六期）。收入《饶宗颐二十世纪学术文集》（卷二·甲骨）。

7月，《梵学集》（"中华学术丛书"之一）由上海古籍出版社初版，该书收录入该集《小引》及28篇佛学研究论文和纪游诗作《佛国集》。关于佛教教义，有《不死观念与齐学》；中印交通，有《蜀布与Cinaputta》；更多的是关于悉昙学的研究及其对中国中古声韵学的影响。该书文章分类收入《饶宗颐二十世纪学术文集》。

8月23日，出席香港大学主办的第34届亚洲与北非研究国际学术会议。

8月，题签《韩愈在潮州》。

8月，《楚地出土文献三种研究》（与曾宪通合著）由北京中华书局初版。书中收录《随县曾侯乙墓钟磬铭辞研究》《长沙子弹库楚帛书研究》《云梦睡虎地秦简日书研究》。在《随县曾侯乙墓钟磬铭辞研究》增补《曾侯乙钟律与巴比伦天文学》，这是一篇罕有地把音乐联系到天文学的文章。增补多篇论述楚帛书所记楚国历法的文章，如《楚帛书十二月名与〈尔雅〉》等。另增补了《云梦秦简〈日书〉剩义》《秦简中的五行说与纳音说》。

8月，中秋前，梨俱室作《群山雨意图》。

8月，《楚帛书与〈道原篇〉》《帛书〈系辞传〉"太恒"说》《书〈马王堆老子写本〉后》发表于上海古籍出版社出版的《道家文化研究》（第三辑·马王堆帛书专号）。

8月，撰《论楚帛书之二燹（气）与魂魄二元观念及汉初之宇宙生成论》（发言稿）发表于《楚地出土文献三种研究》（与曾宪通合著）。收入《饶宗颐二十世纪学术文集》（卷一·史溯）。

8月，《剑珌行气与汉简〈引书〉》发表于上海古籍出版社《中华文史论丛》（总第51辑）收入。《饶宗颐二十世纪学术文集》（卷五·宗教学）。

8月，《维也纳：钟表博物馆》发表于《明报月刊》（第28卷第9期）。收入《文化之旅》。

9月1日，开始撰写《从浮滨遗物论其周遭史地与南海国的问题》一文。

9月21日，中秋前十日，以石门铭杂流沙坠简法书《五言大联》：

奇云扶坠石，
秋月冷边关。

9月30日，中秋日，于香港梨俱室为王世襄[1]藏品《春雷琴图卷》题词。

9月，作《琵琶湖夕照卷》。

9月，《明报月刊》（第28卷第9期）载《吐鲁番：丢了头颅的卅卅（菩萨）》。收入《文化之旅》、《饶宗颐二十世纪学术文集》（卷十四·文录、诗词）。

秋，于梨俱室金绘云林笔意山水。

10月15日，被泰国华侨崇圣大学筹建委员会主席郑午楼聘请为中华文化研究院院长。为该校逍遥园题匾。

10月17日，出席香港中文大学庆祝建校30周年主办的魏晋南北朝文学国际研讨会，在大会上做《从对立角度谈魏晋南北朝文学发展趋向》的演讲。

10月，出席在香港中文大学召开的研讨会。文章《释纪时之奇字：卤暴与叀埶》收入《第二届国际中国古文字学论文集》、《饶宗颐二十世纪学术文集》（卷二·甲骨）。

10月，《饶宗颐书画》由广州岭南美术出版社出版，收录册页、山水、花鸟、人物绘画共70幅，书法38幅。黄苗子[2]作《序》。

10月，撰《丁公村龙山文化陶文的试读——试揭开中国四千年前古文字之谜》发表于《明报月刊》（第28卷第10期）。

10月，撰《谈银雀山简〈天地八风五行客主五音之居〉》发表于《简帛研究》（第一辑）。以《银雀山简天地八风五行客主五音之居初探》收入《饶宗颐二十世纪学术文集》（卷十三·艺术）。

10月，撰《从〈经呗导师集〉第一种〈帝释（天）乐人般遮琴歌呗〉联想到的若干问题》发表于广东中华民族文化促进会的《东方文化》（创刊号）。收入《饶

---

[1] 王世襄（1914—2009），北京人，祖籍福建福州市。著名收藏家、文物鉴赏家、学者。

[2] 黄苗子（1913—2012），广东中山人，知名漫画家、美术史家、书法家、作家。

宗颐二十世纪学术文集》（卷四·经术、礼乐）。

11月2日，在北京出席红楼文化艺术展开幕式，结识冯其庸[1]。

11月12日，与庄世平等出席潮州饶宗颐学术馆奠基仪式。该馆成为国内首个以潮籍名人命名的学术馆，馆内占地450平方米，建筑面积700平方米，启功题写"饶宗颐学术馆"横匾。

11月20日—24日，"饶宗颐书画展"由广东美术家协会、广州美术学院、广州美术出版社、广东书法家协会、广东画院及广东《画廊》杂志社等联合在广东画院举行。赖少其出席展览开幕式并题词："誉满全球，民族之光。"

11月25日，汪德迈陪同首次造访法国"皇港小学校"。

11月26日，获法国文化部颁授法国艺术文学骑士勋章[2]。

11月底，拜谒思想家巴斯加（B.Pascal）的遗迹。与时为法兰西远东学院院长的汪德迈同游宗教盟友（Solitaies）在巴黎市郊建立的小学（Petites Ecoles）。在皇门静室了解到巴斯加全家都是冉森教徒，其有名的代表作《沉思录》（Pensées）至死还没有完成。为纪念此行写下《皇门静室小学》，其中有曰：

> 人在天地之中，
> 渺小得像一个不可知的斑点，
> 亦像一根芦苇，
> 很容易被一阵风所摧折……
> 面对无限的宇宙，
> 永远的岑寂给人以无限的恐惧。
> 在无限的周遭，
> 处处可以是中心，
> 而何处是圆周，
> 却煞费思量。

11月30日，与汪德迈作客于巴比伦文权威蒲德侯家。

11月，《饶宗颐史学论著选》由上海古籍出版社初版。季羡林作《序》，序言中摘引梁启超、王国维、陈寅恪等大师之话语，认为饶先生值得大家学习。

11月，主编《潮学研究》（第一期）创刊号由汕头大学出版社出版，刊中发表《何以要建立"潮州学"——潮州学在中国文化史上的重要性》，讲述有关潮州的人文现象，以及潮州学的研究对象，阐明建立潮州学的依据；倡议在香港召开"第

---

① 冯其庸（1924—2017），名迟，字其庸，号宽堂。江苏无锡前洲镇人。著名红学家、史学家、书法家、画家。历任中国人民大学教授、中国艺术研究院副院长、中国红学会会长、中国戏曲学会副会长、中国作家协会会员、北京市文联理事、《红楼梦学刊》主编等职。

② "法国艺术文学骑士勋章"设立于1957年，是法国四大勋章之一。艺术文学骑士勋章是法国政府授予文学艺术界的最高荣誉。

一届潮学国际研讨会"。

11月，主编《法藏敦煌书苑精华》（8册）由广东人民出版社出版，分为拓本、碎金；经史（一）；经史（二）；书仪、文书、牒状；韵书、诗词、杂诗文；写经（一）；写经（二）；道书。

11月，所撰《从浮滨遗物论其周遭史地与南海国的问题》发表于香港博物馆编《岭南古越族文化论文集》，又见《潮州文化研究》（第3、4期）。收入《饶宗颐潮汕地方史论集》、《饶宗颐二十世纪学术文集》（卷一·史溯）。

11月，题签《岭南古越族文化论文集》由深圳博物馆、中山大学人类学博物馆合编出版。

11月，撰《山西解县：关圣与盐》载香港《明报月刊》（11月号）。收入《文化之旅》。

11月，为潮安县宝山中学题匾。

12月20日—22日，出席在香港中文大学举行的首届潮州学国际研讨会。会上作《潮州学在中国文化史上的重要性——何以要建立"潮州学"》的专题演讲。

12月22日，冬至，书唐人句：

飞流直下三千尺，
锦瑟无端五十弦。

12月26日，赴法国，接受巴黎高等实用研究院授予的系建院125年以来第一位人文科学荣誉国家博士学位，在颁授仪式上作《中国文化史上宗教与文学的特殊关系》演讲。修订稿收入《饶宗颐二十世纪学术文集》（卷五·宗教学）。

12月27日，被聘为中山大学名誉教授、中华文化研究中心名誉主任。

12月，题签《李志浦剧作选》（李志浦著）由中国戏剧出版社出版。

12月，隆冬，于梨俱室书邓石如山石铭。

12月，下旬，赴广东饶平柘林考察。

12月，书七字联：

雨后月前天欲冷，
寸田尺宅今谁耕①。

12月，应台湾"中央研究院"史语所邀请，以《王莽传与王莽简》作专题演讲，演讲稿作为《新莽简辑证》（与李均明合著）的前言部分。

12月，《古代听声之学与"协风成乐"说溯源》收入《饶宗颐史学论著选》、《饶宗颐二十世纪学术文集》（卷四·经术、礼乐）。

---

① 饶宗颐：《饶宗颐书道创作汇集·书韵联情（上册）》，香港大学饶宗颐学术馆，2012，第77页。

12月，《新加坡：五虎祠——谈到关学在四裔》载香港《明报月刊》（12月号）。收入《文化之旅》。"关学"一词率先提出于此文。

12月，《柘林在海外交通史上之地位》载香港潮州商会第三十八届会董会印行的《潮中杂记》（潮州善本选集之第一种影明·万历本郭子章），又见澳门基金会的《东西方文化交流》、1994年7月汕头大学出版社的《潮学研究》（第2辑），收入《饶宗颐潮汕地方史论集》，以《柘林与海上交通》收入《文化之旅》、《饶宗颐二十世纪学术文集》（卷八·潮学）。

12月，《选堂文史论苑》（上海复旦大学中文系编）由上海古籍出版社出版①。

12月，法门寺佛教文化研究专号编辑组主编的《人文杂志》（1993年增刊，法门寺佛教文化研究专号，国际法门寺佛教学术讨论会论文集）刊登《从法门寺论韩愈之排佛事件》。

同年，托人从日本影印清代流入东瀛的《潮州杂纪》［明万历十三年（1585）刻本］取回香港，2003年10月由潮州市志办整理出版为《潮中杂记》。

同年，为母校潮州城南小学题签《城南校友》。

同年，川口久雄卒，终年84岁。

# ■ 1994 年（甲戌）七十八岁

1月5日，小寒，检出补题1992年书联句：

百年文章从静神而出，
五州图史罗几筵之间②。

1月，《新加坡古事记》作为香港中文大学中国文化研究所考古艺术研究中心集刊（9）由香港中文大学出版社初版，该书为未赴新加坡时所收集的民国前有关星洲的各项资料，经历年增订，为东南亚国别华侨史提供一新体例。该书后收入《饶宗颐二十世纪学术文集》（卷七·中外关系史）。

1月，题签《潮剧志》由汕头大学出版社出版。

1月，《潮剧志》主编连裕斌寄来样书，题笺、作《序》并赋三绝句。《序》中有曰：

往岁主纂《潮州志》，特创"戏剧""音乐"二门，为前志所未有，恨未能成稿。今观连裕斌先生寄来《潮剧志》，群公殚十载之功力，成此伟构，有关潮州剧目、角色、身段、机构、舞台艺术，巨细各事，网罗殆尽，纲举目张，要言不烦。

---

① 书中题签：此书极不易见，作者皆今之大儒，当时对余之评骘至今仍极宝贵。
② 饶宗颐：《饶宗颐书道创作汇集·雄奇书势》，香港大学饶宗颐学术馆，2012，第21页。

李万利歌册，虽板片早毁，幸海内外尚有残存者，犹得加以胪列，存其什一，俾剧目足以征存。潮剧声华所被，远及雷州、海南，域外更无论矣。

此书记载详确，足为信史，用赋绝句三首，以赞其事。

梨园往事自堪夸，一怅丽情纪岁华。
鳄渚风谣随去水，教坊依旧唱桃花。

哄堂摘耳闻啰哩，待溯鄷峰粉蝶儿。
正字菱花南戏在，三更听唱水心词。

轻三重六咏弦诗，拍板来源未易知。
斟酌半音成律准，由来丝竹是宗师。

1月，题签的《中国药用植物简编》（吴修仁著）由广东高等教育出版社出版。

2月，撰《华学·发刊辞》。

2月25日—28日，由香港中文大学中国文化研究所、中国考古艺术研究中心举办的"第二届南中国①及邻近地区古文化研究学术研讨会暨庆祝郑德坤教授从事学术活动60周年国际会议"在香港中文大学举行。应邀出席会议，做题为《由牙璋分布论古史地域扩张问题》的演讲。文章刊于《中华文化论坛》（第1期）、《潮学》（第2期）。收入《饶宗颐潮汕地方史论集》、《饶宗颐二十世纪学术文集》（卷一·史溯），首次从牙璋提示古代中国通往东南亚之路。

2月，《由牙璋略论汉土传入越南的遗物》载《庆祝郑德坤教授从事学术活动六十周年论文集——南中国及邻近地区古文化研究》。收入《饶宗颐东方学论集》、《饶宗颐二十世纪学术文集》（卷一·史溯）。

2月，于梨俱室作《老子图》。

春，作《辟邪迎福》。

3月23日—24日，与季羡林一起出席泰国华侨崇圣大学落成典礼，题"逍遥园"并写碑记。以佛像画作敬赠泰王。

3月25日，在季羡林陪同下到曼谷世界贸易中心做题为《圣凡之间：生命高层次的追求》演讲。

3月，重改《续论良渚陶器及玉器上之刻划符号》。收入《饶宗颐二十世纪学术文集》（卷一·史溯）。

3月，考察曼谷华侨报德善堂并题词：

善堂春秋。

---

① "南中国"这一说法，国内统一为中国南部，此为港台用语。

3月，《明报月刊》（第29卷第3期）载《巴黎：皇门静室·小学》。收入《文化之旅》、《饶宗颐二十世纪学术文集》（卷十四·文录、诗词）。

3月，被香港大学授予考古研究荣誉奖。

4月27日，在汕头潮汕历史文化研究中心第三次理事会暨"潮学奖"首次颁奖会上，获"潮学研究荣誉特别奖"，奖金捐给香港敦煌吐鲁番研究中心。

4月，赴台北出席中国神话与传说学术研讨会。

4月，广东人民出版社计划在五年内分20卷出版《饶宗颐文集》。

4月，《饶宗颐教授著作目录》（郑伟明编）由香港莲峰书舍出版。

4月，《明报月刊》（第29卷第4期）载《周教授龙山陶文考释书后》。

4月，《美术之友》载黄苗子所撰《我看饶宗颐——为〈饶宗颐书画〉集而写》一文。

4月，《潮州艺文志》（饶锷、饶宗颐著）作为"潮汕文库·潮汕历史文献丛编"之一，由上海古籍出版社出版。该书前十三卷按原《岭南学报·专号》刊登本摄片影印；清人别集及以后部分，另取其撰写的《潮州志·艺文集部》清人别集文稿编入。卷前载重印《序》，卷末附录部分，收入《〈三阳志〉小考》《大颠禅师与〈心经注〉》以及明郭子章辑录的《〈潮中杂纪〉卷七·艺文志书目》。

4月，撰《敦煌邈真赞校录并研究〈序〉》（饶宗颐主编；姜伯勒、项楚、荣新江合著）。

4月，为中国科学技术出版社出版《潮汕大文化》（杜松年著）作《序》。

5月16日，出席在广东画院"赖少其从艺六十周年书画回顾展"举办的开幕式并手书贺词：

黄岳婆娑静者寿，
青溪神趣润含春。
少其先生八十大寿，饶宗颐敬祝。

5月，《金字塔外：死与蜜糖（沙漠中的警句）》载《明报月刊》（第29卷第5期）。收入《文化之旅》、《饶宗颐二十世纪学术文集》（卷十四·文录、诗词）。

6月13日，端阳，摹宋龚开《瘦马图》，题：

光风霁月。

6月，《明报月刊》（第29卷第6期）载《禅窟：佛教圣地Banaras》。收入《文化之旅》、《饶宗颐二十世纪学术文集》（卷十四·文录、诗词）。

6月，于香港撰《辞赋大辞典·序》。

夏，为新加坡醉花林①题写对联：

欢聚林亭千日醉，
罗生堂庑十样花。
醉花林一百五十周年志庆，乙亥长夏饶宗颐书贺。

7月，《明报月刊》（第29卷第7期）载所撰《永嘉：谈谢灵运与驴唇书——第一个懂梵文的中国诗人》《建阳：考亭——朱子晚年故居》。收入《文化之旅》、《饶宗颐二十世纪学术文集》［（卷四·经术、礼乐）和（卷五·宗教学）］。

7月，作《序》的《敦煌邈真赞校录并研究》（饶宗颐主编，姜伯勤、项楚、荣新江合著）作为"香港敦煌吐鲁番研究中心丛刊"之三，由台北新文丰出版公司出版。

8月4日，何炳棣②来信，主要关于1990年台湾"中研院"19届院士评选会议事件，并表示尽力让"中研院"补偿饶先生名誉。

8月15日—20日，"先秦史及巴蜀文化国际学术讨论会暨中国先秦史协会第六届年会"在四川省德阳市召开，会上发表论文《说卜辞之蜀》。

8月21日—25日，中山大学、中国古文字研究会、广东东莞市科学技术协会主办的纪念容庚先生百年诞辰暨中国古文字学学术研讨会在广州、东莞两地举行，在外出差赶不及参加。提交研讨会论文《释"𠂤"与瞽宗》。

8月，悉尼摹清伊汀州《山水图》。

8月，夏，梨俱室作《诸葛孔明像》，书《晋唐法帖册》，作《洞庭秋色图》。

9月7日—12日，由中国美术家协会、中国书法家协会、中央美术学院、中国艺术研究院、中国画研究院于北京中国画研究院举办"饶宗颐书画展"，首都各界知名人士200多人出席，中央电视台在新闻联播报道。"饶宗颐书画展"引起学术界和艺术界的高度重视。

9月8日，被聘为北京中国画院荣誉院长。

9月16日，被聘为重庆巴文研究会顾问。

9月，全国人大常委会委员长万里、政协主席李瑞环在北京中南海会见饶先生。

9月，于澳洲悉尼作条幅水墨山水，题记：

论诗欲参禅，作书可通画。
良友劝为之，漫许遂成债。
本昧六八法，两谢南北派。
神与造化游，笔落风雨快。

---

① 醉花林是新加坡潮籍商人、书画家、收藏家的俱乐部。

② 何炳棣（1917—2012），祖籍浙江金华，生于天津，获哥伦比亚大学英国史博士学位，美国艺文及科学院院士。

大宫包小霍，元气转光怪。

潭深静鱼鼋，磴叠悬鹿砦。

翘峰倘可陟，吾将谢流辈。

拟伊汀州赠法门梧门画，并书其句。

选堂。图成翻似南田，为之失笑。

甲戌八月于雪梨。

9月，中秋前，草书七言联：

烟波跌宕红尘外，

风月纵横玉笛中[①]。

又书联赠杨式挺[②]：

读书必秦汉以上，

肆志在山水之间。

9月，与吴子玉合作《园林啜茗卷》[③]。

9月，《再谈荆门太岁戈》发表于《冰茧彩丝集——纪念缪钺教授九十寿辰暨从教七十年论文集》（四川大学历史系编）。收入《饶宗颐二十世纪学术文集》（卷一·史溯）。

9月，《明报月刊》（第29卷第9期）载《南澳：台海与大陆间的跳板》。收入《文化之旅》、《饶宗颐二十世纪学术文集》（卷九·潮学）。

9月，为潮州市书法家协会题写：

岭海书巢。

10月，在香港接受华东师范大学胡晓明专访。

10月，《明报月刊》（第29期第10卷）载所撰《答周策纵教授》。

10月，题签《郑午楼传》（段立生著）由中山大学出版社出版。

10月，为潮州市博物馆《慵石室诗钞》（石铭吾著）作《序》。

---

① 饶宗颐：《饶宗颐书道创作汇集·宋明逸意》，香港大学饶宗颐学术馆，2012，第28页。

② 杨式挺（1932— ），福建泉州人。广东省博物馆研究馆员，中国考古学会理事，历任文物工作队副队长、文博研究室主任，副馆长等职。

③ 饶宗颐：《饶宗颐艺术创作汇集·珠联璧合》，香港大学饶宗颐学术馆，2012，第126—127页。

10月，于香港中文大学中国文化研究所①会晤陈允吉。

10月，《明末两广军事首府正在肇庆》载《明报月刊》（10月号）。

11月1日，《敦煌出土胡语医典〈耆婆书〉研究》由台北新文丰出版公司出版，2005年10月再版。

11月30日，《徐展堂楼赞》立石于香港大学徐展堂楼底层壁间。

11月，《王泉山关陵》《周原：从关阳到庆阳》分别载《明报月刊》（第29卷第11期、第12期）。收入《澄心改革》和《文化之旅》《饶宗颐二十世纪学术文集》（卷四·文录、诗词）

11月，被聘为续修四库全书工作委员会学术顾问。

11月，撰《论清词在词史上之地位》发表于台湾"中央研究院"中国文哲研究所筹备处《第一届词学国际研讨会论文集》，又见《中国文哲研究通讯》。收入《饶宗颐二十世纪学术文集》（卷十二·诗词学）。该文是清词论文之六，是提出清词在词史上的重要性的论文。

11月，《从对立角度谈魏晋南北朝文学发展的路向》发表于台北文史哲出版社《魏晋南北朝文学论集》。以《从对立角度谈六朝文学发展的路向》收入《文化之旅》、《饶宗颐二十世纪学术文集》（卷十一·文学）。

12月4日，撰《应当重视伦理道德》载《光明日报》。中共中央编译局当代马克思主义研究所主办季刊《马克思主义与现实》摘录专载此文。以《回到伦理上来》载广东中华民族文化促进会《东方文化》（1995年第1期）。

12月，于梨俱室集陶公隽句，以石门参金刚经为之：

猛志逸四海，
和泽周三春②。

又书五字隶联：

德从宽处积，
福向艺中求。

12月，于澳洲悉尼以石庵法书北朝人书体：

秦印篆分关内外，

---

① 1967年，香港中文大学中国文化研究所成立，宗旨是促进综合及比较性之研究，协助本地及海外学者提高中国文化研究与教学水平，通过出版书刊和举办学术会议，促进研究经验与知识之交流及中国文化之建设，有建立中国古代文献电子资料库的长期研究计划，以及其他多种研究计划。该所下设文物馆、翻译研究中心、中国考古艺术研究中心、吴多泰中国语文研究中心、当代中国文化研究中心及刘殿爵中国古籍研究中心，各自发展学术及出版工作。

② 饶宗颐：《饶宗颐书道创作汇集·雄奇书势》，香港大学饶宗颐学术馆，2012，第28页。

汉碑派别陕东西[①]。

12月，出席香港大学庄月明楼落成仪式。

12月，于梨俱室作长卷《雁荡烟霞》。

12月，《饶宗颐先生任复旦大学顾问教授纪念文集——选堂文史论苑》（复旦大学中文系编）由上海古籍出版社出版。

12月，《甲骨文通检·第二册：地名》由香港中文大学出版。

12月，《古史地名学发凡——以〈夏本纪〉禹后以国分封诸姓为例》载中国地名学研究会编《中国地名考证文集》（史马乐主编）。

同年，撰《四川纵目人传说与殷代西南地名——揭开卜辞奇字 之谜》载《传统文化与现代化》（第2期）。

同年，被聘为北京广播学院名誉教授。

同年，被聘为文化部归国华侨联合会顾问，杭州大学敦煌学研究中心顾问，杭州大学顾问，泰国华侨崇圣大学顾问，香港武陵庄美术学会中、日、港美术交流邀请展特邀顾问。

同年，被聘为广州潮人海外联谊会名誉会长、西北大学国际唐代文化研究中心名誉主任、汕头大学校董会第三届校董会名誉董事。

同年，刘海粟卒，终年99岁。席臻贯卒，终年54岁。

## ■ 1995 年（乙亥）七十九岁

1月1日，元旦，于悉尼书孙桂珊集大篆联：

宗周钟参寿佳利，
叔兽鼎万年无疆[②]。

1日，书《孙桂珊金文七言联》。

1月20日，大寒，书古铭吉语：

周铜盘铭鸿富国贵多隆以福，
汉瓦当篆延年益寿长乐未央[③]。

---

① 饶宗颐：《饶宗颐书道创作汇集·书韵联情（上册）》，香港大学饶宗颐学术馆，2012，第91页。

② 同上书，第94页。

③ 同上书，第97页。

1月，献岁，书包世臣论书诗①。

1月，正月，作《摹敦煌大士像》。献岁作《逢迎佳兆》。

1月，在港接受胡晓明访问，前后15次近40小时，畅谈人生及学艺经历。

1月，香港《明报月刊》（第30卷第1期）载所撰《秭归——屈原故里》。收入《文化之旅》、《饶宗颐二十世纪学术文集》（卷十四·文录、诗词）。

2月18日，柳曾符②到香港大学讲学，学生马文西到港大半山客舍探望，并随同住了一宿。

2月22日，上午，马文西、柳曾符到香港跑马地山村道家中邀请为镇江碑林题写碑文，其间为柳曾符新居题"山深春雨楼"匾额。

3月，《南澳：台湾与大陆间的跳板》刊于《潮学研究》（第三辑）。收入《文化之旅》。

3月，撰《九州学刊·敦煌学专号》（任主编）由台北九州学刊杂志社出版。

3月，出席在香港大学冯平山博物馆举行的东南亚考古学术研讨会。会上，被香港大学授予"考古研究荣誉奖"。

4月，赴台北，出席台湾"中央研究院"文哲所举办的清代词学研讨会，并提交论文《清代地域性之词总集与酬唱词集》。

4月，清和，以云林子笔意书《宋词九言联》。


仗酒袚清愁花消黄气，
任船依断岸袖里寒云。


4月，撰《关于重字与平夜君问题》发表于北京文物出版社《文物》（第四期）。

4月，撰《法门寺二：论韩愈之排佛事件》发表于《潮学研究》（第四辑）。收入《文化之旅》。

4月，与日本池田大作③初次见面。

4月，撰《江西新淦商代遗物有关地理考证》发表于王元化主编《学术集林》（第三卷）。收入《饶宗颐二十世纪学术文集》（卷二·甲骨）。

---

① 饶宗颐：《饶宗颐书道创作汇集·几上龙蛇（中册）》，香港大学饶宗颐学术馆，2012，第184—189页。

② 柳曾符（1932—2005），字申者，江苏镇江人，复旦大学中文系教授，中国书协书法培训中心教授，中国训诂学会会员，中国书法家协会会员，上海市书法家协会理事，中国褚遂良文学艺术研究会名誉会长。

③ 池田大作（1928—　　），日本东京人，国际创价学会会长、日本创价学会名誉会长、创价大学创办人，著名宗教家、作家、摄影师。曾任日本创价学会会长。致力于推动文化、教育、和平，1983年获联合国和平奖，1989年获联合国难民专员公署的人道主义奖，1999年获爱因斯坦和平奖。在中国获得的奖项有：中国艺术贡献奖（1959），中日友好"和平使者"称号（1990），"人民友好使者"称号（1992），中国文化交流贡献奖（1997）。

5月，撰《敦煌汉简编年考证·前言》。
5月，夏月，于梨俱室书篆体联：

耀此声香虽远犹近，
纳我镕范有实若虚[1]。
补写苍崖古木于冯康侯造像拓本。

5月，皋月，于梨俱室书：

晋砖五鹿宜孙子，
汉洗双鱼大吉祥[2]。

5月，题签《潮州市志》，并题词：

发扬幽潜。

5月，敬录《金书心经》。
5月，敬造《观世音像》，题记：

无病最利，知足最富，
厚为最友，泥洹最快。
书前凉升平十二年道行品法句经语。

5月，《史与礼》作为补《资治通鉴》史料长编稿系列之《总序》。从1995年—2004年《补〈资治通鉴〉史料长编稿系列》（第1—8种）由台北新文丰出版公司出版，此系列作为香港敦煌吐鲁番研究中心的主要研究项目，通过近年考古出土的资料，为司马光《资治通鉴》做出史料方面的有力补充。
6月，且月，集汉隶字自寿联：

词源疏凿手，
楚泽恢弘人[3]。

6月，溽暑，以悬针篆法书千字文句[4]。

---

① 饶宗颐：《饶宗颐书道创作汇集·殷周余韵》，香港大学饶宗颐学术馆，2012，第123页。
② 饶宗颐：《饶宗颐书道创作汇集·汉家威仪》，香港大学饶宗颐学术馆，2012，第46页。
③ 饶宗颐：《饶宗颐书道创作汇集·雄奇书势》，香港大学饶宗颐学术馆，2012，第31页。
④ 饶宗颐：《饶宗颐书道创作汇集·殷周余韵》，香港大学饶宗颐学术馆，2012，第121页。

6月，长夏，书李义山句①。

6月，挥汗作联：

汲古得修绠，
荡胸生层云②。

6月，梨俱室作《风雨峡舟图》《嬉遨升平图》。

7月10日，作诗《观敦煌乐舞忆席君臻贯》。

7月，辽宁美术出版社出版《1990年敦煌学国际研讨会文集·石窟史地、语文编》载《敦煌所出北魏写本〈国语·周语〉旧注残叶跋》。

8月10日，中元节，于香港梨俱室书贞松集联：

如川方至乃受众水，
若农服穑亦有康年③。

8月14日—15日，捐赠给潮州饶宗颐学术馆第一批书画作品。

8月，下旬，潮州饶宗颐学术馆落成，捐赠书画作品一大批，另加一些书籍、画册、聘书、照片以及奖杯、博士袍、端砚、顾廷龙所书的"选堂旧读书处"匾额。

8月，补记《敦煌曲子中的药名词》《敦煌词札记》二文。

8月，在泰国泰京座山大酒楼会晤谢慧如、郑午楼等。

8月，题签《刘崇山临醴泉铭》（刘崇山著）由潮州市博物馆出版。

8月，梨俱室作《朱描送子观音》。

8月，由泰国华侨崇圣大学中华文化研究院、清华大学国际汉学研究所、中山大学中华文化研究中心主办的《华学》（第一辑）创刊号由中山大学出版社出版，收入《殷代的日祭与日书蠡测——殷礼提纲之一》。后收入《饶宗颐二十世纪学术文集》（卷四·经术、礼乐）。创刊号刊1994年2月所撰《发刊辞》，在《华学》（第一辑）内题："此《华学》创刊号今不易得，拙论请韩曦兄谠正。"

8月，《华学》创刊号载《〈王会篇〉海阳及摇母余封海阳再考》、《王尧〈从"河图、洛书""阴阳五行""八卦"在丁藏看中国古代哲学思想交流〉跋》、（法）《蒲德侯著〈对美索不达米亚文献中有关"火"的记载之解释〉读后记》。

9月10日，中秋后一日，书黄井西联句：

笔扛龙鼎雄豪在，

---

① 饶宗颐：《饶宗颐书道创作汇集·汉家威仪》，香港大学饶宗颐学术馆，2012，第41页。

② 同上书，第44页。

③ 饶宗颐：《饶宗颐书道创作汇集·书韵联情（上册）》，香港大学饶宗颐学术馆，2012，第92页。

手拔鲸牙汗漫游[1]。

9月，撰《敦煌曲续论·小引》。

9月，与曾宪通到潮州开元寺考察唐代经幢。

9月，《敦煌研究业绩小结及其发展方向》载中华书局出版的《汉学研究之回顾与前瞻：新加坡国立大学中文系主办国际汉学会议论文选集》（下册·历史哲学卷）。

9月，与李均明合著《敦煌汉简编年考证》《新莽简辑证》作为《补资治通鉴史料长编稿系列》由台北新文丰出版公司出版。收入《饶宗颐二十世纪学术文集》（卷三·简币学）

10月14日，在北京与冯其庸通电话，盛赞冯所著《瀚海劫尘》出版的意义，坚信伟大的中华民族必定会强盛，并希望冯出第二本、第三本，表示要为此写长诗。

10月，与季羡林、周一良一起支持荣新江创办《敦煌吐鲁番研究》，以书代刊。亲自募集创刊资金和撰写宏文。

10月，《说卜辞之蜀》载历史教学社《先秦史与巴蜀文化论集》。

11月7日，香港岭南学院授予荣誉人文学博士学位。

11月9日，下午，在二女儿饶清芬陪同下，到潮州饶宗颐学术馆看布展情况，为感谢大家，现场挥毫创作十多张书法横幅赠送馆内工作人员。

11月10日，上午，与二女儿清芬出席"潮州市饶宗颐学术馆"落成典礼暨开馆仪式。朱维铮[2]撰写《建饶宗颐学术馆记》，刘梦芙、东篱香以及毛谷风作诗。

12月5日—9日，由华侨崇圣大学、泰国中华总商会、潮州会馆、潮属十县同乡会联合主办的"饶宗颐书画展"在泰国京华银行总行大礼堂举行，郑午楼、谢慧如、郑明如、周鉴梅联合主持揭幕剪彩仪式。展品有书画共159幅，选自《饶宗颐书画集》《饶宗颐翰墨》《饶宗颐书画》等。

同日，在京华银行总行大礼堂做题为《华人入暹年代史实的探索——早期中泰关系史二三事》的专题演讲。用泰北清迈地区发现的前代瑶人汉文书，证明12世纪末期至13世纪初年，华人在蒙古人逼迫下逃亡入暹的史实；又以元代《暹国回使歌》说明14世纪初叶，暹国已派通晓两国语文的华人充当使节。演讲稿发表于泰国《星暹日报·艺文版》。收入《饶宗颐二十世纪学术文集》（卷七·中外关系史）。

12月22日，冬至，用茅龙笔书楚缯书歌。

12月，于香港撰《岭南考古论题》。

---

① 饶宗颐：《饶宗颐书道创作汇集·书韵联情（上册）》，香港大学饶宗颐学术馆，2012，第104页。

② 朱维铮（1936—2012），江苏无锡人。复旦大学历史系毕业，著名历史学家，在海内外享有很高声誉。是20世纪80年代文化史研究的主要倡导者、开拓者和建设者，主持整理、编选和校注多种重要典籍，是促进国际文史学术交流合作的先行者。

12月，茅龙笔书：

有子才如不羁马，
先生可是绝俗人。
阮云台集山谷东坡句，以衡方、郙阁笔杂揉书之。

12月，严冬，书陈月诗句卷。
12月，冬日。草书陆游句①。
12月，书联：

著书销日永，
看剑引杯长。

又书：

行事莫将天理错，
立身宜与古人争。

12月，题签《韩江闻见录》（清·郑昌时著，吴二持校注）由上海古籍出版社出版。

12月，梨俱室书《栖云语录》，作《上双松图》。

12月，作《甲骨文通检·第三册：天文气象》《甲骨文通检·第四册：职官人物》之《前言》。《甲骨文通检》（三、四册）由香港中文大学出版社出版。

12月，撰《殷卜辞所见星象与参商、龙虎、二十八宿诸问题》发表于《甲骨文通检·第三册：天文气象》，又见《胡厚宣先生纪念文集》。收入《饶宗颐二十世纪学术文集》（卷二·甲骨）。

同年，为刘大钧②主编的《周易研究》题词"开物成务"③。

同年，《良渚、大汶口图文的一二考察》载香港大学美术博物馆出版的《东南亚考古论文集》。收入《饶宗颐二十世纪学术文集》（卷一·史溯）。

同年，韩国东方研究院《书通》（通卷46号）发表《当代硕学、名书画家选堂饶宗颐先生》。

同年，撰《岭南考古三题》载《广东省博物馆集刊》。收入《文化之旅》；以

---

① 饶宗颐：《饶宗颐书道创作汇集·宋明逸意》，香港大学饶宗颐学术馆，2012，第92页。

② 刘大钧（1943— ），山东邹平人，中央文史研究馆员。中国周易学会会长，教育部人文社会科学重点研究基地山东大学易学与中国古代哲学研究中心主任、山东大学终身教授、博士生导师，《周易研究》主编。

③ 刘大钧寄来几册杂志，给饶先生凑齐自1988年创刊以来的全套《周易研究》杂志。

《岭南考古论题》收入《饶宗颐二十世纪学术文集》（卷六·史学）。

同年，被聘为深圳大学名誉教授。

同年，被聘为上海古籍出版社《全明文》编委会、中国历史文献研究会礼学研究中心顾问和香港美术馆、香港博物馆名誉顾问。

同年，香港古物咨询委员会顾问委员。

# ■ 1996 年（丙子）八十岁

1月23日，出席广东省博物馆、广州市博物馆和香港历史博物馆联合举办的"南海海上交通贸易二千年"展览暨学术研讨会。

2月5日，致信冯其庸。

2月，于香港撰《知彼之学——〈阎宗临①论著集〉序》。

3月4日，上元节，书唐庐伦薛龙句：

百年甘守素，
一物至周天②。

3月6日，小寒，创作成扇，书题陈子龙词，画：巫山一段云③。

3月，撰《中国古代东方鸟俗的传说——兼论太皞少皞》发表于台北《中国神话与传说学术研讨会论文集》。收入《饶宗颐二十世纪学术文集》（卷一·史溯）。

3月，沈建华来访，指着一篇文章说："用一只朦胧的眼，花了一小时写的《一只眼与二只眼》随笔。"④

3月，于雪莱客舍书摭张髯翁题荷句：

人品花澹宕，
文心藕玲珑⑤。

3月，《释叉、叝、䆉》发表于《洛阳考古四十年：1992年洛阳考古学术研讨会论文集》。

---

① 阎宗临（1904—1978），字琮琳，又名已然，五台县中庄村人，晚年自号铁牛老人，著名教授、历史学家。

② 饶宗颐：《饶宗颐书道创作汇集·书韵联情（上册）》，香港大学饶宗颐学术馆，2012，第113页。

③ 饶宗颐：《饶宗颐书道创作汇集·清风徐来》，香港大学饶宗颐学术馆，2012，第61页。

④ 沈建华：《记饶公二三事》，2018年3月12日《澎湃新闻》。https://www.the peper.cn/newsDetail.forward_2024/37。

⑤ 饶宗颐：《饶宗颐书道创作汇集·书韵联情（上册）》，香港大学饶宗颐学术馆，2012，第109页。

3月，为胡厚宣辑，王宏、胡振宇整理的《甲骨续存补编》撰《序言》。

4月，清和，创作成扇，书金冬心茶铭，画：

牡丹茶壶<sup>①</sup>。

春，为韩文版《殷代贞卜人物通考》作《序》。收入《饶宗颐二十世纪学术文集》［卷二·甲骨（下）］。

4月，下旬，陈松长陪同下从湖北入湖南再回到潮州老家。

4月，与季羡林、周一良主编《敦煌吐鲁番研究》（第一卷）由北京大学出版社出版。《敦煌吐鲁番研究》（1—6卷与季羡林、周一良联合主编；7—11卷与季羡林联合主编；12—13卷饶宗颐主编）由北京大学出版社出版第1—6卷、中华书局出版第7—9卷、上海古籍出版社出版（10—13卷）。

5月，皋月，书寒玉堂联句：

问道赤松子，
授书黄石公<sup>②</sup>。

5月，出席在香港翠亨村茶寮举行的庆祝饶宗颐教授八秩华诞寿宴，众多学术界人士参加宴会，单周尧赠比拟其同苏东坡、顾炎武一样具有高尚品格的寿联：

寿晋八旬一代奇才苏学士，
胸罗四库千秋硕望顾宁人。

6月18日，端午前二日，草书倪元璐句<sup>③</sup>。

6月20日，端午节，为《回回药方》（江润祥编）题辞，为《泰国华文铭刻丛编》（傅吾康编）撰《序》，为《马王堆帛书艺术》（陈松长著）撰《序》，为《关公传说与三国演义》（李福清著）撰《序》。

同日，端午后十日，书湘游诗书画卷<sup>④</sup>。

6月，撰《论古代香药之路——郁与古薰香器》发表于北京图书馆敦煌吐鲁番学资料中心和台北南海杂志社合编《敦煌吐鲁番学研究论集》。收入《饶宗颐二十世纪学术文集》（卷七·中外关系史）。

6月，《清代地域性之词总集与酬唱词集》发表于台湾"中央研究院"中国文

---

① 饶宗颐：《饶宗颐书道创作汇集·清风徐来》，香港大学饶宗颐学术馆，2012，第152页。
② 饶宗颐：《饶宗颐书道创作汇集·汉家威仪》，香港大学饶宗颐学术馆，2012，第51页。
③ 饶宗颐：《饶宗颐书道创作汇集·宋明逸意》，香港大学饶宗颐学术馆，2012，第94页。
④ 饶宗颐：《饶宗颐书道创作汇集·几上龙蛇（中册）》，香港大学饶宗颐学术馆，2012，第196—199页。

哲研究所《词学研讨会论文集》。收入《饶宗颐二十世纪学术文集》（卷十二·诗词学）。

6月，《明代经学的发展路向及其渊源》载台湾"中央研究院"中国文哲研究所筹备出版《明代经学国际研讨会论文集》。收入《饶宗颐二十世纪学术文集》（卷四·经术、礼乐）。

夏月，书《白玉蟾咏荷句》。

7月22日，致信杨式挺。

7月，《澄心论萃》（饶宗颐著；湖晓明编）由上海文艺出版社出版。有关文章分类收入《饶宗颐二十世纪学术文集》。《澄心论萃·序》以《〈澄心随笔〉小别》收入《文化之旅》。

8月3日，赴北京出席"道家文化国际学术研讨会"，做题为《论道教创世纪》的演讲，文章载《中国文化研究所学报》（新第五期）、《道家文化研究》（第16辑）。收入《饶宗颐二十世纪学术文集》（卷五·宗教学）。

8月18日，出席韩山师范学院主办的首届饶宗颐学术研讨会。来自美国、法国、日本、荷兰、新加坡、泰国以及内地和港、澳、台等地的80多位学术界人士参加会议，会议收到论文80多篇。

8月19日，在潮州举行的饶宗颐学术讨论会上，赋诗谢与会诸君：

> 精义从知要入神，商量肝胆极轮囷。
> 鹅湖何必分朱陆，他日融通自有人。
> 称扬如分得群公，独学自忻不苟同。
> 韩水韩山添掌故，待为邹鲁起玄风。

8月，秋日，纵笔草书七字联：

> 人坐笛西一艇月，
> 酒香邻外半杯花[1]。

8月，《潮学研究》（第五辑）专版《饶宗颐教授八十华诞颂寿专辑》，由汕头大学出版社出版。

8月，以悬针法书邓完白山人格言楹联：

> 言行为立身大节，
> 诗书乃济世良谋[2]。

---

① 饶宗颐：《饶宗颐书道创作汇集·宋明逸意》，香港大学饶宗颐学术馆，2012，第31页。
② 饶宗颐：《饶宗颐书道创作汇集·殷周余韵》，香港大学饶宗颐学术馆，2012，第126页。

8月，主编及撰《序》的《敦煌俗字研究导论》（张涌泉①著）作为"香港敦煌吐鲁番研究中心丛刊"之五，由台北新文丰出版公司印行。

8月，《中国史学上之正统论——中国史学观念探讨之一》收录入《学术集林丛书（6）》（王元化主编），朱维铮作《序》②。该书收入《饶宗颐二十世纪学术文集》（卷六·史学）。

8月，《饶宗颐潮汕地方史论集》（黄挺主编）由汕头大学出版社初版，该集系潮汕文库系列丛书之一，书中收入其有关"潮州学"论文61篇。

8月，题签《谢慧如传》（罗俊新著）由暨南大学出版社出版。

8月，撰《甲骨文研究断想——为纪念于省吾先生百年诞辰而作》发表于《史学集刊》（第3期）。收入《饶宗颐二十世纪学术文集》（卷二·甲骨）。

8月，《谈高邮龙虬庄陶片的刻划图文》发表于《东南文化》（第四期）。收入《饶宗颐二十世纪学术文集》（卷一·史溯）。

8月，《韩山师范学院学报》（第二期）增刊《饶宗颐教授学术研究专号》，载所题"韩山诗报""中国药用植物简编""校史馆""勤教力学，为人师表"，对联"伟业昌文教，南州重德徽"。

8月，钱仲联撰联贺饶先生八十华诞：

诸家显学谁真派，
四海高流一选堂。

9月10日，梨俱室书《黄庭坚伏波神祠诗册》。

9月21日，中秋前五日，草书今释诗句③。

9月27日，中秋节，撰《文化之旅·小引》，《文化之旅》由牛津大学出版社初版（繁体版），2014年再版。该书在次年作为"书趣文丛第五辑"之一，由辽宁出版社于1998年3月出版（简体版）。2011年7月1日，珍藏本由中华书局出版，2018年5月再版。有关文章分类收入《饶宗颐二十世纪学术文集》。

9月30日，撰《文心雕龙字义通释〈序〉》（胡纬著）。

9月，撰《论天水秦简中之"中鸣""后鸣"与古代以音律配合时刻制度》《记建兴二十八年"松人"解除简——汉"五龙相拘绞"说》，发表于甘肃人民出版社出版《简帛研究》（第二辑）。收入《饶宗颐二十世纪学术文集》（卷三·简帛学）。

9月，撰《周南诗词选》的《序》，由香港香江出版有限公司出版。

---

① 张涌泉（1956— ），浙江义乌人，浙江大学教授。曾任中国文字学会副会长、中国敦煌吐鲁番学会常务理事、中国语言学会理事、浙江省语言学会会长、浙江省敦煌学会会长。

② 饶先生将藏书赠陈瑞君留念，于书上题："该书单行本已成孤本，当年论述影响中外至巨，再读仍觉可取。选堂。"

③ 饶宗颐：《饶宗颐书道创作汇集·宋明逸意》，香港大学饶宗颐学术馆，2012，第39页。

9月，撰《图诗与辞赋——马王堆新出〈大一出行图〉私见》发表于《湖南省博物馆四十周年纪念论文集》，又见《图诗与辞赋——马王堆新出〈大一出行图〉研究》刊于《新美术》。以《马王堆新出〈大一出行图〉私见》收入《饶宗颐二十世纪学术文集》（卷十三·艺术）。这是利用图像学来研究文学，讨论古代"图诗""图赞"文体，并与《楚辞·远游》合证的论文。

秋，香港中文大学的李棪斋带来甲骨167片，加上之前携带回港的甲骨共有400多片，由他主持举办了"棪斋甲骨展览"，并作《棪斋甲骨展览序》收入《饶宗颐二十世纪学术文集》（卷二·甲骨）。

10月17日，长沙五一广场走马楼发现孙吴简牍10万多枚，引起极大关注。

10月20日，为《詹安泰词学论集》作《詹无庵词集题辞》（代序）。

10月23日至11月16日，出席香港大学美术博物馆举办的"饶宗颐教授八十回顾展"，最引人注目的是占满椭圆形大厅整整一面墙壁的国画，国画长一丈六尺，名为《百福是荷》，121朵荷花以酣畅淋漓的笔墨呈现，饱含着浩然正气的荷花表达他对香港回归的祝福。在《选堂书画：饶宗颐八十回顾展》画册上作《小引》。

10月23日，《选堂书画》由香港大学美术博物馆出版。

10月27日，在家晤冯其庸，相谈甚欢，赠冯画册一本、著作两本。

同日，撰《文化之旅·小引》。

10月，北京《历史文献研究》载所撰《题北山堂藏耶律楚材〈平淮西碑〉长卷》。

11月，《中文大学文物馆藏建初四年"序宁病简"与"包山简"——论我国秦、汉解疾祷之诸神与古史人物》，发表于《华夏文明与传世藏书——中国国际汉学研讨会论文集》。收入《饶宗颐二十世纪学术文集》（卷三·简帛学）。

11月至次年4月，《为廿一世纪开拓新词境，创造新词体——饶宗颐形上词访谈录》按月发表于《镜报月刊》（与施议对合著）。

12月4日，致信柴剑虹。

12月，于香港撰《饶宗颐东方学论集·自序》《汉字树·引言》。

12月，撰《缁衣零简》发表于《学术集林》（第9卷）。收入《饶宗颐新出土文献论证》、《饶宗颐二十世纪学术文集》（卷三·简帛学）。

12月，《敦煌曲续论》（敦煌丛刊二集8）由台北新文丰出版公司初版①。收入《饶宗颐二十世纪学术文集》（卷八·敦煌学）。

12月，被聘为厦门大学名誉教授。

12月，任全国高等院校古籍整理研究工作委员会第四届委员会顾问。

同年，北京《传统文化与现代化》（创刊三周年纪念特辑）载所撰《一眼与

---

① 对于敦煌写卷中的曲子词，饶先生研究用力最多，曾收罗法英乃至俄国所藏，编成《敦煌曲》（1971年），并讨论敦煌曲的年代、作者，词与佛曲之关系，词之异名及长短句之成立等问题，目的是探讨敦煌曲与词的起源问题。将有关敦煌曲子词研究的论文16篇，其中包括批判任半塘"唐词说"的文章辑成该书。

双眼》。收入《文化之旅》、《饶宗颐二十世纪学术文集》（卷一四·文录、诗词）。为该刊题词：

协人灵以取则，基化成而自远。

假李善句奉题《传统文化与现代化》创刊（三）周岁之庆，吾华以人学为《易象》云："久于其道而天下化成"时义深矣。
饶宗颐。

同年，"An inscription from the ancient state of Sung: Problems attending the nomenclature 'T'ien Yi, T'ang'（annotated translation by Noel Barnard）"

*Ancient Chinese and Southeast Asian Bronze Age Cultures* (Proceedings of a conference held at the Edith and Joy London Foundation Property, Kioloa, NSW8-12Feb, 1988), Vol.1, Taipei: SMC Publishing Inc, .1996-97, pp. 421-440。

中文版《从宋国铜器铭辞谈殷"天乙唐"之名号》，收录入《饶宗颐二十世纪学术文集》（卷二·甲骨）。

同年，《殷代贞卜人物通考》（饶宗颐著、孙睿彻译）韩文本经十年翻译在首尔出版，为韩文译本作《序》。

同年，为刘义章编《客家宗族与民间文化》作《前言》。

## ■ 1997 年（丁丑）八十一岁

1月3日，出席澳门大学主办的慧能与岭南文化国际研讨会，做《慧能及〈六祖坛经〉的一些问题》演讲，文章载《六祖慧能思想研究——"慧能与岭南文化"国际学术研讨会论文集》。收入《饶宗颐二十世纪学术文集》（卷五·宗教学）。

1月20日，大寒，梨俱室作《书王觉斯行草卷》。

1月，题签《潮州工夫茶概论》（陈香白著）

1月，为《文物》杂志创刊500期纪念题词。

1月，应香港沙田区议会之邀题写《沙田古今风貌》。

1月，主编及撰《序》的《吐鲁番出土高昌文献编年》（王素著）由台北新文丰出版公司出版，系补《资治通鉴》史料长编稿系列书籍。

1月，作《序》并题签《中国二十世纪名家国画展》由加拿大保护中国文物基金会、中国展览交流中心出版。

1月，《上海音乐学院学报音乐艺术》（第1期）载《三论琴徽》。

1月，撰《序》的《敦煌语文丛说》（饶宗颐编；黄征著）作为"香港敦煌吐鲁番研究中心丛刊"之六，由台北新文丰出版公司出版。

2月10日，新春，作《白云江树图》、自书诗（扇面），题云：

流水人家曳柳条，
秋风曾系木兰桡。
阊门暂慰它年梦，
暮雨疏烟忆六朝。
丁丑新春，选堂。

作《春消息》，题云：

雪满山中高士卧，
月明林下美人来。
岁在丁丑开笔写春消息图。选堂。

2月12日，下午，施议对来访，请教形而上新词境、新词体等有关问题。

2月，与日本池田大作在香港重逢。

3月14日，致信柴剑虹。

3月，为蔡德贵著《季羡林传》撰《序》。

3月，《卜辞"灉"即漾水、汉水说》发表于北京《周绍良先生欣开九秩庆寿论文集》。收入《饶宗颐二十世纪学术文集》（卷二·甲骨）。

4月7日，应汤一介邀请到北京大学讲学，题写了"汤用彤学术讲座"的条幅，担任第一届"汤用彤学术讲座"主讲教授。

同日，下午，与张岱年、季羡林、任继愈[①]、周一良在主席台就座。季羡林致开幕词，任继愈介绍汤用彤生平和志业，回忆师从汤老往事。

4月9日，下午，第二讲是《老子师容成氏遗说钩沉——先老学初探》。饶先生在汤用彤研究的基础上，利用新旧文献，梳理了黄帝和老子师事容成（广成子）的历史传说和思想脉络，首倡"先老学"研究。

同日，刘大钧专程来北大拜访。

4月，参观上海、苏州、杭州、南京各地博物馆。

4月，撰《在开拓中的训诂学——从楚简易经谈到新编〈经典释文〉的建议》，发表于《第一届国际暨第三届全国训诂学学术研讨会论文集》（高雄：台湾"中山大学"文学系、中国训诂学会主编），以《从楚简易经谈到新编〈经典释文〉的建议》收入《饶宗颐二十世纪学术文集》（卷四·经术、礼乐）。

5月20日，潮州市饶宗颐学术馆事业基金会在饶宗颐学术馆举行成立仪式。

---

① 任继愈（1916—2009），字又之，山东平原人。著名哲学家、佛学家、历史学家，国家图书馆馆长、名誉馆长。北京大学哲学系任教，讲授中国哲学史、宋明理学、中国哲学问题、朱子哲学、华严宗研究、隋唐佛教和逻辑学等。

5月23日晚，参加韩山师院首届文化艺术节，观看文艺表演。

5月，撰《从楚简〈易经〉谈到新编〈经典释义〉的建议》。

5月，蒲月，书：

学宜三熏沫，

心住一成统。

侨生兄自泰京亲携嘉木远馈，因书此联，锲其上自勉，并志因缘，以示后昆[1]。

5月，出席北京大学《敦煌吐鲁番研究》编委会会议。

5月，登临北京长城八达岭并考察周边文物景点。

5月，应中华书局编辑张世林的邀请，撰写《我与敦煌学》，刊载于1998年专门为80岁以上的著名学者出版的学术研究回忆录《学林春秋》（次年出版）。

5月，于香港撰《香港考古话由来》《记康熙林杭学修之〈潮州府志〉》。

5月，黄苗子为潮州饶宗颐学术馆撰联：

陶镕今古，

点染江山。

6月，为刚落成深圳关山月美术馆题壁，作诗一首：

汉阳画童接荆关，

今古尽驱入笔端。

力健有余成宿构，

最宜妆点好江山。

6月，香港回归前夕，于梨俱室拟张旭四帖卷[2]。

长夏，以茅龙作稽留山民漆书：

异书自得作者意，

长剑不借时人看[3]。

长夏，梨俱室书《丁佛言金文七言联》，题记："选堂挥汗作大篆。"

6月，夏秋之交，完成5.67米巨幅长卷《袖岳》，该作品由书画苑收藏。

---

① 饶宗颐：《饶宗颐书道创作汇集·汉家威仪》，香港大学饶宗颐学术馆，2012，第55页。

② 饶宗颐：《饶宗颐书道创作汇集·几上龙蛇（中册）》，香港大学饶宗颐学术馆，2012，第202—203页。

③ 饶宗颐：《饶宗颐书道创作汇集·汉家威仪》，香港大学饶宗颐学术馆，2012，第53页。

6月，《说九店楚简之武（君）与复山》，发表于《文物》（第六期）。收入《饶宗颐二十世纪学术文集》（卷三·简帛学）。

7月1日，于梨俱室赋词《临江仙》贺香港回归祖国：

岭礴江盘形胜在，五洋依旧雄风。
紫荆遥映木棉红。
宋台咫尺近，吟啸许从容。
且看江山还属我，壮怀喜共衰翁。
天低鹊没睨长空。
中原襟带里，往事笑谈中。

书联：
心勃雷霆开世界，
手提日月上山川①。

7月，《英国图书馆藏敦煌汉文非佛教文献残卷目录（S.6981—I3624）》（饶宗颐主编；荣新江著）作为"香港敦煌吐鲁番研究中心丛刊"之四，由台北新文丰丰出版公司出版。

7月，修改《〈敦煌吐鲁番本文选〉叙录》。

7月，《论僧祐》作为北京大学主办"首届汤用彤学术讲座"演讲稿，发表于香港中文大学《中国文化研究所学报》（新第六期·中国文化研究所三十周年纪念）收入《饶宗颐二十世纪学术文集》（卷五·宗教学）。

8月24日，与曾宪通、陈伟武于中山大学黑石屋交流《华学》编务工作。

8月，为香港陈蔼华出版《杨善深②画集》题词。

8月，撰《中国古代"胁生"的传说》发表于《燕京学报》（新第三期）。收入《饶宗颐新出土文献论证》、《饶宗颐二十世纪学术文集》（卷一·史溯）。

9月4日—7日，清华大学、北京大学、香港大学、新竹清华大学四所大学的中文系，在北京的清华大学举行了"纪念王国维诞辰120周年学术研讨会"，应邀出席并作专题演讲，学术讨论会聚集四海两岸学者提交的论文37篇，经整理校录完毕成《纪念王国维先生诞辰120周年学术论文集》（孙敦恒、钱竞编）。

9月13日，撰《地方史料与国史可以互补》刊登于中华书局出版《文史知识》（第九期·潮汕文化专号）。

9月16日，中秋，应胡平生之邀，为《胡平生简牍文物论集》作《序》。

---

① 同上书，第57页。

② 杨善深（1913—2004），广东赤溪人。少年开始习画，21岁在香港认识高剑父，受其鼓励，到日本深造，四十年代曾居澳门，其间与高剑父、冯康侯等共组协社，从事艺术研究，1970年在香港创立春风画会，桃李满门。

9月，题签《宋代的潮州》（庄义青著）由中山大学出版社出版。

9月，作《减字浣溪沙》词悼念李新魁①。

10月，撰《殷代西北西南地理研究的定点》发表于《第三届国际中国古文字学研讨会论文集》。

10月，与季羡林、周一良主编《敦煌吐鲁番研究》（第二卷）由北京大学出版社出版。

11月初，在家会晤来港演出潮剧的方展荣②，为潮剧《柴房会》题签。

11月12日，由顾廷龙题签的《饶宗颐学术研讨会论文集》（曾宪通主编）由香港翰墨轩出版有限公司出版。

11月16日，出席在汕头大学举行的第二届国际潮学研讨会，主讲论文为《记康熙林杭学修之〈潮州府志〉》，该文发表在《潮学研究》（第六辑）。

11月，出席在澳门举办的澳门与中国文化学术研讨会，做题为《曹宪与文选学》的演讲。

11月，撰《卍符号与古代印度》发表于上海远东出版社出版的《学术集林》（第11卷）。收入《饶宗颐二十世纪学术文集》（卷一·史溯）。增订稿《〈卍考〉续记》收入《饶宗颐东方学论集》。

12月6日，致信张世林。

12月，作为《补资治通鉴史料长编稿系列》的《魏晋南北朝敦煌文献编年》（饶宗颐主编，王素等著）由台北新文丰出版公司出版，其中收录文物470件，并为本书作《序》，对"变复之家"有所阐释。

12月，上海音乐学院学报《音乐艺术》（1997.4）载郑祖襄《四谈"徽"字与徽位——答饶宗颐先生》一文。

12月，嘉平，以天碑参金寿门漆书《冬心七言联》：

蜀纸麝煤沾笔媚，
越瓯犀液发茶香。

12月，《说糢餬、糢糊、模糊、督胡》，发表于香港《明报学刊》（第32卷第12期）。

12月，为《纪念王国维先生诞辰120周年学术论文集》（孙敦恒、钱竞编）作《序》。

12月，为《吐蕃统治敦煌研究》（饶宗颐主编；杨铭著）作《序》，作为"香港敦煌吐鲁番研究中心丛刊"之七，由台北新文丰出版公司出版。

---

① 李新魁（1935—1997），字星桥，广东澄海人。著名语言学家，古汉语语音韵学家，文字学家，教授，中山大学中文系博士生导师。

② 方展荣（1948—　），广东普宁洪阳镇人，潮剧名丑，国家级非物质文化遗产项目潮剧代表性人物。

同年，广州中山图书馆（原广雅书局）有清末著名书法家陶浚宣所撰一副楹联，因年代久远遗失楹联上句，仅存下句："天开东壁聚丹黄满架此中有百宋千元。"应馆长段晓春来信请求继题楹联上句，接信后欣然撰写上句："地近南园会诗酒高朋是能读三坟五典。"与陶氏所撰下句对仗工整，珠联璧合，了却该馆之憾事。

同年，为泰国潮安同乡会新建成的"藏书楼"题写匾额。

同年，被香港艺术发展局授予第一届终身艺术成就奖。

同年，《武夷山忆柳永》收入《文化之旅》、《饶宗颐二十世纪学术文集》（卷十四·文录、诗词）。

同年，与季羡林、王元化、李学勤、汤一介一起出任《姜亮夫全集》[1]学术顾问。

同年，认识杨善深，称杨为当代绘画大师。

同年，为中山大学题写"郁文堂"，作关于郁文堂中"郁"字的题记。

同年，黎雄才在《溪山晚兴》画上题："宗颐老以此帧属余合画，聊补数笔以应之。九十四岁老叟雄才于广州。"

同年，为澄海县政协文史资料委员会编《澄海文史资料》题签。

同年，撰《（张骞所说）邛竹杖之邛与殷代吾方》"Études thématiques（No.7），En suivant la Voie Royale（王道）"（Mélanges en homage à Léon Vandermeersch réunis par Jacques Gernet et Marc Kalinowski），Paris：École francaised'Extrême Orient，1997，pp. 29-43。

同年，与季羡林、臧克家等被山东大学创办的全国首份文科学术期刊《文史哲》聘请为顾问，为全国首份文科学术期刊题词"开拓万古之心胸"。

同年，董寿平卒，终年94岁。

# ■ 1998 年（戊寅）八十二岁

1月10日，作《感皇恩》词悼念中国著名宋史学家邓广铭。
1月20日，大寒，澳洲悉尼所作《我和敦煌学》刚脱稿，题写隶势十字联：

道德之言五千以退为进，
安乐之窝十二反客作主[2]。

同日，致信张世林。

---

① 2002年10月，姜亮夫存世全部著作的汇集由云南人民出版社出版。
② 饶宗颐：《饶宗颐书道创作汇集·雄奇书势》，香港大学饶宗颐学术馆，2012，第37页。

1月27日，于澳洲悉尼作《多景楼诗书画卷》<sup>①</sup>。

1月，访问新西兰南岛。

1月，《甲骨文中的冉与冉駹》发表于《文物》（第1期）。以《甲骨文中的冉駹》收入《饶宗颐二十世纪学术文集》（卷二·甲骨）。

1月，献岁，写《黄鹤楼图》，并题王孟津句。

2月3日，人日，时寓居雪莱小楼，摹清恽南田《山水手卷》。

初春，梨俱室作《秋山亭子图》，又作《黄鹤楼图》。

春，作《布袋观梅》，题记：

心花开到落梅前，清梦深藏五百年，

蝶蝴何曾迷远近，眼中历历是山川。

旧作移题布袋观梅图。戊寅春，选堂。

3月2日，得知冯其庸自京来港，即通电话。

3月，在家会晤潮州文献研究者李来涛，一起交流潮州文化。

4月，《释"𠂤"与瞽宗》发表于广东人民出版社出版的《容庚先生百年诞辰纪念文集（古文字研究专号）》（广东炎黄文化研究院编）。收入《饶宗颐二十世纪学术文集》（卷二·甲骨）。

4月，题签《中国小说史学史长编》（胡从经著）由上海文艺出版社出版。

4月，参观上海、苏州、杭州、南京等地，参观各地博物馆。

4月，于香港撰《清晖集·跋》并自题书名。

4月，题签《潮风》（黄赞发主编）由中国文联出版公司出版。

4月，初夏，书《陈老莲五言联》：

鸟下窥书古，

华飞缀字红。

又摹明遗民弘仁《松亭吟啸》。

5月5日—9日，在北京香山饭店出席由北京大学中国传统文化研究中心主办的汉学研究国际会议，在开幕式上，宣读论文《"贞"的哲学》。该文收录入紫禁城出版社出版《华学》（第三辑）、《文化的馈赠——汉学研究国际会议论文集·哲学卷》、《饶宗颐二十世纪学术文集》（卷四·经术、礼乐）。

5月20日，端阳前十日，于梨俱室书裴将军诗<sup>②</sup>。

农历闰五月，书：

---

① 饶宗颐：《饶宗颐书道创作汇集·几上龙蛇（上册）》，香港大学饶宗颐学术馆，2012，第42—43页。

② 饶宗颐：《饶宗颐书道创作汇集·宋明逸意》，香港大学饶宗颐学术馆，2012，第96—97页。

祁彡佳诗①。

5月，《明报月刊》（第33卷第5期）载所撰《审慎、精细、博洽——评杨明照〈抱朴子外篇校笺〉》。

5月，撰《（传老子师）容成遗说钩沉——先老学初探》发表于《北京大学学报（哲学社会科学版）》（第35卷第3期·百年校庆纪念刊）。收入《饶宗颐二十世纪学术文集》（卷五·宗教学）。

6月8日，与摄影大师陈复礼荣获由香港（海外）文学艺术家协会主办的首届中华文学艺术家金龙奖"当代国学大师"荣誉。

6月，为宝达写诸葛武侯像，题记：

功盖三分国，
名成八阵图。

长夏，梨俱室书《丁佛言金文七言联》题记：

选堂挥汗作大篆。

7月16日，在潮汕历史文化研究传播基金会主办的第三届"潮学奖"上，获"传播奖"。

7月30日，为沈之瑜遗稿《甲骨文讲疏》题"金缕曲"。

7月，为西藏拉萨孔夫子医院题词：

健康是人民的财富，
人民是国家的生命。

7月，为香港《中国近代名家书画全集（27）》出版《宋文治山水》题辞。

7月，被聘为香港中文大学崇基学院荣誉院务委员。

7月，《符号·初文与字母——汉字树》由香港商务印书馆初版，2006年第2版。该书引起国际汉学界的高度重视，美国有大学、文字研究机构专为此书召开研讨会。2000年3月，简体字版由上海书店出版社初版，日文版由小早川三郎翻译，以《汉字树：古代文明と汉字の起源》，在东京株式会社アルヒーフ出版。

8月，中日合办的东方学术研讨会在北京举行。因7月在上海与汪道涵先生见面时已先告假，汪先生说："人可不来，文章不能不来。"遂作《郭店楚简〈老子〉新义举例》作为呈交论文。收入《饶宗颐二十世纪学术文集》（卷三·简帛学）。

---

① 饶宗颐：《饶宗颐书道创作汇集·晋唐风致》，香港大学饶宗颐学术馆，2012，第133页。

8月，作《序》及题签《明清实录潮州事辑》（陈历明著），由香港艺苑出版社出版。

8月，题签《庶筑秋轩文稿》（许伟余著）由广州市东山区金文印刷服务部印制。

夏，为广州市老干部大学师生六人书画联展题：

秋毫精勤。

夏，访问中山大学，会晤陈摩人、曾宪通、陈伟武等。

9月6日，于梨俱室以茅龙试作悬针篆九字联：

如良金美玉无施不可，
非精墨佳笔未尝辄书①。

9月17日，季羡林为《清晖集》撰《序》。

9月，参加在香港举行的纪念孔子诞辰大会，并主持了祭孔仪式。

9月，撰《阎宗临史学文集》（阎守诚编）的《序》，由山西古籍出版社出版。

9月，与季羡林、周一良主编《敦煌吐鲁番研究》（第三卷）由北京大学出版社出版。

秋，为题写的香港城市大学中国文化中心开幕揭牌。

秋，于香港方召麐南山画室合作《红叶小鸟》②。

秋月，作《巫峡风光》。

10月12日，在"1998中国·孟州韩愈国际学术研讨会"上发表讲话，后整理成稿《韩愈的道统说与道统的形成》，2002年3月载中国文联出版社《韩愈研究》（第3辑）。为韩愈墓题写"湘子故园"。

10月15日，出席四川大学徐中舒③百岁诞辰纪念会，访问四川博物馆、三星堆博物馆。

10月，撰《卜辞中之危方与兴方》发表于《徐中舒先生百年诞辰纪念文集》。收入《饶宗颐二十世纪学术文集》（卷二·甲骨）。

10月，《我与史语所》载《新学术之路——"中央研究院"历史语言研究所七十周年纪念文集（上、下）》（杜正胜等编）由台湾"中央研究院"历史语言研究所出版。

11月4日，应中山博雅艺术中心邀请，参加本人和启功、杨善深、关山月、黎雄

---

① 饶宗颐：《饶宗颐书道创作汇集·雄奇书势》，香港大学饶宗颐学术馆，2012，第36页。

② 饶宗颐：《饶宗颐艺术创作汇集·珠联璧合》，香港大学饶宗颐学术馆，2012，第84页。

③ 徐中舒（1898—1991），中国现代著名历史学家、古文字学家。曾于复旦大学、暨南大学、台湾"中央研究院"历史语言研究所、北京大学任教授、研究员，后到四川大学历史系。

才等大型书画展。撰联赠中山博雅艺术中心：

博采周谘兴绝艺，雅人深致聚群英。

11月5日，到中山市南朗翠亨瞻仰孙中山故居，在“天下为公”照壁前留影①。

11月，出席香港中文大学举行的第五届中国饮食文化学术研讨会，作题为《从出土资料谈古代养生与服食之道》演讲，演讲稿发表于《第五届中国饮食文化学术研讨会论文集》。收入《饶宗颐二十世纪学术文集》（卷五·宗教学）。

11月，撰《由悬泉置汉代纸帛法书名迹谈早期敦煌书家》发表于《出土文献研究》（第四辑），又见《国际高等书法教育论坛论文集》。收入《饶宗颐新出土文献论证》、《饶宗颐二十世纪学术文集》（卷十三·艺术）。

11月，《说河宗》载《胡厚宣先生纪念文集》（张永山主编）。收入《甲骨文献集成》（第21册）、《饶宗颐二十世纪学术文集》（卷二·甲骨）。

11月，出席香港中文大学中国文化研究所主办的东亚玉器国际研讨会，提交论文《中国玉文化研究的二三问题》。论文载香港中文大学中国考古艺术研究中心《东亚玉器》（邓聪编）。以《古玉证史》（附补记等资料）收入《饶宗颐二十世纪学术文集》（卷一·史溯）。

11月，撰《赵宧光及其〈悉昙经传〉》及《序》。

11月，为《郭店楚简老子柬释》（魏启鹏著）撰《序》。

11月，题签《周公摄政称王与周初史事论集》（郭伟川编）由北京图书馆出版。

11月，出席澳门与中国文化的学术研讨会，作题为《曹宪与文选学》的演讲。

11月，作《客中挽赵少昂》：

踯躅千层付日斜，东风燕麦怅天涯。
它时忍过婵嫣室，愁绝赵昌四季花。

12月19日，钱锺书在北京逝世，作《点绛唇·发箧得钱槐取曩岁复书，伤逝怀人，因题其后》悼念。词曰：

早岁清狂，人间万事供抵掌，老来孤往，剩有名山想。
四海攸同，神旨穷修广。今无两。绵思遗响。寂寞伤心赏。

12月27日，应邀出席在广东博罗召开的第二届“国际道教学术研讨会”，做题为《罗浮山道教与香港的学术渊源》的演讲。

12月，撰《再谈〈七发〉“㲉”字》，载上海音乐学院学报《音乐艺术》（第4

---

① 2004年为中山市题“中山书展”，2011年题“中山读书月”，2014年题“华侨华人文学奖”。

期）。收入《饶宗颐二十世纪学术文集》（卷四·经术、礼乐）。

12月，《敦煌出土镇墓文所见解除惯语考释》《魏晋南北朝敦煌文献编年·序》发表于北京大学出版社出版的《敦煌吐鲁番研究》（第三卷）。

12月，撰《唐代文选学略述》发表于北京《唐研究》（第四卷）。

12月，撰《张彦远及其书法理论》发表于香港中文大学艺术系及文物馆出版的《书海观澜——中国书法国际学术会议论文集》（莫家良编）。收入《饶宗颐二十世纪学术文集》（卷十三·艺术）。

12月，参加在香港召开的中华炎黄文化与二十一世纪国际学术研讨会，在会上做了《从出土资料追踪先代耆老的"重言"——儒、道学脉试论》的演讲。

12月，《从〈春秋〉宣公八年"犹绎"论殷祭礼宾尸义》发表于河北教育出版社出版的《庆祝杨向奎先生教研六十年论文集》（林甘泉主编）。收入《甲骨文献集成》、《饶宗颐二十世纪学术文集》（卷四·经术、礼乐）。

12月，江门炎黄文化研究会聘为第二届顾问。

年底，以旧句"江南春·组诗其中一首"，书画赠胡晓明，题识：晓明吾兄东归沪渎，写此赠别。戊寅选堂书旧句，以诗为画，倘谓是乎？

同年，撰书"气骨端凝冰雪净，襟怀开朗月风清"联句赠王辉。

冬月，应香港市政局之邀，题写《粤港澳书法交流集》，该集由岭南美术出版社出版。

同年，书：

慎始敬终。

题记：选堂时年八十有二。

同年，作《风入松　题马国权著补订急就章偏旁歌译注》诗词。

同年，与杨善深、方召麐合作绘画《三星拱照》。

同年，为"李汛萍师生画展"题：

氤氲四季。

同年，与冯其庸时有学艺上之讨论，间有合作绘画，合画《西域珍果》。

同年，为泰国潮安同乡会新建成的藏书楼题写匾额。

同年，在《饶宗颐学术研讨会论文集》上题签，将文集赠送新加坡国立大学。

同年，为镇江题"米芾纪念馆"。

同年，《我和敦煌学》载《学林春秋——著名学者自序集》，又载《学林春秋初编》（下册）。

同年，将《书殷周秦汉四体》书法捐赠香港大学饶宗颐学术馆[①]。

---

① 饶宗颐：《香港大学饶宗颐学术馆藏品图录Ⅰ》，香港大学饶宗颐学术馆，2010，第130页。

同年，被聘为香港中文大学伟伦荣誉讲座教授。

同年，钱锺书卒，终年80岁。赵少昂卒，终年94岁。顾廷龙卒，终年95岁。

# ■ 1999 年（己卯）八十三岁

1月，为方展荣题签《方展荣从艺四十周年》。

1月，兰州《敦煌学辑刊》（1999年第1期）载《敦煌本〈立成孔子马坐卜占法〉跋》。

1月，中国书法家协会主办的《中国书法》刊登作品选，附《论书十要》。该文收入《饶宗颐二十世纪学术文集》（卷十三·艺术）。

1月，作《如来图》《雨盖碧弥天及对联》《十二尺荷花巨幅及六尺对联》。

1月，梨俱室书《殷契杂册》。

1月，主持由香港中华文化促进中心主办的"唐代的交际礼仪"敦煌文化讲座。

1月，为即将出版的《饶宗颐二十世纪学术文集》作《前言》。

2月2日，季羡林为《中国宗教思想史新页》撰《序》。

2月23日，到揭阳博物馆观看馆藏出土文物浮滨陶片。

2月，《悉昙经传：赵宧光及其〈悉昙经传〉》（任主编）由台北新文丰出版公司出版，书中载《重印〈悉昙经传〉序》。收入《饶宗颐二十世纪学术文集》（卷五·宗教学）。

3月，跋《总辔集》。

4月，《敦煌文薮》（任主编；池田温、姜伯勤等著）作为"香港敦煌吐鲁番研究中心丛刊"之八，由台北新文丰出版公司出版。

4月，《敦煌研究》（第4期总第62期）载所撰《敦煌本〈瑞应图〉跋》。

4月，《明报月刊》（第34卷第4期）载《谈汉景帝阳陵的历史掌故》。

5月18日下午，出席南京大学在知行楼举行颁授名誉教授仪式，作题为《绘画艺术与佛教的因缘——明清之际禅画南传与海外文化交流》的演讲。会后为南大题写了《念奴娇·再至金陵用陈同甫韵》词一首。

5月，接受《中国书法》主编刘正成的访问，谈古文字与书法，指出书法不仅是视觉艺术，而且是一个人的精神表现。

5月，出席在香港大学、南京大学联合主办的"中国传统文化与现代社会"论坛，作题为《传统文化中"人"的因素》的演讲。

5月，在获聘南京大学名誉教授就职仪式上，作《绘画艺术与佛教的因缘——明清之际禅画的南传与海外文化交流》的演讲。

5月，借清代学生献给老师王士祯的名联，祝季羡林米寿：

天下文章莫大是，
一时贤士皆从游。

夏，梨俱室题"发心求正觉，忘己济群众"赠好友陈君谨。

6月22日，夏至日，写《四时山水》。

6月26日，中国青少年发展基金会在上海"中华古诗文经典诵读工程"启动，致信组委会，寄语推进诵读工程。

6月29日至7月1日，出席台湾"中央研究院"主办的第三届国际汉学会议，在文字组作题为《贾湖刻符初探》的演讲。

6月，题签《潮州通览》（潮州市地方志办公室编）由花城出版社出版。

6月，赴北京，在清华大学、北京大学、首都师范大学等院校作演讲。在清华大学"汉字应用与传播"国际研讨会上，作《谈类——中国人"造"字与"解"字的智慧》的演讲；受聘为北京大学中国文明研究中心顾问，就职典礼上，作《贾谊〈鵩鸟赋〉及其"人学"》的演讲；在首都师范大学名誉教授就职仪式上，作《古史之二元说》的演讲。

夏日，梨俱室作《摹元黄公望〈富春山居图〉》。

夏，写《武侯象》，题记：

澹泊明志，宁静致远。

后该作品指定由陈俊旭收藏[1]。

7月13至14日，香港中文大学新亚书院举行"中国文化的检讨与前瞩：新亚书院五十周年金禧纪念学术研讨会"，会上提出《从出土文献谈古代乐教》一文，后于2001年收入《中国文化的检讨与前瞻：新亚书院五十周年金禧纪念学术论文集》（刘述先主编）。

7月，书：

白下有山皆画，
冶城无树不春[2]。

7月，出席台湾"中央研究院"文哲研究所筹备处咨询委员会会议。

8月19日，与陈方正、沈建华访问河南郑州市《寻根》编辑部，赞赏该刊栏目追求"图文并茂、文章平实易懂"的风格。

8月20日，出席在河南安阳市召开的"纪念甲骨文发现100周年国际学术研讨会"。

8月22日，安阳研讨会结束后，与陈方正、沈建华从郑州返港遇上香港13级台风，台湾中华航空642班机降落失事，导致入港飞机无法降落，转至长沙黄花机场，滞留整日。

① 饶宗颐：《饶宗颐艺术创作汇集·传神写貌》，香港大学饶宗颐学术馆，2012，第88页。
② 饶宗颐：《饶宗颐书道创作汇集·雄奇书势》，香港大学饶宗颐学术馆，2012，第41页。

8月23日，在研究所里谈论机场被困二日的种种遭遇，以及如何出逃。从口袋掏出于黄花机场在餐巾纸上写的诗，为保存又抄写一遍[1]。

8月24日，中秋，书白阳并步其韵有作[2]。

8月27日，书：

意随流水俱远，
心与浮云同闲[3]。

8月，作为国庆50周年献礼的书画集《澄心选萃——饶宗颐的艺术》，由中国健康工程引发基金会出版。卷首有自题诗二首：

已知不了可通神，
悟到菩提只近邻。
画笔狂来如发弩，
旧山万仞梦中亲。

自画自书不合时，
春风着物竞合姿。
飘然欲置青霄外，
坐对苍茫自咏诗。

8月，《古史二元说》发表于《首都师范大学学报（社会科学版）》（第4期）。收入《饶宗颐二十世纪学术文集》（卷一·史溯）。

8月，撰《从新资料追溯先代耆老的"重言"——儒道学派试论》，发表于《中原文物》（第4期）。以《从郭店简追踪古哲之"重言"——儒道学派试论》，收入《饶宗颐二十世纪学术文集》（卷三·简帛学）。

9月3日至11月7日，出席香港艺术馆主办的"澄心选萃——饶宗颐的艺术"书画展，共展出40件书画精品，包括书法、山水、花鸟及人物。通过巨幅小构，表现其笔精墨妙的造诣以及空灵淋漓的才情。《澄心选萃——饶宗颐的艺术》由香港大学美术博物馆出版。

同日至11月7日，出席澳门教科文中心展览厅举办的"清凉世界——饶宗颐书画展"，《清凉世界——饶宗颐书画》由澳门基金会出版。书中收录"荷花"36幅，"山水花鸟人物"24幅，扇额对联12幅。自赋词《一剪梅·清凉世界画集》一首：

---

[1] 沈建华：《记饶公二三事》，《澎湃新闻》2018年3月12日。

[2] 饶宗颐：《饶宗颐书道创作汇集·几上龙蛇（中册）》，香港大学饶宗颐学术馆，2012，第276—277页。

[3] 饶宗颐：《饶宗颐书道创作汇集·雄奇书势》，香港大学饶宗颐学术馆，2012，第46页。

荷叶田田水底天。

看惯桑田。洗却尘缘。

肯随秾艳共争妍。

风也翛然，雨也恬然。

雨过风生动水莲。

笔下云烟。花外神仙。

画中寻梦总无边。

摊破云笺，题破涛笺。

9月，台北新文丰出版公司影印出版明朝万历辛巳（1581）刻本潮州李东月编撰《新刻增补全像乡谈〈荔枝记〉》（藏奥地利国家出版馆），为该书赋《减字木兰花》词：

吴头楚尾。咫尺泉潮通一苇。

也似《金钗》，连柳和腔唱自佳。

传来院本。

风月棚前工说评。

镜里风流，分得人间一段愁。

10月1日，到北京参加国庆50周年观礼活动。

10月14日—19日，出席武汉大学于珞珈山举办的郭店楚简国际学术研讨会，被推为大会名誉主席，复获聘为武汉大学名誉教授；会上提交论文《涓子〈琴心〉考——由郭店雅琴谈老子门人的琴学》。会晤出席会议的任继愈、庞朴、陈国灿[1]、郭齐勇[2]等学人。

10月28日，出席韩山师范学院召开的第三届国际潮学研讨会。会上提交《论元祥迈注〈韩文公别传〉》一文，做题为《关于建立潮州学》的演讲。

10月30日，出席潮州金山中学新建图书馆揭幕式。

10月，在揭阳博物馆考察文物。

10月，撰《论龟为水母及有关问题》发表于《文物》（第10期）。收入《饶宗颐二十世纪学术文集》（卷五·宗教学）。

10月，撰《浮滨文化的石璋、符号及相关问题》发表于岭南大学文学与翻译研

---

① 陈国灿（1933—2018），湖北省鄂州市人，武汉大学研究生毕业。著名敦煌吐鲁番学专家及中国中古史专家、国家社科基金重大招标项目首席专家，武汉大学历史学院暨中国三至九世纪研究所教授、博士生导师。

② 郭齐勇（1947—　），湖北武汉人，儒学专家，哲学博士。武汉大学国学院院长、教授、博士生导师，哲学学院教授委员会主任。

究中心《岭南学报》（新第1期）。以《浮滨文化的符号》收入《饶宗颐二十世纪学术文集》（卷一·史溯）。

11月，《郭店楚简本〈老子〉新义举例》发表于《第二届东方国际学术研讨会论文集》。收入《饶宗颐二十世纪学术文集》（卷三·简帛学）。

11月，《〈卍考〉续记》载汕头大学出版社《饶宗颐东方学论集》。

11月，撰《马王堆〈阴阳五行〉之〈天一图〉——汉初天一家遗说考》发表于《燕京学报》（新第7期）。收入《饶宗颐二十世纪学术文集》（卷三·简帛学）。

11月，任荣誉主编的《九州》（第二辑）由北京商务印书馆出版，载《古史重建与地域扩张问题》一文。以《论古史的重建》收入《饶宗颐二十世纪学术文集》（卷一·史溯），修订版收入《饶宗颐新出土文献论证》。

11月，《日本古钞〈文选〉五臣注残卷》收录入由中华书局出版《中外学者文选学论集》（郑州大学古籍所编）。

11月，为姜伯勤所著《石濂大汕与澳门禅史清初岭南禅学史研究初编》作《序》，加魏啟鹏所著《郭店楚简〈老子〉柬释》作《序》。

12月31日，香港《大公报·艺林版》载所撰《〈艺林〉千禧专刊题词》。

12月—2000年2月，指导潮州市志办重新出版清康熙林坑学《潮州府志》。

12月，《清晖集》由深圳海天出版社初版，共收跋和诗词作品1362首，其中诗1081首、词281首。诗歌部分，增补了青年时期所作的《集外诗》共7首，又《苞俊集》中增补了1993年以来的诗作18首。至2010年底共创作诗词1415首。2006年11月再版；2011年7月出版精装本。

小寒，梨俱室作《秋风春雨》。

12月，与季羡林、周一良主编《敦煌吐鲁番研究》（第四卷）由北京大学出版社出版。

12月，香港公开大学授予荣誉人文科学博士学位。

12月，主编及和《前言》的《甲骨文通检·第五册：田猎》由香港中文大学出版。

12月，撰《谈佛教的发愿文》发表于《敦煌吐鲁番研究》（第4卷）。收入《饶宗颐二十世纪学术文集》（卷八·敦煌学）。

同年，作《白荷禅意》题记：

白荷花开解禅意，
点缀不到红蜻蜓。
缶翁喜题此句。选堂。时年八十有二。

同年，作《答朱维铮先生二事》，收录入《饶宗颐二十世纪学术文集》（卷六·史学）。

同年，撰《论帛书〈要〉篇损益的天文意义：产道与产气》发表于巴黎《中国研究》（第18卷第1、2期）。收入《饶宗颐二十世纪学术文集》（卷三·简帛学）。

同年，《坛经》中记载有六祖吃锅边菜的故事，题写"锅边菜"，纪念六祖的大慈悲与大智慧。后又题写"六祖博物馆"。

# ■ 2000 年（庚辰）八十四岁

1月1日，于澳洲忆写瑞士《黑湖雪意》。

同日，《秦出土文献编年》（任主编；王辉著）作为泰国华侨崇圣大学中华文化研究院、香港敦煌吐鲁番研究中心合作研究丛刊，由台北新文丰出版公司出版。

1月，下旬，摹元赵孟頫《双松平远卷》。

1月，题签《潮汕先民与先贤》（黄赞发著）由汕头大学出版社出版。

1月，《涓子〈琴心〉考——由郭店雅琴谈老子门人的琴学》发表于《中国学术》（第1辑）。收入《饶宗颐二十世纪学术文集》（卷四·经术、礼乐）、《饶宗颐新出土文献论证》。

除夕，梨俱室作《金绘水仙图》，题云：

世谓水仙为俗外人，凌波微步，无半点尘垢，此幽岩所茁，冰肌玉骨，以之入画，谁曰不宜。

庚辰除夕，选堂。

2月，于梨俱室题：河上华。

3月13日，北京大学赛克勒考古与艺术博物馆举行授予客座教授仪式，由北京大学考古文博院院长李伯谦主持，季羡林及相关院系负责人出席，北京大学副校长何芳川颁发聘书。在仪式上，作《殷代地理疑义举例——古史地域的一些问题和初步诠释》的演讲。

同日，应聘为北京大学古代文明研究中心顾问。

同日，出席商务印书馆《中国学术》与《读书》杂志联合主办的"中国学术讲坛"，首位发言作《我所认识的汉学家》的演讲。

3月，撰《邢台西周甲骨与〈尔雅〉合证》发表于上海古籍出版社《中华文史论丛》（总第61辑）。收入《饶宗颐二十世纪学术文集》（卷二·甲骨）。

3月，《敦煌本甘棠集研究》（饶宗颐主编；赵和平著）作为"香港敦煌吐鲁番研究中丛刊"之九，由新文丰出版公司出版[①]。

4月6日，《光明日报》刊登《我所认识的汉学家》一文。

4月，题签《意在联外》（杨瑞生著）由天地图书有限公司出版。

4月，清和，书：

---

① 在书前衬页上题写：韩曦兄从北京购得此书，可见予在港建立敦煌吐鲁番研究中心之研究工力。惜该中心已为无知者遗弃，重观此册，令人心痛。选堂。

方丈。

题记：张即之曾书此题榜①。

4月，撰写《重读〈离骚〉》。

春，摹元方从义《武彝放棹》，写日本《富士山成扇》，写《纽西兰皇后城》。

5月1日，《敦煌吐鲁番本文选》由中华书局初版。书内以《唐代文选学略述》作《前言》收入《敦煌吐鲁番本文选（叙录）》，后收入《饶宗颐二十世纪学术文集》（卷十一·文学）。

5月4日，到珠海高栏岛访宝镜湾岩画②，作诗一首：

夹道蕉林迓远人，参天石壁尚嶙峋。

长桥千里通南北，大地云山一片春。

归路烟波摇混茫，飞蜡天际闪孤光。

千年岩画谁疏凿，又欲回车问夕阳。

5月25日—27日，出席由香港中文大学、北京大学中文系、中国屈原学会联合主办的屈原研究国际研讨会，作题为《重读〈离骚〉——读〈离骚〉中的关键字"灵"》的演讲。演讲稿收入《浙江师范大学学报（社会科学版）》（第25卷第4期）、《饶宗颐二十世纪学术文集》（卷十一·文学）。

5月29日至6月2日，出席香港中文大学和法兰西远东学院联合主办的"宗教与社会：研究领域的转变、启迪与中国文化"国际研讨会，在会上作题为《殷代的宗教》的演讲。演讲稿收入《饶宗颐二十世纪学术文集》（卷五·宗教学）。

5月，《中国宗教思想史新页》（饶宗颐演讲）作为北大学术讲演丛书（11）、汤用彤学术讲座（1）由北京大学出版社出版，收录饶先生1997年在北京大学汤用彤学术讲座的演讲稿《先老学初探》《梁僧祐论》《宋学的渊源》三篇。书中《宋学的渊源——后周复古与宋初学术》收入《饶宗颐二十世纪学术文集》（卷四·经术、礼乐）。

5月，《〈敦煌吐鲁番本文选〉叙录》载《敦煌吐鲁番本文选》（编）。收入《饶宗颐二十世纪学术文集》（卷十一·文学）。

5月，梨俱室摹金王庭筠《古木竹石》。

5月，《从郭店楚简谈古代乐教》载湖北人民出版社《郭店楚简国际学术研讨会

---

① 饶宗颐：《饶宗颐书道创作汇集·嘉言隽句》，香港大学饶宗颐学术馆，2012，第97页。

② 1989年10月，珠海市发现宝镜湾岩画。岩画共4处6幅，散布于海湾所在的山腰、山麓200米范围内，其中最大的一幅长5米、高3米。岩画阴刻于大平整的石面上，图案密集而繁杂，形状如船、波浪、龙蛇、舞蹈人等，经专家考证，是距今二三千年前青铜时代的产物，是南越先民生活的写照。在岩画附近的沙丘和山冈上采集到新石器时代晚期的陶片和石器，证明很早便有人类在此活动。

论文集》（武汉大学中国文化研究院编）。收入《饶宗颐二十世纪学术文集》（卷四·经术、礼乐）、《饶宗颐新出土文献论证》。

5月，撰《诗言志再辨——以郭店楚简资料为中心》发表于武汉大学中国文化研究院《郭店楚简国际学术研讨会论文集》，又见于 *Tradition and Transformation: Studies in Chinese Art in Honor of Chu-Tsing Li*（Judith G.Smith ed.）USA: Spencer Museum of Art. University of Kanas, 2005, pp.324-330, 英文题目为 *"Returning to the Subject of Poetry as the Expression of Heartfelt Sentiments"*。收入《饶宗颐二十世纪学术文集》（卷四·经术、礼乐）、《饶宗颐新出土文献论证》。

6月6日，端午，于香港梨俱室撰《自临碑帖五种·后记》。写《澳洲掠影册》。梨俱室作《自书学书经过附梨俱室兀坐图》。

6月16日，端午后十日，书伏波神诗词①。

初夏，于梨俱室以杂毛长锋纵笔书五字联：

寻孔颜乐处，作义皇上人。②

夏日，写澳洲《蓝山三姐妹峰》。

夏，与王己千合作《高节凌云》。

夏日，作《书兰亭序》。

6月，撰《重印〈离六堂集〉·小引》，言曰：大汕尚有《燕游草》《绘室词》等著作未收录。

7月22日，大暑，梨俱室作《怀素书蕉园》。

7月28日，由香港大学、香港中华文化促进中心联合主办的庆祝敦煌百年纪念"敦煌学国际学术会议"在香港举行，任大会主席。

7月29日至8月3日，赴甘肃，出席由国家文物局、敦煌研究院和甘肃省人民政府联合主办在敦煌召开的"敦煌藏经洞发现100年纪念大会"，被授予"敦煌文物保护、研究特别贡献奖"。在"敦煌学国际学术讨论会"上提出《港台地区敦煌学研究的回顾与展望》。发言稿刊于《敦煌研究》（2000年特刊）。收入《饶宗颐二十世纪学术文集》（卷八·敦煌学）。

为敦煌学百年盛会赋诗：

老去弥知考信艰，重蹈待问三危山，

百年事业藏经洞，光焰长留天地间。

---

① 饶宗颐：《饶宗颐书道创作汇集·几上龙蛇（中册）》，香港大学饶宗颐学术馆，2012，第274—275页。

② 饶宗颐：《饶宗颐书道创作汇集·雄奇书势》，香港大学饶宗颐学术馆，2012，第55页。

7月，在梨俱室审阅将出版的《饶宗颐学述》（胡晓明、李瑞明整理初稿）。

8月19日，出席北京大学古代文明中心与美国达慕思大学联办的"新出简帛国际学术会议"，会上发言指出："马王堆帛书《式法》应该属于阴阳五行家。"论文发表于北大的《古代文明研究通讯》。

8月，撰《册祝考、册伐与地理——论工典及有关问题（殷礼提纲之一）》，发表于紫禁城出版社《华学》（第四辑）。收入《饶宗颐二十世纪学术文集》（卷四·经术、礼乐）。

8月，《论元祥迈注〈韩文公别传〉》载于《第三届潮学国际研讨会论文集》。收入《饶宗颐二十世纪学术文集》（卷五·宗教学）。

8月，于澳洲悉尼摹元管仲姬《竹窝图》。

8月，题签《潮州民间美术全集》（杨坚平主编）由汕头大学出版社出版。

9月13日，中秋后一日，整理先前的词作34首，收录入《聊复集》。

中秋后十日，书《甲骨七言联》：

出土遗龟考卜事，
披沙得卷识前朝。

9月，当代人文社会科学名家学述丛书《饶宗颐学述》（饶宗颐讲述，胡晓明、李瑞明整理）由浙江人民出版社初版。

9月，作《序》的《楚辞异文辩证》（黄灵庚著）由中州古籍出版社出版。

秋，自莫高窟归来书《藏文六字真言》。

10月4日，获香港特别行政区政府颁授大紫荆勋衔。与时任特首董建华合影于特区政府礼宾府。

10月16日，致信季羡林。

10月，题签《周光镐①诗文选注》（郑焕隆选注）由广东人民出版社出版。

10月，为康晓峰主编《九州》（第三辑）撰《弁言》。

10月，《造字与解字》发表于华语教学出版社出版的《汉字的应用与传播，99汉字应用与传播国际学术研讨会论文集》。

10月，题签《南澳县志》（南澳县地方志编纂委员会编）由中华书局出版。

11月16日，台湾汉学研究中心主办纪念朱子逝世800周年"朱子学与东亚文明研讨会"，因另有安排无法参加会议，寄文章《朱子与潮州》在会上宣读。

11月28日，听闻赖少其去世消息悲痛不已，特发去唁电："惊闻赖少其遽归道山，艺堂陨星，国失良栋，举世震悼，功在区宇，声悬日月，尚祈节哀，谨电致唁。"

---

① 周光镐（1536—1616），字国雍，号耿西，潮州府潮阳县桃溪乡人（今汕头潮南区桃溪乡），嘉靖四十一年举人，隆庆五年（1571）进士，授浙江宁波府推官，先后兼署府属象山、奉化、慈溪三县事。

11月，作《饶宗颐书法丛帖》的跋由香港商务印书馆出版，从擅长的篆、隶、楷、行、草五种书体中各挑一帖，分别为：《饶宗颐书虢季子白盘铭》《饶宗颐书韩仁铭》《饶宗颐书杨大眼造像》《饶宗颐书唐三藏圣教序》《饶宗颐书前后赤壁赋》。

12月1日，赴法京前夕，于香港为宋镇豪与段志洪主编、四川大学出版社出版的《甲骨文献集成》撰《序》。

12月21日，冬至，呵冻作隶于梨俱室，内容为：

砥年砺才增荣益誉，
驾福乘喜长乐永康①。

12月，《说汜与冒及汜戢——卜释复合人名研究举例》载紫禁城出版社《故宫博物院刊》（第6期）。

12月，赴法国巴黎，出席法国远东学院100周年纪念庆典，会晤老朋友谢和耐和汪德迈，到孚日广场参观大文豪维克多·雨果的故居等名胜古迹。

12月底，在台北"中央研究院"演讲。与台北新文丰出版有限公司高本钊董事长会晤，相谈《饶宗颐文集》出版事宜。

冬，于悉尼作《摹赵孟頫〈双松平远〉图》。

同年，商务印书馆（香港）有限公司主办"饶宗颐书画欣赏"展览。

同年，《潮州府志》由潮州市地方志办公室出初版，书前有1997年5月撰写的《记康熙林杭学修之〈潮州府志〉》。

同年，补写岩洞于冯康侯镌佛像②。

同年，题签潮州三个古城门："上水门""竹木门""下水门"。

同年，为潮州金山中学校友会题"我爱金中"。

同年，为四弟宗亮题"双管斋"，并说："我四弟比我厉害，因为他能够右手写字，左手画画。"

同年，为新加坡《南洋学报》题写刊名；为新加坡国立大学中文系学报《学丛》（第五期）审稿。

同年，《研究天地一觇》载陈方正主编《与中大一同成长：香港中文大学与中国文化研究所图史1949—1997》。

同年，赵朴初卒，终年94岁。徐梵澄卒，终年92岁。

## ■ 2001 年（辛巳）八十五岁

1月，人日，作摹元赵孟頫《古木竹石卷》。

1月，香港《明报月刊》（第36卷第1期）载所撰《旧瓶新酒》。

---

① 饶宗颐：《饶宗颐书道创作汇集·汉家威仪》，香港大学饶宗颐学术馆，2012，第72页。
② 饶宗颐：《饶宗颐艺术创作汇集》，香港大学饶宗颐学术馆，2012，第23页。

1月，撰《序》的《香港中文大学文物馆藏简牍》（陈松长著）由香港中文大学文物馆出版。

1月，题签《品涛集》（谢惠鹏著）由广东省旅游出版社出版。

1月，中国社会科学院古代文明研究中心成立，被聘为学术顾问。

1月，撰《梁庚元威论〈说文解字〉》发表于《庆祝王元化教授八十岁论文集》。以《梁庚元威论〈说文解字〉及书之怪奇陋习》收入《饶宗颐二十世纪学术文集》（卷十三·艺术）。

2月，时寓居悉尼听涛居，写《三十六陂秋色六联屏》。

2月，撰《早期青州城与佛教的因缘》发表于香港艺术馆、志莲净苑出版的《山东青州龙兴寺出土佛教造像研讨会特刊》，又见《中国史研究》（第3期）。收入《饶宗颐二十世纪学术文集》（卷五·宗教学）。

3月，题签《潮州菜大全》（许永强著）。

春，梨俱室作《庄子逍遥游》，捐赠香港礼宾府收藏。

4月，出席香港中文大学艺术系、文物馆主办的"中国碑帖与书法国际研讨会"，在会上做《泛论三国碑刻书法》的演讲，演讲稿发表于香港中文大学文物馆《中国碑帖与书法国际研讨会论文集》（游学华、陈娟安编），又见中国书法杂志社《中国书法》（2001年10月第10期）。收入《饶宗颐二十世纪学术文集》（卷十三·艺术）。

5月3日，得知美国创价大学即将创立，书"振铎万方"祝贺。

5月，上海华宝楼集古画廊举办个人书画展。

5月，与季羡林、周一良主编的《敦煌吐鲁番研究》（第五卷）由北京大学出版社出版。

5月，吴南生作《序》的潮汕文库《饶宗颐先生学术年历简编》（王振泽著），由香港艺苑出版社出版。

5月，题签《潮州文化之旅》（张伟编著）由广东省地图出版社出版。

5月，作《满江红》《千秋岁》词二首，收录入《聊复集》。

5月，在家翻阅《奇人李卓吾》一书并赋词。

5月，撰《潮汕史》读后小记。

6月24日，端阳前一日，绘《潇湘八景》。

6月，题签《潮汕文化大观》（林伦伦、吴勤生主编）由花城出版社出版。

6月，题签《饶学与潮学研究集》（郭伟川著）由艺苑出版社出版。

6月，母校潮州城南小学百年校庆，题签《城南小学百年华诞纪念特刊》，书：百年树人。

7月，题签《潮帮批信局》（邹金盛著）由艺苑出版社出版。

7月，题签《潮汕史（上册）》（黄挺、陈占山著）由广东人民出版社出版。

7月，临时澳门市政局、澳门艺术博物馆主办的"选堂雅聚——饶宗颐书画艺术展"在澳门艺术博物馆举行。《选堂雅聚——饶宗颐书画艺术》由澳门艺术博物馆出版，史树青、屈志仁分别作《引言》，陈浩星作《前言》。

7月，"选堂雅聚——饶宗颐书画艺术展"出版书画集和明信片。

7月，赠邓伟雄《选堂雅聚——饶宗颐书画艺术》画册并题"竞秀扬辉　辛巳　选堂"。

7月，在梨俱室题石涛隽句作书室楹联：

耽文艺如嗜欲，

以古人为朋曹。

7月，题签《潮汕历史文物图册》（陈历明著）由香港艺苑出版社出版。

尽夏，梨俱室作《水墨荷花巨幅》。

8月初，季羡林九十大寿，祝贺季羡林生日快乐。题写寿联：

物外笑谈无畛域，雨余泉石长精神。

8月6日，上午，与二女儿清芬到潮州，对广济桥按明代风格复古修建十分赞同，建议按正德年间形成十八梭船廿四洲的格局为依据，修旧如旧。希望参与者读"两史"，读文献记载，尤其是《三阳志》，以历史为依据全力再现千年古桥风貌。认为修建后的广济桥会成为潮州风光之最。

下午，在广济楼上，指出：荆州古城、端州古城乃至曲阜古城均不如潮州，平遥也不一定有潮州古城之壮美。广济楼与古城墙修复后，塞外看嘉峪关，内地看潮州。

8月6日，潮汕三市港澳政协委员联谊会考察团70多人莅潮州考察，为考察团名誉顾问。

8月7日，出席由中国书法杂志社、汕头市书法家协会联合主办的饶宗颐先生八十五岁华诞书画艺术研讨会。

同日，《饶宗颐教授——从事潮学研究六十六周年暨八十五华诞庆贺会》由潮汕历史文化研究中心办公室出版。

同日，"饶宗颐书画潮汕巡回展"在潮汕展出。

8月22日，书《唐四家书法四屏》。

8月28日，出席"潮州广济桥维修设计图纸专家评审会"会议。

8月，出席长沙三国吴简暨百年来简帛发现与研究国际学术研讨会，研讨会由长沙市政府与中国社会科学院历史研究所联合主办。

8月，题签《海上丝路寻踪》（蔡英豪主编）由华文出版社出版。

8月，成为第五批汕头市荣誉市民[①]。

8月，书：

① 汕头市荣誉市民第一批2位，第二批6位，第三批14位，第四批38位，第五批1位。

襟怀尔我，

肝胆乾坤。

8月，题写《情荷》。

9月，作为《补资治通鉴史料长编系列》的《汉魏石刻文字系年》（饶宗颐主编；刘昭瑞著），由台北新文丰出版公司出版。

9月，为中国文联出版社出版的《阿楠说戏》（郭楠著）题"郭楠导演文选"。

10月初，在京时，任继愈邀季羡林、周一良宴请饶先生，后周先生因身体欠佳缺席。自1956年与周一良成为好友后，友情日益加深。得知周一良身体欠佳，一直挂记在心。

10月15日—30日，与荣新江在香港中文大学新亚书院做敦煌学方面的研究工作。

10月19日，下午，出席中国历史博物馆主办"古韵今情——饶宗颐书画展览"，这是该馆首次为现代书画家举办个人展览，将创作的22尺巨幅墨荷捐赠该馆收藏。《长流不息——饶宗颐之艺术世界》画册由港澳发展有限公司出版。

10月23日，月初在京与任继愈、季羡林相聚时，周一良生病无法参加，故一直挂记周的病情。一大早饶先生在新亚书院遇见从京回来的荣新江，立即询问周一良近日身体状况，荣新江答复说："周先生一切尚好。"没料到吃晚饭时，惊悉周一良逝世，他悲痛万分，写下木兰花令挽周一良：

数日前，任继老邀君与季老及余共饭，君以痴悭一晤，不意竟成永诀。张玉田悼王碧山谓"长歌之哀，过于痛哭"，寄此以抒余悲。

北图新约悲疏阔，

遽报山颓添哽咽。

初逢忆似梦中人，

四十五年真电抹。

知音何处今难觅，

不信芳菲从此歇。

相贻一卷永别离，

泪坠燕山湖底月。

10月，被聘为北京大学震旦古代文明研究中心顾问，于北京大学考古文博院作题为《"太一"古义及相关问题》演讲。收入《饶宗颐二十世纪学术文集》（卷三·简帛学）。

10月，为山东大学百年校庆题词：

齐鲁情未了。

11月1日—4日，出席台湾中正大学、逢甲大学联合主办的"二十一世纪敦煌学国际学术研讨会"，会上发表《敦煌〈悉昙章〉与琴曲〈悉云章〉》一文。该文收入《饶宗颐二十世纪学术文集》（卷四·经术、礼乐）。

11月2日，出席北京大学百年纪念论坛，做题为《新经学的提出——预期的文艺复兴工作》专题演讲。以十足信心预期21世纪将是我国踏上一个"文艺复兴"的时代。

11月10日，深圳读书月首开读书论坛，作为首位嘉宾演讲《中国学术与人文传统》。

12月1日，撰《新编甲骨文字形总表》（沈建华、曹锦炎编著）的《序》，由香港中文大学出版社出版。年表收集了近廿年来海内外七种甲骨著录，近五万片甲骨文的文字。

冬至，梨俱室创作《范仲淹道服赞》《九如图》。

12月22日，冬至，临写《散矢盘铭》。

12月22日，冬节，临《散盘卷》[①]。

12月28日，下午，在二女儿饶清芬陪同下，前往揭阳考察，登临黄岐山。参观侣云寺，将明朝揭阳县令冯飚所撰《钟铭记》中的"隋与铁坚，缘从响断"改为"情与铁坚，缘从响续"。

12月30日，在香港撰毕《黄岐山记》。

12月，岁除，以茅龙笔书：

徐天池诗[②]。

12月，应邀为台湾"中央研究院"历史语言研究所"傅斯年汉学讲座"做三场"上古史研究"学术讲座。

12月，岁暮，于梨俱室作朝鲜《金刚山》。

12月，获选为国际欧亚科学院（俄罗斯）院士，获聘为中国社会科学院古代文明研究中心学术顾问。

12月，《由出土银器论中国与波斯、大秦早期之交通》《㼋民、苗民考》发表于中山大学出版社出版的《华学》（第5辑）。《由出土银器论中国与波斯、大秦早期之交通》收入《饶宗颐二十世纪学术文集》（卷七·中外关系史），《㼋民、苗民考》收入《饶宗颐新出土文献论证》。

同年，为潮州开元寺题"大悲殿"。

---

① 饶宗颐：《饶宗颐书道创作汇集·凡上龙蛇（中册）》，香港大学饶宗颐学术馆，2012，第282—287页。

② 饶宗颐：《饶宗颐书道创作汇集·宋明逸意》，香港大学饶宗颐学术馆，2012，第123—125页。

同年，《在潮汕历史文化研究中心、潮汕历史文化研究传播基金会第六次理事会议上的讲话》《在〈潮汕史〉（上册）首发式上的发言》刊登于《潮汕历史文化研究中心通讯》（第22期）。

同年，《"饶宗颐国画选"自叙》《在饶宗颐教授从事潮学研究66周年暨85华诞庆祝会上致答辩》刊登于《潮汕历史文化研究中心通讯》（第23期）。

同年，周一良卒，终年89岁。

# ■ 2002 年（壬午）八十六岁

1月，在香港家中撰写《饶宗颐二十世纪学术文集·小引》。

1月，开岁，在家检出1981年所书《黄漳浦杂诗》。

1月，撰《学艺双携：饶宗颐艺术天地·小引》。

1月，撰《论贾湖刻符及相关问题》发表于《古文字与商周文明》（台北第三届国际汉学会议论文集·文字学组）。收入《饶宗颐二十世纪学术文集》（卷一·史溯）。

2月20日，撰《竹书〈诗〉序小笺（一）》。

2月，于香港撰《塞种与Soma——不死药的来源探索》。

2月，新岁发春，作长卷《长江万里》题记：

泼彩长江万里图。

陈白沙以茅龙笔书，予戏写茅龙笔画，亦一新尝试也。

2月，二女儿饶清芬把《饶宗颐二十世纪学术文集》两大箱书稿运至台北，交由新文丰出版公司印制，经6个月努力，新文丰出版公司将文集的打印稿寄回香港做一校。

3月23日—29日，新加坡摄影学会主办的"情荷影展"在新加坡百丽宫展览厅开幕。为展览题写"情荷"。展览分别在新加坡、中国香港和法国三地举办。

3月，审阅、校对《饶宗颐二十世纪学术文集》稿件。

3月，撰《由刑德二柄谈"䞍"字——经典异文探讨一例》一文。此文于"第一届中国语言文字国际学术研讨会"上发表，载《上海博物馆集刊·上海博物馆建馆五十周年》（第9期）。收入《饶宗颐二十世纪学术文集》（卷四·经档、礼乐）。

3月，为《纪念詹昭清①校长百年冥寿专辑》题词：

教泽永被。

---

① 詹昭清（1903—1981），广东海阳县人，毕业于北京大学，先后任汕头海滨师范学校教务主任，韩山师范学校训导主任和金山中学教务主任。

3月，获"揭阳市荣誉市民"称号。

3月，撰《上海楚竹书〈诗序〉小笺》发表于《上海藏战国楚竹书研究》，以《竹书〈诗序〉小笺（一）》收入《饶宗颐二十世纪学术文集》（卷四·经术、礼乐）、《饶宗颐新出土文献论证》。

5月1日，在二女儿饶清芬陪同下，飞往美国。

5月2日，下午，做客哈佛燕京，在三楼小办公室和善本书库用两个多小时翻阅古本。晚上，应哈佛燕京郑炯之馆长之邀，在波士顿的唐人街醉琼楼参加晚宴。

5月3日，下午，出席美国哈佛大学纪念汉学家杨联陞会议，应邀做题为《楚简〈诗说〉的理论及其历史背景》演讲，随后为燕京图书馆题写黄山谷（宋·黄庭坚）句"天上玉堂森宝书"书法一幅，喻图书馆如翰林院一样珍贵书籍众多。2005年9月，该发言稿收入《饶宗颐新出土文献论证》。

5月4日，于美国哈佛等地方配合香港亚洲电视台拍摄纪录片。

5月20日，出席南京大学百年校庆，做题为《兴于诗——〈诗序〉心理学的分析》的演讲。收入《饶宗颐新出土文献论证》。

5月，香港国际创价学会出版《学艺双携：饶宗颐艺术天地》。

5月，撰《释、道并行与老子神化成为教主的年代》发表于《燕京学报》（新第12期）。收入《饶宗颐二十世纪学术文集》（卷五·宗教学）。

5月，撰《曲沃北赵晋侯墓地M114出土叔矢方鼎及相关问题研究笔谈》发表于《文物》（第5期）。收入《饶宗颐新出土文献论证》。

6月，撰《朱子与潮州》发表于《朱子学的开展——东亚篇》。收入《饶宗颐二十世纪学术文集》（卷四·经术、礼乐）。

6月，在李焯芬院士带领下，20多位博士生组成《饶宗颐二十世纪学术文集》校对组，先后做了四校，每校都看。

6月，香港大学美术博物馆主办"饶宗颐心经书法展：心无挂碍"。

7月3日，托黄嫣梨[①]转交给沈津"雅达广览"书法一帧，并附信一封，

7月6日—14日，出席香港国际创价学会主办"学艺双携——饶宗颐艺术天地"书画展，《学艺双携——饶宗颐艺术天地》画册由创价学会出版。9天展览共计13288人次进场参观。展出作品部分拍卖后，筹得70万元捐建潮州归湖镇"选堂创价小学"。

7月，新世界出版社编辑张世林一行前来拜会，转交季羡林的签名新作《千禧文存》。

夏，写《狮岭晨曦》。

8月，撰《谈〈归藏〉斗图——早期卜辞"从斗"释义与北斗信仰溯源》发表于《追寻中华古代文明的踪迹——李学勤先生学术活动五十年纪念文集》。收入《饶宗颐二十世纪学术文集》（卷四·经术、礼乐）、《饶宗颐新出土文献论证》。

8月，与季羡林、周一良主编《敦煌吐鲁番研究》（第六卷）由北京大学出版社

---

① 黄嫣梨（1951—　　），广东新会人，哈佛大学燕京学社研究员和访问教授。

出版。

9月21日，中秋，为《丘镇英教授文集》（丘成桐[①]编）撰《序》。

同日，为祖籍梅县松口镇铜盘村饶氏宗族题：饶氏族谱。

9月，于梨俱室与杨善深合写《伯远帖意山水卷》[②]。

9月，北京大学出版社出版《21世纪：人文与社会——首届北大论坛论文集》载《预期的文艺复兴工作》。

9月，题签《饶宗颐的文学与艺术》（郭伟川编辑）由香港天地图书有限公司出版、广西师范大学在内地出版。

9月，作《序》的《与自然对话——池田大作摄影集》，由岭南美术出版社出版。

10月12日—13日，出席"潮州广济桥维修设计图纸专家评审会"会议。

10月，作《屯门帆影》。

10月，为纪念释仁智祖师（1813—1903）圆寂100周年，题写：

法乳千秋。

11月22日—24日，在香港中文大学文学院及历史系主办的"第四届潮州学国际研讨会"上发表论文《揭阳与越布》。11月10日，论文《揭阳与越布》以《揭阳与五岭》载《揭阳日报》"第五届潮学国际研讨会特刊"。收入广东经济出版社《揭阳县志（1986—1991）续编》（贺益明主编）。

11月29日至12月1日，出席故宫博物院、上海博物馆、辽宁博物馆举办"千年遗珍国际学术研讨会"。《东维子（杨铁崖）与元代书学——兼论书史上二元说》发表于上海博物馆编《千年遗珍国际学术研讨会论文集》。

12月15日，出席暨南大学与中山大学联合举办的"纪念詹安泰诞辰一百周年大会"。

12月21日—23日，《明清之际禅家灯统与画学》做香港大学"明清江南：地域主体与历史转折国际学术研讨会"演讲稿。以《明清之际禅画南传与海外文化交流》收入《饶宗颐二十世纪学术文集》（卷十三·艺术）。

12月25日，圣诞节，撰《序》的《吐鲁番出土唐代文献编年》（任主编；陈国灿著）作为香港敦煌吐鲁番研究中心研究丛刊，由台北新文丰出版公司出版精、平装本。

12月，嘉平，书《郑板桥联句》：

搔痒不著赞何益，

---

① 丘成桐（Shing-Tung Yau, 1949—  ），美籍华人，菲尔兹奖首位华人得主，美国国家科学院院士、美国艺术与科学院院士、台湾"中央研究院"院士、中国科学院外籍院士。

② 饶宗颐：《饶宗颐艺术创作汇集·珠联璧合》，香港大学饶宗颐学术馆，2012，第81—82页。

入木三分骂也精。

又写《赤壁夜游》并录其句。

冬至前，梨俱室作《临散矢盘铭》《元四家笺意四时山水小卷》。

12月，涂月，作成扇；书杨慎长江词；画赤壁夜游[①]。

12月，撰《玄悟老人书草庵歌书迹·跋》收入《选堂序跋集》（饶宗颐著；郑会欣编）（2006年）。

12月，潮州市人民政府聘为维修广济桥顾问，回潮州参加古桥维修方案审定、设计图纸评审。

12月，题签《潮学研究——饶宗颐教授85华诞纪念号》（潮汕历史文化研究中心编）由花城出版社出版。收入《饶宗颐新出土文献论证》。

12月，撰《序》和《谈钟律及楚简"漟""灂"为"折"学说》载香港商务印书馆出版《道苑缤纷录——柳存仁教授八十五岁祝寿论文集》。收入《饶宗颐新出土文献论证》。

12月，所撰《塞种与Soma——不死药的来源探索》发表于《中国学术》（第12辑）。收入《饶宗颐二十世纪学术文集》（卷七·中外关系史）。

12月，在香港出席《炎黄文化》国际研讨会，做《新文献的压力与知识开拓》的专题演讲。

12月，作为《补资治通鉴史料长编稿系列》的《吐鲁番出土唐代文献编年》（饶宗颐主编；陈国灿著）由台北新文丰出版公司出版。

12月，书联：

取自筼筜谷，本是冰雪姿。壬午嘉平选堂。
金峰先生工画竹谨题数语奉赠。

同年，题签《潮州市小天使潮剧团》。
同年，为深圳书法院院长赵永金题写斋名：

拾芥山房。

同年，以汉隶结合北碑风格写成佛教经典《般若波罗蜜多心经》，全文260个字，每字20寸乘以20寸，将由香港特区政府铸刻于巨木之上，以供游人观赏。

同年，黎雄才卒，终年93岁。

---

① 饶宗颐：《饶宗颐书道创作汇集·清风徐来》，香港大学饶宗颐学术馆，2012，第118页。

# ■ 2003 年（癸未）八十七岁

元旦，书：

永宁安昌[1]。

1月，"非典"横行期间，与陈伟南、林百欣、庄世平聚会，共为香港抗"非典"出谋献策。

1月，于悉尼作《吴江舟次诗意图》。

1月，《由明代"二酉山房"谈秦人藏书处与里耶秦简》发表于《中国历史文物》（第1期）。收入《饶宗颐新出土文献论证》。

1月，萧萐父[2]八十寿，作词《满江红寿萧教授萐父八十》贺寿。

1月，与季羡林一起任中华书局"华林博士文库"主编。

春，出席香港潮州同乡新春团拜会，与庄世平、陈伟南、洪祥佩等一起向潮州同乡恭贺新春。

春，梨俱室书《汪士慎诗》，作《长护美人衣》。

春，为邱金峰题匾：玉蕖居。

3月1日，参加"香港中文大学四十周年杰出学人学术讲座"，做题为《〈诗〉与古史：从出土楚简谈玄鸟传说与早期殷史》的讲座，文章发表于香港中文大学《中国文化研究所学报》（新第十二期）。收入《饶宗颐新出土文献论证》。

3月，获聘为中国人民大学孔子研究院学术委员会顾问。

3月，《敦煌〈悉昙章〉与琴曲〈悉云章〉》载巴蜀书社《新世纪敦煌学论集》。

4月，《九州》（第三辑·先秦历史地理专号）载千禧年所撰《弁言》[3]由北京商务印书馆出版，任荣誉主编，唐晓峰主编。该专号载《殷代地理疑义举例——古史地域的一些问题和初步诠释》、《殷代历史地理三题》：殷代卢帝考·帝江、工方考·殷代竹国辨二文。收入《饶宗颐新出土文献论证》。

5月，过潮州龙湖寨刘均量故居作《过龙湖刘均量故居五律》：

回首龙湖路，踟蹰古寨隅。
世怀方伯第，我眷故人居。
旗鼓非畴日，庭梧敦扫除。
流连虚白室，胜读五车书。

---

[1] 饶宗颐：《饶宗颐书道创作汇集·汉家威仪》，香港大学饶宗颐学术馆，2012，第89页。

[2] 萧萐父（1924—2008），四川成都人，中国著名哲学家。

[3] 选堂在《九州》专刊上标注：此文《选堂序跋集》失收。

5月，《古史之断代与编年》由台湾"中央研究院"历史语言研究所初版。收入其应台湾"中央研究院"之邀，为傅斯年汉学讲座所做三次演讲之演讲词，包括《由不同文化交流与部族分布谈古上"时"与"地"的复杂性》《以水道为纲：谈古史传说形成的架构》《从文献上细数五帝的异说：兼论若水与黄金》三篇文章，利用近年发现的新材料：金沙遗物及上海博物馆收藏的楚简，对上古史重新做一番考辨，纠正旧说之讹。收入《饶宗颐二十世纪学术文集》（卷一·史溯）。为书画苑收藏该书题签："此文在台湾演讲中多新颖见解。"

5月，《通会之际——饶宗颐书法集》由香港港澳发展有限公司出版，主要作品为20世纪80年代至2003年各体书法108件。

6月，于梨俱室作《朱笔钟馗》，题记：

癸未蒲节写朱笔钟馗，以祈祓禳灾。

选堂时年八十有七。

6月，被聘为《潮汕侨批萃编》编辑委员会名誉顾问。

6月，为香港大学冯平山图书馆建馆70周年担任主礼嘉宾。

6月，《爨公盨与夏书〈禹之总德〉》载紫禁城出版社《华学》（第6辑）。收入《饶宗颐新出土文献论证》。

7月5日，接受汕头大学图书馆潮汕文献特藏顾问聘书并题"汕头大学图书馆"匾额。

同日，与卢瑞华一起出席潮州金山中学选堂书廊揭幕仪式，题写"情系金山"四字。

同日，参加潮州归湖镇选堂创价小学落成仪式。

7月25日，重访位于潮州东平路305号旧居。

7月，撰《说零伯——〈盛世吉金〉书后》载《九州学林》（创刊号），该刊物由复旦大学出版社、香港城市大学中国文化中心联合出版。收入《饶宗颐新出土文献论证》。

7月，所撰《贾谊〈鹏鸟赋〉及其人学》发表于《东南大学学报（哲学社会科学版）》（第5卷第4期）。收入《饶宗颐二十世纪学术文集》（卷四·经术、礼乐）。

8月5日，为陈复礼摄影艺术馆、陈其铨书道馆题匾额。

8月，撰《卜辞"殷门不往雀"解——殷礼提纲之一》发表于《纪念殷墟甲骨文发现一百周年国际学术研讨会论文集》（夏商周文明研究4）。收入《饶宗颐二十世纪学术文集》（卷四·经术、礼乐）。

9月1日，在饶宗颐学术馆之友林百欣等有关人士的支持下，香港大学饶宗颐学术馆开始筹建。

9月21日，收到扩建饶宗颐学术馆方案。

9月，题签《明式家具珍赏》（王世襄编著）由文物出版社出版。

9月，题签《潮州史志资料选编》由潮州地方志办公室编印。

9月，撰《索紞写本〈道德经〉残卷再论》，发表于《首都博物馆丛刊》（第17期）。

秋，于长安书：

通会之际①。

10月17日，香港中文大学建校40周年，书对联祝贺：

蕴真惬所遇，
振藻若有神。

10月，赠陈韩曦小对联：劳谦持世，耕读传家。

10月，下旬，因校对、修订《饶宗颐二十世纪学术文集》文稿劳累过度引发中风住院治疗。围绕健康问题，自己调侃道："为求活命，接纳高人指点，要多穿红色。"故一改以往深色装束，以大红大绿唐装搭配深红的围巾，供衣服搭配的围巾就有30条，围巾成为个性显现的行头。

10月，于香港大学饶宗颐学术馆撰《饶宗颐二十世纪学术文集》"小引"及"后记"。

10月，《濮阳龙虎蚌塑图像涵义蠡测》《风胡子论玉器时代》收入《饶宗颐二十世纪学术文集》（卷一·史溯）。

10月，《郭店楚简与〈天问〉——"鲧何故以东南倾"说》拓展对早期文学的认识，指出在郭店楚简中，找到可以阐释《天问》中"鲧何故以东南倾"一语的相关文献，这为理解《天问》知识背景提供借鉴。前文与《郭店楚简中虞舜先人"寰"考》，收入《饶宗颐二十世纪学术文集》（卷三·简帛学）。

10月，《竹书〈诗序〉小笺（二）——论"吝"与"隐"》收入《饶宗颐二十世纪学术文集》（卷四·经术、礼乐）。

10月，《奇士与奇文——记屈大均及其〈华岳〉诗》收入《饶宗颐二十世纪学术文集》（卷十二·诗词学）。

10月，《饶宗颐二十世纪学术文集》由台北新文丰出版公司初版，该书共十四卷分20册，收录著作60种及释著1种，全书共14卷，各卷分别是：史溯、甲骨、简帛学、经术·礼乐、宗教学、史学、中外关系史、敦煌学、潮学、目录学、文学、诗词学、艺术、文录·诗词等。

10月，撰《古酉水、酉墟考——里耶秦简所见"酉阳"与古史》发表于《第四届国际中国古文字学研讨会论文集：新世纪的古文字学与经典诠释》。收入《饶宗颐新出土文献论证》。

---

① 饶宗颐：《饶宗颐书道创作汇集·汉家威仪》，香港大学饶宗颐学术馆，2012，第88页。

10月，题签《曾镇悦画展》《潮汕民居国画欣赏集》。

10月，题签《潮州小食》（许永强著）由汕头大学出版社出版。

11月7日，会见赴港参加香港大学饶宗颐学术馆开馆仪式的潮州市领导，对潮州饶宗颐学术馆扩建方案表示满意。

11月8日，"香港大学饶宗颐学术馆"收到捐赠书画及艺术品180件，书籍25000册，其中论著137种、珍本特藏书籍800种1000册。黄苗子题写"香港大学饶宗颐学术馆""选堂文库"及"梨俱室"等匾额。

同日，《古意今情——饶宗颐画路历程》由香港大学饶宗颐学术馆出版。

11月10日，《黄岐山记》发表于《揭阳日报》第五届潮学国际研讨会特刊，又见《紫峰艺苑》（2009年第3期）。

同日，论文《揭阳与五岭》载《揭阳日报》"第五届潮学国际研讨会特刊"。收入广东经济出版社《揭阳县志》（1986—1991）续编（贺益明编）。

11月11日，王赓武讲堂举行香港大学饶宗颐学术馆开幕典礼暨《饶宗颐二十世纪学术文集》出版仪式，与李嘉诚、林百欣、陈伟南、何志平、徐立之、李焯芬等一起出席。

11月15日，致信季羡林。

11月30日，在《古意今情——饶宗颐画路历程》画册前衬页上题"韩曦兄正之　选堂"。

11月，香港科技大学授予荣誉文学博士学位。

11月，在家检出60年代梅窝写生图，重题旧句。

12月2日，出席在中大文物馆举行的《古意今情——饶宗颐画路历程》开幕式。

12月4日，获香港中文大学荣誉文学博士学位，香港中文大学文物馆特举办"仁智之乐——固庵教授在中大"展览和出版特刊庆贺。

12月22日，冬至，梨俱室作《平湖秋树图》。

同日，为香港公园题：

和衷共济，
求异求同。

12月，《略谈刘起釪氏的经学、史学著作》载海南出版社《古史考——民间论三代》（吴锐等编，第9卷）。

同年，为泰中学会成立十周年题词：

发扬幽潜。

同年，题匾：孝禅寺。

同年，题签《宋代笔架山潮州窑》。

同年，为潮州龙湖古寨题词：

人杰地灵。

同年，为潮州广济楼题"东为万春"匾额及柱联：万峰为户主，一水接天来。

同年，书赠单霁翔[①]"识古通今"。

年底，为少林寺筹建少林慈幼院题写"慈幼院"匾额。

同年，钱仲联卒，终年96岁。傅汉思卒，终年88岁。邢凤梧卒，终年73年。

## ■ 2004 年（甲申）八十八岁

1月21日，除夕，书：

支遁乃真马也，
老子其犹龙耶[②]。

1月，与季羡林主编的《敦煌吐鲁番研究》（第七卷）由中华书局出版。

1月，题签《岭南书学研究论文集》（林亚杰、朱万章著）由广东人民出版社出版。

1月，题签《张树人捐赠书画集》（张无碍主编）由岭南美术出版社出版。

1月，饶宗颐初纂、张璋总纂《全明词》（全六册）由北京中华书局初版，该书在赵尊岳已刊行《明词汇集》（收明词268种，1992年7月由上海古籍出版社出版）的基础上，继续对《全明词》进行编纂，1983年上半年向国务院古籍整理出版规划小组交稿。书中得词家900余人，后有张璋续辑，最后共得词家1396人，词作约20000阕。

1月，接受张公者的采访，题目为"通境——饶宗颐访谈"。

立春，梨俱室作《松笺行书》，题云：

松蟠带雪能生甲，
梅影移窗月送诗。

甲申立春以自绘画笺，百年旧墨书此。

又书《楷书十一言联》：

---

① 单霁翔（1954—　），江苏南京人。1971年1月参加工作，清华大学建筑学院城市规划专业研究生，工学博士、博士生导师。高级建筑师、注册城市规划师，曾任故宫博物院院长。

② 饶宗颐：《饶宗颐书道创作汇集·书韵联情》，香港大学饶宗颐学术馆，2012，第178页。

学问无穷造到老时学到老，
年华有限得开怀处且开怀。

2月5日，上元节，书题匾额赠陈韩曦，内容：

上元轩。

2月书：

长乐延年。

2月书：

张猛龙碑句，幼年娴习，垂老不忘，聊记习字经历。

2月，为广州美术博物院作《云山旭日》。

2月，撰《诗的欣赏：介绍竹书最古的〈诗〉说》发表于《当代杰出学人文史、科技公开演讲文集》（李光雄等编辑），以《诗的欣赏——古代诗教和诗的社会》收入《饶宗颐新出土文献论证》。

3月2日，花朝，书联：

野情传白石，
寒意在朱敦。
王觉斯游沐涧寺诗作汉隶，兹摘其句[①]。
又以青花瓷绘法写匡庐黄龙潭月色。

3月10日，致信吴榕青。

3月13日，收到饶宗颐学术馆新馆扩建第二方案。

3月17日，于香港礼宾府"饶荷"大屏风前留影。

3月25日，被授予第二批"潮州市荣誉市民"称号。

3月，题签《环球诗词四百家选萃》（黄赞发、陈图渊主编）由汕头大学出版社出版。

3月，以程穆倩（程邃）焦墨法写意大利《梭铃铎写生》。

3月，出席香港商务印书馆举办《饶宗颐二十世纪学术文集》介绍会。

3月，题签《潮州乡音》（第一期，总170期）由潮州市归国华侨联合会出版。

春，撰《略记广东易学著述》。

---

① 饶宗颐：《饶宗颐书道创作汇集·汉家威仪》，香港大学饶宗颐学术馆，2012，第96页。

4月21日，出席在香港大学饶宗颐学术馆举行的"饶宗颐学术馆之友[①]成立暨庆祝饶宗颐米寿祝寿会"。

4月23日，收到潮州市政府关于饶宗颐学术馆规划设计征求意见。

4月24日，汕头侨批文物馆落成，馆内有题词"媲美徽学""潮学前导"[②]。

同日，于北京大学季羡林书房茶聚，交流学术问题。

同日，会晤故宫博物院院长郑欣淼。

4月，题签《潮汕庵寺》（林俊聪编著）由花城出版社出版。

4月，清和，书：酒德颂[③]。又写印度《灵鹫山图》。

4月，作《荔枝角海滩》。

4月，题签《红头船的故乡：樟林古港》（汕头市政协学习和文史委员会编）由天马出版有限公司出版。

4月，与好友吴南生、郑欣淼一起出席在广州艺术博物院举行的"造化心源——饶宗颐书画艺术展"暨学术座谈会。该活动由香港大学饶宗颐学术馆、广州艺术博物院、广东及广州炎黄文化研究会合办，《造化心源——饶宗颐书画艺术》画册由香港大学饶宗颐学术馆、广州艺术博物院等出版。

4月，在香港大学饶宗颐学术馆书八十八自述联：

著书敢望金楼子，
作篆能驱天谶文。

5月，书联句：

北郭小庭亦有月，
南山高枕即吾庐[④]。

5月27日，在香港大学饶宗颐学术馆会晤林百欣。

6月21日，《饶宗颐学术馆扩建工程规划设计总体要求》实施。

6月30日，为潮州广济桥修复撰联：

古桥还旧貌，
薄海同讴歌。

---

① 该会参与、推动学术馆业务活动，主要提供合理建议和经济支持。至今累计支持200多个活动项目，包括研究、展览、出版、研讨会及讲座等。有名誉会员4名，会员50名。

② 2000年11月，在"潮学讲座"上对侨批做如下论述：徽州特殊的是有契据、契约等经济文件，而且保存很多，潮州可以和它媲美的是侨批。侨批等于徽州的契约，价值相等。

③ 饶宗颐：《饶宗颐书道创作汇集·几上龙蛇（中册）》，香港大学饶宗颐学术馆，2012，第306—307页。

④ 饶宗颐：《饶宗颐书道创作汇集·汉家威仪》，香港大学饶宗颐学术馆，2012，第97页。

　　题识：湘桥肇建于南宋乾道年间，诸知州前后历建桥墩并起楼阁，《永乐大典·三阳志》备载其事。元时桥墩毁于兵火。明正统宣德知府王源重修旧观。桥久废坠。今兹重建，恢复宋明旧貌，诚一时之盛事也。

　　6月，《明报月刊》（第39卷第6期）载《悼念岭南大师杨善深：春风桃李花开日——善深先生二三事》。

　　6月，被聘为香港大学中国文化讲座教授席之首位教授。

　　6月，中日友好使者池田大作访华30周年纪念之际，撰联祝贺：

池荷消火宅，
法句涌心田。
大易尊大作，
中庸致中和。

　　7月，为广东潮人海外联谊会会刊《广州潮讯》题词：

同气相求。

　　7月，作为《补资治通鉴史料长编稿系列》的《居延汉简编年：居延编》（饶宗颐主编；李均明著）由台北新文丰出版公司出版。

　　8月3日，在香港跑云晖阁家中签署委托书，授权潮州市地方志办公室重新编印《潮州志》。

　　8月，题签《台湾潮文化之旅》（陈汉初著）由汕头大学出版社出版。

　　9月28日，中秋，以宋人画道济法写《潮州八景》，又写瑞士《白山雪意》。

　　9月29日，梨俱室作《岁寒三友四屏》《四时山水卷》。

　　9月30日，潮州市饶宗颐学术馆举行扩建工程奠基。

　　9月，观《心经》木刻后，重游流浮山归来，梨俱室作《流浮山写生》，以纪游踪。

　　9月，题签《卢瑞华行书集》（卢瑞华著）由荣宝斋出版社出版。

　　9月，为港澳发展有限公司、广州艺术博物院杨善深艺术馆出版《春风化物——杨善深癸未甲申书法作品集》作《小引》。

　　秋，作《五牛图卷》。

　　秋，撰《"玄鸟"补考》发表于香港城市大学中国文化中心《九州学林》（第二卷第三期）。收入《饶宗颐新出土文献论证》。

　　10月8日，中秋后十日，执扇书：

王维少年行①。

10月23日，重阳后一日，梨俱室作《西陵烟雨图》。

10月，题签《陈暑木诗文选编》（陈暑木著）由澳门文化广场有限公司出版。

10月，中华书局出版《纪念顾颉刚先生诞辰110周年论文集》载《怀念顾颉刚先生》。

10月，题签《顾廷龙年谱》（沈津著）由上海古籍出版社出版。

10月，撰《契封于商为上洛商县证》发表于《纪念顾颉刚先生诞辰110周年论文集》（中国社会科学院历史研究所、中山大学历史系编）。收入《饶宗颐新出土文献论证》。

11月12日，为中山大学校庆题写：

岭学辉光，
开来继往。

同日，为澳门艺术博物馆举办的"八大石涛书画精品展"题签。

11月，《隋唐土著》载《潮州》（第四期）。

11月，书东坡句：

大瓢柠月归年瓮，
小勺分江入夜瓶②。

11月，题签《林剑仆国画集》（林剑仆著）由中国文联出版社出版。

11月，香港大学饶宗颐学术馆举办"象外环中——饶宗颐教授甲申书画创作展"。《象外环中——饶宗颐教授甲申书画选集》由香港大学饶宗颐学术馆出版。

12月9日，潮州领导到家中汇报饶宗颐学术馆新馆扩建进展情况。

12月10日，在香港梨俱室为潮州昌黎路小学题写：

昌黎遗泽。

12月，为邓伟雄编《紫泥丹青：海上十家绘壶雅聚》作"序"。

12月，题签《陈良伟书画选》（陈良伟著）由岭南美术出版社出版。

12月，获澳门大学人文科学荣誉博士学位。

12月，撰《"九州平"及"地平天成"说》发表于中山大学出版社出版的《华

---

① 饶宗颐：《饶宗颐书道创作汇集·殷周余韵》，香港大学饶宗颐学术馆，2012，第136页。

② 饶宗颐：《饶宗颐书道创作汇集·书韵联情（上册）》，香港大学饶宗颐学术馆，2012，第179页。

学》（第七辑）。

同年，为二弟宗杭撰七字联并书：

自觉已登山绝顶，
何时得与子同游。

同年，为华南师大附中题字：

立德、立功、立言。

同年，忆写《广西瑶山飞瀑》。
同年，于梨俱室题写"选堂茗壶"，赠编者收藏。
同年，为香港大学饶宗颐学术馆题：

选堂文库。

同年，杨善深卒，终年92岁。

# ■ 2005 年（乙酉）八十九岁

1月5日，小寒，书七字联：

盂羹最珍慈竹笋，
瓶水自养山僵花[1]。

1月，又取隶势书殷契文：

惟天为大，
如月之恒[2]。

1月，与季羡林主编《敦煌吐鲁番研究》（第八卷）由中华书局出版。在编者藏
书上题：此卷为余米寿时专刊，可宝也，选堂。
1月，献岁，作《雾锁重关》。
1月，题签《世界潮商》创刊。

---

[1] 饶宗颐：《饶宗颐书道创作汇集·书韵联情（下册）》，香港大学饶宗颐学术馆，2012，第239页。
[2] 饶宗颐：《饶宗颐书道创作汇集·殷周余韵》，香港大学饶宗颐学术馆，2012，第34页。

1月，挥毫写就二幅书法："清心""如意"，题识：君谨、燕卿伉俪雅赏，选堂。

1月，献岁，自题楚畹联句：

凤鸟高翔来皆风雅士，
山林长往我本楚狂人[①]。

1月，在家检出80年代临《韩仁铭》，题记：

八十年代临韩仁铭，尚未中绳尺，聊復存之。
选堂记，乙酉春月。

除夕，梨俱室作《书章草简》。

立春，陈韩曦到家中拜年时，获赠"书画苑"匾额和《选堂书画集》（1979年1月出版）画册，画册衬页上有"选堂乙酉题"五字。另鉴赏张大年《红荷》立轴后，在卷轴裱边上题："大风堂红荷真迹，乙酉，选堂。"

2月4日，《古地辨二篇》发表于《九州学林》（第三卷第一期）。

2月5日，人日，于梨俱室之北窗下书：

大痴画诀[②]。

2月，写《敦煌月牙泉一篇》，又作瑞士《黑湖帆影》。

春月，于梨俱室绘写《吉祥天降》图。

3月，香港商务印书馆《文化自觉与社会发展——21世纪中华文化世界论坛文集》，收入《新文献的压力与知识开拓》。

3月，题签《风雨过后》（张百栋著）由花城出版社出版。

春，将创作的书法作品共72件赠潮州饶宗颐学术馆。

4月13日至5月29日，由香港饶宗颐学术馆、广州艺术博物院、香港大学美术博物馆联合主办"岭海风韵——岭南四君子与饶宗颐合作画展"在香港举办，展出与岭南画派赵少昂、关山月、黎雄才、杨善深合作的72幅作品。广州艺术博物院出版《岭海风韵——岭南四君子与饶宗颐合作作品集》。

4月，撰《新出土文献论证·自序》。

4月，清和雨后，以天柱崇慧禅偈入画，绘《天柱禅境金咭册》。

4月，题签《叩齿重光》（林俊聪编著）由潮州叩齿古寺出版。

---

① 饶宗颐：《饶宗颐书道创作汇集·雄奇书势》，香港大学饶宗颐学术馆，2012，第75页。

② 饶宗颐：《饶宗颐书道创作汇集·几上龙蛇（中册）》，香港大学饶宗颐学术馆，2012，第312—313页。

5月5日，《杨铁崖与元代书学》发表于《文汇报》。后刊于《千年遗珍国际学术研讨会论文集》（上海博物馆）。

5月20日，世界最大户外木刻佛经群《心经》简林落成，这个祈福地成为香港的新地标。简林由木桩38条组成，每条高达8至10米，依山形地势安放，按经文顺序排列成“∞”字阵势，象征“无限”“无量”，也表示宇宙人生变化无定之理。山坡有一木桩则未有刻字，象征《心经》“空”之要义①。

5月21日，《心经》简林开幕翌日，书：

《心经》卷②。

5月，撰《汉字的文化史》（日本·藤枝晃著、李运博译）的《序》，由新星出版社出版。

5月，书十字联句：

楹书佳画良朋百年相伴，
苦茗奇花皓月四季皆春③。

5月，皋月，书联句：

平生所业，文事、艺事、影像事，
半世为学，车中、船中、航机中。

5月，夏月，漆书四言联：

汲古无闷，
处和乃清。

5月，撰《殷代“西戉（越）”考》发表于《东岳论丛》（第二十六卷第三期）。收入《饶宗颐新出土文献论证》。

5月，《禅门南北宗的汇合与传播》载《香港饶宗颐教授与泰国缘分》。该文曾于1963年11月19日刊于《泰国星暹日报》《世界日报》。

---

① 1990年登泰山观经石峪石刻《金刚经》时，饶先生萌发在香港建造同样一个文化景观。15年后，大字《心经》刻在巨大木桩上，立于大佛像前。泰山经石峪石刻《金刚经》与大屿山《心经》简林遥相呼应，成为中华佛文化的瑰宝。

② 饶宗颐：《饶宗颐书道创作汇集·几上龙蛇（中册）》，香港大学饶宗颐学术馆，2012，第308—311页。

③ 饶宗颐：《饶宗颐书道创作汇集·书韵联情（下册）》，香港大学饶宗颐学术馆，2012，第230页。

端阳，梨俱室撰《重刊〈潮州志〉序》。

6月，《再谈〈神鸟传（赋）〉》发表于李学勤主编、广西师范大学出版社出版《简帛研究》（2002—2003）。

6月，为广东省博物馆举行的"佃介眉书画艺术展"题词：

空谷足音。

6月，长夏，于梨俱室北窗下作《四山佳处四巨屏》。

7月5日，上元轩开始收藏、运营选堂书法、绘画作品。

夏月，阅"杨栻诗册"后感慨万分，提笔题下"杨师五十自述诗手迹"，落款：门人宗颐。将编者赠予的杨寿枬八尺山水画转赠香港大学饶宗颐学术馆收藏。

7月12日，在寓所签署授权书：同意陈韩曦使用本人书画用于大陆地区有关报纸、杂志、书籍的发表。

8月5日至9月4日，由广州艺术博物院、香港大学饶宗颐学术馆主办"岭海风韵——岭南四君子与饶宗颐合作画展"在广州艺术博物院展出。1986年曾将收藏的于右任书法作品赠吴南生，时隔多年后吴南生将原物奉还。回港后，将作品捐给香港大学饶宗颐学术馆收藏。

8月8日，《羊城晚报》刊登与杨善深合作画《葫芦苹果》。

8月29日，《潮州志》重新编印刊行。新印本分10册，约4500页，一至六册为1949年版出版部分，增入《民族志》《山川志》《实业志》《风俗志》《潮州戏剧音乐志》等五部志稿。这是一部中国地方志的典范之作，填补民国时期按旧府地域新编大型志书的空白，在编纂宗旨、体例变革、门类安排、题材选择、撰写方法等方面都极具匠心。

8月，题签《潮州文化研究》。

8月，题签《汤秉达传》（余世英著）由世界潮商杂志社出版。

8月，卢瑞华题笺《走近饶宗颐》由潮州市地方志办公室编辑出版。

8月，广州鼎宏堂美术馆为庆祝饶宗颐九十华诞，决定为其铸造一座半身铜像。随后在香港拍摄其半身360度照片近80多张，作为专家塑像之用。

9月，撰《由古唐国谈唐叔虞封地与"叔矢"及"爕父"问题》，收录入《饶宗颐新出土文献论证》。

9月，《饶宗颐新出土文献论证》（饶宗颐著、沈建华编）由上海古籍出版社出版，书分为五部分：殷周史地丛考、楚简与诗乐、上博竹书、《诗序》综说、论里耶秦简，收录入有关上古史、楚简及秦简的论文20多篇，大部分为独创之作，并撰《自序》。

中秋前夕，梨俱室作《设色荷花巨幅》。

9月22日，《羊城晚报》刊登《自题与岭南四家合作画五首》。

9月，撰《〈李郑屋汉墓〉前言——由砖文谈东汉三国的"番禺"》（郑炜明博士整理），发表于《李郑屋汉墓》。

9月，《重刊〈潮州志〉序》发表于《潮州》（第三期）。

10月27日，听取潮州饶宗颐学术馆新馆建设最新情况汇报，将写好的匾额赠潮州市政府。有隶书的"楚畹"，有隶中带篆的"意内言外之居"，有章草的"八方厅"，还有草书的"草堂"。

10月，《我的学书经过》作为《选堂书法丛刊》"总序"，该丛刊由香港港澳发展有限公司出版。

10月，题签《犹太人文化要义》（刘洪一著）由商务印书馆出版。

10月，《心经简林》由香港天地图书有限公司出版。本书为原稿之缩小版本，可窥见以八分体书法写尺余大字气魄。

10月，《中国学术与人文传统》载《大家的声音——深圳读书会论坛演讲录》（王京生主编）。

10月，《敦煌出土胡语医典〈耆婆书〉研究》（饶宗颐主编；陈明著）作为"香港敦煌吐鲁番研究中心丛刊"之十，由台北新文丰出版公司出版。

11月7日，接受泰国潮安同乡会荣誉会长证书。

11月24日至2006年2月10日，出席在香港大学饶宗颐学术馆举行的"意在笔先——选堂乙酉近作展"开幕式。

11月25日，圣诞节，书李复堂雍正四年书联：

砥行碧山石，
结交青松枝[1]。

11月30日，下午，出席澳门第六届国际潮学研讨会，在开幕式上做《海外潮人与近代中国》发言。参加《从韩江走向世界——饶宗颐之旅》首发式，该书系中山大学蔡鸿生建议下由黄挺等主编，香港博士苑出版社出版，书中可窥其为中华民族文化复兴的奋斗历程。

11月，为广济桥撰联：

广川利涉开新运，
杰阁重楼见旧仪。

11月，题签《第六届潮学国际研讨会论文集》（赖宏主编）由潮州同乡会出版，《海外潮人与近代中国》为《序言》。

12月21日，与二女儿饶清芬到香港文化博物馆参观"丝路珍宝——新疆文物大展"。115组珍贵文物为近20多年来考古的最新成果，有黄金饰物、青铜器、纺织品、佛教文物、古尸及其他葬品，还有新疆地区出土文献，此为研究中国古代的政

---

[1] 饶宗颐：《饶宗颐书道创作汇集·书韵联情（上册）》，香港大学饶宗颐学术馆，2012，第171页。

治、商贸及宗教方面弥足珍贵的资料[①]。

12月22日，应赖少其夫人曾菲之邀为竣工的赖少其艺术馆题写馆名。馆名镌刻在艺术馆门前的巨石上。

12月，题签《选堂墨薮》（上元轩编）由书艺出版社出版。

12月，《长沙三国吴简暨百年来简帛发现与研究国际学术研讨会论文集》由北京中华书局出版。

12月，题签《夜未央楼随笔》（李成俊著）由澳门日报出版社出版。

12月，香港大学饶宗颐学术馆印制《饶宗颐艺术创作汇集》中国地区订购目录。

12月，冬日，时寓悉尼，作《西夏旧域》。

12月，《说"鹬"——〈老子〉"大曰逝"说》收入《长沙三国吴简暨百年来简帛发现与研究国际学术研讨会论文集》。

12月，题写匾额：

韩山草堂。文心草堂。

同年，于香港大学饶宗颐学术馆跋清康熙九年（1670）钞本《友石集》：乙酉（2005）重装九龙山人集，吴绣谷旧藏诸钞本，附鲁柯撰王懒髯传。选堂记于学术馆。

同年，作《荷花》贺庄世平九十五寿诞。

同年，题匾额：集安善堂。秋溪世家。题签《国际潮汕书画总会》。

同年，为中国木雕大师、中国工艺大师李得浓[②]题字：

古今绝艺。

并撰联：

方家有神技，
大匠无弃材。

同年，为潮州饶宗颐学术馆书题"天涯久浪迹，啸咏忆儿时"。

同年，周绍良卒，终年89岁。启功卒，终年94岁。林百欣卒，终年92岁。

---

① 以古代文献、考古出土文物及考古出土文书三者互相参照，解决古史研究的难题——是饶先生提出的"三重证据法"，在展出的文物中找到最好的验证依据。

② 李得浓（1949—2016），广东潮州人，中国工艺美术大师，中国首届木雕艺术大师，中国首批非物质文化遗产传承人。

# ■ 2006 年（丙戌）九十岁

1月16日，题签《心海晨曦吟草》（黄嘉熙著）由福建人民出版社出版。

1月，香港大学饶宗颐学术馆"选堂文库"之"饶宗颐资料库"开始运作。

1月，题签《刘崇山书法选》自印本出版。又题《刘崇山书法展》。

2月12日，上元节，创作成扇，书：

好太王杆铭。

画：风波一钓翁①。

2月21日—8月4日，香港大学饶宗颐学术馆举办"选堂书范系列展"。

春，作瑞士《远眺黑湖》。

春，潮州市饶宗颐学术馆新馆破土动工，为新馆题写"颐园"。题写时说："这个颐字，我用了湖南张家界出土的秦简笔法，也可称之为籀文。"又题"广济桥"。

春，为友人黄远通创作"山高水长　气象万千"四尺对开山水画。

4月5日，为厦门大学85周年校庆题词："美尽江南。"

4月29日，听取饶宗颐学术馆新馆建设进展情况汇报，为新馆学术楼定名"经纬堂"，谓："《尧典》：'钦、明、文思'。郑玄注：'经天纬地谓之文'。"古文字"文"字形即经纬交错之象。

4月，潮州太平路古牌坊重建，题写林大钦"状元"坊和王大宝、"榜眼"坊。

5月1日，为编者解读《清晖集》中的十多首诗词疑问，讲述早年在印度、日本、法国创作诗词时的许多情景。

5月，与季羡林主编的《敦煌吐鲁番研究》（第九卷·创刊十周年纪念专号）由中华书局出版。收入所撰《敦煌学应扩大研究范围》。将书赠北京上元轩收藏，在扉页上题写："上元轩存，选堂。"

5月，饶清芬签名授权上元轩代理选堂绘画、书法作品。

6月，在梨俱室审阅《饶宗颐艺术创作汇集》初稿。

6月，为李伟铭书《心经卷》题写"心经"。

6月，日本创价大学授予荣誉博士学位。

6月，《"暨南史学丛书"总序》载《明清广东社会经济研究》（李龙潜著）、《广东会馆论稿》（刘正刚著）。

7月，在家检出旧作《十八应真》，题：

法相庄严。

虔书波罗蜜多心经全文于梨俱室，选堂。

---

① 饶宗颐：《饶宗颐书道创作汇集·清风徐来》，香港大学饶宗颐学术馆，2012，第133页。

8月，撰《吕国编钟"若华"、"嚣圣"与大戴礼帝系——附论昭武安氏早期称为华裔之附会》收入《华学》（第八辑），书中载折扇上题写书法：

尚方作竟（镜）真大好，上有仙人不知老，渴饮玉泉饥食枣，寿如金石为天保。选堂。

9月5日，晚上，在湾仔皇朝会举行千岁宴，学术、教育和工商界超过二百位人士莅临祝贺。

9月8日至11月19日，出席"乾坤清气——故宫、上博珍藏青藤白阳书画特展"开幕式，展览由澳门艺术博物馆、故宫博物院、上海博物馆、澳门基金会、旅游局、澳门日报联合举办。

10月6日，中秋，临八大书画卷[①]。

10月16日，题签《潮州三山志》由潮州市地方志办公室、潮州市政协委员会初版，内有1936年黄仲琴辑稿、饶宗颐补辑并为之撰《序》的《金山志》、1924年饶锷编纂的《西湖山志》、1936年饶宗颐编纂的《韩山志》，系三志合刊[②]。

10月28日，上午10点，喜迁香港跑马地云晖大厦新居。与陈韩曦一起从租住地步行到新居，进屋后在专门定制的酸枝木书桌上开笔，写上"得无量寿，有大因缘"八个篆体字。中午12点，在跑马地英皇骏景酒店举办庆祝乔迁新居午宴。

10月29日，审阅完吴南生题签《梨俱预流果[③]：解读饶宗颐》样书，在书上题："选堂检过。"

10月，审阅《梨俱预流果：解读饶宗颐》样书、封面板式，发现样书中板面存有空间，即题写"神"字补入。

10月，撰《罗香林教授之学问渊源》发表于《罗香林教授与香港史学——罗香林逝世二十周年纪念论文集》。

10月，香港大学饶宗颐学术馆展出其捐赠艺术作品。

10月，题签《潮语僻字集注》（张惠泽著）由海天出版社出版。

11月4日至2007年2月25日，澳门民政总署、香港大学饶宗颐学术馆与澳门艺术博物馆合办的"普荷天地——饶宗颐90华诞荷花特展"于澳门回归贺礼陈列馆展出。

11月22日至2007年1月7日，香港大学饶宗颐学术馆、香港大学美术博物馆合办

---

① 饶宗颐：《饶宗颐书道创作汇集·几上龙蛇（中册）》，香港大学饶宗颐学术馆，2012，第314—315页。

② 现指出三种旧志版本已不易得见，尤其是《韩山志》，本已散佚，陈贤武据《岭东民国日报》原稿依目重辑，但因该刊亦已残缺，故难以一窥全豹。然经搜辑所得，已属可珍可贵。

③ 陈寅恪说：一时代之学术，必有其新材料与新问题。取用此材料，以研求问题，则为此时代学术之新潮流。治学之士，得预于此潮流者，谓之预流（借用佛教初果之名）。其未得预者，谓之未入流。此古今学术史之通义，非彼闭门造车之徒，所能同喻者也。

"心罗万象——饶宗颐丙戌书画展"。

11月27日，题签《梨俱预流果：解读饶宗颐》（陈韩曦编著）由广东高等教育出版社出版，该书系献给饶宗颐教授九十华诞礼物。

11月，《固庵诗词选》（当代名家诗词集·饶宗颐卷）由北京图书馆出版社出版，钱仲联作《序言》。

11月，法国汪德迈重印《黑湖集》贺寿，新版法文书名改为"Poemes du Lac noir"，前有汪德迈《序》，由法国远东学院出版。

11月，《中古时期社邑研究》（饶宗颐主编；郝春文著）作为"香港敦煌吐鲁番研究中心丛刊"之十一，由上海古籍出版社出版。

11月，题签《凤凰山畲族文化》（雷楠等著）由海天出版社出版。

11月，题签《周焜民书法集》（周焜民书、蒋东明编辑）由厦门大学出版社出版。

11月，与香港大学有关的照片、题字、书籍、艺术作品于香港大学图书馆展出，饶宗颐学术馆"选堂文库"的藏书对外开放。

12月11日至2007年2月8日，香港大学饶宗颐学术馆举办"光普照——心经简林摄影展"，法国摄影家Movit Publishing Limited《光普照》摄影中、法两国艺术家的作品呼应互动，国画与摄影相互辉映，创新了展览的路径。

12月13日，晚上，出席在香港会议展览中心紫荆宴会厅举行的庆祝"饶宗颐九十华诞寿宴"，《梨俱预流果：解读饶宗颐》作为礼物赠送来自世界各地学者、友人近千人。

12月14日，上午，"学艺兼修·汉学大师——饶宗颐教授九十华诞国际学术研讨会"在香港大学明华综合大楼举行，香港9所高校代表及世界各地学者一同参加研讨会。开幕式上，作题为《天人互益》的演讲，柳存仁致贺词。

下午，于香港大学明华综合大楼和梁球琚楼按学科分组研讨。

晚上，参会学者们于佳宁娜潮州酒家聚会。

同日至2007年1月4日，香港大学饶宗颐学术馆、康乐及文化事务署香港大学饶宗颐学术馆及香港公共图书馆合办的"走进饶宗颐——饶宗颐教授学艺兼修展览"在香港中央图书馆展览馆开幕，展览设有书画艺术、学术与生活、《心经简林》艺术装置三个范畴，展示珍贵作品200多件。香港大学美术博物馆举办"心罗万象——饶宗颐丙戌书画展"。

12月15日，上午，继续分组宣讲论文。下午，分组宣讲论文后，举行闭幕式。

12月16日，在编者陪同下参加潮州饶宗颐学术馆新馆落成庆典。

同日，香港大学组织在港部分学者到大屿山参观《心经》简林。

12月17日—18日，出席在韩山师范学院举行的饶宗颐教授学术研讨会，同时被潮州市人民政府授予"潮州文化研究卓越贡献奖"。

12月18日，参加潮州饶宗颐学术馆新馆——颐园的落成庆典仪式。

12月，《饶宗颐艺术创作汇集》（全套12册）由香港大学饶宗颐学术馆出版，收录从40年代初至2006年间的书画作品约1500件，时间跨越超过60年。

12月，书左光斗联句：

风云三尺剑，花鸟一床书①。

12月，题签《两周史论》（郭伟川著）由北京图书馆出版社出版。

12月，题签《窗前漫笔》（张百栋著）由花城出版社出版。

12月，题签《金石铭刻的澳门史》（谭世宝著）由广东人民出版社出版。

12月，题签《吴维潮瓷塑作品选集》（广东民间博物馆编）由广州出版社出版。

12月，在香港大学饶宗颐学术馆会晤黄苗子。

12月，《中国西北宗山水画说》发表于《敦煌研究》（第六期）。

12月底，将《饶宗颐艺术创作汇集》全套12册赠予上元轩收藏，在第一册《采英掇华》的前衬页上题"上元轩惠存，选堂"。

同年，于梨俱室补石并以板桥句题谢晋嘉遗作《竹石》。

同年，时值90寿，冯其庸作《苍松千秋，灵石万年》颂寿，在梨俱室写石，构成《古松寿石》图②。

同年，为"赖少其金石书画展"题写展名。

同年，为东莞长安镇题写"长安图书馆"。

同年，与王贵忱③合作《小万柳堂图连对联》《孟浩然诗意书画扇面》④。

同年，与林丰俗合作《萧斋清供》《溪山泛艇》⑤。

同年，为南昌市弘法寺题匾额：

香林德水。

同年，题签"潮州市国际交流促进会""潮州市南春中学""苏悉地园"。

同年，方召麐卒，终年93岁。

# ■ 2007 年（丁亥）九十一岁

1月初，为庆祝香港回归十周年，中央电视台《大家》栏目《香江传奇》到香港大学饶宗颐学术馆拍摄"饶宗颐：大师的世界"。

1月26日，聘为中国文联荣誉会员，陈复礼、查良镛、夏梦一同受聘。

---

① 饶宗颐：《饶宗颐书道创作汇集·雄奇书势》，香港大学饶宗颐学术馆，2012，第77页。

② 饶宗颐：《饶宗颐艺术创作汇集·珠联璧合》，香港大学饶宗颐学术馆，2012，第118页。

③ 王贵忱（1928—2022），现代书法家、版本学家，对清代禁书极有研究书法雅淡，别具风韵。

④ 饶宗颐：《饶宗颐艺术创作汇集·珠联璧合》，香港大学饶宗颐学术馆，2012，第120—121页。

⑤ 饶宗颐：《饶宗颐艺术创作汇集·珠联璧合》，香港大学饶宗颐学术馆，2012，第133—134页。

1月，任点校本"二十四史"及《清史稿》修订工程学术顾问、辽宁师范大学名誉教授。

1月，作《黑湖图卷》①。

1月，日本池田大作八十寿，书：

　　如金光明，

　　得无量寿。

2月12日，出席广东省政协迎春会议。

同日，中午，在广东电信大厦四楼用餐，餐前听取广东高等教育出版社社长张耀荣汇报《梨俱预流果：解读饶宗颐》（陈韩曦编）出版发行情况，并同全体编辑人员合影留念。

同日，参观由其命名及题匾的广州鼎宏堂美术馆及书画苑。

3月，以杂毛笔试作飞白书：

　　梨俱室②。

3月，香港《新亚生活月刊》（第34卷第7期）载《天人互益（2007年1月26日在香港中文大学庆祝饶宗颐教授九秩华诞祝寿晚宴上的致辞）》。

3月，《潮州》载编者所撰文章《泰岳峰高　人瞻北斗——记创造文化奇迹的饶宗颐教授》《梨俱预流果前言》。

4月28日至5月15日，香港大学饶宗颐学术馆与广州图书馆、广州艺术博物院、潮州饶宗颐学术馆合办的"万古不磨意，中流自在心——饶宗颐教授学艺兼修展"在广州图书馆展出。

4月，初夏，于梨俱室书：

　　游鲲独运，
　　凌摩降霄。

智永书周兴嗣次韵千字文句：游鲲独运，凌摩降霄。按《逍遥游》云：北冥有鱼，其名曰鲲，化而为鸟，其名为鹏，海运则将徙于南冥，此作鲲。虽鲲鹏一体，然字作从鱼。怀素千字文亦因之，兹仍其旧。

4月，题签《佣介眉先生纪念文集——纪念佣介眉先生诞辰一百二十周年》（朱万章编）由文物出版社出版。

---

　　① 饶宗颐：《饶宗颐书道创作汇集·几上龙蛇（下册）》，香港大学饶宗颐学术馆，2012，第328—331页。

　　② 饶宗颐：《饶宗颐书道创作汇集·晋唐风致》，香港大学饶宗颐学术馆，2012，第47页。

5月，丁和的"玄奘取经之路，丁和寻访影记展"在北京首都博物馆揭幕，担任学术顾问。

5月，撰《殷周金文卜辞所见夷方西北地理考——子氏妇好在西北西南活动之史迹》发表于《燕京学报》（新第二十二期），又见《中国文化研究所学报》（第四十七期·中国文化研究所四十周年纪念专号上册）。

6月8日，为"潮州金山大桥"题匾。

6月，卢瑞华题签《饶宗颐学术研讨会论文集》（潮州市文化研究中心编）由深圳海天出版社出版。

仲夏，撰写《〈况周颐先生年谱稿〉读后记》（代序）。

7月，为厦门"笃笃书院"题匾。

8月2日，在家中会晤编者，校阅《东洲鸿儒》一稿，选择编辑的资料、图片。

8月，撰《私と青山棚雨先生との二と二、三》载《墨》（第7、8月号）。

9月5日，香港邮政局发售"饶宗颐教授画作及书法"邮票。

9月12日，题签"壶艺文心汇岭南"。

9月，题签《潮州纪事》（余克光编）。

10月3日—28日，出席在日本兵库县关西国际文化中心展览馆举行"长流不息——饶宗颐展"开幕式。展出作品近100件，一半为2006年至2007年的新作品，包括20余屏"草书赤壁赋"，20尺设色荷花巨幅等。《长流不息——饶宗颐之艺术世界》画册由香港大学饶宗颐学术馆出版。

10月底，在《长流不息——饶宗颐之艺术世界》画册前衬页上题"韩曦、瑞君贤伉俪一笑。选堂"。

10月，题签《和平使者池田大作》（刘伟忠主编）由紫荆杂志出版。

10月，《东洲鸿儒：饶宗颐九十寿庆集锦》由广东高等教育出版社出版。书名取自钱仲联的《以古茂之笔，抒新纪之思》，文中赞其为九州百世之"东洲鸿儒"。

10月，《羊城晚报》创刊五十周年志庆，题贺词：

记载翔实。

10月，赠上元轩《长流不息——饶宗颐之艺术世界》画册，书题"上元轩存"。

11月8日，水原渭江将350本书籍和140件艺术品捐赠饶宗颐学术馆。

11月28日，在《东洲鸿儒：饶宗颐九十寿庆集锦》前衬页上题："从四千照片精选撷华成此，真确活泼的报导，可以修今传后，与梨俱预流果合为姐妹篇，具见苦心孤诣，令人佩服，得吴主席命名题字，尤感其眷爱之隆，请为转达谢忱！"

11月，《敦煌研究》（第六期）刊登《中国山水画"西北宗"说》[①]。

11月，题签《近现代诗词论丛》（刘梦芙著）由学苑出版社出版。

12月7日，出席"别开蹊径——选堂丁亥展"开幕礼。

12月28日，命名及题匾的广州鼎宏美术馆成立。鼎宏美术馆出版《饶宗颐教授宣传画册》《鼎宏美术馆藏潮州四宝》。

12月底，接受采访时提起担任《儒藏》顾问之事，对这一盛世工程做了高度评价。为汤一介撰写了一副对联："三藏添新典，时中协太和"，以示对编写《儒藏》的全力支持。

12月，刘大钧特意敬书寿联："寿考九旬，奕奕声名动士林；弘道一世，默默功业化淳风。"

12月，刘大钧新作《帛〈易〉源流蠡测》发表于上海古籍出版社出版的《华学》（2008年8月第九、十辑）。

12月，于梨俱室作：《湖畔读书卷》[②]。

12月，题签《甲骨文校释总集》（曹锦炎、沈建华等编）由上海辞书出版社出版。

同年，香港梨俱室题《曾树生书法集》、《佃耀奎书法篆刻集·展》。

同年，饶宗栻卒，终年88岁。史树青卒，终年86岁。程十发卒，终年87岁。

## ■ 2008 年（戊子）九十二岁

1月1日，题词："群策群力，共铸和谐。"

1月19日，在香港家中与编者倾谈古人八大雅事"琴棋书画，诗酒花茶"的看法，指导要写好书法应从篆体入手，并赠《篆法指南》一书。为余克光收藏孙文铎山水长卷《湖山春意》题：烟波无尽。

1月，题签《晚履留踪——陈德鸿诗文草》（陈德鸿著）天马出版有限公司出版。

1月，书：福寿[③]。

1月，题签《潮州古建筑》（潮州市建设局编）由中国建筑工业出版社出版。

献岁，于梨俱室书：

雪夜千卷，
华时一尊。

---

① "绘画西北宗说"是指以新的技法、构图和透视方法来表达中国西北地区的山水。以乱柴、杂斧劈及长披麻皴定轮廓山势，再加泼墨运色，以定阴阳。用笔焦干重拙，皴当纯以气行，同时用茅龙笔，或取一笔皴，以重墨雄浑之笔取势，或以金银和色，勾勒轮廓，从而把西北山水特点、精神和意境表现出来。

② 饶宗颐：《饶宗颐书道创作汇集·几上龙蛇（下册）》，香港大学饶宗颐学术馆，2012，第324—327页。

③ 饶宗颐：《饶宗颐书道创作汇集·嘉言隽句》，香港大学饶宗颐学术馆，2012，第153页。

开春，爱宾室书隶势：

长乐延年。

2月10日，为广州鼎宏堂举办"广东女艺术家邀请展"题签。

2月，为陈松麟题"嵩龄轩"。为陈韩曦题"越元浩教授藏珍"。

2月，出席香港大学饶宗颐学术馆举办的"选堂书范系列展"开幕式并致辞，展览展出25幅条幅作品，各种书体俱全。

2月，广西师范大学出版社出版的《笔花六照》（梁羽生著）内有《饶宗颐初会钱锺书》《饶宗颐与敦煌学》二文。

2月，仲春，作：

茅龙菊花茶碗卷①。

2月，《广东文史资料》（第2期）载《郑午楼博士纪念文集》。

3月，贺潮州星命名，题写"经天纬地"。

4月，清和，书：

《李白古风卷》②。

4月，于梨俱室手书"更上一层楼"，赠陈韩曦。

4月，《明报·出入山河》由香港新星出版社出版。

4月，题笺《名联观止》（梁羽生著）由广西师范大学出版社出版。

5月12日，上午，从电视得知四川汶川大地震，交代二女儿饶清芬到中联办捐款。因当天捐款人数太多，捐款安排在三天后。

5月14日，下午，厦门大学王维生等来家中拜访，聘请为"筼筜书院"名誉院长。

5月15日，捐款20万港币，支持汶川灾区人民抗震救灾。

6月2日，为"大爱无疆——汶川大地震抗震救灾图片展"题写"大爱无疆"匾额，以500万港币拍出后，将500万港币善款捐献灾后重建。

6月6日，题签《深圳市韩江文化研究会》。

6月30日—7月12日，出席在东莞长安镇图书馆举行的"长乐安宁——饶宗颐教授东莞长安镇书画展"。"选堂书室"同日揭牌，《长乐安宁——饶宗颐东莞长安

---

① 饶宗颐：《饶宗颐书道创作汇集·几上龙蛇（下册）》，香港大学饶宗颐学术馆，2012，第374—377页。

② 同上书，第392—393页。

书画展作品集》由北京工艺美术出版社出版。

6月，盛夏，作：《琴台卷》①。

7月，为"功在家国垂范香江——庄世平光辉事迹展"题字：

功在家国，垂范香江。

7月，题签《拙庵芜稿》《拙庵论潮丛稿》。

8月29日，为北京奥运会内地金牌运动员代表团访港题写"奥运精英，光耀中华"赠代表团。

8月，书观奥运绝句：

声名藉此复何求，半聋半瞽且忘尤，
大禹之乱何时定，鸟巢水格漫遨游。②

8月，《学艺兼修·汉学大师——饶宗颐教授九十华诞国际学术研讨会论文集》（《华学》第九、十辑）由上海古籍出版社出版。集中收入中外学者论文190多篇。

8月，饶清芬为《戴密微教授与饶宗颐教授往来书信集》撰写英文《序言》。

8月，书：临《温泉铭》句③。

9月，与季羡林主编的《敦煌吐鲁番研究》（第十卷）由上海古籍出版社出版。

9月，深秋，作：《西北宗画法石卷》④。

9月，题签《当代名家赞潮汕》（刘麒子主编）由中国文史出版社出版。

10月1日—30日，"翰逸神飞——饶宗颐书法展"在广州鼎宏美术馆举行，展出各体书法作品共80件。

10月14日，收到温家宝总理亲笔信。

10月19日，韩师105周年校庆，题贺词：

韩山长青，
桃李芬菲。

10月28日，上午，政协主席贾庆林在中南海会见饶先生。

同日，下午，专程到北京解放军总医院看望季羡林。开场白是称赞季老的一句话："您是全中国人民的老师。"季羡林双手合十迎接老朋友说："不敢当。"并

---

① 同上书，第370—373页。

② 饶宗颐：《饶宗颐书道创作汇集·宋明逸意》，香港大学饶宗颐学术馆，2012，第195页。

③ 饶宗颐：《饶宗颐书道创作汇集·晋唐风致》，香港大学饶宗颐学术馆，2012，第49页。

④ 饶宗颐：《饶宗颐书道创作汇集·几上龙蛇（下册）》，香港大学饶宗颐学术馆，2012，第390—391页。

夸赞饶先生："您是多才多艺啊。"将"松高唯岳"匾额、布画《荷花图》和《陶铸古今——饶宗颐书画集》赠季老，并谦虚地指着画册说："这些只是些乱七八糟的东西，你有时间就翻一翻。"

10月29日至11月12日，出席在北京故宫博物院神武门大殿展厅举行的"陶铸古今——饶宗颐学术·艺术展"，该展由香港大学饶宗颐学术馆与故宫博物院合办，温家宝总理致信祝贺。《陶铸古今——饶宗颐书画集》《饶宗颐捐献故宫博物院书画作品》由故宫博物院主编，北京紫禁城出版社出版。捐赠10件作品，展出作品120件，有半数为2007年及2008年所作的作品；展出著作及主编的刊物约100种。

10月29日，在《陶铸古今——饶宗颐书画集》画册上题"韩曦吾兄，选堂于北京故宫。"

10月，《陶铸古今：饶宗颐著述录》（故宫博物院、香港大学饶宗颐学术馆编）由紫禁城出版社出版。

10月，题签《香港大学饶宗颐学术馆五周年特刊》（李焯芬主编）由香港大学饶宗颐学术馆初版。

10月，为华文出版社出版《潮商文化》《潮商史略》题签。

11月9日，做客电视访谈节目《北京文化大观园》，接受记者采访。

11月10日，潮州市饶宗颐学术馆饶宗颐铜像隆重揭幕。

11月，获广东画院聘为艺术顾问。

11月，书伊汀洲联句：

希文天下为己任，
君实每事对人言①。

11月，撰《神奇秘谱乐诠》（吴文光注）的《序》，由上海音乐出版社出版。

12月，爱宾室用竹笺书爨宝子碑字：

风来，海立，云抱山行。

12月，题"潮州友香书画艺术馆"匾额。

12月，题签《缶庵诗文续集》（蔡起贤著，潮汕历史文化研究中心编）由天马出版有限公司出版。

12月，凤凰卫视专访《一代通儒——饶宗颐》在港播出。

冬，爱宾室作《思维菩萨》。

同年，于爱宾室作《莲花山春晓图》赠东莞长安镇。

同年，题签《浚洪净流——香港渠务今昔》（香港渠务署主编）。

同年，为中国人民大学出版社题词"东壁图书府"。

---

① 饶宗颐：《饶宗颐书道创作汇集·汉家威仪》，香港大学饶宗颐学术馆，2012，第49页。

同年，清水茂卒，终年84岁。王元化卒，终年89岁。

## ■ 2009 年（己丑）九十三岁

1月8日，潮州饶宗颐学术馆被定为广东省科普示范基地。

1月16日，下午，国务院总理温家宝在中南海紫光阁主持中央文史馆新馆员聘任仪式，被聘为中央文史研究馆馆员，因年事已高未能出席聘任仪式。

同日，下午4点，出席在深圳美术馆展览厅举行的"我与敦煌——饶宗颐敦煌学艺展"，该展览由香港大学饶宗颐学术馆、深圳市文化局、香港艺术发展局合办。《我与敦煌——饶宗颐敦煌学艺集》由深圳海天出版社出版。

同日，在《我与敦煌——饶宗颐敦煌学艺集》画册前衬页上题："韩曦兄惠正，选翁。"

1月25日，己丑除夕，临唐人《大般若波罗蜜多心经》句：

安忍精进。[1]

1月，献岁，书大篆体：

大利万金[2]。

1月，作《序》的《冯其庸山水画集》由北京中华书局出版。

1月，《选堂墨韵——饶宗颐书画选集》由香港大学饶宗颐学术馆出版。

1月，为《明报月刊》创办43周年题：

曦晖朗曜。
选堂，信手文句书贺。

1月，题签《新潮汕字典》（张晓山编）由广东人民出版社出版。

2月4日，立春，书七字联句：

立脚怕随流俗转，
居心学到古人难[3]。

---

[1] 饶宗颐：《饶宗颐书道创作汇集·嘉言隽句》，香港大学饶宗颐学术馆，2012，第86页。

[2] 饶宗颐：《饶宗颐书道创作汇集·殷周余韵》，香港大学饶宗颐学术馆，2012，第108页。

[3] 饶宗颐：《饶宗颐书道创作汇集·书韵联情（下册）》，香港大学饶宗颐学术馆，2012，第341页。

同日，梨俱室书：

茗杯眠起味，
书卷静中缘。
伊汀洲云董香光曾书此謎句，余以坡公笔势，益其厚重①。

2月19日，中联办李刚前往港大转送中央文史馆聘书，多名香港文化、学界知名人士到场祝贺。

2月，《唐代潮州佛学二三事》（代序，郑炜明博士整理）载花城出版社《第七届潮学国际研讨会论文集》（黄挺主编）。

3月27日，录写王大宝诗文《韩木赞》落户潮州韩文公祠，成为潮州八景之一"韩祠橡木"的颂赞墨宝，作品以行草书成，取颜真卿、苏东坡厚重一体，400多字的书写一气呵成，气韵生动，实属书法珍品。

3月，习契书：

时和岁乐②。

3月，题签《唐大石藏翁方纲华山碑三种》。

4月8日，家中找到《潮州志》另四个志稿，高兴地说："这是天顶有星，终于可以告慰先贤，完成历史使命！"

4月9日，被聘为中华书局学术顾问。

4月20日，题写"书香十年"，祝贺深圳成功举办第10届读书月。

4月21日，下午6点15分，出席在香港大会堂音乐厅举行的"2008香港艺术发展奖"颁奖典礼，获最高荣誉的"终身成就奖"。

4月22日，又书唐显庆四年《妙法莲花经授记品》句：

见者欢喜③。

端阳，爱宾室作《朱荷图》。

5月，题签《活在当下》（李焯芬著）由中华书局出版。

5月，为潮州海外联谊会第五届理事会特刊题签：

谊联四海。

① 饶宗颐：《饶宗颐书道创作汇集·晋唐风致》，香港大学饶宗颐学术馆，2012，第188页。
② 饶宗颐：《饶宗颐书道创作汇集·殷周余韵》，香港大学饶宗颐学术馆，2012，第56页。
③ 饶宗颐：《饶宗颐书道创作汇集·嘉言隽句》，香港大学饶宗颐学术馆，2012，第87页。

5月，作读后记（代序）的《况周颐先生年谱》（郑炜明著）由上海古籍出版社出版。

5月，题签《新中国出土书迹》（西林昭一著，陈松长译）由文物出版社出版。

5月，《得其崇倪——饶宗颐云林笔意书画集》由香港大学饶宗颐学术馆出版。

6月，于香港爱宾室为余克光题签《重修潮州牌坊》。

6月，题签《明清学术研究》（单周尧主编）由中国社会科学出版社出版。内收入撰写的《明清之际禅家灯统与画学》一文。

6月，阳月，归自澳洲塔岛河伯市，以北魏造像法入行草书：

蛟龙飞舞，

鸳凤吉祥[1]。

7月1日，海宁博物馆主办的"博大精深——饶宗颐先生的艺术世界展"暨"饶宗颐学术与艺术研讨会"于香港回归祖国纪念日开幕。

7月11日，季羡林、任继愈两位学问大家同日逝世，哀恸之极，即日挥书：

国丧二宝，哀痛曷极。

7月12日，写挽诗一首悼念季羡林，诗文：

挽季羡林先生，用杜甫长沙送李十一韵。

遥睇燕云十六州，

商量旧学几经秋。

榜加糖法成专史，

弥勒奇书释伕楼。

史诗全译骇鲁迅，

释老渊源正魏收。

南北齐名真忝窃，

乍闻乘化重悲忧。

7月22日，为香港第20届书展题写"多元与创意，书展二十年"。

7月，题签《中国历史若干重要学术问题》（郭伟川著）由国家图书馆出版。

7月，与池田大作、孙立川[2]共同完成谈话录《文化艺术之旅：鼎谈集》，繁体字版由香港天地图书有限公司出版；日语版由日本潮出版社出版；简体字版于同

---

[1] 饶宗颐：《饶宗颐书道创作汇集·雄奇书势》，香港大学饶宗颐学术馆，2012，第143页。

[2] 孙立川（1950— ），福建泉州人，日本留学硕士生、博士生，香港中文大学岭南学院教师、兼职讲师，高级编辑。

年11月由广西师范大学出版社出版。书中附录池田大作的长诗《学艺巨星巅峰的光彩——献给尊敬的饶宗颐教授》，诗中称其为"东方达·芬奇"。

夏，除眼翳后以契文书：

大吉祥[1]。

7月，秋日，于香岛爱宾室以竹简入冬心隶势书：

竹影摇窗碧，
茶烟入梦青[2]。

7月，题签《容庚先生书联》《邓尔疋先生书联》。

7月，题签《情溶九寨》（郭亨斌摄影）由中国旅游出版社出版。

8月28日至11月15日，出席在澳洲塔斯曼尼亚博物美术馆举行的"心通造化——一个学者画家眼中的寰宇景象"展览，该展由香港大学饶宗颐学术馆与澳洲塔斯曼尼亚博物美术馆合办并出版作品集。为永久竖立在塔省美术馆门口的巨型木桩"众妙之门"揭幕。该展览系在亚洲以外地区举办的大型艺术活动，主要展品包括绘画、书法、新路向书画及文玩。两个半月时间约有8万人观看展览。

8月31日，《〈儒藏〉与新经学》刊登于北京光明日报社《光明日报》（12版）。

8月，与编者合著的《选堂访谈录》更名为《选堂清谈录》。认为几年来的对谈是在清清闲闲的情况下完成，遂将"访谈"改为"清谈"，并题写《选堂清谈录》书名。

8月，题签《国语潮音大字典》（张惠泽著）由广东人民出版社、汕头大学出版社出版。

9月16日，《鼎谈基础系于共同理想——饶宗颐教授致词》刊登于《城市文艺》（第4卷第8期，总第44期）。

9月，为我国创建的第一所师范大学——华东师范大学题写"斯文在兹"匾额。

9月，与季羡林主编的《敦煌吐鲁番研究》（第十一卷）由上海古籍出版社出版。

9月，题签《留余斋藏：明清家具》（黄定中著）由三联书店出版。

9月，题签《叶竹青陶瓷画集》（叶竹青作）由岭南美术出版社出版。

10月2日，题签《清晖集评注》《可仿仇兆鳌杜诗评注》，并签发授权委托书内容如下：

本人全权委托陈韩曦先生为本人之《清晖集评注》进行编辑及征集相关之稿

---

① 饶宗颐：《饶宗颐书道创作汇集·殷周余韵》，香港大学饶宗颐学术馆，2012，第54页。

② 饶宗颐：《饶宗颐书道创作汇集·雄奇书势》，香港大学饶宗颐学术馆，2012，第24页。

件。请有关各方面给予大力支持。兹证实陈韩曦先生相关之工作，本人充分知情并完全支持。

委托人：饶宗颐

2009年10月2日

10月30日，题签《潮人风采》（林春城主编）由中华文化艺术出版社出版。

10月，为香港中文大学贺高锟教授伉俪应邀返港书：

硕学高峰。

10月，为温州大剧院题匾、为中山大学"陈寅恪故居"题匾。

10月，《选堂清谈录》（饶宗颐、陈韩曦合著）由北京紫禁城出版社出版。

11月3日，中国人民大学出版社、香港大学饶宗颐学术馆、香港天地图书有限公司在香港举行《饶宗颐二十世纪学术文集》简体版新书发布会。

11月5日，受聘为中国文字博物馆顾问。

11月7日，立冬，以篆势书：

留此石不朽，

荡乎天椎宁。

题记：曾农髯以绵里藏针法，集瘗鹤铭，为其所独擅①。

同日，编者到寓所拜访，中午、晚上一起在英皇骏景大酒店用餐，题赠陈"南韵凤凰"书法。

11月8日，《番禺日报》刊载新闻：《〈饶宗颐二十世纪学术文集〉香港首发》。

11月12日，题匾的"陈寅恪故居"于中山大学开放。大门牌匾由国家级工艺大师、国家级木雕大师李得浓雕刻并捐赠。

同日，上午11点，出席香港中文大学举行的《饶宗颐像》揭幕典礼，共有社会各界知名人士两百余人参加。雕像矗立在图书馆内，与意大利政府赠送的但丁塑像相对望。饶先生笑言："我可以同但丁对话了。"

11月18日，香港大学饶宗颐学术馆、第十五届国际潮团联谊年会、广东潮人海外联谊会、广东画院、广东美术馆合办"丹青不老——饶宗颐艺术特展"。

11月25日，中午，在跑马地日餐厅用午餐后，书苏东坡的《寒食帖》赠予编者。

11月，题"冯其庸学术馆"匾额，并题签《李隆基石台孝经》。

---

① 饶宗颐：《饶宗颐书道创作汇集·雄奇书势》，香港大学饶宗颐学术馆，2012，第135页。

11月，为樊锦诗<sup>①</sup>题词：

极深研几。

锦诗院长雅教，己丑，选堂。

11月，在英皇骏景大酒店嘱托韩山师范学院领导："把《潮州志丛》稿带回潮州，整理出版后原稿存入饶宗颐学术馆珍藏。"

11月，题签《毛国强紫砂书画艺术》由艺苑出版社出版。

12月6日，中午，时任中共中央政治局委员、国务委员刘延东到香港大学饶宗颐学术馆探望，并转达温家宝总理的问候，她说："饶老您很了不起，您的作品让世界了解中国。"

12月26日，题匾的"温州大剧院"开业<sup>②</sup>。

12月底，为《中国书法全集》题写书名。深受鼓舞的编撰人员向南天遥祝饶先生健康长寿！

同年，为唐双宁书法展题词：翰逸神飞。并评其书法：双宁先生迅笔草书，有龙跃天衢之美。饶宗颐选堂，年九十四，己丑冬日。

同年，于香港爱宾室书联句：

新绿既生青三月，
眉黄用始寿万年。
从焦笔作悬针篆书鼎文，稍与金契异趣。
己丑，九十四叟选堂于爱宾室。

同年，为潮州市金山中学撰联：

金山毓灵秀，
时代造英才。

同年，题签《潮州朱泥壶集》。

同年，致信北京汤一介。

同年，季羡林卒，终年99岁。任继愈卒，终年94岁。梁羽生卒，终年86岁。柳存仁卒，终年93岁。王世襄卒，终年96岁。罗慷烈卒，终年92岁。

---

① 樊锦诗（1938—　），浙江杭州人，敦煌研究院名誉院长、研究馆员，兰州大学兼职教授。

② 被聘温州师院名誉教授后，曾于1991年到温州参加会议，与温州本土学者多有互动，对南戏深有研究。

## ■ 2010 年（庚寅）九十四岁

1月1日，元旦，将日本二玄社出版的《敦煌书法丛刊》（29本）赠编者，告知丛刊中《碎金册》系专收集敦煌经卷中珍贵的名家作品，随后在《碎金册》扉页上题字签名。

1月11日，出席香港大学饶宗颐学术馆主办"普荷天地——饶宗颐荷花展"。

1月13日，获中华文化促进会、南京市人民政府及凤凰卫视颁授"2009中华文化人物"称号。

1月24日，国务院参事室主任陈进玉带着温家宝总理、国务委员马凯的新春祝福，以及总理亲笔签名的新春贺卡，到爱宾室探望。

1月28日，指导编者如何掌握、运用五代杨凝式《神仙起居法》里面的精髓，使腰杆像松树一样笔直，关键在于用气去控制底椎的滑动来达到锻炼椎骨挺立的目的。

1月，开岁，作：《金花银叶敦煌荷样卷》[1]。

1月，书赵州偈语：

吃茶去[2]。

1月，书：

福利人天。
佛名经卷六有此句，与拙说天人互益，深喜契合[3]。

1月，书：

清净光明。
唐人妙法莲华经法师品句[4]。

1月，书：大学小筑。

1月，于梨俱室补题2000年联句：

出土遗龟考卜事，

---

① 饶宗颐：《饶宗颐书道创作汇集·几上龙蛇（下册）》，香港大学饶宗颐学术馆，2012，第420—421页。

② 饶宗颐：《饶宗颐书道创作汇集·嘉言隽句》，香港大学饶宗颐学术馆，2012，第174页。

③ 同上书，第88页。

④ 同上书，第89页。

披沙得卷识前朝。

2000年所撰联句，纪念莫高窟经卷发现期颐之庆，今岁为百一十周年，兹重录以赠敦煌研究院，以结缟柠之好。

1月，题签《轻安自在》（李焯芬著）由中华书局出版。

1月，题匾：敦敬园。

2月10日，在香港大学饶宗颐学术馆会见中国文字博物馆领导李宽生，接受中国文字博物馆顾问聘书。

2月20日，人日，作：《白石词意荷石卷》[①]。

2月，"通会古今——饶宗颐艺术新作品展"在潮州市饶宗颐学术馆举行。

3月23日，签署《潮州志补编》委托书予潮州海外联谊会。

同日，编者致信香港大学饶宗颐学术馆李焯芬馆长，申请授权《饶宗颐艺术创作汇集》在大陆出版。

3月24日，在麦华三的《龙门碑帖》题写"此碑雄厚斩截"。

3月，为香港大学饶宗颐学术馆荣誉研究员陈珏题签：新汉学。

4月9日，北京书画苑成立一周年，于头像照片背面题写"周年纪念"。

4月14日，听闻青海玉树县发生7.1级地震，特捐出稿费10万港币支持灾区人民重建家园。

4月15日，在珠海古元美术馆举办《丹青不老——饶宗颐艺术特展》。

4月22日，中午，回忆同白春晖的文化交换，自己教白"说文解字"，白则教梵文。提到毛泽东会见尼赫鲁时讲过一句话"乐莫乐兮新相知"，当时作为翻译的白春晖因文学功底好，对毛主席说此句取自《楚辞》。

5月1日，到惠州，畅游西湖、丰渚园、挂榜阁等景点，并为挂榜阁撰记。

5月4日，与编者在家中聊了整个下午。回忆三天前惠州之行，道出为何在苏东坡旧居门前伫立，因自认是现代版的苏东坡，到了家门口就要同坡公隔着时空好好对话。对编者提出的问题，一一作答，如"洪水滔滔到月支"里面的"月支"是指伊拉克，而新疆是"小月支"。古代有不少抄经生姓支，现如今可能没有了。远古时代印度整个国家曾被伊斯兰教灭掉，那时的印度教、耆那教、佛教都被消灭。

5月，题签《王长水[②]书迹》由紫荆出版社出版。

5月，题签《走出困境》（李焯芬著）由中华书局出版。

6月，为广州中医药大学建成的杏林苑，题写"传承创新，精诚至善"八字。

7月30日，参加在香港君悦酒店松林餐厅庆贺九十五大寿晚宴。接受友人祝福，自言"长寿到105岁"！当晚授权编者将《饶宗颐学记》《饶宗颐学述》《澄心论

---

① 饶宗颐：《饶宗颐书道创作汇集·几上龙蛇（下册）》，香港大学饶宗颐学术馆，2012，第416—419页。

② 王长水（1939— ），字源泉，号鲁痴，山东德州齐河人，毕业于山东大学。山东大学教授（新中国首位书法学教授），硕士生导师，中国书法家协会会员。

萃》《文化之旅》《梨俱预流果：解读饶宗颐》六本书重新编辑成新书，作为"饶学"系列丛书。2020年6月，由陈韩曦、杨壮宇编辑《梨俱室书画论稿》于北京联合出版公司出版。

8月初，在爱宾室创作上海世博会展品：有朋自远方来，不亦乐乎。

8月6日，上午，出席香港大学饶宗颐学术馆、黑龙江大学于北京香港马会会所签署"满族文化遗产抢救与研究开发合作"项目启动仪式。

下午，温家宝总理在中央文史研究馆亲切会见饶先生。为了纪念这个日子，饶先生特意向温总理赠送《荷花图》，以此共勉高洁如莲的品格。

8月7日，中午，编者在北京海棠花朝鲜菜馆设宴，朝鲜姑娘载歌载舞欢迎饶先生的光临。

8月9日至10月31日，出席中央文史研究馆、敦煌研究院和香港大学饶宗颐学术馆合办的"莫高余馥——饶宗颐敦煌书画艺术特展"，来自世界各地的专家学者共500多人参加。由袁行霈、樊锦诗、李焯芬作《序》的《莫高余馥——饶宗颐敦煌书画艺术》图录，由敦煌研究院出版。

8月9日，"庆贺饶宗颐教授九五华诞敦煌学国际学术研讨会""庆贺饶宗颐教授九五寿诞晚宴"隆重举行。在寿诞晚宴上，闻知甘肃舟曲遭遇泥石流灾害，表示将收到的贺寿礼金160万元全部捐给灾区人民。

同日，再一次到展览厅观赏"一切有为法，如梦幻泡影，如露亦如电，应作如是观"这幅二丈二的巨幅书法，招手示意作者一起在作品前留影。

8月16日至9月30日，香港特别行政区政府民政事务局和香港大学饶宗颐学术馆联合主办的"香江情怀——饶宗颐作品展览"在中国2010上海世博会香港馆首层展览区展览。

8月30日，在北京西山会晤前全国政协主席李瑞环，并共进午餐。

同日，晚上，在宾馆回忆"国画史论"创作过程，于《画预——国画史论集》题签：韩曦兄自台新购得此书，可见予之画学渊源所自。选翁补记，时在庚寅九十五。

8月，题签《王聪国画作品集》（王聪著）由人民美术出版社出版。

8月，《香港大学饶宗颐学术馆藏品图录（Ⅰ）饶宗颐教授艺术作品》，由香港大学饶宗颐学术馆出版。

9月1日，出席由中共中央党校、中央政府驻港联络办在中央党校举办的"饶宗颐学艺展"，共122件书画作品展出。《天人互益——饶宗颐学艺图录》由香港大学饶宗颐学术馆出版。看到校内刻着"实事求是"的校训，认为与"求真、求是、求正"是一致的。

同日，捐赠对联"试墨书新竹，张琴和古松"①和"晚明四大家四屏"②给中共

---

① 饶宗颐：《饶宗颐书道创作汇集·书韵联情》，香港大学饶宗颐学术馆，2012，第355页。

② 饶宗颐：《饶宗颐书道创作汇集·宋明逸意》，香港大学饶宗颐学术馆，2012，第204—205页。

中央党校收藏。

9月2日，离京前往上海，参观"上海世博会"香港馆。

9月15日，爱宾室书《步东坡寒食诗韵，题白山图册句》。

9月20日，编者按约前往家中请教《瑶山集》诗词评注问题，问及为何能写出这么多优美的诗词，答曰："不会打算盘，所以能写出好诗，这就是秘密所在。"为《瑶山集》诗词详注出版书联：

金汤安南纪，
秀气接中原。

流寓广西瑶山金秀，以"金秀"二字冠首，撰此联句。

谈话结束前，回到里屋取出与温家宝总理合照，在照片背面书题："韩曦吾兄惠存。日前与家宝钧座谈古代中国文化时留影。选堂。"

9月22日，中秋，爱宾室作《太液澄波图》《宜富当贵》。创作成扇，书八大荷花句，设色成扇：茅龙笔硃荷①。

同日，集契书：

九如②。

9月，题签《观看之道：作为精神史的艺术史——饶宗颐艺术史论》（郭景华著）由湖南人民出版社出版。在该书上题：北京书画苑惠存。

秋，爱宾室书《挂榜阁记》句：

人杰地灵，物华天宝，聚良才而开盛世。

10月，任广州市潮汕商会荣誉会长。

11月18日，参加"香港敦煌之友"在香港大学美术馆举行的成立仪式。同时出席"莫高余馥——饶宗颐敦煌书画艺术特展"揭幕仪式。

同日，晚上，参加"聚焦敦煌"拍卖筹款晚会，捐出十幅书画作品拍卖，共筹得善款602万港元捐赠敦煌博物院用于建设文物数字化研究所科研楼。

11月，题签《战国秦汉简帛丛考》（刘乐贤著）由文物出版社出版。

11月，《西南文化创世纪：殷代陇蜀部族地理与三星堆、金沙文化》由上海古籍出版社初版。

12月1日，题签《容庚传》由花城出版社出版。

12月5日，在2010年刊登有关饶先生的集刊上写下："选堂札丛，选堂阅后

---

① 饶宗颐：《饶宗颐书道创作汇集·清风徐来》，香港大学饶宗颐学术馆，2012，第160页。

② 饶宗颐：《饶宗颐书道创作汇集·殷周余韵》，香港大学饶宗颐学术馆，2012，第69页。

题笺。"

12月14日，出席饶宗颐文化馆启动仪式。该馆占地3.6万平方米，是集文物保护、陈列展示、文化导赏、专题讲座、文艺演出为一体的文化馆，由政府投入2.3亿元对百年老建筑群进行活化改建而成。

12月21日，上午，"雪堂余韵——饶宗颐惠州书画作品展"在惠州博物馆开幕，展出书画作品76件，主要以东坡诗词、诗意为主题创作的作品，其中包括新创作的《西湖春色》及历时4个月完成的1566字《挂榜阁记》。香港大学饶宗颐学术馆出版《雪堂余韵——饶宗颐惠州书画展作品集》。

12月底，于香港爱宾室书习近平主席讲话：

爱读书，读好书，善读书。

12月，德国举办"仁者寿书法展览"，展出饶宗颐、冯其庸、虞逸夫、张鸧四位学者作品。

12月，在香港赠余克光《敦煌白画》，书："克光先生正之，选堂。"

同年，为"笔底生花——赖少其花卉写生作品展"题写展名。

同年，为庆祝新加坡南洋学会成立七十周年题写会名：

南洋学会。

同年，赠林郑月娥①"贞固干事"。

同年，为香港艺术馆编《明月清风：至乐楼藏明末清初书画选》题辞。

# ■ 2011 年（辛卯）九十五岁

1月初，将《书天池观潮诗》一幅、《书步东坡寒食诗韵，题白山图册句》四联屏捐给惠州市政府，《书天池观潮诗》收藏于惠州博物馆，《书步东坡寒食诗韵，题白山图册句》四联屏收藏于挂榜阁。

1月11日，题写"孔子"的青铜雕像在国家博物馆北广场落成。

2月2日，除夕，题：《西北风光书画卷》②。

2月14日—19日，乘轮歌诗达经典号前往三亚及越南下龙湾观光、写生。

2月，审阅《长洲集——选堂诗词评注》初稿，题签："选堂诗词评注。"

3月11日，捐款港币10万元向日本地震灾区赈灾。

3月15日，长沙简牍博物馆举办"中日长沙吴简学术研讨会"，日本长沙吴简研

---

① 林郑月娥（1957—　　），香港大紫荆勋贤，曾任香港特区政府政务司司长、第五任行政长官。

② 饶宗颐：《饶宗颐书道创作汇集·几上龙蛇（下册）》，香港大学饶宗颐学术馆，2012，第476—479页。

究会、北京吴简研讨班和长沙简牍研究会共有40多名专家参加会议。

3月，题签《安忍精进——克服逆境的智慧》（李焯芬、净因法师著）由中华书局出版。

4月3日，清明节前，在跑马地英皇骏景酒店，用完午餐后随手拿餐巾纸题写《留别星洲诸子》词一首赠编者。

4月6日，为厦门大学90周年校庆，题词："综罄帨于遥年。"

4月22日，于香港爱宾室撰写《说真》。

4月23日，出席韩山师范学院举办的饶宗颐学术研讨会暨"饶宗颐研究所"成立大会，吴南生题词，卢瑞华题匾。

同日，参加"粤东考古中心"在潮州落户揭牌仪式。

同日，潮州迎宾馆会见澄海区有关领导，题签《香港澄海同乡联谊会成立十周年纪念》。

同日，审定潮州志补编（全五册）：《古迹志》《金石志》《人物志》《宦绩志》以及《外编》之稿件，签下：同意付印。

4月，题签《选堂诗词评注——长洲集》（陈韩曦、翁艾注译）由花城出版社出版。

4月，题签《况周颐研究论集》（郑炜明著）由齐鲁书社出版。

5月，上旬，《香港大学饶宗颐学术馆藏品图录（II）馆藏古籍珍善本》由香港大学饶宗颐学术馆出版。该书从"选堂文库"中挑选二百种珍善本书籍，编为图录。

5月12日，在"万众关怀风湿病慈善晚会"上，所题横幅"厚德载物"拍得港币108万，捐给香港风湿病基金会。

5月13日—16日，《饶宗颐书画册页丛刊》首发式在深圳文博会主会场7号馆举行，展出《选堂临碑十二种》《选堂临帖十二种》《选堂游屐写生丛刊》《神州胜境——选堂中国写生丛刊》四套，共48册，其中书画作品是首次结集出版。

5月23日，获澳洲塔斯曼尼亚大学颁发名誉文学博士学位，系首位获塔斯曼尼亚大学颁发名誉博士学位的华人。塔斯曼尼亚大学副校长Peter Rathjen致辞，赞许饶先生对中国文化做出两项重要贡献：一是帮助中国人增强对本国丰富文化和厚重历史的认同感；二是令生活在其他文化背景中的人们更深切地了解中国对于世界文化发展所做的贡献。

同日，香港大学饶宗颐学术馆的"饶宗颐教授资料库"更名为"饶宗颐教授资料库暨研究中心"。

5月24日，在《〈楚辞〉与词曲音乐》书上题："此为德国马堡宣传之论文，一九五七年作。选堂。"

5月，《文学与神明：饶宗颐访谈录》（饶宗颐著；施议对编纂）由香港三联书店有限公司初版，该书以对话的形式，阐释了文学与神明之关系。2011年5月由京三联书店再版。

5月，题签《逆境中的从容》（李焯芬、净因法师著）由中华书局出版。

5月，题签《尚雅乐道》（陈传席主编）由华艺出版社出版。

6月2日，捐赠匾额"为善最乐"支持《香港万众同心公益会》电视筹款节目，拍得108万港币捐入公益金。

6月19日，在《楚辞地理考》题签："此书为予在中山大学通志馆时所著，故得援引博洽三湘方志，原稿原遭劫火幸有纸版先寄存沪上得以问世，书之历尽沧桑，不可忽录。九十五岁，选堂识。"

6月24日，第一届"饶宗颐满语人才培养奖学金"颁发仪式在黑龙江大学人文社会科学重点研究基地隆重举行。

6月，为杨式挺著《岭南文物考古论集》题《夜飞鹊》词二首。

7月12日，向澳门艺术博物馆捐赠30件书画作品，澳门行政长官代表市民衷心感谢他长期支持澳门文化艺术事业发展。

7月17日，国际天文联合会批准南京紫金山天文台发现的编号为10017小行星命名为"饶宗颐星"。

7月，中国地理学会拟建设"林超地理博物馆"，应邀题写馆名[1]。

7月，秋初，书：《寒食诗帖》[2]。

7月，在家审阅即将出版《饶宗颐学艺记》第一稿。

7月，题签：紫荆论坛。

7月，潮州饶宗颐学术馆被定为"广东省统一战线基地"。

7月，题签《如是我见》（邓伟雄著）由香港大学饶宗颐学术馆出版。

7月，主编的《敦煌吐鲁番研究》（第十二卷）由上海古籍出版社出版。本卷为季羡林先生逝世一周年纪念专号。

8月18日，李克强出席香港大学一百周年校庆典礼前，在校园内探望饶先生，赞其国学造诣深厚，精于书画，不但传承和发扬中华文化，还推动中华文化走向世界，促进世界文明交流。

8月，《饶宗颐学艺记》（陈韩曦著）由花城出版社出版。在《饶宗颐学艺记》衬页上题：

精心结撰之作，
愈看越感愧怍。
　　选堂谨记。

8月，收到樊锦诗寄来的《敦煌石窟全集》（第一卷）《莫高窟第266—275窟考古报告》，看到敦煌研究院考古团队历经十余年工作成果，回信嘉勉道："既真且确，精致绝伦，敦煌学又进一境，佩服之至。"

---

① 饶先生青年时研究楚辞地理，十分熟悉楚地情况，对我国地理一直十分关心。
② 饶宗颐：《饶宗颐书道创作汇集·几上龙蛇（下册）》，香港大学饶宗颐学术馆，2012，第428—431页。

9月12日，中秋，于梨俱室忆写故乡潮州之美，创作四尺对开横幅山水画，用神来之笔题《韩江春晓》时，巧妙地将好友陈韩晓的名字纳入画中。

又书：

饮欢喜酒，
唫自在诗[①]。

同日，会晤中国地理学会代表团一行。

9月18日，出席《四库电子字典》编纂工程启动仪式。领衔主编电子字典编纂一部收录最多汉字的中文古籍的网上字典。

9月19日，《光明日报》刊登饶先生贺《国学》版创刊五周年题词：反本开新。

9月，林伦伦主编的《饶宗颐研究》（第1辑）在暨南大学出版社出版。

9月，为"佃介眉师生书画展"题词：

守望与传承。

10月8日，《天下潮商报》（第33期）：国学泰斗饶宗颐教授书画鉴赏。

10月19日，出席香港马会会所举行"饶宗颐星"命名仪式。各界知名人士300多人欢聚一堂，共同见证"饶宗颐星"（国际编号为10017）载入天文史册。

10月22日，"岭南风韵——饶宗颐教授书画艺术特展"开幕式暨电视纪录片《饶宗颐》首播式在广东省博物馆举行。开幕式上，将四幅描写岭南四季的写意山水画捐赠给广东省人民政府，由广东省博物馆永久收藏。《岭南风韵——饶宗颐书画艺术特集》（广东省博物馆编）由岭南美术出版社出版。

10月26日，《南方都市报》载《岭南风韵，文化大家》（颜亮/文）。饶宗颐书画艺术特展在广博新馆开幕，多名专家参加学术座谈会。

10月，题签《曾国藩嘉联钞》（刘汉辉等主编）由华文出版社出版。

10月，山东大学110周年校庆，题词：

河岳钟灵，山大毓秀。

10月，为潮州海外联谊会、《潮州志补编》整理小组编印《潮州志补编》（总纂，全五册）作《序》。

11月，题签《潮汕侨批集成》（潮汕历史文化研究中心编）由广西大学出版社出版。

11月，题签《潮水集》（黄赞发著）由作家出版社出版。

11月，题签《争气——杨受成传记》（陶杰著）由中信出版社出版。

---

① 饶宗颐：《饶宗颐书道创作汇集·雄奇书势》，香港大学饶宗颐学术馆，2012，第174页。

11月，题签《刘正成书法作品展》，又题匾："中国广东实验中学。"

11月，赠余克光《饶宗颐二十世纪学术文集》，题："克光先生惠正，兔年，选堂。"

12月10日，首届天下潮商经济年会正式启动，为大会题词：

运筹帷幄。

12月11日，福建泉州海外交通史博物馆举办"饶宗颐与华学国际学术研讨会"。

同日，《饶宗颐集》（饶宗颐著、陈韩曦编）由花城出版社出版。

12月16日，被聘西泠印社社长，成为印社第七届掌门人。赠西泠印社大对联："好古游六艺，作草嗣二王。"

同日，在《通会境界——饶宗颐21世纪书画新路向》画册前衬页上题"韩曦兄收藏，兔年，选堂"。

12月19日，首届中华艺文奖颁奖典礼在国家博物馆礼堂举行。饶先生获得中华艺文奖"终身成就奖"。

12月20日，中国文联、香港艺术发展局主办的第四届海峡两岸暨港澳地区艺术论坛在香港开幕。

同日，孙家正到家中看望并颁发中国文联荣誉委员证书和金质证章。

12月22日，冬至，集三公山碑字，书联句：

宁神唯西领石，
降福如东王公[①]。

12月23日，在家中收到《潮州志补编》时，激动地说："我终于完成使命了。"

12月，为陈少如书题：

闲时且读书。

12月，中联办主任彭清华到香港学术馆探访。

12月，题签《罗林竹书法展选集》（罗林竹著）由岭南美术出版社出版。

12月，《选堂诗词选注》（徐名文注）作为"潮汕文库丛书"由香港公元出版有限公司出版。

同年，为潮州灯谜协会题写："谜潮"。

同年，为《明报月刊》纪念特刊题：

---

① 饶宗颐：《饶宗颐书道创作汇集·殷周余韵》，香港大学饶宗颐学术馆，2012，第187页。

四十五年的文化小屋。

同年，题签《怡心壶韵：王玉芳紫砂壶作品集》由香港饶宗颐学术馆出版。
同年，题签《颐园学苑》季刊由潮州市饶宗颐学术馆出版。

# ■ 2012 年（壬辰）九十六岁

1月2日，题签《潮州菜大全》。
1月6日，饶学研究基金有限公司于香港成立（公司注册证书编号No.1696987）。
1月，开春，于梨俱室录：《金荷手卷》①。
开春，梨俱室作《荷花书法卷》《荷花小直幅加对联》：

人品犹如花澹宕，文心恰似藕玲珑②。

另为中山大学"芙兰奖"题词：

芙蕖自洁，兰若自芳。

1月，题签《名家书法库》。
1月，题签《书法六问：饶宗颐谈中国书法》（饶宗颐、王国华合著）由香港天地图书有限公司出版。
1月，为中华文化促进会题词：

文化动力。

2月7日，在香港寓所赠编者《殷代贞卜人物通考》一书并题：

此书由求精校印，现已成为珍本。选堂记。

2月12日，书法网举办"2011年度书坛十大新闻人物"揭晓，按广大网友的投票，被评为"2011年度书坛十大新闻人物"。
2月16日，《广州文摘报》载《95岁饶宗颐：从潮州走出来的国学大师》。
2月28日，晚上，香港大学饶宗颐学术馆、饶宗颐学术馆之友主办的饶宗颐教授荣获首届中华艺文"终身成就奖"、荣任西泠印社第七任社长，饶宗颐研究基金成

---

① 饶宗颐：《饶宗颐书道创作汇集·几上龙蛇（下册）》，香港大学饶宗颐学术馆，2012，第472—475页。
② 饶宗颐：《饶宗颐书道创作汇集·晋唐风致》，香港大学饶宗颐学术馆，2012，第208页。

立，学术馆及学术馆之友创立8周年庆典在香港九龙洲际酒店大礼堂举行，500多名海内外嘉宾欢聚一堂，共同庆祝这个荣耀的时刻。饶先生捐赠12件书画作品，其中"汉人吉语荷花四屏"拍得600万元、"莲花观音"拍得400万元、"松岩寿佛"拍得208万元，当晚拍卖共为饶学研究基金筹款4000多万元。庆典仪式上，被聘为山东大学名誉教授、《泰山通志》主编。

2月，题签《秉笔冲和——今观复堂藏刘秉衡书画集》由集古斋有限公司出版。

2月，《戴密微教授与饶宗颐教授往来书信集》（郑炜明、邓伟雄、饶清芬、罗慧主编）由香港大学饶宗颐学术馆、饶宗颐基金会、饶学研究基金联合出版。

3月10日，下午，饶宗颐讲座成立仪式暨首届讲座在香港大学群芳讲堂举行，法国著名汉学家汪德迈受邀主讲《中国传统中至高的社会标准：文学的"文"和伦理的"仁"》。

3月12日，香港《大公报》载《港大首办"饶宗颐讲座"》（洪捷/文）。

3月31日，在香港英皇骏景酒店向华侨大学赠送画作。

3月，《香江鸿儒——饶宗颐传》（严海建著）由江苏人民出版社出版。

3月，《西泠印社》学术期刊出版《饶宗颐、外江学术专辑》（2012年第1期，总第33辑）。

3月，题签《天地悠悠情寄长（上、下卷）》（黄少青著）由吉林出版集团·时代文艺出版社出版。

4月7日—9日，"饶宗颐教授佛教艺术展"在京都相国寺承天阁美术馆开幕，展出32幅敦煌画作、禅画和4套茶具。《法像庄严——饶宗颐教授佛教艺术展图录》由京都相国寺承天阁美术馆出版。

4月8日，在京都大学人文研究所题字时恰逢周日放假，没有笔、纸、墨。日方人士临急购买文具，在十张4开复印纸上题李白诗《听蜀僧浚弹琴》。

4月15日，"饶宗颐教授之治学与书画"讲座在新加坡南洋学会假醉花林俱乐部三楼会议厅举办。

4月16日，出席长安镇"饶宗颐美术馆"落户授权仪式。

4月23日，为单霁翔筹办京郊房山贾岛图书馆题写"汲引室"。

4月，《西泠印社》（第33辑）"饶宗颐研究专辑"重点介绍其学术、艺术成果。以彰显西泠印社以学术立社的人文传统。

5月，题签《黄兆汉书画选集》由香港大学饶宗颐学术馆出版。

6月4日，《富春山居图》两岸"山水合璧"一周年，黄公望纪念馆正式开馆，为该馆题词。

6月9日，国学大师、西泠印社第七任社长饶宗颐书画首次在沪展出。

6月23日，端阳，集汉人吉语，书：

如意、吉祥[1]。

---

[1] 饶宗颐：《饶宗颐书道创作汇集·殷周余韵》，香港大学饶宗颐学术馆，2012，第191页。

同日，由韩山师范学院、广东省潮汕文学院联合主办的"南海诗潮·广东省第二届韩江诗歌节暨中海油杯"诗歌大赛在韩山师范学院正式启动，应邀担任本届诗歌节组委会名誉主席。

6月27日，上午，参观上海龙华寺，与住持诚法师等座谈，一同欣赏古琴表演，饭后为寺里题写杜甫诗作留念。条幅内容：

花近高楼伤客心，
万方多难此登临。
锦江春色来天地，
玉垒浮云变古今。

晚上，出席在上海西郊宾馆举行的"海上因缘——饶宗颐教授上海书画展欢迎晚宴"，与姚明相逢真是："巨人"握手，分外"姚饶"。看着姚巨人，饶先生"欲与姚明试比高"，姚明说："真希望我到了饶公的年纪也能像他这样灵活开朗。"

6月28日，上午，出席由国家文物局、香港特区政府民政事务局、香港大学、西泠印社、上海文化发展基金会新空文化艺术专项基金、上海美术馆、饶学研究基金等在上海美术馆举办的"海上因缘——饶宗颐教授上海书画展"，香港大学饶宗颐学术馆出版《海上因缘——饶宗颐艺术天地》画册。

6月29日，为20年来首位踏上孤山的西泠印社社长。在西泠印社柏堂欣然提笔，题写"播芳六合"四个大字。

同日，于《海上因缘——饶宗颐教授艺术天地》画册上题"韩曦兄正之　壬辰　选堂"；另于《意会中西》前衬页上题"韩曦兄自藏　壬辰　选堂"。

6月，为香港中文大学文物馆初版《南国瓷珍》题签。

6月，题签《学艺双携——饶宗颐文化馆开幕特展图录》由中华文化促进中心出版。

6月，题签《澳门文学史》（郑炜明著）由齐鲁书社出版。

6月，题签《佛缘墨境》（九朝会宝博物馆编著）由中国美术出版社出版。

6月，《自书海上因缘句步秋兴韵》[①]。

6月，《陶铸古今——饶宗颐学术·艺术研讨会纪实》（王素主编）由故宫出版社出版。

7月10日，《南方都市报》港澳版转载中新社《望百大儒饶宗颐　国学大师"当不起"》。饶先生说："我要活到100岁！我是按100岁来计划的，还有许多事没做。"

7月28日，为庆祝香港回归15周年，由海外华文传媒组织与香港文汇报共同发起

---

① 饶宗颐：《饶宗颐书道创作汇集·宋唐风致》，香港大学饶宗颐学术馆，2012，第209页。

的"光耀香江"香港回归15周年大型评选活动，经过网络投票和专家的认真评审，评选出"15件重大新闻事件""15位功勋人物"和"15座荣耀城市"。荣获功勋人物称号。

7月，题签《饶学十论》（姜伯勤著）由齐鲁书社出版。

7月，《选堂诗词评注——黑湖集》（陈韩曦、翁艾注译）由花城出版社出版发行。在书上题签："佛郎艺汇惠存，选堂。"

8月30日至9月28日，"海上因缘——饶宗颐教授上海书画展"于香港大学饶宗颐学术馆举行。

8月，为邵晓峰与香港大学饶宗颐学术馆合作研究项目《敦煌壁画与中国古代家具研究》题词。

9月10日，题匾的广东舞蹈戏剧职业学院在佛山揭牌。

9月30日，中秋，拟陈曼生体，自嗤狂肆耳，书：

居万流屋，
结自得游①。

同日，书：

风雨一杯酒，
江山万里心。
题记：壬辰中秋，九十七叟选堂除白内障手术后纵笔。

9月，《饶宗颐研究（第2辑）》（林伦伦主编）由暨南大学出版社出版。

10月24日，纪录片《饶宗颐》入围"中国（广州）国际纪录片节"终评。2012年6月19日在CCTV国际频道播出。

10月，作《小引》的《上博藏战国楚竹书字汇》（任主编）由安徽大学出版社出版。全书收录《上海博物馆藏战国楚竹书》第一至七册全部字形，依《汉语大字典》体例，按部首编排；分正文、合文、待释字、残字、笔画检字表、拼音检字表、附录文章等若干部分。

11月11日，由潮州市金山中学广州校友会赠建饶宗颐铜像在潮州市金山中学新校园落成，铜像高2.6米。

同日，爱宾室书：《颐园集》《选堂小集》《饶宗颐学艺纪要》。

11月14日，浙江省政府、西泠印社、香港大学饶宗颐学术馆联合举办"艺聚西泠——饶宗颐社长书画艺术特展"在浙江省美术馆开幕。

同日，为西泠印社秋季雅集系列活动题写"艺聚西泠"，将作品"踢天一磨"捐赠给西泠印社。

---

① 饶宗颐：《饶宗颐书道创作汇集·雄奇书势》，香港大学饶宗颐学术馆，2012，第179页。

11月15日，书"积善余庆"通过慈善机构拍卖筹款，资助香港南丫岛受海难家属。

同日，首届"全球杰出华人奖"颁奖盛典在港岛香格里拉大酒店隆重举行，获首届"全球杰出华人奖"，入编《全球杰出华人画传》。

11月19日，获香港浸会大学颁发荣誉文学博士学位，出席接受荣誉博士学位仪式。

11月21日，"意会中西——饶宗颐捐赠澳门艺博馆书画作品展"在澳门回归贺礼陈列馆揭幕，展出历年赠予该馆之书画作品34件套。

11月25日，被评为"2012美术报年度人物"。

11月26日，袁行霈到香港看望并赠送中式棉袄一件。

11月28日，为《南方日报》题："世纪广东学人"。

11月，题签《墨妙堂诗书画社》。

12月2日，纪念"岭南词宗"詹安泰诞辰110周年学术研讨会在广州中山大学中文堂举行，海内外学者嘉宾近百人参加活动。题词"别开词境"。

12月5日，《东方日报》刊《饶宗颐铜像"平易近人"》。

12月7日，荣获香港树仁大学荣誉文学博士，亲自到场参加颁授典礼。

12月11日，香港大学饶宗颐学术馆举行新闻发布会，主题：学艺双携——饶教授主编的《上博藏战国楚竹书字汇》《饶宗颐书道创作汇集》出版[①]。

同日，晚上，选堂雅聚。出席宴会的嘉宾共200余人，分别与参会者合影，整个宴会沉浸在温馨祥和的气氛之中。

12月，题签《书法六问》（王国华编纂）由人民美术出版社出版。

12月，题签《永续之梦——文化局三十周年纪念特刊》（黄文辉等著）由澳门文化局出版。

12月，《庆贺饶宗颐先生95华诞敦煌学国际学术研讨会论文集》（中央文史研究馆、敦煌研究院、香港大学饶宗颐学术馆编著）由中华书局出版。

12月，《选堂集林：史林新编》（全3册）由中华书局（香港）有限公司出版。

同年，与香港特首梁振英于礼宾府会晤，赠匾额：

齐心。

同年，为香港中文大学书题校训：

博文约礼。

---

① 《上博藏战国楚竹书字汇》历时近8年完成，旨在为文字学者、书法家提供一部可资检阅的专业工具书。而《饶宗颐书道创作汇集》体现致力于文、史、哲、艺等领域的学术研究，精通诗、书、画、乐，其中书法自成"饶体"。

又为澳门大学题匾、香港中文大学善衡书院写下"家"字。

同年，题"潮州市仰山楼文化交流中心"。

# ■ 2013 年（癸巳）九十七岁

1月31日，题签《选堂创价小学写生基地》。

1月21日，与许嘉璐一起出席在香港浸会大学举行的"饶宗颐国学院"成立典礼，受聘为该院永远荣誉院长。

同日，"书香墨妙：饶宗颐教授近年著作书画展"在香港浸会大学举办。

2月15日，出席香港潮州商会举办的新春团拜，赠送"贞固干事"墨宝。

2月，香港大学饶宗颐学术馆主办"龙年气象——饶宗颐教授壬辰年书画作品展"。

2月，题写："有所法而须能有所度而后大，董其昌倚句。"

3月14日，中午，于《澄心论萃》扉页上题签："此书选材丰富，见解深入，现已不易寻觅。极须重刊。选堂。"

3月21日，泰国友人李桂雄来港拜会，赠"泰中友谊，雄心壮志"墨宝。

3月23日，上午，第五届世界中国学论坛在上海展览中心举行，被授予"世界中国学贡献奖"。

3月25日，被聘为华侨大学（校址泉州）名誉教授。

3月，《艺汇齐鲁——饶宗颐教授山东书画展》由香港大学饶宗颐学术馆出版。

3月，题签《朴庐藏珍——近现代文人学者墨迹选》（赵胥著）由中华书局出版。

3月，于香港爱宾室书七字联：

改革新风起南粤，
开放甘霖泽文坛。

3月，《天地文章——饶宗颐教授肇庆书画展》由广东画院美术馆、肇庆市博物馆出版。

3月，《岭南艺缘——饶宗颐书画作品集》（中山大学古文字研究所编）由香港广东画苑出版集团出版。

4月17日至6月23日，出席在香港大学美术博物馆举行的"学艺互益——香港大学饶宗颐学术馆馆藏选展"。

4月19日，"吃茶去——饶宗颐茶道艺术品展览"在饶宗颐文化馆开幕，展出以"茶"与"禅"为题的艺术作品展览，《吃茶去——饶宗颐茶道艺术品展览》图册由香港大学饶宗颐学术馆出版。

4月20日，《"香港〈群书治要〉论坛"致辞》由李焯芬教授代宣读于香港亚洲国际博览馆。摘要刊登于《澳门日报》2013年4月21日澳闻B07版《唐太宗治国宝

典 二千学者港研〈群书治要〉》；中国新闻社（香港）2013年4月21日报道《中华传统文化追随者聚首香港研习〈群书治要〉》。

4月30日，夫人陈若侬以97岁高龄在家中仙逝。

4月，得知四川雅安地震，委托女儿到中联办捐款赈灾。

4月，题签《选堂访古留影与饶学管窥》（曾宪通著）于花城出版社出版。在书上题跋："《饶锷（四十小影）自题》圆颅方趾，繄汝何人？是曾探禹穴之故墟，扬秦火之灰尘，漫游三千余里，著书二十万言。既遭时之不值，乃息迹乎海垠，抱丛残以补佚，将闭户而草玄，谓殷之夷乎？谓鲁之连？是皆非也。而讯其人，则曰：宁遗世以全我真。"

5月4日，"佛光普照——饶宗颐佛教美术"在香港佛光缘美术馆开幕。

6月22日—7月20日，由天一阁博物馆、香港大学饶宗颐学术馆联合主办"书情画韵——饶宗颐艺术展"在天一阁书画馆云在楼开幕，展出不同时期出版的30部著作及30余件书画作品、手稿。

6月，题签《震古烁今》（陈韩曦著），并校初稿。并题《蓝韵凤凰》《闾里香格》。

6月，题签《中国泼彩山水画史》（邵晓峰著）由东南大学出版社出版。

6月，为邓聪、郑炜明主编《澳门黑沙玉石作坊》作《序》。

7月5日，《人民日报》载其自撰文《中国梦当有文化作为》。

7月13日，捐赠澳门特区政府81套学术著作和75件艺术作品，其中有3幅描绘澳门风光，分别是《澳凼山光》《路环风光》《路环南岸》。

7月15日，与曾宪通曾于1980年在全国各地博物馆进行学术考察80多天，提出将访古寻踪经历整理成书，为此题写书名《选堂访古随行》。

7月28日—29日，饶学国际学术研讨会在韩山师范学院举行，亲题"鹅湖重见"。

7月，《饶宗颐佛学文集》由香港天地图书有限公司初版。书中收录其67篇论文。

8月，主编的《敦煌吐鲁番研究》（第十三卷）由上海古籍出版社出版。

8月，为《广东华侨史》题写书名。

8月，题签《承前启后——近代旅港学人墨迹》（饶宗颐文化馆编）由三联书店出版。

8月，在家与编者一起审阅2014年出版的《饶宗颐学艺记》。

8月，题签《卢芝高嵌瓷艺术》由广西美术出版社出版。

9月1日，题签《韩山师范学院校史简编》（韩山师范学院校史编委会编）由暨南大学出版社出版。

9月18日，香港浸会大学举行书画捐赠仪式，捐赠12套书画作品。《银荷》《松柏长青》等作品用于拍卖筹款支持饶宗颐国学院。

9月19日，荣任法兰西学院铭文与美文学院外籍院士，这是法兰西学院海外院士中的最高级别，成为中国以及亚洲第一个获颁该荣衔的汉学家。法兰西学院铭文与美文学院常任秘书长Michel Zink教授亲临香港中文大学授职，颁授院士剑、证书、院长令及奖章。

同日，中秋，于香港爱宾室书：

长乐、延年。

9月21日，文津雕版博物馆推出手工雕版刷印、线装诗集《饶宗颐诗钞》由国家图书馆出版社出版。

9月22日，由香港大学饶宗颐学术馆、天津美术馆和艺林山房共同主办"雄伟气象——饶宗颐画展"在天津美术馆举办。《雄伟气象——饶宗颐书画特集》图册由香港大学饶宗颐学术馆出版。

9月，题签《丁衍庸印集》（丁衍庸著）由一点画室出版。

10月7日，晚上，香港浸会大学饶宗颐国学院在香港会议展览中心举行筹款晚会。

10月15日，在香港饶宗颐文化馆参加"根深叶茂——天一阁馆藏珍品展暨天一阁名誉馆长聘任仪式"。

10月，在家中与女儿一起挑选编入《饶宗颐学艺记》书中相关照片。

10月，题签《感恩与奉献》（陈伟南人生价值观研讨会文集）由花城出版社出版。

10月，为香港戏曲中心题匾。题签《潮州华美沈氏族谱》《上善居》。

11月13日，在《中国史学上之正统论——中国史学观念探讨之一》书上题："该书单行本已成孤本，当年论述影响中外至巨，再读仍觉可取。选堂。"

11月，《保国寺大殿千年纪念碑》（饶宗颐撰）载于保国寺古建筑博物馆编《保国寺新志》。1984年春天，饶先生第一次到宁波瞻仰保国寺，于北宋大殿内流连忘返。2012年3月，受馆长余如龙之托，开始为保国寺大殿千年纪念活动撰写碑文，运用古文体几易其稿，终于完成这篇1200余字的碑文："四明有山，名曰灵山，初有骠骑将军庙，故又名骠骑山。山上有峰，名曰象峰，其间有寺，后汉时名曰灵山寺……"

12月1日，题签《广东文化遗产》（广东省文物局编）由科学出版社出版。

12月9日—10日，由香港大学饶宗颐学术馆、华侨大学文学院、西泠印社、天一阁博物馆、北京故宫博物院故宫学研究所主办，饶宗颐文化馆协办的"第二届饶宗颐与华学暨香港大学饶宗颐学术馆成立十周年庆典国际学术研讨会"在香港大学举行。

12月16日，题签《修心养德》（题名古琴系列）由饶宗颐学艺研究中心出版。

12月27日—29日，题签"怡心雅茗"选堂铭绘，王玉芳手制砂壶展于广州举行。

12月，《生活》杂志：《饶宗颐——孤独钧儒》。

12月，题签《饶宗颐与华学》（上、中、下册）由华侨大学文学院出版。

12月，题签《叶选宁书法集》（许立峰主编）由广东潮州市上善居文化有限公司出版。

12月，"饶宗颐讲座"第2讲在香港大学饶宗颐学术馆开讲。

12月，题签《清凉境界——陈侗艺术创作图录》（许立峰主编）由广东潮州市上善居文化有限公司出版。

同年，作《荷叶荷花十里红》，题记：

欲呼小艇耶溪去，
荷叶荷花十里红。
癸巳，选堂于爱宾室并题青藤句。

又作《并蒂莲》，题记：

莲开并蒂，
如意吉祥。
癸巳，选堂于爱宾室。

## ■ 2014 年（甲午）九十八岁

1月初，香港大学饶宗颐学术馆迁入邓志昂楼，这座古老建筑物成为港大校内的"华学"研究中心。内设"选堂文库"，收藏所捐赠的藏书。

1月10日，为"祥和盛世·圆梦潮州——2014年潮州佛教文化节"赠送墨宝"佛"字。

同日，香港大学饶宗颐学术馆初版《饶荷盛放——饶荷的形成与发展》。

1月11日，港大教务委员会一致通过，嘉誉饶宗颐为香港大学首位校内最崇高的学术荣衔获得者——"桂冠学人"。

1月，《选堂诗词评注——佛国集》（陈韩曦、翁艾注译）由花城出版社出版。

1月，《饶宗颐书画题跋集》（饶宗颐著，陈韩曦编）由花城出版社初版。

2月，香港中文大学制定饶宗颐访问学人计划：自今年起，每年邀请一位与中国文化研究有杰出成就的世界学者，参与饶宗颐的访问学人计划，目的为促进中西方学术互动。

2月，题签《卢瑞华书法集》（卢瑞华著，陈韩曦编）由花城出版社出版。

3月3日，出席香港中文大学"饶宗颐访问学人讲座"，瑞典文学院院士、诺贝尔文学奖评选委员马悦然主讲"略谈唐代的通俗诗歌"。进行问答环节时，马笑说诺贝尔文学奖实为"北欧一个小国家，十八个人的判断，无须对此太执着"。讲座结束后，饶先生将题有"博文约礼"折扇赠马悦然。

3月11日至4月25日，香港大学饶宗颐学术馆举办"马到颜开——饶宗颐教授甲午书画展"。

3月22日，第二届潮汕客商联谊座谈在深圳五洲宾馆召开，题写匾额："潮客一家亲"。

3月26日，出席香港大学王赓武讲堂举行的"山东大学授予饶宗颐名誉博士典礼"仪式。

同日，为刘大钧题词"长乐"，落款"大钧教授雅教，甲午，选堂"。寓涵长乐未央、知足常乐、孔颜乐处诸多胜意[①]。

3月30日，于《明报·出入山河》题签："拙文不记曾在何书，重印《明报月刊》存此，可供参考。选堂。"

3月，题签《吴南生书法集》。

3月，《饶荷盛放——饶荷的形成与发展》日文版出版。

4月9日—14日，由香港国际创价学会和香港大学饶宗颐学术馆主办的"饶荷盛放——饶荷的形成与发展"于香港国际创价学会文化会馆举办。

4月16日，下午，出席在香港大学美术博物馆举办的"学艺互益——香港大学饶宗颐学术馆馆藏选展"。

4月，为普宁市市场物业管理局编《德安里博览》（创刊号）题写"德安里"。

4月，由林伦伦主编《饶学研究》在暨南大学出版社出版。

5月12日，广州文理一堂举办"文理一堂十周年庆暨饶宗颐教授书画作品展"。

同日至26日，题写"艺育菁英"香港国际青少年新水墨作品展举行。

5月30日，于岳麓书院设立国学奖。

6月19日，香港浸会大学饶宗颐国学院举行学术期刊《饶宗颐国学院院刊》新书发布会，到场主持新书发布。该刊由饶先生题签。

6月，题签《书法四字经》（王国华著）由人民美术出版社出版。

6月，题签《温丹铭先生诗文集》（温丹铭撰）由潮汕历史文化中心出版。

6月，任顾问并题签的《南雅》书画由饶宗颐美术馆出版。

7月4至9月26日，香港大学饶宗颐学术馆举办"明韵清情——饶宗颐教授明清诸家笔意书画展"。

7月16日，为《中国歙砚》一书题词："砚之冠。"

同日至8月31日，香港饶宗颐文化馆、香港大学饶宗颐学术馆联合主办，饶宗颐文化馆下区艺术馆举办"香江情怀——饶宗颐香港诗书画展"；于饶宗颐文化馆中区博雅堂地下举办"文海微澜——饶宗颐教授与香港文化人士展"。

7月18日，香港《大公报》报道当时张晓明主任为饶老祝寿。

7月，中华诗词研究院编的《当代中华诗词名家精品集：饶宗颐卷》由中国青年出版社出版。

7月，题签《桑梓情意》（潮州市饶宗颐学术馆基金成立典礼特刊）。

8月1日，修订本《饶宗颐学艺记》（陈韩曦著）由花城出版社出版。

同日，题签《蚩尤考证》（汪海波著）由齐鲁书社出版。

---

① 摘自赵建永《从未刊信札看饶宗颐、汤一介、刘大钧诸先生的学术交往》。

8月9日，《潮州市饶宗颐学术馆藏饶宗颐教授艺术作品图录》由香港大学饶宗颐学术馆、潮州市饶宗颐学术馆、潮州饶宗颐学术馆基金联合出版。

8月，《颐园》（王振泽编）由潮州市饶宗颐学术馆出版。

8月，"饶宗颐学术馆（潮州）基金会"在香港成立。

8月，题签《饶宗颐佛学文集》由北京出版社出版。

8月，"饶宗颐讲座"在香港大学饶宗颐学术馆举办第三讲。

9月4日—10月4日，四川博物院、香港大学饶宗颐学术馆联合主办的"诗心禅意——国学大师饶宗颐书画展"在四川博物院举行。

9月19日，第五届艺术国际收藏品及艺博会开幕，为琴友鉴别古琴。

9月30日，与李学勤一起获首届国学大典"国学终身成就奖"，题匾：

斯文在兹。

9月，出席于黄大仙祠凤鸣楼广场举行的"庆祝中华人民共和国成立65周年·啬色园'道艺相融·微妙玄通——当代道教书画展'"开幕式。

9月，《古调传响千山外——饶宗颐教授瑞士古琴录音1979》（姚锡安著）在香港饶宗颐学术馆出版。

9月，题签《古调传响千山外》。

11月1日，被聘为黑龙江大学国学院名誉院长。

11月2日，在香港大学获颁中山大学"陈寅恪奖"。

11月3日，《深圳特区报》载《读书月的坚持值得世界尊重，饶宗颐等文化名人致贺信》。

11月21日—30日，温州美术馆（书画院）举办"永嘉艺情——饶宗颐温州书画展"。

11月，题签《读档阅史——民国政事与家族利益》（郑会欣著）由中华书局出版。

11月，为即将出版《国学墨韵》丛书题签、作《序》。

11月，致信香港发展局文物保育专员办事处，请拟借用位于港岛的古建筑景贤里作为浸大国学院教学与研究之用地。

12月3日—5日，"教育部直属师范大学图书馆第20次馆长年会暨海峡两岸师范大学图书馆论坛"在华南师范大学举行，会上被聘为荣誉教授。

12月19日，当选"中华之光"传播中华文化年度人物。

12月31日，编者到家中拜访，呈上北京购得《敦煌本〈甘棠集〉研究》一书。此书让其回忆往岁香港敦煌吐鲁番研究中心历程。于书中题签："韩曦兄从北京购得此书，可见予在港建立敦煌吐鲁番研究中心之研究工力。惜该中心已为无知者遗弃，重观此册，令人心痛。选堂。"

12月，在爱宾室审阅《西海集——饶宗颐诗词评注》一稿。

12月，题签《古今咏怀——龙开胜书阮籍·饶宗颐咏怀诗》（龙开胜著）由人民美术出版社出版。

12月，主编的《敦煌吐鲁番研究》（第十四卷）由上海古籍出版社出版。

同年，捐出"春风化雨"墨宝予正生会，拍卖筹款105万港币，用于捐建同正生书院。

同年，作《藕花香雨连五言联》：

月痕镂石碧，
玉影满春红。

同年，作《题道德经句荷花四幅》《吉语四色荷花四幅》《红荷墨叶四幅》。

同年，作《荷花八小连幅连五言联》，题记：

太华峰头玉井莲。
甲午，选堂于爱宾室。

同年，作《茅龙笔荷花手卷》，题记：

以茅龙笔作荷花，白沙先生应未有此想。
甲午，选堂。

同年，书联句：

开帘对春树，
弹剑拂秋莲。

同年，题签《朱淑真及其作品》。

同年，在香港会晤潮州四弟宗亮等亲人，彼此间拉家常。

同年，为香港中文大学图书馆珍藏专辑《书海骊珠》题签。

## ■ 2015 年（乙未）九十九岁

1月3日，惠州学院罗川山到香港拜访，汇报东坡祠重修项目进展情况。饶先生对访者说，保护苏东坡文化的事情，要我做什么都行，表示愿意将研究苏东坡的资料都捐给惠州，并建议惠州东坡祠重修好后，祠内要布置好陈列，真正地显示东坡祠这个千年文化地标的地位。

同日，晚上，题写惠州苏东坡祠和月泉书院的匾额。

1月8日，《潮州日报·潮州文化》刊登其文《柘林在海外交通史上的地位》。

同日至16日，"古今咏怀——龙开胜书饶宗颐教授和阮籍咏怀诗作品展"在中国美术馆举行。

1月16日，在《白山集》衬页上题写："记广东文物展在港举行，展品有潘氏所藏瓦盂釐书'客儿'二字，传为康乐遗物，今不知所在。谢客遗物有长髯一套，并记于此。选堂。"

1月26日，在港发表声明，凡2014年1月1日起及之后公开发表的、署名饶宗颐撰写的新论著，特别是书画艺术范畴的序跋、评介等文章，皆与选堂无关。

1月，题签《饶宗颐学术研究论文集》（饶宗颐国学院编）由中华书局出版。

1月，任名誉主编《中信国学大典》由中信出版集团出版。

2月9日—27日，香港大学饶宗颐学术馆举办"甲午气韵——选堂甲午作品展"并出版书画集。

2月13日，潮州饶宗颐学术馆举办潮州金山"选堂书廊"碑刻拓片展。

同日，《选堂诗词评注——西海集》（陈韩曦、翁艾注译）由花城出版社出版。

2月26日，接受新华社记者采访时表示："今年的生日愿望是'太和'。希望天下'太和'，人民安居乐业，家庭和睦，天下太平。"

同日，香港潮州同乡会逾300人聚首香港，共贺百岁华诞。

2月27日，乙未年开春之笔（2015）正月初七书"太和"。

2月，题签《书画相生——许钦松　梁江新作联展》（故宫紫禁书院主编）由古桥出版社出版。

3月8日，腾讯公司主要创始人陈一丹到家中拜会。

3月17日，出席在香港中文大学举行的饶宗颐教授百岁华诞祝寿晚宴。

3月21日，上午，广东省教育厅人文社科重大项目"饶宗颐研究"专题报告会在韩山师范学院中国语言文学系举行。

3月25日，上海《报刊文摘》转载《百岁国学泰斗饶宗颐养生之道》。

3月，与高锟在饶宗颐文化馆赏花雅聚，一起见证植树仪式。

4月2日—7日，六集电视纪录片《饶宗颐》在中央国学频道播出。中山大学饶宗颐研究院成立。

4月3日，由凤凰卫视发起，联合南方报业传媒集团等海内外10多家华文媒体共同举办的"世界因你而美丽——影响世界华人盛典"在清华大学隆重举行，饶先生获颁"影响世界华人终身成就奖"。

4月27日，下午，李克强总理在中南海紫光阁会见时预祝饶先生在国家博物馆举办的百岁艺术展取得成功，称赞其近百岁高龄仍心系国家发展，学术耕耘不辍，艺术创作不断，是香港特别行政区的骄傲。希望其继续为国家文化建设建言献策，为增进香港与内地、中国与世界的人文交流做出新的贡献。

4月28日，下午4点，出席在国家博物馆举行的"学艺融通——饶宗颐百岁艺术展"开幕式,将10幅精品力作捐给国博收藏①。《学艺融通——饶宗颐百岁艺术》图录由安徽美术出版社初版。

同日,晚上6点,"饶宗颐百岁艺术展晚宴"在国博白玉厅举行,受聘为中国人民大学名誉教授。

同日,在《学艺融通——饶宗颐百岁艺术》画册前衬页上题"韩曦兄方家正之,选堂"。

4月,主编的《敦煌吐鲁番研究》(第十五卷)由上海古籍出版社出版。

春,在家审阅《书中书——饶宗颐著述录》(陈韩曦编)。

5月22日,签授权书,同意将《金字塔外:死与蜜糖》一文交由北岛、李陀选编入《给孩子的散文》一书。

5月23日,潮州文化公益基金会成立,题写"弘文是道"。

6月13日,在家审阅《饶宗颐——东方文化坐标》初稿。

6月15日,题写"天啸楼""饮光阁""盟鸥榭"三块匾额,署名"百岁选堂",赠潮州市政府。

6月,题签《持续改善》(陈勤业著)由知识产权出版社出版。

7月1日,《书中书——饶宗颐著述录》(陈韩曦主编)由花城出版社出版发行。

7月9日—8月8日,香港大学饶宗颐学术馆举办"别具风华——选堂七十以前作品选展",同时出版图录。

7月,题签《花雨心香》由上海龙华古寺出版。

8月9日,下午5点,出席饶宗颐学艺馆的揭幕仪式,对澳门市民珍爱艺术、弘扬国学表示感谢,与澳门文化界人士同庆期颐之寿。

8月11日,澳门饶宗颐学艺馆正式向公众开放,"中流自在心——饶宗颐教授捐赠书画展"常年展出。

8月,《饶学研究》(第二卷)由暨南大学出版社出版发行。

8月,《中国史学上之正统论——中国史学观念探讨之一》由中华书局出版。

8月,题签《饶宗颐书法碑林》。

9月10日,《选堂诗词评注——羁旅集》(陈韩曦、翁艾注译)由花城出版社出版。

10月27日—28日,"海丝·陶瓷国际学术论坛暨饶宗颐教授百岁华诞庆典"在潮韩山师范学院举行。潮州市人民政府、韩山师范学院出版《海丝·陶瓷国际学术论坛暨饶宗颐教授百岁华诞庆典论文集》。

10月28日,题写的"韩山书院"举行挂牌仪式。

同日,首部由饶宗颐亲自审定的传记《饶宗颐——东方文化坐标》(陈韩曦著)由花城出版社出版。

---

① 早在2001年,国家博物馆的前身——中国历史博物馆曾举办过他的书画大展,并获赠巨幅《水墨荷花》。2015年,国博以"学艺融通——饶宗颐百岁艺术展"表达敬重与感谢。

10月30日，指导编者编写选堂年谱时赠《晞周集》并题签："此册为1970年由新加坡大学受聘赴美执教于耶大研究院时作，张充和女士手抄，锦囊犹存。选翁记。"

10月，题签《潮汕方言历时研究》（林伦伦著）由暨南大学出版社出版。

11月5日，在家审阅《选堂诗词评注——瑶山集》初稿。

11月16日，致信"第六届（惠州）东坡文化暨第八届惠州旅游节"组委会。

11月17日，山东大学饶宗颐宗教与中国文化研究所成立。

12月3日，"香江艺韵——饶宗颐教授百岁学艺展"在香港中央图书馆揭幕。

同日，晚，在《香江艺韵——饶宗颐教授百岁学艺展图录》前衬页题："韩曦兄方家正之，百岁选堂。"

12月4日—5日，出席香港各家大学联合主办的"饶宗颐教授百岁华诞国际学术研讨会"，开幕式上，樊锦诗作题为《从敦煌学研究来看饶宗颐先生的治学精神》的发言，《选堂集林·敦煌学》（香港大学饶宗颐学术馆编辑）将樊的发言稿作为《序》文。

12月6日，上午，庆祝饶宗颐教授百岁华诞"学艺融通——经典著作联展"在中华书局香港油麻地分局举办开幕礼。

同日，收到国务委员刘延东的百岁华诞贺信。

晚上，6时正，出席香港大学饶宗颐学术馆、饶宗颐学术馆之友、饶学研究基金在香港会议展览中心旧冀一楼会议厅举办的"饶宗颐教授百岁华诞晚宴"。

12月24日，纪念赖少其诞辰一百周年举办的"木石还真——赖少其艺术研究展"在北京画院隆重举行，为展览题词"德高艺纯"。

12月，题签《潮剧史》（吴国钦等著）由花城出版社出版。

12月，饶宗颐文化馆与香港大学饶宗颐学术馆合办，于饶宗颐文化馆艺术馆举办"庆祝饶宗颐教授百岁华诞活动之'笔底造化'——饶宗颐教授绘画创作展"，并出版《笔底造化——饶宗颐教授绘画研究》画册。

同年，作《吉语荷花横幅一套》《茅龙四色荷花》《山水荷花半面妆/平安多乐》《金石延年》，题记：

百岁选堂补敦煌北魏荷样。

同年，书联句：

高人洗桐树，
君子爱莲花。

又书：清慎勤。署：百岁，选堂。

同年，为天津林德谦题：

德谦艺情。

同年，为《明报月刊》创刊49周年题词：

明月何皎皎。

同年，张充和卒，终年102岁。

# ■ 2016 年（丙申）一百岁

1月，《明报月刊》创刊50周年，题：

日月分明。

1月，《选堂诗词评注——瑶山集》（陈韩曦、李元骏、翁艾注译）由花城出版社出版发行。在书上签：选堂。

1月，香港大学饶宗颐学术馆举办"香江艺韵——饶宗颐教授百岁学艺展选展"。

1月，于香港爱宾室书八尺巨幅"中国梦"，祝福中华民族伟大复兴。

1月，题签《心经简林》（王国华编）由人民美术出版社出版。

2月24日，题匾的"惠州市港澳慈善会"揭牌。

2月，春节前夕，为家乡潮州人民题写"福"字。

2月，书：戒、定、静、慧。

3月3日，上午，为揭阳市政府题写"黄岐山""陈夫子岩""宗颐亭""黄岐山记""金河"，题"我是揭阳人"。

3月，题签《宋院风宁》（刘庆扬著）由饶宗颐文化馆出版。

3月，《饶宗颐——东方文化坐标》（陈韩曦著）繁体版在香港中和出版有限公司发行。

4月13日，出席英国剑桥大学耶稣学院与饶学研究基金会筹建的饶宗颐华学研究中心签约仪式。

4月20日，上午，金笺草书朱墨"福"字团扇镜片赠潮州市博物馆永久收藏。

4月22日—25日，"中国中学生作文大赛（2015—2016）恒源祥文学之星"总决赛暨颁奖礼在香港举行，担任大赛顾问。

4月，题签《饶宗颐道学文集》由香港天地图书有限公司出版。

4月，为潮州市政府题写"潮人故里"。

5月7日，与家人莅揭阳观光考察，出席"黄岐山森林公园"宗颐亭落成揭幕典礼等活动，并向揭阳市档案馆、普宁市庄世平博物馆捐赠多件作品。

5月19日，晚上，香港新闻工作者联会成立20周年庆典在九洲际酒店举行，带头捐出两幅墨宝，其中《福》以68万港币拍出，《福泽满门》以200万港币拍出，拍卖所得的善款捐赠香港新闻联会，用于会务发展和会员福利。

5月23日，《天津日报》载《饶宗颐与"东学西渐"》（摘自陈韩曦《饶宗颐——东方文化坐标》）。

6月初，香港大学饶宗颐学术馆出版《莲莲吉庆——饶宗颐教授荷花书画巡回展图录》。

6月1日，题写《饶宗颐文化馆》。

6月3日，题字且冠名的"饶宗颐楼"在敦煌博物院举行冠名揭牌仪式。

6月16日，由黑龙江大学、香港大学、饶宗颐学术馆之友、饶学研究基金共同主办，香港大学饶宗颐学术馆、黑龙江大学博物馆共同协办的"莲莲吉庆——饶宗颐教授莲花书画巡展暨璇玑铭意楼所藏选堂书画展"在黑龙江大学博物馆开幕。

6月20日，将《莲莲吉庆——饶宗颐教授荷花书画巡回展图录》赠予编者，在书中签"百岁选堂"。饶先生说最钦佩毛泽东写的词诗，认为毛泽东把书读活，读成了心中的"天书"，其一生创作的诗词量不多，但风格绝殊，每每石破天惊，值得终生诵读。

6月，下旬，在家人陪同下，重游香港大屿山并参观宝莲禅寺万佛宝殿、藏经楼、朴初堂。由智慧长老、健钊长老、净因法师和秘书长心慧法师陪同接待。

6月，"饶宗颐讲座"在香港大学饶宗颐学术馆举办第五讲。

7月7日，香港潮属社团总会举行第八届会董就职典礼，到会表示祝贺。

7月19日—20日，在家中审阅将出版的《黄石集》《冰炭集》《南征集》诗词评注。

7月20日，晚，在香港跑马地马会会所百年厅，与家人、亲朋好友欢聚一堂，共贺101岁寿辰。

7月25日至8月31日，"莲莲吉庆——饶宗颐教授莲花书画巡回展"在潮州市饶宗颐学术馆举办。

7月29日至8月31日，《古调今情——饶宗颐艺术经典特展》在合肥市赖少其艺术馆开幕。

7月，香港饶宗颐文化馆举办"壶里乾坤——中国内画鼻烟壶精品展"。

8月11日，《选堂诗词评注——题画诗》（陈韩曦、翁艾注译）由花城出版社出版发行，签"选堂"时说，人情世故冷淡有好处，才有时间可做事。只有耐得寂寞，始有大成。

8月12日—28日，"吾粤风光——饶宗颐教授广东风物绘画展"和"饶公影迹"影像专题展在广东东莞市民艺术中心开展。

8月16日，接受泉州历史文化中心最高学术顾问聘书。

10月，于香港爱宾室题签"潮安饶氏家谱"，署：百岁选堂。家谱于2018年12月由暨南大学出版社出版。

10月，主编的《敦煌吐鲁番研究》（第十六卷）由上海古籍出版社出版。

11月8日至12月9日，"莲莲吉庆——饶宗颐教授荷花书画巡回展"在杭州孤山西泠印社中国印学博物馆举办。

11月，致信祝贺全球汉籍合璧与汉学合作研究研讨会在山东大学举行。

12月3日，上午，"饶学联汇"于香港成立并在香港大学黄丽松讲堂举行学者交流会、香港大学饶宗颐学术馆学术成果发布会、饶宗颐基金文物捐赠仪式。中午，于佳宁娜潮菜馆举行欢迎午宴。晚上，在香港会议展览中心紫荆厅，举行全球22个从事饶学研究机构成立"饶学联汇"庆祝晚宴。

12月4日，与会者到心经简林、宝莲禅寺参访饶教授足迹。

12月，深圳大学成立饶宗颐文化研究院。

12月，中共中央纪念万里委员长诞辰一百周年之际，题"要吃米，找万里"。

同年，为潮州凤城公园题词：

创业精致，

感恩包容。

同年，刘述先卒，终年83岁。李得浓卒，终年68岁。

# ■ 2017 年（丁酉）一百零一岁

1月12日，对前来拜年的香港特区政府民政事务局局长刘江华表示，支持在西九文化区兴建香港故宫文化博物馆，认为可以推动中国文化的发展。

1月，题签《选堂诗词评注——黄石集》（陈韩曦、宋振锟、翁艾注译）由花城出版社出版；在书上签：选堂。

1月，《饶宗颐的学术文化》（郭伟川著）由花城出版社出版。

1月，《明报月刊》创刊51周年，题：

日月光华。

2月6日，香港电子报媒举行新春团拜，题字送祝福。

2月9日—15日，"走进饶宗颐先生诗词世界书法展"在泉州市区威远楼举行。

同日，题签《槟城钟灵百年校史》贺马来西亚槟城钟灵中学百年校庆。

2月14日，出席陈伟南先生百岁华诞祝寿会。

2月18日，"莲莲吉庆——饶宗颐教授荷花书画巡回展"在湖北省美术院美术馆举行。

2月24日，广州图书馆人文馆举办"选堂文翰——饶宗颐教授学术艺术著作展"。

3月15日—28日，"莲莲吉庆——饶宗颐教授荷花书画巡回展"在山东大学中心校区举行开幕仪式。

3月，题签《采铜于山——马泰来文史论集》（［美］马泰来著）由国家图书馆出版社出版。

4月1日，"赖少其艺术作品与历史文献大展"在香港饶宗颐文化馆举办。

4月8日，下午，出席在香港中央图书馆举办的"西泠印社四君子暨历任社长书画篆刻作品展"开幕式。

4月13日，"第十二届中国中学生作文大赛恒源祥文学之星"总决赛暨颁奖典礼在合肥举行，为大赛题字：

文学之星。

4月16日，中午，出席揭阳市宗颐书院、揭阳一中众智外国语学校奠基仪式。

4月，中国文化书院八秩导师文集《师道师说：饶宗颐卷》（汤一介主编、饶宗颐著）由东方出版社出版。

5月23日，晚上，出席在香港文化博物馆举行的"敦煌韵致——饶宗颐教授之敦煌学术艺术展"开幕式。

5月，题签《冰炭集——选堂诗词评注》（陈韩曦、翁艾注译）由花城出版社出版。

5月，于饶宗颐国学院与杜钢建等研讨人类起源与西周文明。

6月3日，与编者在香港跑马地英皇骏景酒店共进午餐，赠2011年出版的《清晖集》（精装版）书前衬页上题"韩曦吾兄方家正之，百岁，选堂"。

6月9日，为郑欣淼题签《寸进集》。

6月17日，下午，复旦大学哲学学院举行王蘧常①研究会成立仪式，被聘为王蘧常研究会名誉会长。

6月23日，下午2点，于香港大学饶宗颐学术馆出席华夏文化促进会荣誉会长敦聘仪式暨饶宗颐敦煌学术艺术展开幕式。华夏促进会为"敦煌韵致——饶宗颐敦煌学术艺术展"发来《贺信》。

同日，下午，在家人陪同下离开香港，乘专机赴法国巴黎出席"莲莲吉庆——饶宗颐教授荷花书画展"开幕式等活动。

6月26日，与家人、学生一行二十余人重游巴黎南边的乡间皇港修道院②（Abbeyeduport Royaldes Champs），参观皇门静室"小学校"旧址。

6月27日，上午，"莲莲吉庆——饶宗颐教授荷花书画展"在法国巴黎八区的中国古式建筑"彤阁"开幕。

7月10日，在家中致信祝贺深圳大学饶宗颐文化研究院成立。

7月11日，晚上，102岁"寿而康"生日宴在香港举行，与家人、学生好友等出席。

7月12日，上午，在家人陪同下，到深圳大学出席饶宗颐文化研究院揭牌仪式。

---

① 王蘧常（1900—1989），浙江嘉兴人，字瑗仲，以经学、史学、诸子学著称，又以书学、诗学名世。著作宏富。

② 现为法国国立皇港博物馆。

8月18日至11月10日，"莲莲吉庆——饶宗颐教授莲花书画展"在澳门回归贺礼陈列馆专题展览厅举行。

8月20日，下午，"潮州文化大讲堂"邀请潮剧名家方展荣在潮州市饶宗颐学术馆作主题演讲《潮剧潮丑表演法》。

9月1日，"江南艺聚——饶宗颐教授精选作品展"在上海朵云轩艺术中心美术馆展出。

9月22日，第二届饶学联汇学术分享交流会在宁波召开。

9月26日，下午，王国华来访，听到"十九大即将召开"，饶先生随即拿起笔写下"习主席，好国运"六个字，衷心拥戴习近平主席以最高智慧领导国家前进。

9月29日，郑会欣转告中国美术馆吴为山馆长消息，邀请饶先生到中国美术馆举办展览。

10月3日，出席"大爱仁心——玛丽八十图片展"。

10月6日，下午，题写"大圆觉智"四个字，委托王国华在十九大之前转送习主席，表示对主席的敬重。

10月12日，由澳门文化局举办的"君子爱莲花"——饶宗颐教授百岁华诞书画作品展在饶宗颐学艺馆开幕。

10月27日至11月10日，"莲莲吉庆——饶宗颐荷花书画巡回展"在香港饶宗颐文化馆开幕。

10月28日，香港中文大学艺术系成立六十周年，中大艺术系与文物馆合办"小园花放"展览，展出藏品系与刘海粟、萧立声合作捐赠该系的《黄山图》。

10月，审阅《南征集——选堂诗词评注》第一稿。

11月12日，由中华书局、香港中华书局联合出版的《饶宗颐笺谱》在深圳中心书城举行首发式。

11月17日，晚上，与刘延东一起在中国美术馆参观书画作品。

11月18日，上午11时，出席在北京中国美术馆举办"莲莲吉庆——饶宗颐莲花书画巡回特展"，将10幅书画作品捐赠中国美术馆收藏。中共中央政治局委员、中宣部部长黄坤明在馆内会晤。

11月21日，上午，第三届饶宗颐与华学国际学术研讨会在华侨大学陈嘉庚纪念堂科学厅召开。

11月，《选堂诗词评注——南征集》（陈韩曦、翁艾注译）由花城出版社出版。

12月3日，"饶宗颐教授华学书画艺术特展"在深圳市星河WORLD国风艺术馆举行，题写"国风"二字。

12月20日，下午，长安镇第六届文化艺术节开幕，以饶宗颐命名的美术馆正式奠基。与郑欣淼等出席开幕式，为该馆铲土奠基。

12月21日，下午，在香港家中会晤郑会欣、丘成桐，将日前写好的一副五言对联赠丘成桐，对联内容：

寻孔颜乐处，

拓万古心胸。

上联集的是丘的父亲丘镇英诗句，下联为陈独秀年轻时为自己写的座右铭。

12月25日，晚上8点，在梨俱室为家乡潮州题写匾额"笔架山潮州窑遗址公园"。

12月，题签《饶宗颐甲骨书札》由（沈建华编）由中西书局出版。

12月，梨俱室题签《百岁选堂年谱》。

12月，主编的《敦煌吐鲁番研究》（第十七卷）由上海古籍出版社出版。

# ■ 2018 年（戊戌）一百零二岁

1月15日，下午，委托女儿饶清绮、饶清芬将题写的"笔架山潮州窑遗址公园"条幅赠潮州市政府。

1月25日，晚上，与家人出席"莲莲吉庆2018新春"聚餐，共迎佳节。

1月，题签《饶宗颐诗学论著汇编》（东莞潇湘文化策划）由光明日报社出版发行。

1月，《心与物融——饶宗颐先生百岁华诞"汉学与物质文化"国际研讨会论文集》（陈珏主编）由联经出版事业股份有限公司出版。

2月6日，农历十二月廿一日零时四十五分，在香港家中安然仙逝，享年102岁，积闰105岁。

同日，饶学联汇、饶学研究基金、香港大学饶宗颐学术馆、饶宗颐学术馆之友发布《饶宗颐教授仙逝公告》，全文如下：

饶学联汇永远荣誉会长、香港大紫荆勋贤饶宗颐教授于二〇一八年二月六日零时四十五分安然仙去，积闰一百零五岁。

饶宗颐教授为中国近代极具影响力学人，他在中国传统学术十多个领域，如：甲骨学、敦煌学、古文字学、简帛学、宗教学、学术学等等，具有筚路蓝缕之开创成就。在艺术上，亦为绘画及书法大师，绘画方面开创"西北宗"山水画法及荷花新技法；在书法上则自甲骨，以至篆、隶、楷、草等各体，具写出自己面目，世称"饶体"。

饶宗颐教授百岁高龄，仍属神清气朗。他远游法国巴黎。又在月前参加北京中国美术馆举办之"莲莲吉庆"展览。本月六日凌晨，在家人围绕之下，无疾西去，可谓福寿全归。

饶学联汇

饶学研究基金

香港大学饶宗颐学术馆

饶宗颐学术馆之友

合启

同日，上午十点，中联办主任王志民到饶府吊唁饶教授和慰问家属，在留言簿写下：

"饶公仙逝，我们敬仰怀念。"

香港中联办王志民

2018年2月6日

同日，下午，香港特首林郑月娥到饶府吊唁饶教授和慰问家人，在留言簿写下：

"饶公：我们永远怀念您！"

林郑月娥行政长官

同日，潮州市文广新局，潮州市饶宗颐学术馆，广州饶宗颐图书馆，揭阳市饶宗颐书院，华侨大学，山东大学，韩山师范学院文学与新闻传播学院，韩山师范学院饶学研究所，湖北省博物馆，天一阁博物馆，中国敦煌吐鲁番学会，广东省潮商会，河南省潮人海外联谊会，加拿大温哥华潮州同乡会，广东省揭阳商会，湖北省博物馆，湖北省文物考古研究所，中国地理学会，腾讯主要创办人陈一丹，中国古文字研究会会长吴振武等向饶教授家属、治丧委员会发唁电或慰问信。

同日，时任国务院副总理刘延东发唁电，全文如下：

饶宗颐先生亲属：

惊悉饶宗颐先生溘然长逝，谨致沉痛哀悼，望家属节哀珍重！

饶先生家学渊源、学贯中西，在考古、甲骨文、金石简帛、敦煌学、诗词书画等领域建树卓越，在中外学术界和艺术界享有崇高地位，为传承和弘扬中华文化作出了杰出贡献。饶先生毕生心系国家，爱国爱港，为推动香港与内地合作、中外人文交流作出了重要贡献。我与饶先生相识多年，其言谆谆，其容宛在，大师风范令人景仰与敬重，先生的逝世是中华文化界的重大损失，但先生所致力的事业正翻开新篇章，先生的爱国情怀、治学态度、突出贡献和庄重高洁的品格将值得人们永远铭记和怀念！

饶宗颐先生千古！

刘延东

2018年2月6日

同日，国家文物局向香港大学饶宗颐学术馆发唁电，全文如下：

香港大学饶宗颐学术馆：

惊悉饶宗颐先生突然去世的噩耗，不胜悲痛。

饶公为一代国学鸿儒，是享誉海内外的古文字学家、考古学家和历史学家。饶公学贯中西，文史哲融会贯通，在中华传统文化研究方面倾注了毕生心血，令世人感佩。饶公穷一生之力，孜孜不倦致力于祖国各地考古发掘成果以及流失海外珍贵文物研究，足迹踏遍大半个中国，尤其在敦煌吐鲁番文书、殷墟甲骨文、商周金文以及古代碑刻研究上成就斐然。饶公对祖国文物、博物馆事业一直非常关注和支持，生前与故宫博物院、敦煌研究院和广东省博物馆等文博机构多有合作，2016年还捐款资助敦煌数字化研究所建设，推动敦煌学事业的传承和全新发展。饶公心系国家，为中华文化的传承与发展、为祖国文物的保护与弘扬所作的巨大努力和不朽建树，我们将永远铭记！

请向饶公家人转达我们深切的哀悼和慰问。

国家文物局

2018年2月6日

同日，全国政协副主席董建华唁电，全文如下：

饶清芬女士：

我正在北京公干期间，惊悉饶老仙逝，不胜悲痛。

饶老学贯古今，誉满中西。他是中国的国宝，也是世界的大师。香港也因为有饶老而深感自豪。

我有幸多次聆听饶老教诲，受益匪浅。

我们会永远怀念饶老，也希望你及家人节哀。

全国政协副主席

董建华

2018年2月6日

同日，澳门特别行政区行政长官崔世安唁电，全文如下：

饶宗颐先生列位家属：

惊悉饶宗颐先生于2018年2月6日凌晨在香港辞世，深感悲痛，本人谨代表澳门特别行政区政府并以本人名义，向你们致以深切的哀悼和诚挚的慰问。

饶宗颐教授是海内外著名的历史学家、古文字学家、文学家、书画家和教育家。毕生致力于弘扬中华文化，对澳门当代高等教育和学术研究也贡献良多。

在二十世纪八十年代初，饶宗颐教授担任东亚大学文学院讲座教授，创办东亚大学研究院中国文史学部。澳门回归后，饶宗颐教授关心及指导澳门文物考古工作，热情支持澳门文化事业。他多次在澳门举办书画展览，并捐赠书画著作予特区政府文博机构；特区政府为此设立了"饶宗颐学艺馆"，促进与国学研究相关的学术交流。饶宗颐教授的爱国情怀和严谨的治学态度，是我们学习的楷模。

我们永远怀念饶宗颐教授！

澳门特别行政区行政长官

崔世安

2018年2月6日

　　同日，中央人民政府驻香港特别行政区联络办公室主任王志民唁电，全文如下：

饶宗颐先生亲属：

　　顷悉饶宗颐先生溘然仙逝，深感哀痛。

　　先生是享誉海内外的国学泰斗，博古通今，学贯中西，业精六学，才备九能。先生治学逾八十载，足迹踏五洲，视知识为生命，孜孜追求、求正求奇、求是求真、学养深厚，备受海内外同侪和后辈尊崇；先生对国家、民族情感深厚，毕生致力国学研究和推广，为推动香港和内地的文化交流合作，促进"一国两制"事业发展做了大量卓有成效的工作，为传承国学和弘扬中华文化作出了卓越贡献。

　　先生垂立的风范长存。

　　望节哀珍重

中央人民政府驻香港特别行政区

联络办公室主任　王志民

2018年2月6日

　　2月7日，中共中央总书记、国家主席、中央军委主席习近平对饶宗颐教授的逝世表示悼念，对其家属表示慰问。饶宗颐教授逝世后，习近平、李克强、张德江、汪洋、刘延东、李源潮、杨洁篪、陈希、胡锦涛、刘云山、王岐山、俞正声、张高丽、马凯、孙春兰、黄坤明、朱镕基、温家宝、李岚清、尤权、王兆国、董建华、何厚铧、梁振英、许嘉璐、孙家正等中央领导同志以不同方式表示悼念，并向其家属表示慰问。

　　同日，国务院总理李克强唁电，全文如下：

饶宗颐先生亲属：

　　闻悉饶宗颐先生仙逝，谨致哀悼。

　　饶先生从事学术研究、艺术创作和教学工作80余年，著作等身，多才多艺，蜚声中外。先生精研国学，堪称泰斗。致力传承和弘扬中华传统文化，贡献卓著。今先生驾鹤西去，而德业长昭，风范永存。

　　望节哀珍重。

国务院总理

李克强

2018年2月7日

同日，全国人大常委会委员长张德江唁电，全文如下：

饶宗颐先生亲属：

惊闻饶宗颐先生逝世，谨致深切慰问。

饶宗颐先生是享誉中外的大学问家，也是香港文化界德高望重的贤达之士，先生爱国爱港爱乡，精研中华传统文化，积极促进香港文化教育事业发展和中外文化交流，为"一国两制"成功实践作出了重要贡献。

望节哀保重。

全国人大常委会委员长
张德江
2018年2月7日

同日，中央文史研究馆唁电，全文如下：

饶宗颐治丧委员会：

惊悉饶公宗颐先生不幸仙逝，不胜哀悼！

饶先生学贯中西，博古通今，著作等身，德艺双馨，为我国学术文化的发展和中外文化的交流做出了巨大的、不可磨灭的贡献，在海内外享有崇高的声誉和威望，世人仰之如泰山北斗。他的逝世是我国文化界和学术界的重大损失。

作为一代国学大师，饶先生的爱国情操、高风亮节，以及他的学术贡献、艺术成就，必将长存于世，给人以借鉴、启示和激励！

谨此一并向饶先生的家属致以诚挚的慰问。

中央文史研究馆
2018年2月7日

同日，新加坡潮州八邑会馆，香港潮属社团总会，深圳市普宁商会，江门市潮资企业联谊会，重庆潮人海外联谊会、重庆市潮汕商会，菲律宾潮汕总商会，广东省潮汕企业商会，潮人在线，深圳市潮青联谊会，广东潮人海外联谊会，湛江潮人海外联谊会，湛江潮汕商会，汕头市潮商俱乐部，天下潮商传媒集团，海南省潮汕商会等向饶宗颐先生亲属发唁电，悼念饶公对亲属深表慰问。

同日，国务委员杨洁篪发唁电，全文如下：

饶宗颐先生亲属：

闻悉饶老仙逝，不胜悲痛。谨向你们致以深切慰问。

饶老是享誉海内外的国学和书画大师，学养深厚，成就卓著。几十年来，致力香港教育发展和中华优秀传统文化研究与传播，贡献良多，令人尊崇。

望节哀保重。

国务委员

杨洁篪

2018年2月7日

同日，广东省委省人民政府向饶公家属发唁电，表示哀悼慰问。

2月8日，饶府发讣闻，全文如下：

先严饶公宗颐府君大紫荆勋贤，痛于公历二零一八年二月六日凌晨在港寓寿终正寝，积闰享寿壹佰有五岁。遗体奉移香港殡仪馆。治丧谨择公历二月二十七日（星期二）下午四时在该馆设灵翌日公历二月二十八日（星期三）谨上午十时追思送别会十一时三十分大殓随即出殡哀此讣

孝女清绮

清芬

婿邓伟雄

外孙女张圆瑛

泣告

亲属繁衍

恕未尽录

治丧处：香港殡仪馆（英皇道六七九号）

通讯处：饶宗颐教授治丧委员会（香港大学饶宗颐学术馆邓志昂楼电话：三九一七四四一九）

鼎惠恩辞

如蒙赐赙

祈请拨冗饶学研究基金

同日，晚上，中央人民政府驻香港特别行政区联络办公室主任王志民专程前往饶教授家中，转达了习近平总书记等中央领导同志对饶宗颐教授逝世的悼念及对家属的慰问。饶教授家属衷心感谢习近平总书记等中央领导同志的关怀和慰问。

同日，中国教育部部长陈宝生向饶宗颐家属发唁电，全文如下：

饶宗颐先生家属：

惊闻国学大师饶宗颐先生仙逝，不胜悲恸。谨代表教育部表示沉痛哀悼，向家属致以深切慰问。

先生毕生研究国学和中华文化、博古通今、学识渊博，深为世人仰慕；先生心系祖国、情系教育，立足讲坛，为弘扬中华传统文化作出宝贵贡献，永为后人缅怀。

饶宗颐先生千古。

教育部部长

陈宝生
2018年2月8日

同日，华南师范大学向饶教授亲眷发唁电。

同日，澳门原特首何厚铧唁电，全文如下：

饶宗颐先生列位家属：

惊悉饶宗颐教授辞世，深感哀痛。

饶教授是国学泰斗，胸怀家国，毕生致力汉学研究，成就卓越。今溘然长逝，是国学界的重大损失。

本人谨向饶公家属致以最诚挚的慰问，还望各位珍重、节哀！

何厚铧
2018年2月8日

2月9日，上午十时，潮州市饶宗颐学术馆举行悼念活动，饶公亲属和社会各界人士纷纷前往缅怀，深切悼念饶教授。

2月10日，下午，潮州市领导到饶宗颐学术馆吊唁。

同日，南京大学向治丧委员会发唁函。

同日，林枫林发表文章《情深意切的〈寒夜幻梦〉》。

2月12日，编者发表文章：《心自在，意不磨——以饶宗颐生命精神悼念饶公》。又挽饶教授诗一首（用杜公追酬高蜀州诗韵）：

优昙花咏无人作，南饶北季伤殂落。
证据三重只清谈，清晖余韵忽成昨。
呜呼梦醒多感慨，夜花晨荄何寥廓。
老子想尔劳寻遍，殷墟甲骨费搜略。
异域风光空烂漫，遽尔离尘已冥寞。
丹青白描步云林，白山黑湖失雕鹗。
儒莲至今谁堪论，回首沧桑歌尚存。
万壑冰弦声声似，琴禅合一洗乾坤。
死生非远理难睹，凡夫妄执生迷奔。
往事如烟悲幻化，挥涕何处觅吾门。
石窟经卷久散乱，蒙公续论定为尊。
邻笛万古不磨意，中流自在与招魂。

同日，香港大学校务委员会主席李国章向先生家属发唁文，全文如下：

饶清芬女士礼鉴：

噩耗传来，怆悉尊翁饶公宗颐教授往生净土，本人谨代表香港大学校务委员会深表哀悼。

饶宗颐教授乃一代国学大师，自少秉承家学，饱览群书，研究领域奇广，著作甚多。于文、史、哲、宗、艺兼中外文化史皆有卓越成就，当中尤以敦煌学获举世称誉。饶公对教育贡献良多，曾任香港大学、香港中文大学、新加坡大学和中山大学等学府，桃李满门。饶公与港大情谊深厚，2003年捐赠珍贵书画与港大，成立饶宗颐学术馆，其后并接受邀请为港大首位桂冠学人，让师生亲炙以领教益。

饶公一生获得殊荣无数，地位超然，成就辉煌，但永不言休，实令人敬佩。港大校务委员会成员及港大师生深切怀念饶公毕生之伟大贡献，并向府上各人致以最诚挚慰问。

恭陈唁意，敬请

礼安

香港大学校务委员会主席
李国章敬启
2018年2月12日

2月14日，香港特别行政区行政长官林郑月娥发唁电。

中山大学挽联：

道贯天人，目送归鸿，是一代醇儒楷式；
才兼学艺，心通造化，为千秋华夏英魂。

天一阁挽联：

天倾一柱，石证三生，宗师笑貌留书阁；
业精六学，才备九能，颐道鸿儒发鲁光。

香港浸大饶宗颐国学院挽联：

大道谁能挽，有著作如林，弟子如云，四海声名高北斗；
旻天不愁遗，惟音容永在，精神永耀，重泉笔政仰先生。

同日，为缅怀国学大师饶宗颐，联合出版集团在旗下三联书店、中华书局以及商务印书馆等香港41间书店举办"国学大师饶宗颐教授纪念书展"。

2月21日，饶学联汇全体撰文《吊选堂大先生》。内容如下：

丁酉年十二月二十一日，选堂大先生于凌晨往生，返璞归真，积闰享寿一百有五。吾等闻讯以来，无奈叹息，莫不伤怀久之。

有问吾等何以于先一年创立"饶学联汇"。答曰：选堂大先生者，业精六学，才备九能，中华文化之一代大宗师也。先生毕生以中华民族之文艺复兴为己任，主张中外文化交流，力主世上各地古文明发展史中，其实你中有我、我中有你，故谓华夏文明乃多元共生而未尝间断之文化综合体；又提倡新经学，以扩充及确立我国古代经典为职志；进而以全球化未来之目光，远见所及，揭橥其学为华学，并以"反求诸己，回头是岸"为整固国本根基之法，强调吾国本位文化，以重新鼓舞国人自清季以来久因积弱而早已沦丧之文化自信心。先生综合南北、会集东西之文化历史哲思，睿智而深刻，其影响必将悠远，知者无不钦敬。而先生以求真、求是与求正为心，以太和为上德，勇猛精进，慈悲喜舍，其德可风，其行可师，堪称我国于全球最具代表性之人文学者，惟惜乎其志其学传之未广。因此，吾等乃创立"饶学联汇"，以先生为精神领袖，以继其不亡之志、竟其未完之功为宗旨：自今而后华学之中有饶学，饶学初心为"华学"。

先生晚岁恒以"万古不磨意，中流自在心"两句作书法对联开示后学，又常以负荷担当立意作画，此等实皆"饶宗颐精神"之自我写照也。据闻先生无为时作佛家阿字音声，其念其想其观，种种关联，意义深长无边，吾等当以余生致力学习、透彻研究并广为传承之。

呜呼，若乃系思念、感恩及景仰之情于学术与文化，所谓亡者可以勿求，存者理宜当下振奋，此固选堂大宗师之愿也。于是乎忍心草草撰写交集悲欣之语如上而献吊云尔。

戊戌正月初六日，"饶学联汇"同人拜奠。

2月22日，下午，文化大师饶宗颐先生纪念会在巴黎中国文化中心举行。在巴黎的中法学术界和文化界人士参加了纪念会。

2月24日，下午，由曹锦炎主讲的"饶宗颐社长纪念讲座"在孤山社址还朴精庐举行，西泠印社社员、艺文与学术界及社会公众共同参与。

2月25日，饶宗颐教授治丧委员会发布讣告：

饶公宗颐教授大紫荆勋贤，痛于公历二零一八年二月六日凌晨在港寓寿终正寝积闰享寿壹佰有五岁，遗体奉移香港殡仪馆，治丧谨择公历二月二十七日（星期二）下午四时在该馆设灵翌日公历二月二十八日（星期三）上午十一时三十分大殓随即出殡。此讣。

饶宗颐教授治丧委员会
主任委员：董建华、梁振英、林郑月娥、王志民、崔世安、李嘉诚
委员：丁立群、丁新豹、文宏武、方正、方侠、方黄吉雯、方辉、王大卫、王旭东、王宋荣、王英伟、王庭聪、王健、王国华、王侨生、朱文、江可伯、江达可、池田大作、何世铿、何靖、何广棪、余志明、余国樑、吴志华、吴宗文、吴南生、吴为山、吴秋文、吴哲歆、吴康民、吴惠城、吴楚煜、吕章生、宋永华、李水华、李卓彬、李美嫦、李刚寿、李国章、李焯芬、李慧琼、李炽昌、李耀辉、

汪德迈（Leon Vandermeersch）、沈建华、沈祖尧、沈启绵、周光明、周志平、周卓如、周振基、周景勋、周肇平、周鸿翔、幸小涛、林子云、林少毅、林木声、林世濬、林建岳、林伦伦、林坚、林枫林、林诚信、林辉耀、金耀基、姚锡安、姜在忠、施子清、施养耀、段崇智、洪楚平、纪文凤、胡剑江、胡鸿烈、唐伟章、孙少文、孙少荣、徐立之、徐和、殷晓静、袁行霈、马介璋、马逢国、高佩璇、高赞觉、崔世昌、张乙坤、张仁良、张成雄、张信刚、张建宗、张时义、张国良、张传胜、张龙帆、梁元生、梁荣基、梁德华、庄立臻、庄学山、庄学海、庄学熹、莫道明、许力、许世元、许崇标、许德立、许学之、郭一鸣、郭位、郭孟秀、郭伟川、陈天保、陈少荣、陈文洲、陈幼南、陈安安、陈有庆、陈定雄、陈邱敏英、陈建文、陈春声、陈致、陈茂波、陈伟民、陈伟南、陈伟泉、陈强、陈智思、陈新滋、陈经纬、陈万雄、陈汉威、陈汉仪、陈肇始、陈远睦、陈广权、陈韩曦、陈鸿道、陈丽文、陈鑑文、傅飞岚（Franciscus Verellen）、单周尧、单霁翔、曾伟雄、曾国奎、曾钰成、曾德成、曾宪通、汤恩佳、冯国经、冯程淑仪、黄玉山、黄兆汉、黄书锐、黄景强、黄杰龙、黄华燊、黄嫣梨、黄兰发、杨受成、杨建平、杨健、万福琪、叶国谦、詹伯慧、雷子源、雷雨、廖烈智、荣新江、赵东晓、刘小涛、刘玉珍、刘江、刘江华、刘奇喆、刘宗明、刘是龙、刘洪一、刘峰、刘伟忠、刘唯迈、刘绍辉、刘凤霞、刘德权、刘遵义、刘艺良、樊锦诗、樊丽明、蔡伯励、蔡东士、蔡衍涛、蔡素玉、蒋星永、邓炳强、郑欣淼、郑国汉、郑会欣、郑温良、郑炜明、郑剑戈、郑泽权、卢伟聪、卢瑞华、钱大康、戴德丰、谢喜武、谢贤团、谢泽生、谢锦鹏、罗仰鹏、谭广亨、谭耀宗、关健英、严植婵、释印顺、释宏明、释果德、释洞鋐、释衍空、释净因、释净雄、释智慧、释圆山、释照诚、释道平、释道源、释僧徹、释畅怀、释宽运、饶芃子、MostRev. MichaelYeungMing—cheungBishopof HongKong SisterMarieRemedios HubertBost lanWhite MichelZink、山东大学饶宗颐宗教与中国文化研究所、山东大学饶学研究中心、中山大学饶宗颐研究院、中华全国归国华侨联合会、天一阁博物馆、西泠印社、宗颐书院（揭阳）、香港九龙潮州公会、香港大学饶宗颐学术馆、香港中文大学中国文化研究所饶宗颐访问学人计划、香港浸会大学饶宗颐国学院、香港潮州商会、香港潮属社团总会、国际潮团总会、深圳大学饶宗颐文化研究院、敦煌研究院、黑龙江大学国学院、剑桥大学耶稣学院、广州市饶宗颐学术艺术馆、广东实验中学附属天河学校饶宗颐图书馆、潮州市饶宗颐学术馆、韩山师范学院饶学研究所、饶宗颐文化馆（北京）、饶宗颐文化馆（香港）、饶宗颐美术馆（东莞）、饶宗颐学术馆之友、饶宗颐学艺馆（澳门）、饶学研究基金（以上按姓名笔画排序）。

2月27日，《大公报》刊发《饶宗颐明日出殡，政商各界人士任治丧委员》。

2月28日，上午10时，饶宗颐教授葬礼在香港殡仪馆举行，来自香港、内地及海外的政商界、教育界、文化界及宗教界数百人士参加。饶公灵堂内及门外摆满了致祭的花牌花圈，国家主席习近平、国务院总理李克强、全国政协主席俞正声、国务院副总理张高丽等党和国家领导人致送了花圈。灵堂中央挂着横匾“往生净土”，两边挽联"宗风不磨意，颐德自在心"，灵堂中央放着先生女儿、女婿及外孙的心形粉色花牌，以及香港特区行政长官林郑月娥写有"斗山共仰"的花牌，灵堂内摆放治丧委员会印制的《永远怀念敬爱的饶宗颐教授》纪念册。香港特区行政长官林郑月娥在葬礼上致辞时表示，饶公与香港渊源深厚，自1949年移居香港，数十年间不断从事学术研究和艺术创作，积极促进香港文化教育事业发展和中外文化交流。饶公是香港和世界的学术和艺术瑰宝，是我们引以为傲的香港之光，我们会永远怀念他。

中央人民政府驻香港特别行政区联络办公室副主任黄兰发在葬礼上表示，饶宗颐先生的逝世，是中华文化界的重大损失，也是香港、国家的重大损失。他的逝世牵动了党和国家领导人的心，中央领导以不同方式对他的逝世表示沉痛悼念，这充分体现中央对饶宗颐先生的高度肯定和最高评价。饶宗颐先生一生致力于学术研究和教书育人，成就非凡；致力于弘扬中华文化，推动中外文化交流，贡献卓著；致力于贡献国家和民族，品行高洁。饶宗颐先生的一生是爱国爱港的一生，我们对他的辞世深表哀悼。

为饶宗颐教授扶灵的人员有全国政协副主席董建华、香港特区行政长官林郑月娥、中联办副主任黄兰发、中国文联书记处书记陈建文、香港大学署理校长谭广亨、香港中文大学校长段崇智、法国著名汉学家汪德迈，及香港大学饶宗颐学术馆馆长李焯芬。

追思法会由辽宁省佛教协会会长圆山长老，上海市佛教协会副会长、龙华古寺方丈照诚法师，香港佛教联合会宏明和尚共同主法。完成追悼仪式后，饶宗颐教授的灵柩移至香港大屿山宝莲寺进行火化，骨灰摆放于天坛大佛下，并设有莲位予公众人士吊念，并有计划将来与饶公太太陈若侬一同供奉。

同日，香港观宗寺方丈、宏明大和尚撰诗三首：

送饶公赡养佛国

音声今渐远，末后见容颜。
沙岛留云泽，经林立屿山。
素心临世事，浩学冠人寰。
何必寻来去，芳型只念间。

悼饶公

心幽貌古似禅翁，留得文章比泰嵩。
今息尘劳何去处，清凉国里坐莲风。

忆饶公

风骨峭然神韵温，宗颐两字出禅门。

逸才旷世惊寰宇，信是前身佛念存。

2月底，《苞俊集——选堂诗词评注》（由陈韩曦、翁艾评注）由花城出版社出版。

3月15日，自2009年10月2日授权陈韩曦对《清晖集》诗词评注后，在饶先生亲自指导下，经过9年努力《清晖集》全部评注结集，由花城出版社出版。

4月9日，"饶宗颐教授追思仪式暨饶宗颐访问学人讲座2018"在香港中文大学祖尧堂举行。追思仪式由香港中文大学梁元生主持，郑会欣致辞，题目为：缅怀"学贯中西的国学大师饶宗颐先生"。梁元生介绍"饶宗颐访问学人计划"。葛兆光做学术演讲："想象天下帝国——以（传）宋代李公麟《万方职贡图》为例"。演讲系香港中文大学第五届"饶宗颐访问学人讲座"。

4月10日，2017—2018华人教育家大会暨"聚焦中华"教育盛典在北京凤凰中心圆满举行。大会由中国侨联和凤凰卫视发起、凤凰教育和中国华侨公益基金会联合主办。会上授予饶宗颐"华人教育家"终身成就奖。

4月22日《中华读书报》发文《十种书认识饶宗颐先生学问》。

5月8日，陈韩曦到香港会晤饶学联汇（2016.12.3）创会会长饶清芬，讨论今年11月份将在潮州举行的第三届饶学联汇分享交流会暨饶宗颐华学国际学术研讨会活动方案，饶学基金荣誉副理事陈瑞君参加。饶学联汇以弘扬中华传统文化为己任，致力于饶学的研究和发展，经全体饶学人25年的不懈努力，饶学研究机构现已发展了23个成员单位（按建立时间先后顺序）：

1. 1993年11月潮州市饶宗颐学术馆成立；

2. 2003年11月8日香港大学饶宗颐学术馆成立；

3. 2004年7月31日饶宗颐学术馆之友成立；

4. 2010年12月14日香港饶宗颐文化馆成立；

5. 2011年4月韩山师范学院饶学研究所成立；

6. 2011年12月13日任西泠印社（1904）第七任社长；

7. 2012年2月28日饶学研究基金成立；

8. 2013年1月21日香港浸会大学饶宗颐国学院成立；

9. 2013年设立香港中文大学中国文化研究所饶宗颐访问学人计划；

10. 2013年10月15日任天一阁博物馆（1561）名誉馆长；

11. 2013年11月20日东莞饶宗颐美术馆成立；

12. 2013年12月18日任黑龙江大学国学院（1985.1）名誉院长；

13. 2015年4月2日中山大学饶宗颐研究院成立；

14. 2015年4月2日广州市饶宗颐学术艺术馆成立；

15. 2015年8月9日澳门饶宗颐学艺馆成立；

16. 2015年11月17日山东大学饶宗颐教授与中国文化研究所成立；

17. 2015年11月22日广东实验中学附属天河学校饶宗颐图书馆成立；

18.2016年6月3日敦煌研究院（1984）"饶宗颐楼"冠名；

19.2017年4月揭阳宗颐书院成立；

20.2017山东大学饶学研究中心成立；

21.2017年6月6日剑桥大学耶稣学院（1496）筹建"饶宗颐华学研究中心"；

22.2017年7月12日深圳大学饶宗颐文化研究院成立；

23.2019年计划成立北京饶宗颐文化馆（2016年筹）。

5月17日，题签《重读道德经》（莫道明著）由香港中华书局在港出版；又由东方出版社2018年10月在内地发行第1版。

8月3日，下午2时正，"饶宗颐馆"于跑马地云地利道三号云晖大厦A座三楼举办启动仪式。

　　饶宗颐先生长期致力于中华传统文化的学艺研究，是国际公认的一代巨匠、南派文化宗师。先生学问广博精深，有著作近百种，论文及其他文章逾千篇。他在历史、文学、语言文字、宗教哲学、艺术、中外文化关系等领域中，皆有卓越的成就和突出的贡献，堪称"国际瞩目的汉学泰斗"。

　　饶先生去世后，悼念活动纷纷举行，学者、专家、友人及各界社会人士在网络上发表和报刊上刊登悼念文章之多，可见"饶学"之独特文化已在学界扎根。众多纪念与回忆文章，深刻地反映了饶宗颐先生在当代学术史上的地位和影响。简要论之，可概括为汉学泰斗、学术贡献、诗词乐赋、书画艺术、家国情怀。

# 一、汉学泰斗

　　饶宗颐先生在当代中国乃至世界学术史上的地位极高，影响深远，他业精六学，才备九能，有"百科全书式"大师之称，并获得无数的奖项和荣衔。先后被法国索邦高等研究院、香港中文大学、日本创价大学、澳大利亚塔斯曼尼亚大学等九所高等院校授予博士学位，当选为法兰西学院外籍院士。又荣获：法国国家文化部颁发的"文艺荣誉勋章"，有西方汉学界"诺贝尔奖"之称的法兰西学院"儒莲特赏"，中国国家文物局和甘肃省人民政府的"敦煌文物保护研究特别贡献奖"，香港特别行政区政府的"大紫荆勋章"，首届"中华艺文奖终身成就奖"，潮州市人民政府的"潮州文化研究卓越贡献奖"，等等；同时被海内外几十所大学、出版机构、国家级学术机构聘为教授或顾问，成为国际汉学最高权威之一。

许嘉璐（中国著名语言学家，第九、第十届全国人大常委会副委员长，中国文化院院长）

子曰，仁者寿，智者乐。如饶公二者得兼者，世有凡几？九秩抚琴，百龄北游，寿也；胸蕴天地，心覆万物，仁也。旧学新法，邃密深沉，得非智乎？敬他爱己，重古厚今，乐在其中矣。

刘延东（十八届中央政治局委员，国务院副总理）

饶先生家学渊源、学贯中西，在考古、甲骨文、金石简帛、敦煌学、诗词书画等领域建树卓越，在中外学术界和艺术界享有崇高地位，为传承和弘扬中华文化做出了杰出贡献。饶先生毕生心系国家，爱国爱港，为推动香港与内地合作，中外人文交流做出了重要贡献。

林郑月娥（香港特别行政区第五任行政长官）

饶宗颐教授素有"国学大师"之誉，在文化、艺术和学术领域成就卓越，更是当代国学研究的代表人物。饶公博古通今、学艺双携，治学数十年，钻研历史、文学、语言文字、甲骨学、敦煌学、楚辞学等不同学术范畴，精通音律、书画、诗词，是集学问、艺术、才情于一身的大学者，学界誉为整个亚洲文化的骄傲，一点也不为过。饶公的学术成就，大家都耳熟能详；饶公的治学精神，同样值得我们崇敬。他治学坚持"求真、求是、求正"简单六字，清楚说明饶公追求真理，孜孜不倦的严谨态度，是我们做人做事的学习典范。

郑欣淼（北京故宫博物院前院长）

简帛寻幽，梵音探奥，中西今古融神妙。迩来高论亦惊人，童心未共流光老。

绝学薪传，斯文克绍，几多求友嘤鸣鸟。先生莞尔盛门墙，香江自有山阴道。

李焯芬（香港大学饶宗颐学术馆馆长）

饶教授的学术论文逾千，专著逾百。他非常重视考古发现和外国相关文献。这种广征博引的治学精神，令他经常在学术研究中有创新和突破。

余生也鲁，有幸在饶宗颐教授身边工作多年，包括当了十五年香港大学饶宗颐学术馆馆长。尽管学问未有寸进，仍能深深感受到饶教授的大师典范，包括治学精神和品德行谊。衷心希望，我们年轻一代的学人，也可以认真学习饶教授以下的一些优点。

第一点是他的勤奋和专注。众所周知，饶教授学术领域极之宽广，学术成果之丰硕，世间罕见。

第二点是突破源于博学。博学令饶教授在他的研究中不断有创新和突破。勇于创新和突破，是我们应该学习的第二点。

第三点是我们应该向饶教授学习的是他高尚的品德行谊。我在饶教授身边工作多年，从来没有听闻过他骂人或讲别人的不是，在人前没有，在人后亦没有。他待人极为宽厚。与他在一起的时候，你永远都能感受到他的从容自在，让人如沐春风，非常舒服。有时，我觉得饶教授就像他喜欢画的荷花一样。荷花是花中君子，而饶教授就是人中君子。饶教授又喜欢荷枝的挺直，支撑着上面一片片的荷叶。他认为这象征着一种负荷或勇于承担的精神。他期望我们对二十一世纪的中华文化复兴和发展，亦应该勇于承担。

希望我们在缅怀饶教授这位伟人的同时，可见贤思齐，认真地学习以上他的各种优点，以期不断进步、自我完善。

（《明报》月刊2018.3第33页）

李伯谦（北京大学教授，博士生导师）

饶宗颐先生是当代中国学术的旗帜，是无人可与比肩的真正的学术大师。

## 饶宗颐历年荣衔表

| 时间 | 单位 | 职衔 | 备注 |
|---|---|---|---|
| 1935 | 中山大学 | 广东通志馆纂修 | 同年加入北京禹贡学会 |
| 1939 | 中山大学 | 研究员 | |
| 1943—1945 | 无锡国学专修学校 | 教授 | 时该校迁广西 |
| 1946 | 广东省政府 | 文献委员会委员 | |
| 1946 | 广东文理学院 | 教授 | |
| 1946—1949 | 汕头南华大学 | 文史系教授、系主任，兼《潮州志》总纂 | |
| 1952 | 香港大学 | 中文系讲师、高级讲师、教授 | |
| 1962 | 法国法兰西学院 | 儒莲特赏 | 被称为西方汉学界的诺贝尔奖 |
| 1963 | 印度班达迦东方研究所 | 永久会员 | |
| 1966—1973 | 新加坡大学 | 中文系首任讲座教授、系主任 | |
| 1970—1971 | 美国耶鲁大学 | 研究院客座教授 | |
| 1972—1973 | 台湾"中央研究院" | 历史语言研究所教授 | |
| 1973—1978 | 香港中文大学 | 中文系讲座教授、系主任 | 1978年退休 |
| 1974 | 法国远东学院 | 院士 | |
| 1978 | 法国高等研究院 | 宗教部客座教授 | |
| 1979—1986 | 香港中文大学 | 中国文化研究所荣誉高级研究员 | |
| 1980 | 巴里亚洲学会 | 荣誉会员 | 该会系欧洲最古老的亚洲学会 |
| 1980 | 日本京都大学 | 文学部及人文科学研究教授 | |
| 1981 | 澳门东亚大学（后改为澳门大学）文学院 | 中国语言与文学专业客座教授 | |
| 1982 | 国务院 | 古籍整理出版规划小组顾问 | 1991年改组后重新应聘 |

| 时间 | 单位 | 职衔 | 备注 |
|---|---|---|---|
| 1982 | 敦煌研究院 | 荣誉研究员 | |
| 1982 | 香港大学 | 荣誉文学博士学位 | |
| 1982 | 香港中文大学 | 中文系荣休讲座教授 | |
| 1982 | 香港中文大学 | 中文系、艺术系荣誉讲座教授 | |
| 1984 | 澳门东亚大学研究院 | 中国文史学部主任 | |
| 1984 | 台湾"中央研究院" | 文哲研究所咨询委员 | |
| 1984 | 温州师范学院 | 名誉教授 | |
| 1985 | 暨南大学 | 文学院顾问 | |
| 1986 | 香港中文大学 | 中国文化研究所荣誉讲座教授 | |
| 1986 | 香港艺术馆 | 名誉顾问 | |
| 1987 | 香港大学 | 中文系荣誉讲座教授 | |
| 1987 | 敦煌研究院 | 名誉研究员 | |
| 1990 | 香港历史博物馆 | 名誉顾问 | |
| 1991.11 | 潮汕历史文化研究中心 | 顾问 | |
| 1991.12 | 上海古籍出版社 | 《敦煌吐鲁番文献集成》顾问 | |
| 1992.3 | 广州诗社 | 顾问 | |
| 1992.5 | 中国唐代文学会韩愈研究会 | 顾问 | |
| 1992.5 | 复旦大学 | 顾问教授 | |
| 1993.12 | 法国文化部 | 文化艺术勋章 | |
| 1993.12 | 法国索邦高等研究院 | 人文科学荣誉国家博士学位 | 为该院建院 125 年以来第一位获此荣衔者 |
| 1993.3 | 《华夏诗报》 | 顾问 | |
| 1993.8 | 中国旅游协会咨询中心 | 高级学术顾问 | |
| 1993.10 | 潮州市城南小学 | 校友会名誉会长 | |
| 1993.10 | 泰国华侨崇圣大学 | 中华文化研究院院长 | |
| 1993.11 | 广州美术学院 | 名誉教授 | |
| 1993.12 | 中山大学 | 中华文化研究中心名誉主任兼名誉教授 | |
| 1994.4 | 潮汕历史文化研究中心 | 潮学研究特别荣誉奖 | 饶教授把全部奖金捐赠给香港大学中国文化研究所 |
| 1994 | 香港大学 | 考古研究荣誉奖 | |
| 1994.3 | 广州潮人海外联谊会 | 名誉会长 | |
| 1994.4 | 汕头大学 | 第三届校董会名誉董事 | |
| 1994.6 | 中国西北大学 | 国际唐代文化研究中心名誉主任 | |
| 1994.7 | 杭州大学 | 敦煌学研究中心顾问 | |
| 1994.8 | 北京广播学院 | 兼职教授 | |
| 1994.9 | 杭州大学 | 顾问 | |
| 1994.9 | 北京中国画院 | 荣誉院长 | |
| 1994.9 | 文化部 | 归国华侨联合会顾问 | |
| 1994.9 | 重庆巴文化研究会 | 顾问 | |
| 1994.11 | 《续修四库全书》编委会 | 顾问 | |

续表

| 时间 | 单位 | 职衔 | 备注 |
|---|---|---|---|
| 1994.12 | 上海远东出版社 | 《学术集林》文丛编委会编委 | |
| 1995 | 香港岭南学院（现为香港岭南大学） | 荣誉人文学博士学位 | |
| 1995.6 | 深圳大学 | 名誉教授 | |
| 1995 | 《全明文》编委会 | 顾问 | |
| 1995 | 香港古物咨询委员会 | 顾问委员 | |
| 1995.10 | 中国历史文献研究会礼学研究中心 | 顾问 | |
| 1996.8 | 韩山师范学院 | 客座教授 | |
| 1996.8 | 潮州画院 | 名誉院长 | |
| 1996.12 | 厦门大学 | 名誉教授 | |
| 1998 | 香港（海外）文学艺术家协会 | 中华文学艺术家金龙奖"国学大师"衔 | |
| 1998 | 中国社会科学院历史研究所 | 客座研究员 | |
| 1998 | 香港中文大学崇基学院 | 荣誉院务委员 | 为该院首位获此衔者 |
| 1998 | 香港中文大学 | 伟伦荣誉讲座教授 | |
| 1998 | 台北华梵大学 | 荣誉讲座教授 | |
| 1999 | 香港公开大学 | 荣誉人文科学博士学位 | |
| 1999 | 郭店楚简国际学术研讨会 | 名誉主席 | |
| 1999.5 | 南京大学 | 名誉教授 | |
| 1999.6 | 首都师范大学 | 名誉教授 | |
| 1999.10 | 武汉大学 | 名誉教授 | |
| 2000 | 香港特别行政区政府 | 大紫荆勋章 | |
| 2000 | 中国国家文物局、甘肃省人民政府 | 敦煌文物保护研究特别贡献奖 | |
| 2000 | 中国社会科学院古代文明研究中心 | 顾问 | |
| 2000.3 | 北京大学 | 客座教授 | |
| 2001 | （俄罗斯）国际欧亚科学院 | 院士 | |
| 2003.11 | 香港科技大学 | 荣誉文学博士学位 | |
| 2003.12 | 香港中文大学 | 荣誉文学博士学位 | |
| 2004 | 澳门大学 | 人文科学荣誉博士学位 | |
| 2004.3 | 潮州市人大常委会 | 潮州市荣誉市民 | |
| 2004.6 | 香港大学 | "中国文化讲座教授席"首席教授 | |
| 2006 | 日本创价大学 | 名誉博士学位 | |
| 2006 | 北京大学 | 《儒藏》精华篇编纂委员会顾问 | |
| 2006.12 | 潮州市人民政府 | 潮州文化研究卓越贡献奖 | |
| 2007.5 | 点校本二十四史及《清史稿》修订工程 | 学术顾问 | |
| 2007 | 辽宁师范大学 | 名誉教授 | |
| 2009.1 | 国务院 | 中央文史研究馆馆员 | |

| 时间 | 单位 | 职衔 | 备注 |
|---|---|---|---|
| 2009 | 香港特别行政区政府 | 香港艺术发展奖终身成就奖 | |
| 2009.4 | 中华书局 | 学术顾问 | |
| 2009.10 | 清华大学 | 国学研究院学术顾问 | |
| 2009 | 潮州海外联谊会 | 永远荣誉会长 | |
| 2011.5 | 澳大利亚塔斯曼尼亚大学 | 名誉文学博士学位 | |
| 2011.7 | 国际天文联合会小行星命名委员会 | 命名"饶宗颐星" | 小行星编号为10017 |
| 2001.9 | 中华诗词研究院 | 顾问 | |
| 2011.12 | 西泠印社 | 第七任社长 | |
| 2011.12 | 中国艺术研究院 | 首届"中华艺文奖终身成就奖" | |
| 2012.12 | 法国法兰西学院 | 美文与铭文学院外籍院士 | 亚洲第一人 |
| 2013.10 | 天一阁 | 名誉馆长 | |
| 2014.9 | 岳麓书院 | 国学终身成就奖 | |
| 2014.11 | 中山大学 | 陈寅恪奖 | |
| 2015.4 | 清华大学 | 华人终身成就奖 | "世界因你而美丽——影响世界华人盛典" |
| 2015.4 | 中国人民大学 | 名誉教授 | |
| 2016.8 | 泉州历史文化中心 | 最高学术顾问 | |

# 二、学术贡献

饶宗颐先生在学术研究上以广博精深著称。发表了专著80多部，论文900余篇。治学门庭轩敞，规模宏富，所及时代，从上古至明清；从地域上说，除本国外，还涉及印度、西亚、东南亚；从语言上说，他精通六国外语以上，有梵文、希伯来文以及法、德、英文等；从史料来源上讲，有旧籍兼及甲骨、木简、汉砖、墓志、碑记和敦煌遗书等，治学领域包括甲骨学、简帛学、经术礼乐、宗教学、历史学、中外关系史、敦煌学、潮州学、目录学、艺术学、文学、诗词学、楚辞学、史前文字学等十四个门类。学界称其为"业精六学、才备九能"，是实至名归。其各大门类的代表作有：

甲骨学

（一）《巴黎所见甲骨录》（线装本，香港，1956年12月初版）

（二）《殷代贞卜人物通考》，香港大学出版社，1959年11月初版

（三）《欧美亚所见甲骨录存》新加坡，1970年初版

简帛学

（一）《郭店楚简本〈老子〉新义举例》，国际文化出版公司，1999年11月

（二）《〈楚简《老子》柬释〉序》

（三）《睡虎地秦简日书研究》，香港中文大学出版社，与曾宪通合著，1982年初版

经术、礼乐

（一）《古乐散论》

（二）《随县曾侯乙墓钟馨铭辞研究》，香港中文大学出版社，1985年初版

宗教学

（一）《太平经与说文解字》，台湾，《大陆杂志》45卷6期，1972年

（二）《金〈赵城藏〉本〈法显传〉题记》，台湾"中央研究院"《历史语言研究所集刊》第45期第3分册，1974年

（三）《吴县玄妙观石础画迹》，台湾"中央研究院"《历史语言研究所集刊》第45本第3分册，1974年

（四）《〈穆护歌〉考》，香港，《大公报在港复刊卅年纪念文集》（下卷），1978年

（五）《谈六祖出生地（新洲）及其传法偈》，北京大学出版社，《纪念陈寅恪先生诞辰百年学术论文集》，1989年

（六）《老子想尔注校笺》，上海古籍出版社，1991年11月版

历史学

（一）《选堂集林》，香港中华书局，1982年

（二）《九龙与宗季史料》，香港万有图书公司，1959年11月初版

（三）《中国史学上之正统论——中国史学观念探讨之一》，上海远东出版社，1996年8月

中外关系史

（一）《太清金液神丹经（卷下）与南海地理》，香港中文大学《中国文化研究所学报》第3卷第1期，1970年

（二）《新加坡古地名辩正》，《南洋文摘》第11卷第4期，1970年

（三）《蜀布与Cinapatta（丝绸）——论早期中、印、缅之交通》，台湾《"中央研究院"历史语言研究所集刊》第45本第4分册，1974年

（四）《蒲甘国史事零拾》东京东南亚史学会论文，1975年

（五）《新加坡古事记》香港中文大学，1994年初版

敦煌学

（一）《敦煌本老子想尔注校笺》，香港，1956年

（二）《敦煌曲》与Panl Demieville（戴密微）教授合著，法国科学中心印，1971年《敦煌曲订补》史语所集刊

（三）《敦煌白画》，法国远东学院考古学丛刊，1978年

（四）《敦煌书法丛刊》，日本二玄社印，共29册，1983年

（五）《敦煌琵琶谱》《敦煌琵琶谱论文集》等

潮州学

（一）《潮州艺文志》《岭南学报专号》，共两期（第4卷第四期，1935年；

第6卷第2、第3期合刊，1937年）

（二）《潮州先贤像传》，汕头艺文印务局，1947年12月初版

（三）《潮州志》任总纂，1949年

（四）《薛中离先生年谱》，香港，广东省文献委员会刊行、中国文艺推进社印行，1949年3月

（五）《潮瓷说略》，日本陶瓷协会《陶说》第24期，1955年

（六）《潮州志汇编》，香港龙门书局，1965年

（七）《郭之奇年谱》，香港，《新亚学报》第16卷上，1991—1993年

目录学

（一）《楚辞书录》，香港东南书局，1956年

（二）《词籍考》，香港大学，1963年

（三）《香港大学冯平山图书馆藏善本书录》，香港龙门书店，1970年

文学

（一）《选堂赋话》，香港万有图书公司，1975年5月初版

（二）《固庵文录》，台北新文丰出版公司，1989年9月初版

楚辞学

（一）《楚辞地理考》，上海商务印书馆，1946年

（二）《楚辞书录》，香港东南书局，1956年1月初版

（三）《楚辞与词曲音乐》，香港大学，1958年5月初版

诗词学

（一）《词籍考》，香港大学出版社，1963年2月初版

（二）《全明词》，北京中华书局，2004年1月

（三）《固庵词》，新加坡，《新社学报》第2期，1968年12月

（四）《清晖集》，深圳海天出版社，1999年12月初版

艺术学

（一）《黄公望及富春山居图临本》，香港中文大学中国文化研究所文物馆，1975年9月初版

（二）《虚白斋藏书画选》，日本东京二玄社，1983年

（三）《画颔——国画史论集》，台北时报文化出版企业有限公司，1993年6月

史前文字学

（一）《符号·初文与字母——汉字树》，香港商务印书馆，1998年7月初版

## 饶宗颐在学术研究上的50项第一

| 1 | 在中国现代的地方学编纂史上，首开现代科学编纂体例（一九四六年） |
|---|---|
| 2 | 研究仰天湖楚简之第一人（一九五四年） |
| 3 | 介绍、研究潮州瓷之第一人（一九五五年） |
| 4 | 目录学上，率先编著词学目录、楚辞书录等（一九五六年） |
| 5 | 研究敦煌本《老子想尔注》之第一人（一九五六年） |
| 6 | 讲敦煌本《文选》、日本古钞《文选》五臣注残卷之第一人（一九五六—一九五七） |
| 7 | 讲巴黎所藏甲骨、日本所藏甲骨之第一人（一九五六—一九五七年） |
| 8 | 治楚帛书之第一人（一九五八年） |
| 9 | 率先编著殷代贞卜人物通考（一九五九年） |
| 10 | 将殷礼与甲骨文联系起来研究之第一人（一九五九年） |
| 11 | 系统研究殷代贞卜人物之第一人（一九五九年） |
| 12 | 研究敦煌写卷书法之第一人（一九五九年） |
| 13 | 撰写宋金元琴史之第一人（一九六〇年） |
| 14 | 首次研究陆机《文赋》与音乐之关系（一九六一年） |
| 15 | 首次从文献根据上提示韩愈诗歌受佛经文体影响（一九六三年） |
| 16 | 首次提出刘勰文艺思想受佛教影响（一九六三年） |
| 17 | 首次将敦煌写本《文心雕龙》公之于世，并撰作第一篇研究论文（一九六三年） |
| 18 | 率先把印度河谷图形文字介绍到中国（一九六三年） |
| 19 | 首论南诏禅灯系统（一九六三年） |
| 20 | 首次在古代文论研究中揭出"势"的范畴（二十世纪六十年代） |
| 21 | 首次据英伦敦煌卷子讲禅宗史上的摩诃衍入藏问题（一九六四年） |
| 22 | 首次考证《说郛》是很早一个明代本子，并译成法文（一九六六年） |
| 23 | 讲有关越南历史的《日南传》之第一人（一九六九年） |
| 24 | 首次编录星马华人碑刻，开海外金石学之先河（一九六九年） |
| 25 | 首次提出"楚文化"（一九六九年） |
| 26 | 辨明新加坡古地名以及翻译译名之第一人（一九七〇年） |
| 27 | 利用《太清金液神丹经》讲南海地理之第一人（一九七〇年） |
| 28 | 讲《太平经》与《说文解字》关系之第一人（一九七二年） |
| 29 | 讲中国艺术史上墨竹刻石之第一人（一九七三年） |
| 30 | 讲词与画关系之第一人（一九七四年） |
| 31 | 首次提出"海上丝绸之路"概念（一九七四年） |
| 32 | 利用吴县玄妙观石础，讲道教变文之第一人（一九七四年） |
| 33 | 讲金赵城藏本《法显传》之第一人（一九七四年） |
| 34 | 利用中国文献补缅甸史之第一人（一九七五年） |
| 35 | 在南国学人中，是第一位翻译、介绍、研究《近东开辟史诗》的学者（一九七六年） |
| 36 | 首次研究敦煌白画（一九七八年） |
| 37 | 利用一词牌《穆护歌》考见火祆教史实之第一人（一九七八年） |
| 38 | 率先研究楚辞新资料唐勒赋，一九八〇年首次发表于日本东京（一九八〇年） |
| 39 | 首次利用日本石刻证明中日书法交流源自唐代（一九八〇年） |
| 40 | 讲敦煌批流年书之第一人（一九八二年） |
| 41 | 研究《日书》之第一人（一九八二年） |

续表

| 42 | 首次证明中国绘画史上吴韦发明指画在高氏之前（一九八三年） |
|---|---|
| 43 | 利用秦简首次证明"纳音"与"五行"之关系（一九八五年） |
| 44 | 首次将《盘古图》的年代推到东汉（一九八六年） |
| 45 | 最早在国际学术会议上提出"礼经"的问题（一九八六年） |
| 46 | 第一位从敦煌经卷中选出书法精品编成《敦煌书法丛刊》在日本东京出版（一九八三——一九八六年） |
| 47 | 首次提出六祖出生地（新州）（一九八九年） |
| 48 | 首次将陶文⊕证明为"羊"的象征（一九九〇年） |
| 49 | 首次从牙璋提示古代中国通往东南亚之路的可能性（一九九四年） |
| 50 | 首次辑《全明词》（二〇〇四年） |

樊锦诗（敦煌研究院名誉院长、中央文史研究馆馆员）

先生治学具有极为广博的视野，对每一项研究都力求穷其源流，崇尚求真务实，不做蹈空之论，无不以扎实的文史资料的考证和调查为基础，并融会贯通各人文学科，故先生在诸多学科领域所取得的成就，达到了许多人很难企及的学术高峰。如以与先生结缘甚深的敦煌学为例，他对敦煌石窟所出的经卷文物，"喜欢运用贯通的文化史方法，利用它们作为辅助的史料，指出它历史某一问题上关键性的意义"，所以在敦煌学的许多领域都做出了首创性的研究和开拓性的贡献。如先生最早于20世纪50年代录、笺证伦敦所藏敦煌本《老子想尔注》这部反映早期天师思想的千载秘籍，阐明原始道教思想，引发后来欧洲道教研究的长期计划；首次将敦煌写本《文心雕龙》公之于世；首次据英伦敦煌写卷讲禅宗史上的摩诃衍入藏问题；最早提出"敦煌白画"的概念，把散布在敦煌写卷中的白描、粉本、画稿等有价值的材料编成《敦煌白画》一书，填补了敦煌艺术研究上的一项空白；先生所著《敦煌曲》《敦煌曲续论》是敦煌曲子词研究的先驱之作；先生也是研究敦煌写卷书法第一人，所编撰《敦煌书法丛刊》（共29册）是最早对敦煌书法予以系统整理、介绍的著作，对敦煌书法乃至中国书法史研究影响深远。先生被学界誉为当代"导夫先路"的敦煌学大师。

令我和敦煌研究院同人永远怀念的是，由于对敦煌历史文化的价值具有广泛深刻的体认，先生对敦煌怀有深厚的感情，与敦煌结下不解之缘。

令我和敦煌研究院同仁永远感恩的是，先生长期关注、鼎力支持敦煌文化遗产保护事业。

令我永远难忘的是，我对先生的道德文章一直怀着崇敬仰慕之情，尊先生为师长，引为治学为人的楷模。我有缘与先生多次过从交往，面承教诲，受益良多。

荣新江（北京大学历史系教授，博士生导师）

一、饶先生具有家学传统，在帮助父亲编《潮州艺文志》时，就打下了广阔的文献基础，以后编《香港大学冯平山图书馆善本书录》，更是接触到香港最重要的善本收藏。他治学触类旁通，从乡邦艺文，延伸到东南沿海以及南洋各地的史地碑刻。特别是他长年在香港教书，又常常往新、马、泰各地旅行，所以对于当地文献、遗存以及海上丝路，都有讨论，像《太清金液神丹经》（卷下）与《南海地理》《海道之丝路与昆仑舶》《宋帝播迁七洲洋地望考实兼论其与占城交通路线》《永乐大典中之南海地名》《说舶及海船的相关问题》《三教论及其海外移植》《柘林在海外交通史上之地位》《从浮滨遗物论其周遭史地与南海国的问题》等文，对于海上丝绸的交通路线、物品交流船舶航行等，都有论说，是我们今天热议的海上丝路研究的开拓者之一。

二、饶先生对于学术生态有着十分清醒的认识。他知道与他同辈的内地许多学者原本也有同样的条件，做出同样伟大的名山事业，只是20世纪50年代以来的历次政治运动，夺取了许多人的时间和生命，所以，他和我们聊天的时候，经常说到，他1949年以后移居被认为是"文化沙漠"的香港，当时也很担心这里能否做学问。但后来发现，此时的香港，可以说是三国时期的荆州。在各地兵荒马乱的岁月里，某个地方如荆州，居然暂获安稳，聚集了一批天下英才，一时间学术文化也达到一定的高度。大量的人才、资金、图书都汇聚在这里，为这里的学人提供了相当好的治学条件。

三、我觉得饶公治学的特色，还有一点就是走到哪儿，学问做到哪儿。饶先生到过很多地方，除了国内名山大川，还有欧美、日本，南亚、东南亚，以文会友，搜寻材料，对与当地有关的问题，往往能推陈出新。他到东南亚走访石碑，到伦敦、巴黎、京都等地查阅敦煌写卷，都产生了许多研究成果。改革开放后，饶公更是经常走访内地的博物馆、考古所、文物遗址，参观、考察新出土的文物、文献，撰写了大量有关的文章。

四、我还想说的就是饶先生做学问，发表论文不拘一格，不论什么场合，采用各种方式、文章大大小小，随手而出，让学界有应接不暇的感觉。饶公早年的著作，许多都不是正规的出版社出版的，装帧也很简陋，往往只是托某个出版公司印制和销售；还有一些古文字的文章，都手抄影印，避免排版的麻烦和延沓。这种做法，使得饶先生的许多成果得以早点问世，为学界所知。我见到饶公之前，就收集他的文章，1984—1985年在荷兰时，复印过他在港台杂志和西文出版物中有关敦煌学的论文，后来在北京书展买到香港中华版《选堂集林·史林》，又在法国购得他的大部头著作：《敦煌曲》《敦煌白画》。所以，当我第一次到香港中文大学他的研究室时，他得知后非常高兴，特意允许我在研究室的暗室里，将他的著作和论文抽印本每种拿一本。饶公早年的许多出版物，我就是这样得到的，也让我感触很深。在香港条件还比较艰苦的二十世纪五六十年代，饶公为发表学术论著，也是颇费苦心。不过我想，正是这一切，造就了饶先生的伟大学术成就，使之成为一代宗师。

（《瞻彼泰岱》第62—65页）

沈建华（清华大学出土文献研究与保护中心研究员）

饶公曾这样剖析自己："我实际上应该属于艺术型的人才，文学是我的摇篮，培育了我的艺术个性，包括我的人生观。"

1991年10月，我从东京转到香港中文大学中国文化研究所工作……来到研究所，我是协助饶公编辑《甲骨文通检》的。……我被安排与饶公在同一个办公室，共用一个办公桌。办公室的房间号为108，饶公说这可是个佛家吉利的数字，我喜欢。……饶公会在9点之前出现在108室办公室，郑会欣早已把饶公前几天吩咐要借的书，从图书馆借来放在桌上。我呢，要向饶公报告这一周的工作进度，同时还要把他写《甲骨文通检》的资料准备好。我另外帮助饶公做的是处理海内外学者来信，接收各处寄来的书籍、杂志、学生论文、校稿等。常常有不少年轻学者来函请饶公写序，记得1996年他一口气写了8篇序文，饶公幽默地说："3月成了序月。"饶公喜欢在深夜写作，常常工作到凌晨，有一次他告诉我："是用一只朦胧的眼，花了一小时写了《一只眼与二只眼》这篇随笔。"引得我们大笑。（《瞻彼泰岱》第79—80页）

1989年2月22日，饶公致信沈建华，信中说：关于《甲骨文通检》分类，尊意欲添"战争"一项，甚好。如有可能，应增"语词"一类。卜辞语法有关论文，最近一期《中山大学学报》（1988.4）有唐钰明《述评》附文献目录，可以参考。（拙作《四方风新义》，汝前在南京见过，亦在该报发表，因系代表中文大学在该校演讲者。）中华书局已印出《殷墟甲骨刻辞摹录〈释〉总集》两大册，东京料已见到，以后可免在《合集》多作翻阅，省却许多工夫。

1990年1月19日，饶公致信沈建华，信中提到：

拙作《词集考》十二卷，去秋经已全部校毕。……我正起草《通检》（二）地名篇前言长文，有不少新见解提出，待契学界同人再作深入探研。（《饶宗颐甲骨书札》第113、127页）

# 三、诗词乐赋

于中国诗词学各个范围，涉猎广阔，实为罕见之全才。季羡林曾在《清晖集》的序言中说："先生又为性情中人，有感于怀，必发之为诗词，以最纯正之古典形式，表最真挚之今人感情，水乳交融，天衣无缝，先生自谓欲为诗人开拓境界，一新天下耳目，能臻此境界者，并世实无第二人。"

郭伟川（学者，中国历史文献研究会会员）

余读选堂先生青少年时期诗文，如《优昙花》诗及《廷鞠实录序》诸篇什，知其自小器识恢宏，心志远大，早已纳宇宙于胸次。观其纵论自然气机与人生哲理，月旦历史人物，大在睥睨古今，雄视八荒之概。故选堂先生之诗文书画常具雄奇之气势，盖其器识与气魄俱大，而诗文书画皆以气行，乃借笔墨以抒胸臆，以致之。

孙立川（日本国立京都大学文学博士生，香港中文大学兼职教师，高级编辑）

　　饶公以博学而著称，可谓"千卷随车"，视治词如治经，倾注莫大精力于词集传本的源流考证之上。每一题，必详列最早传本，逮至近代。别微发抉，务求不遗巨细。以卷二秦观《淮海居士长短句》为例，先叙各家刻本，缕述从宋椠至明清、近代的各种版本，详到十四种之多。名家如此，小家及寂寂无名者也一视同仁，书中各题，贯穿着这种求实过细的精神。能如此祥赡爬梳搜逸，若非博览群书，岂能钩沉发幽？

（《饶宗颐的文学与艺术》第75页）

姜伯勤（中山大学历史系教授，博士生导师）

　　对自在心的追求，对大智慧的追求，对超越精神的追求，贯穿在诗人的许多诗篇中。如《晞周集》之《玉烛新》云："中宵人醒后，似几点梅花，嫩苞新就。一时悟彻，灵明处，浑把春心催漏。"而《白山集》之《大谢诗跋》引谢灵运诗"浮欢昧眼前，虚舟有超越"。饶先生由此论大谢"见道则深，其为神趣，岂山水而已也"。一九六六年，先生与法国汉学界领袖人物同游阿尔卑斯山。山居间，依谢灵运诗集诗韵作诗，其《和〈岩上宿〉》云："清川见停流，断壑窥圆月，""上神知乘光，清徵悟超越。"《白山集》曾由戴密微教授译为法文，《白山集》是对谢灵运的咏山水之外，求神趣其中的诗歌精神的一种有力的回应。

（《饶宗颐的文学与艺术》第183页）

# 四、书画艺术

　　他是学界泰斗，中国传统文学巨匠，更是一位杰出的书画大学，在书法、山水、人物、花鸟绘画创作上，自成一家，晚岁更开创"西北宗"山水一派。于音乐、古琴，造诣甚深，先生可称文、艺、学三者兼备，堪称"一身三绝"，实是百年难遇的巨擘。

　　学术成就的基础造就了饶先生能把深邃的文学意味，放到可视的空间中去，用来营造画中的千般意境和万种情怀，以圆满其文学的梦。进入绘画创作时，自然而然对笔墨有了与文学一样的要求，而为每幅绘画安装了一个"文化内核"，这就是自我体现，这种个性化和心灵化使其绘画自然而然有自己面貌。作为书法、绘画的艺术大家，饶先生作品有强烈的个性色彩，是"学者之画、文人之事"。从20世纪50年代，先生开始游历亚、欧、北美、大洋洲各国，到20世纪70年代后期，游历祖国名山大川。每到之处将所见所闻速写于写生簿，归来时据此付诸丹青。他以自然为师，精神与天地往来，并做到画中有"我"，"我"的追求和"我"的表现在笔墨交融中体现。史树青评价:"先生作画,首重运笔,尝谓画理笔法,其天地之质 欤! 其同山川之饰欤!"

精于人物画,孩提时已有了基础。他与白描结缘是在刚上小学不久。自家钱庄 对面有个画馆,画师经常在画白描画。先生好奇又羡慕,每次都站在一旁观看,产 生了浓厚的兴趣。后来他在庄淑舆的南华别墅画馆学习画佛像。少年时,他已尝试 以宣纸直幅挂裱于墙板上,纵意挥写,这种练习方法对其后来在大幅画中创造气势 的表现有一定帮助。壮年时,他在法国赏鉴了藏在巴黎的众多敦煌白描画稿,并以 遒健古拙的书法线条作画,完成《敦煌白画》一书。张大千评价说:"饶氏白描, 当世可称独步。"

2001年在北京,曾对记者说:"我认为中国文化最有魅力的是文学,尤其是 书法。"先生擅长书法诸体,尤精隶书,其隶书作品最为精彩,时人称之为"饶 隶"。由于他既是考古学家又是文字学家,对汉简书体浸淫不少岁月,尽藏于胸, 这让他的书法作品,有着非常浓厚的书卷气。而且,他非常重视形象美,无论是 对联、匾额、条幅还是手卷,细细品读,皆可以感受得到。这种美也就是字体有骨 格,要讲究字与字之间的和谐。

郑欣淼(故宫博物院原院长)

书画津梁,诗文渊薮,纵横学海为山斗。问公何事竟如斯?自成机杼无窠臼。

白首玉心,青箱金帛,桑榆仍把鸳鸯绣。伏生忽报颂椿龄,喜凭杯酒绥眉寿。

池田大作(日本)(国际创价学会会长,创价大学创办人)

"学艺双携",展开人的"睿智"与"创造性"双翼,翱翔世界,简直是生命 的极致,大概无出饶宗颐先生其右者。

饶宗颐先生像巍然屹立在人类历史上的"智慧巅峰",越仰望越高高耸立。先 生又是悠然容纳人类和自然等一切的泰然不动的"文化大海",越眺望越深远,无 限慈爱地接受、包容万物。我曾听说,支撑饶宗颐先生蓬勃的创造生涯的,其一 是"求阙"的精神。先生高亢地宣称:"艺术的生命在于无穷的探求。"并且把 "发现自我""了解自我"作为学问,艺术的宗旨,不断地探索自己,律己,提高 自己。

(《饶宗颐的学术与艺术》第309—310页)

# 五、家国情怀

1949年,定居香港,在香港大学执教。他身在香港,心怀家国。中国改革开 放伊始,1980年冬,他欣然接受邀请,出席在成都举行的第三届古文字学术年会,后即到全国各地进行学术考察，历时近三个月，行程数万里。此次学术考察，由中山大学曾宪通教授全程陪同，先生饱览了祖国的名山大川，接触到大量新出土的文物考古资料和实物，兴奋无比。回香港后特意请名家刻了"九州历其七，五岳登其四"一方印章作为纪念。从此，饶先生往返于内地与香港，出席各种学术研讨会、书画作品展，不顾年事已高，数十次往返于世界各地，传播中华文化，不遗余力，做出了巨大贡献。

郑会欣（香港中文大学哲学博士、研究员）

自二〇一六年起，饶公的"莲莲吉庆"荷花作品开始在各地巡展，二〇一七年六月二十七日，画展在巴黎古色古香的彤阁开幕，饶公以百岁高龄亲自往法国出席，诚为艺坛一段佳话。

悼饶公

追随三载，晨昏闻道，几多謦笑音容，宛然成记忆；
往逝瞬间，天地遗芬，无限情怀思念，惟自付唏嘘。

后学郑会欣敬挽

（《明报》月刊2018.3第46—48页）

## 饶宗颐先生历年部分捐赠表

| 时间 | 受赠单位 | 金额（万） | 作品 |
|---|---|---|---|
| 1995.8 | 潮州饶宗颐学术馆 | | 书画、实物、藏书一批 |
| 2000.8 | 敦煌研究院 | 人民币100 | 书画作品义卖 |
| 2002.7 | 潮州归湖镇选堂创价小学 | 70 | 展品认购 |
| 2003 | 香港大学饶宗颐学术馆 | | 2万册藏书、书画作品一批 |
| 2006 | 潮州饶宗颐学术馆（颐园） | | 藏书、实物、书画作品一批 |
| 2008.5 | 四川汶川地震 | 港币20 | |
| 2008.6 | 汶川抗震救灾 | 500 | 作品"大爱无疆"香港高佩璇认购 |
| 2008.12 | 北京故宫博物院"陶铸古今"展 | | 书画作品12幅 |
| 2010.4 | 青海玉树县7.1级地震 | 港币10 | |
| 2010.8 | 甘肃舟曲泥石流灾害 | 160 | 先生寿诞贺金 |
| 2010.11 | 敦煌研究院 | 港币602 | 书画作品10幅义卖 |
| 2010.11 | 敦煌博物院用作敦煌石窟维修 | 港币1316 | 书法作品10幅 |
| 2011.3 | 日本地震灾区 | 港币10 | |
| 2011.6 | 香港公益行政金 | 港币108 | 作品"为善最乐"拍卖 |
| 2011.7 | 澳门艺术馆 | | 书画作品30幅 |
| 2012.2 | 饶学研究基金 | 港币4000 | 作品拍卖 |
| 2012.11 | 香港南丫岛海难 | | 作品"积善余庆"拍卖 |
| 2013.4 | 四川雅安7.0级地震 | 港币50 | |
| 2013.7 | 澳门饶宗颐馆 | | 书画75件、81套学术作品 |
| 2013.9 | 香港浸会大学饶宗颐国学院 | | 书画作品12套 |

| 时间 | 受赠单位 | 金额（万） | 作品 |
|---|---|---|---|
| 2014.12 | 香港正生会 | 105 | 作品"春风化雨"拍卖 |
| 2015.4 | 国家博物馆学艺融通——饶宗颐百岁艺术展 |  | 10 幅书画作品 |
| 2015.5 | 潮州文化公益基金会 |  | 作品"弘文是道" |
| 2015.5 | 香港风湿病基金会 | 港币 108 | 作品"厚德载物"拍卖 |
| 2016.5 | 香港新闻工作的会务发展 | 200 | "福""福泽满门"拍卖 |
| 2016.6 | 敦煌研究院文物数字化研究科研大楼 | 600 | 香港饶宗颐学术馆之友捐赠先生书画拍卖善款 |

# 后记

　　为饶宗颐先生编撰年谱，是早年在编写《饶宗颐学艺记》时出于对先生的敬仰之情而萌生之意，旨在弘扬和传承"饶宗颐精神"文化。然而，我也深知年谱是史料搜集、考订类的著述，它着重于历史材料与事件的真实呈现，不能以文学的笔触来撰写年谱，这是一项不易完成的工程，故而迟迟不敢动笔。适逢2009年10月，饶先生授权本人评注《清晖集》中近千首诗词，我便抓住这难得的契机，从一诗一词凝练的语言中去了解先生各个时期的状态境遇和所处时局，通过诗词的历史画面寻找先生大量翔实的思想和业绩资料，使年谱的生平事迹更具全面性、丰富性。近年来，世界各地"饶学联汇"成员给我提供了许多权威性史料，其中，香港大学饶宗颐学术馆寄来先生在港大工作十六年的档案资料最为丰富，为精准反映饶先生个人历史提供了重要的信息。

　　在香港工作期间，我通常利用双休日到先生家中拜访，我们常常是一边喝着潮州工夫茶一边谈天说地，从家乡泡茶习俗中的"韩信点兵"及"关公巡城"等聊至敦煌壁画、甲骨文献；从战火纷飞的背井离乡聊到执鞭为师的传道解惑。先生的记忆力真的十分惊人，几十年前的事情他都能记得一清二楚，过去在异国他乡与洋学生一同挽起裤腿、拿着鞋子、涉水过河的各种细节他都能绘声绘色地描述出来，逗得我忍俊不禁。兴之所至我们时常忘记时间、忘记吃饭。20年来，先生亲口所述之事，许许多多的讲话成为本年谱的参考。着手编撰年谱时，我参照《饶宗颐学艺记》一书的框架，重新制订各年的大事记，查找与饶先生学术、艺术相关联的文献，对著述中的写作时间、地点、人物、事件等进行查核，与原著原文一一校对，查漏补缺。从与饶先生的谈话录音，存于家中的论文初稿、往来信札、传真文件中采集相关内容。我先后多次到各所大学、图书馆翻阅各种报刊、文献等，找到了一些以前没有发现的资料再行考订细究、条分缕析，力争还原资料的真实历史面貌。通过走访饶先生的亲朋旧友、饶学研究者，收集他们的口述回忆及文章，并通过查阅饶先生生前恩师好友的著作、文章，从中找到对应的史料。借助《饶宗颐二十世纪学术文集》《饶宗颐艺术创作汇集》等巨著，在线索中的经纬寻找事实真相，用对照、互证、选择去提炼挖掘年谱的源头活水，力求准确地反映饶先生百年学术、艺术全貌，包括人生道路、思想历程、学术研究、艺术创作、社会活动、国际交往等。

　　年谱出版目的是全面真实地诠释饶先生在学术、艺术取得的辉煌成就。2017年12月底，饶先生过一百零一岁生日时，我和内人到他家中向老人家祝寿，在客厅品茶时，他问我有没有带书来？我拿出《年谱》样书，汇报明年就可以出版面世，先生听后非常高兴，紧牵我的手用潮州话微笑着说："好，韩曦，我支持你，你为我出了很多书，我就是不敢当。"随后，他以百岁腕力写下"百岁选堂年谱"的墨宝，作为对《年谱》出版的鼓励。孰料转年初饶先生驾鹤西去，从此与我们天人永隔。抚谱相追，往事一幕幕涌上心头，悲伤之余又适逢三年疫情，千头万绪，故《年谱》付梓之事搁置至今。

　　饶先生的一生饱经风霜，游学四方，为中华文化走向世界做出了巨大的贡献；他为人师表，勤教力学，桃李满天下。他曾于中山大学广东通志馆、广西无锡国学专修学校、香港新亚书院、香港大学、日本京都大学、印度班达迦东方研究所、新加坡国立大学、耶鲁大学、台湾"中央研究院"、香港中文大学、法国高等实用研究院、澳门东亚大学等国内外多所高校任教和从事研究工作，是中国西泠印社第七任社长，先后荣获海内外数十项重要的学术奖项与殊荣。饶先生一生致力于中华传统文化的传承与研究，其著作近百种、论文及其他文章逾千篇。仅出版的《饶宗颐二十世纪学术文集》就超过一千二百万字，这些还没包括其庞大数量的诗词、书画。他在历史、文学、语言文字、宗教、哲学、史学、艺术、中外关系史等领域中，皆有卓越的成就和突出的贡献。

　　年谱辑入饶先生的思想、生平和品德系列资料，记录他为中华民族文化复兴而奋斗的历程。他年轻时经历战乱，忍受着国破家亡的生活痛苦，在颠沛流离中追求学问且不忘呼唤民众抗日救国。为讴歌两位明代潮籍杰出民族英雄，撰写《郭之奇年谱》《薛中离年谱》，让民众学习他们在国家民族危难之际挺身而出的爱国精神。总之，无论是顺境或是逆境，先生都以平常心对待。作为一名学者，他的一生执着地坚持"书山有路勤为径，学海无涯苦作舟"，堪称学界典范。他对祖国的忠诚和热爱，对朋友的真诚和关怀，年谱中都详细记录。年谱的出版得到香港大学饶宗颐学术馆馆长李焯芬院士、饶学联汇创会会长饶清芬小姐、花城出版社前社长詹秀敏女士的大力支持，花城出版社责任编辑杜小烨女士花了不少工夫，余克光先生提供不少资料并做了多次的校对；曾雅丽小姐、曾辉先生、陈浩滕先生提供了帮助，内人陈瑞君对此书的出版也做了大量的后勤工作，借此出版机会一并对他们表示衷心感谢！

　　《饶宗颐年谱》虽已脱稿，但我却未感如释重负，深知自己才疏学浅，要全面展示饶先生这位国宝级大师的一生历程，实属不易。山山有灵度，处处有贤人，出版此书实为抛砖引玉，希望各界人士、饶学爱好者提出更多的宝贵意见。

　　谨以此书深切缅怀敬爱的饶宗颐先生！

陈韩曦于羊城鼎宏堂

2018年3月写毕，2022年9月重改

饶宗颐作品（部分）展示

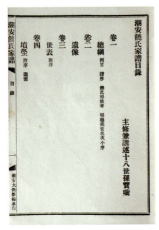

1921 年春
饶锷 编著

《潮安饶氏家谱》

1937 年 2 月
饶宗颐

《禹贡》（半月刊）

一次性发表四篇文章

1940 年 4 月
饶宗颐 撰

《新书序》

发表于齐鲁大学国学研究所
《责善》（第一卷第三期）
以《新史序目》收录入《饶
宗颐二十世纪学术文集》（卷
六 史学）

1954 年 10 月
饶宗颐 撰

《殷历之新资料》

发表于台北
《大陆杂志》
（第九卷第七期）

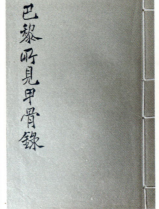

1956 年 12 月

《巴黎所见甲骨录》线装本

于香港 TooHungEngraving Print
Co. 初版，董作宾题签，饶宗
颐作《自序》，系学界讲巴黎
所藏甲骨的第一部著作

1960 年 3 月
饶宗颐 撰

《杜甫与唐诗》

载国际笔会香港中国笔会出版的
《文学世界》
（第 25 期）

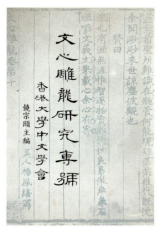

1962 年 12 月
饶宗颐　主编

《文心雕龙研究专号》

一次性发表五篇文章

1967 年 3 月
饶宗颐　撰

《说蜑——早期蜑民史料之检讨》

发表于香港中文大学
《联合书院学报》
（第五期）

1972 年 4 月
饶宗颐　撰

《文选序〈画像则赞兴〉
说——列传与画赞》

发表于新加坡南洋大学
李光前文物馆编印
《文物汇刊》
（创刊号）

1985 年 3 月
饶宗颐　撰

《秦简中之五行说及纳音说》

载香港中文大学中国文化研究所
《中国语文研究》
（第七期）

1985 年 9 月
饶宗颐　撰

《〈文心雕龙·声律篇〉与鸠
摩罗什〈通韵〉——论四声说
与悉昙之关系兼谈王斌、刘善
经、沈约有关诸问题》

发表于上海古籍出版社
《中华文史论丛》
（第三辑）

1987 年 8 月
饶宗颐　撰

《印度波尔尼仙之围陀三声
论略——四声外来说平议》
《〈甲骨文通检〉前言——
贞人问题与坑位》

载香港中文大学中国文化研究所
吴多泰中国语文研究中心
《中国语文研究》

2018 年 1 月，饶宗颐书：
百岁选堂年谱

2004 年 9 月，饶宗颐书：
群策群力　共铸和谐

2008 年 8 月，饶宗颐书：
潮州菜大全

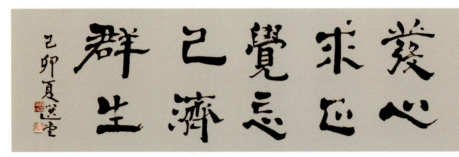

1999 年夏，饶宗颐题：发心求正觉，忘己济群生

| 饶宗颐 | 饶宗颐 | 饶宗颐 |
|---|---|---|
| 释文 | 释文 | 释文 |
| 决眦入归鸟　荡胸生层云 | 福如东海　寿比南山 | 人人长寿　处处亨通 |
| 题识 | 题识 | 题识 |
| 宗焜兄雅属　庚辰选堂书杜句 | 百岁选堂 | 百岁选堂 |
| 钤印 | 钤印 | 钤印 |
| 饶宗颐印、选堂 | 饶宗颐印、选堂 | 饶宗颐印、固庵 |